本书的出版得到

国家重点文物保护专项补助经费资助

渭河上游天水段考古调查报告

甘肃省文物考古研究所
天水市文物保护和考古研究中心　编著

文物出版社

图书在版编目（CIP）数据

渭河上游天水段考古调查报告 ／ 甘肃省文物考古研究所，天水市文物保护和考古研究中心编著． —— 北京 ：文物出版社，2022.11

ISBN 978-7-5010-7834-9

Ⅰ．①渭… Ⅱ．①甘… ②天… Ⅲ．①文物－考古－调查报告－天水 Ⅳ．①K872.423

中国版本图书馆CIP数据核字（2022）第189797号

渭河上游天水段考古调查报告

编　　著：甘肃省文物考古研究所
　　　　　天水市文物保护和考古研究中心

封面设计：秦　彧
责任编辑：秦　彧
责任印制：王　芳

出版发行：文物出版社
地　　址：北京市东城区东直门内北小街2号楼
邮　　编：100007
网　　址：http://www.wenwu.com
经　　销：新华书店
印　　刷：北京荣宝艺品印刷有限公司
开　　本：889mm×1194mm　1/16
印　　张：31.5
版　　次：2022年11月第1版
印　　次：2022年11月第1次印刷
书　　号：ISBN 978-7-5010-7834-9
定　　价：460.00元

Archaeological Investigation Report of Tianshui Section of the Upper Weihe River

by

Gansu Provincial Institute of Cultural Relics and Archaeology
Tianshui Cultural Relics Preservation and Archaeological Research Center

Cultural Relics Press

内容简介

本报告是早期秦文化与西戎文化考古研究项目成果之一，是近年渭河上游天水地区田野考古调查资料的集中呈现，也是继2008年《西汉水上游考古调查报告》出版之后的又一集体力作。

报告资料分三部分：第一部分包括渭河上游地区的田野考古历程和2016～2017年早期秦文化联合考古队在天水市秦州区、麦积区、甘谷县和武山县的调查资料；第二部分是2005、2008年在清水县、张家川县的调查资料；第三部分是项目组人员的一些初步研究。报告把以上三部分有机地结合起来，分县区来介绍，有一定的独立性和相关性。

前两章为本报告的主体，介绍了有采集标本的142个遗址，包括遗址概况、标本描述、线图、彩照和遗迹、遗址照片。这些资料基本涵盖了天水地区史前及青铜时代的大部分重要遗址，其中大部分遗址是首次进行全方位的介绍，包括地理位置、地形、面积、遗迹、标本等。另外对一些重要遗址的发现、调查过程以及新、旧资料进行了梳理和整合。

第三章通过聚落考古学和植物考古学的方法，对天水地区新石器时代的聚落分布、周秦汉时期聚落分布及仰韶晚期至汉代农业发展进行了初步研究。

渭河上游地区是我国考古工作最早关注的区域之一，也是中国考古学探索的重点区域之一，尤其以史前时期和青铜时代最为显著。本报告的形成基于早期秦文化和西戎文化的研究，在张家川马家塬遗址、清水李崖遗址、甘谷毛家坪遗址发掘结束后，项目组认为天水地区甚至渭河上游地区需要更进一步调查和研究，因此计划全面了解渭河上游地区史前至汉代各个时期各类文化遗址的宏观分布情况，同时重点关注周文化、"董家台类型"、寺洼文化、战国西戎文化的分布以及史前至汉代的古环境等学术问题。此报告即在本次调查基础上，添加了张家川县、清水县和秦安县的调查资料所完成。

Abstract

This report is one of the achievements of the archaeological research project of the early Qin culture and Xirong culture which highlights the field archaeological investigation data collectedin Tianshui area in the upper reaches of the Weihe River in the recent years,and is also another collective work after the publication of *Archaeological Investigation Report in the Upper Reaches of the Western Han River* in 2008.

The report contains three parts: I. Gives an introduction of the general history of field archaeology in the upper reaches of the Weihe River and the 2016-2017 investigation data collected by the early Qin Culture Joint Archaeological Team in Qinzhou District, MaijiDistrct, Gangu County and Wushan County of Tianshui City. II. Contains the investigation data acquired in Qingshui County and Zhangjiachuan County in 2005 and 2008. III. Presents some preliminary research by the project team.

As the main body of this report, the first two chapters give an overall introduction of the total 142 sites from which cultural specimen were collected, including general situation of the site, text description, line graph and color photographs of the specimen, as well as the picture of the remains and the sites. These data have basically covered most of the prehistoric and Bronze Age sites discovered in Tianshui region. Many data are first published in length, including the geographical location, topography, area of the site itself as well as the discovery of the relics and specimens. In addition, the authors describe the process of the discovery and investigation of some important sites, sorting and integrating the formerly and newly found data.

In the third chapter, using the methodology of Settlement Archaeology and Plant Archaeology, the authors make a preliminary study of the distribution of the settlements of the Neolithic, Zhou, Qin and Han, and the agricultural development from the late Yangshao to the Han Dynasty in Tianshui area.

The upper Weihe River is one of the regions that first attract the attention of Chinese archaeologists. It is also the one of earliest regions of archaeological interest in China, especially for the prehistoric period and the Bronze Age. The formation of this report is based on the study of early Qin culture and Xirong culture. After the excavation of Majiayuan Site at Zhangjiachuan, Qingshui Liya Site and Maojiaping Site at Gangu, the project team believes that it is necessary to make further investigation and research on Tianshui area and even the upper reaches of the

Weihe River, so as to fully understand the distribution of cultural sites of various phases in this region from prehistory to the Han Dynasty, and to promote academic research on the distribution of Zhou culture, "Dongjiatai Type", Siwa Culture, Xirong culture of the Warring States, as well as the ancient environment from prehistory to the Han Dynasty.This report is mainly based on this inverstigation and completed by adding the survey data of Zhangjiachuan County, Qingshui County and Qin'an County.

目　录

插图目录

彩版目录

第一章　渭河上游地区考古工作历程及收获

一　渭河上游地区概况

　　渭河，古称渭水，是黄河最大的一级支流。渭河干流横跨甘肃东部和陕西中部，全长818千米。据相关记载，渭河在古代有三个源头，即龙王沟水（也叫禹河）、清源河以及锹峪河。一般认为正源为渭源县鸟鼠山禹河。时过境迁，现源于鸟鼠山的禹河水量很小，且经常断流。而源于渭源县西南豁豁山的清源河却水量充沛，实为现在渭河的主要源头。

　　距今140万～120万年左右渭河上游陇西段形成，150万年左右中滩段形成并注入天水古湖泊，随后渭河经历了多次下切，逐步演化为当今的地貌形态。渭河流经的上游地区主要指陇山以西的甘肃省段，其干流由西向东流经定西市渭源县、陇西县后，于鸦儿峡注入天水。在天水境内流经武山县、甘谷县和麦积区，流长270千米，占渭河全长的三分之一。途中有较大河流榜沙河、山丹河、大南河、散渡河、藉河、葫芦河、牛头河等注入。该区域以黄土丘陵为主，多山地，亦多有发育良好的黄土台地。属干旱半干旱区的大陆性气候，年均温6℃～13℃，年降水量500～800毫米，其中6～9月份占60%，多为短时暴雨，冬春降水较少，春旱、伏旱频繁。适宜人类居住、繁衍生息，是中华文明的重要发祥地之一。

二　渭河上游地区考古工作历程

　　渭河上游的考古工作始于20世纪40年代，距安特生提出"仰韶彩陶西来说"已20多年了，此前已经有不少学者对此说持有不同的意见。围绕着"西来说"，"齐家期"与"仰韶期"的年代关系等当时的热点问题，1947年中央地质调查所委派裴文中赴西北调查。期间花了近一个月，调查了天水至陇西，发现古遗址39处。其中，在17处遗址中发现有绳纹灰陶，裴文中先生推测这些绳纹灰陶可能代表着汉代以前的文化[1]。调查区域现天水市区周围藉河两岸以及甘谷、武山、陇西境内渭河干流两岸。遗址内涵以史前文化为主，裴文中以发现彩陶的多少分了三期，分别为早期、中期和末期，对应彩陶文化的鼎盛期、衰落期和极衰期。此次发现的遗址包含了著名的西山坪遗址、毛家坪遗址、石岭下遗址、西河滩遗址等重要遗址。

　　20世纪50年代，在文化部做好全面的普查和保护古代遗址的指示下。1956～1957年，甘肃省文物管理委员会在天水县（今天水市麦积区）、甘谷、武山及渭源、陇西五县进行考古普查

---

[1]　裴文中：《甘肃史前考古报告》，地质调查所油印本，1947年。

工作。发现古文化遗址159处，包括新石器时代遗址139处、周代11处、汉代6处、唐代1处、宋代2处，基本完成了渭河干流的文物普查工作[1]。此次调查进一步认为裴文中先生提出的彩陶文化的鼎盛期实为仰韶文化，衰落期是齐家文化，极衰期是周代遗存。也认识到仰韶文化和"甘肃仰韶文化"为单独的两个系统，并且在时间上可能还有先后的关系。周代遗址共发现11处，且在史前遗址中多有包含，在天水的甘谷和武山发现较多，包括天水之汝季村，甘谷之边下坬、毛家坪，武山之石坪村、坟坪里、百泉镇、西旱坪、聂家坪、大坪里、寺坬等遗址。除此之外，还发现有汉代遗存6处[2]。1958年甘肃省博物馆对前两年调查的区域进行重点复查，又对渭河支流南河、榜沙河、漳河流域进行调查，发现仰韶文化遗址8处、齐家文化遗址13处、寺洼文化墓地和周代遗址各1处[3]。其仰韶文化遗址中混杂有马家窑文化遗存的现象比渭河干流流域更为显著。确认了1957年在渭源和陇西发现的新文化即为齐家文化，对齐家文化的彩陶有了一定的认识。此次调查首次在渭河支流——漳河流域的武山阳坬遗址发现了寺洼文化墓葬，其文化面貌与寺洼山、占旗遗址较为相似，年代无法晚至西周时期；周代遗存仅零星发现于武山的观儿下和张家坪——西堡子两处遗址内。1959年上海博物馆马承源等对甘谷灰地儿遗址进行了调查，并发表了简报。

1960年，为了总结建国十年来的考古成果，甘肃省博物馆发表《甘肃古文化遗存》一文[4]，文中以考古学文化的分布特点对甘肃整个区域做了概括，渭河上游的史前文化以仰韶文化为主，某些遗址包含有马家窑文化的因素。齐家文化分布广泛。甘肃东部（包括渭水上游）齐家文化之后，主要为周代遗存代替。此文还公布了渭河上游区域（包括陇西、天水、静宁）具有较详信息的史前文化遗址208处。周代遗址21处，其中9处为新增加遗址，分别是天水之柴家坪、师赵村、山坪里、樊家城、马跑泉、董家坪，静宁之万家塬、曹家坪及清水永清堡。

1962年甘肃省博物馆任步云、安志在泾河流域复查时，临时清理了2座寺洼文化墓葬[5]。证明了寺洼文化的分布区不仅仅在洮河流域，东部可达渭河支流及其附近的泾河流域。同时，提出这里的寺洼文化很可能与殷周有异常亲近的关系。

1961年甘肃省博物馆张学正、谢端琚等对武山石岭下、甘谷灰地儿遗址又进行了一次比较仔细地复查，认定两遗址遗存与庙底沟、马家窑类型均有明显区别。1962~1964年在渭水上游试掘中发现了石岭下遗存是一种过渡型遗存，晚于仰韶文化庙底沟类型而早于马家窑类型。后来20世纪70年代才正式提出了"石岭下类型"这一新的文化名称[6]。1965~1966年，在陇西县西河滩发掘了一处西周遗址，发现房子、窖穴、窑址、墓葬和井等遗迹，出土物较丰富。还发现了寺洼文化的陶片，均位于西周文化层下。

1967年开始，考古工作基本处于停滞状态。近十年间，渭河上游的工作未有主动性地开

[1]　甘肃省文物管理委员会：《甘肃渭河上游渭源、陇西、武山三县考古调查》，《考古通讯》1958年第7期。
[2]　甘肃省文物管理委员会：《渭河上游天水、甘谷两县考古调查简报》，《考古通讯》1958年第5期。
[3]　马承源：《甘肃灰地儿及青岗岔新石器时代遗址的调查》，《考古》1961年第7期。
[4]　甘肃省博物馆：《甘肃古文化遗存》，《考古学报》1960年第2期。
[5]　甘肃省博物馆：《甘肃庄浪县柳家村寺洼墓葬》，《考古》1963年第1期。
[6]　严文明：《从马家窑类型驳瓦西里耶夫"中国文化西来说"》，《文物》1976年第3期。谢端琚：《论石岭下类型的文化性质》，《文物》1982年第4期。

展。1972年甘肃省文物工作队对5年前秦安上袁家村兴修梯田时发现的墓葬进行钻探，1976年开始发掘秦汉墓6座，其中两座秦墓东西并列，应为一对夫妇异穴墓，发掘者将其年代定为秦统一至二世时期。五座汉墓排列规律，应是一处家族墓地，发掘者推断其年代应在武帝至宣帝时期。由墓葬形制和随葬品来看，两座秦墓和其中两座汉墓的墓主人身份等级应较高[1]。

1978年"文化大革命"结束后，考古工作步入了正轨。为了解决史前文化的诸多课题，尤其是仰韶文化研究在甘肃基本上属于空白。甘肃省博物馆文物工作队选择了葫芦河支流清水河流域的大地湾遗址进行发掘，工作持续了7年，至1984年年底基本结束。大地湾遗址发掘成果显著，在这里发现了渭河上游最早的史前文化——大地湾一期文化，同时也发现与仰韶文化上下叠压的地层关系。1981年大地湾发掘组还发掘了附近的王家阴洼遗址[2]。发掘期间，工作组又对秦安县内古遗址进行了调查，发现了多个史前文化遗址，还有周代、寺洼文化、北方系文化遗存。春秋战国之际的青铜时代遗址中，不仅包含有周文化和寺洼文化遗存，还发现带有北方少数民族风格的青铜器。其中，云山南沟出土有周文化铜鬲，而陇城山王家、魏店寺嘴坪、五营赵宋、五营老虎穴等遗址则发现带有北方草原风格的器物[3]。1986年，秦安县文化馆又介绍了一批馆藏的北方系青铜器，其中，在山王家、寺嘴坪、莲花、千户出土的器物年代属春秋战国时期[4]。

胡谦盈主导的"先周文化与先周历史的探索与研究"课题组在1978～1979年在泾水、渭水两河流域开展了广泛深入的考古调查，踏查古文化遗址数百处。调查期间为了帮助庄浪县文化馆，课题组对徐家碾墓地进行了发掘。从1980年5月中旬开始，历时2个多月，发掘104座墓葬和2座车马坑[5]。是目前渭河上游地区发现规模最大的寺洼文化遗址。

1981年，中国社会科学院考古研究所甘肃工作队对天水地区（当时包括西和、礼县）做了考古调查，除了复查已知遗址外，还新发现了清水泰山庙遗址、麦积区蔡科顶遗址、武山杜家楞遗址、礼县高寺头遗址等[6]。同年，工作队对天水师赵村遗址开始发掘，至1986年结束。发现了早于仰韶文化之间的一种新类型——师赵村一期。此外，在师赵村遗址还发现了3座西周早期的墓葬，有很重要的学术价值[7]。丁广学先生对庄浪县出土的寺洼陶器进行了报道，除已发掘的柳家村遗址和徐家碾遗址外，出有寺洼陶器的遗址还有朱家大湾遗址、三合东台遗址、李家嘴遗址、水洛贺子沟遗址和盘安王宫遗址[8]。其中，水洛贺子沟遗址和盘安王宫遗址出土的铲足鬲应属东周时期的西戎文化遗存。

在中国社会科学院关注渭河上游史前文化的同时，北京大学也把目光投入到这块区域。为了探索秦文化的渊源，1982、1983年以北京大学赵化成先生为主的考古队在天水地区做了一些调查，并在甘谷县毛家坪、麦积区董家坪两遗址发掘，首次发现了西周时期的秦文化遗存，在

[1] 甘肃省文物考古研究所：《甘肃秦安上袁家秦汉墓葬发掘》，《考古学报》1997年第1期，第57～79页。
[2] 甘肃省博物馆大地湾发掘小组：《甘肃秦安王家阴洼仰韶遗址的发掘》，《考古与文物》1984年第2期。
[3] 甘肃省文物考古研究所、秦安县博物馆：《甘肃秦安考古调查记略》，《文物》2014年第6期，第44～49页。
[4] 秦安县文化馆：《秦安县历年出土的北方系青铜器》，《文物》1986年第2期，第40～43页。
[5] 胡谦盈：《甘肃庄浪县徐家碾寺洼文化墓葬发掘纪要》，《考古》1982年第6期。
[6] 中国社会科学院考古研究所甘肃工作队：《甘肃天水地区考古调查纪要》，《考古》1983年第12期。
[7] 中国社会科学院考古研究所：《师赵村与西山坪》，中国大百科全书出版社，1999年。
[8] 丁广学：《甘肃庄浪县出土的寺洼陶器》，《考古与文物》1981年第2期，第11～15页。

早期秦文化的研究上具有里程碑的意义。同时，在毛家坪遗址还发现了与东周秦文化共存但又风格迥异的另一种文化因素，被称为"毛家坪B组遗存"，赵化成先生认为可能是冀戎的遗留，是渭河上游地区最早发掘的东周时期的戎族遗存[1]。在发掘毛家坪遗址的同时，上述两单位组成的考古队还对天水市董家坪遗址进行了试掘。遗址下层为齐家文化遗存，上层为两周时代遗存。

1986年6月，甘肃省文物考古研究所在天水放马滩墓地进行钻探和发掘，发现墓葬100余座，发掘秦墓13座、汉墓1座[2]。出土文物丰富，其中战国秦木板地图、竹简和西汉初期纸绘地图等非常重要。特别是7幅木板地图是目前全国考古所见最早地图，是研究战国邽县历史地理的重要线索。

1986年天水师赵村遗址发掘结束后，工作队又对西山坪遗址开始发掘，至1990年结束。西山坪遗址中再次发现了大地湾一期文化，并存在师赵村一期叠压在大地湾一期之上的地层现象，明确了两者的年代关系。师赵村和西山坪遗址的发掘建立起了甘肃东部地区从前仰韶时代的大地湾一期文化到齐家文化的完整序列，意义重大。

1987年由张家川县文化局组织，对县内进行了田野考古调查，发现了仰韶文化、齐家文化、周代以及秦汉时期的古遗址120多处，其中史前文化遗址占大多数[3]。首次发现属于马家窑文化半山类型的黑红彩相间的锯齿纹彩陶。调查者认为这一区域的仰韶文化特色鲜明，有其自身的发展特点。同年，天水市博物馆对天水市贾家寺东汉墓葬进行了清理，共发掘2座东汉时期砖室墓。同时，在周围还发现有与这两座墓并行排列，形制相同的几座墓葬残迹，应是一处墓葬群[4]。

1990年北京大学考古学系、城市与环境科学系与甘肃省文物考古研究所联合对渭河的重要支流葫芦河流域进行了一次考古学和地理学的综合考察，历时一个月[5]。目的是探索葫芦河流域古文化孕育、产生和发展、变化的环境背景，进而讨论全新世以来陇东一带的环境变迁和气候的变化。这是对渭河上游地区做的最早的环境考古研究。

1991～1993年，中国社会科学院考古研究所甘青队对武山县榜沙河南岸的傅家门遗址[6]进行发掘，出土了一批马家窑文化石岭下类型遗存，对进一步探讨石岭下类型有关问题具有重要价值。还发现了马家窑文化带有刻划符号的卜骨，在当时为绝无仅有的新发现。

1993年，天水市博物馆抢救了一批秦文化青铜器，有四鼎一盘一匜，年代在春秋早期。这种组合的随葬品的墓葬在天水地区发现算是级别较高了，其墓主身份地位可能不低。对研究秦人早期的历史是个重要的线索。

20世纪90年代的工作随着中国社会科学院考古研究所发掘的结束，渭河上游的主动性调查或发掘告一段落。然而，这一时期是盗墓猖獗的时期，特别是礼县大堡子山、圆顶山大墓遭严重盗掘。省级考古机构和一些高校考古力量的重心也转移到礼县境内。当然，一些配合基本建

[1] 北京大学、甘肃省文物工作队：《甘肃甘谷毛家坪遗址发掘报告》，《考古学报》1987年第3期。
[2] 甘肃省文物考古研究所：《甘肃天水放马滩战国秦汉墓的发掘》，《文物》1989年第2期。
[3] 张家川县文化局：《甘肃张家川县原始文化遗址调查》，《考古》1991年第12期。
[4] 天水市博物馆：《甘肃天水市贾家寺发现东汉墓葬》，《考古》1991年第1期，第85、86页。
[5] 北京大学考古系、甘肃省文物考古研究所：《甘肃省葫芦河流域考古调查》，《考古》1992年第11期。
[6] 中国社会科学院考古研究所甘青工作队：《甘肃武山傅家门史前文化遗址发掘简报》，《考古》1995年第4期。

设的规模较大的墓葬还需要省上抽出专业人员进行发掘。

2000年，为了配合"包兰"二线的建设，甘肃省文物考古研究所对渭河南岸的武山东旱坪遗址进行大面积考古勘探和发掘，清理战国、秦汉、宋元墓共71座。其中，战国秦汉墓葬均为中小型墓，以带斜坡墓道的竖穴土坑墓为主，还首次发现一座围沟墓[1]。同年，清水县博物馆对清水白驼刘坪遗址一座较大的被盗墓葬进行了清理，白驼刘坪墓葬群被盗严重，根据该墓的清理和历年来征集的文物，此处应是一处春秋晚期至战国晚期的西戎文化遗址，其族属可能为绵诸戎[2]。

21世纪初，甘肃省文物考古研究所、北京大学、西北大学等都集中在礼县境内的大堡子山、圆顶山、西山等遗址进行抢救性发掘。大堡子山秦公大墓的发现为秦人早期历史的研究提供了线索。以此为契机，2004年由甘肃省文物考古研究所、北京大学、中国国家博物馆、陕西省考古研究所、西北大学五家单位组成联合课题组，启动早期秦文化考古调查、发掘与研究项目。起初的工作大部分在西汉水流域，发现的秦文化年代多为东周时期，进入西周时期的遗存极少。为了追溯更早的秦文化，寻找秦人先祖非子时代的遗存，2005年早期秦文化联合考古队调查了东起清水县秦亭乡、西至白驼乡、北至黄门镇、南至红堡镇的牛头河干、支流两岸，发现遗址55处。2008年又在黄门镇以北区域调查，由清水到张川的后川河干支流，以及樊河和汤峪河上游两岸，发现遗址62处。两次共发现各类遗址117处，包括了仰韶中晚期、龙山时期、周代及以后的遗存。以史前遗址数量最多，包含周代遗存的遗址32处，包含汉代遗存的遗址37处。其中明确有西周遗存的遗址13处，分别是清水之程沟西、李沟坪、祝英台、柳树塬、李崖、孟家山、庙崖、上城村、郑家湾、柳滩里、台子村，张川之杨上、坪桃塬。以李崖遗址规模最大，认为可能是非子的封邑。包含战国时代遗存的遗址共11处，分别为清水之杜沟西、温沟、曹家庄西、塬头上、柳滩里，张川之杨村、崔湾、沟口村、下仁、簸箕洼墓地、长沟墓地；包含汉代遗存的遗址共37处，分别为清水之温家十字、祁家沟、杜沟西、温沟、李沟坪、武坪、曹家庄西、兔儿坡、李崖、庙崖、安家村、塬头上、白沱镇西、上城村、柳滩里，张川之沟口、王店北、杨村、杨村墓地、夏堡、油坊沟墓地、南沟、崔湾、瓦泉、上磨墓地、袁川墓地、杨上、赵川、坪桃塬、三台观墓地、下仁、簸箕洼墓地、杜家墓地、东窑墓地、恭门西墓地、古土墓地、麻崖[3]。

2006年7月，得知张家川回族自治县马家塬墓地被盗，甘肃省文物考古研究所首先对被盗墓葬进行抢救性发掘，发掘被盗墓葬3座，首次发现将车坑与墓道、墓室结合在一起的墓葬结构[4]。从此拉开了长达十几年的马家塬西戎考古的序幕。

2007年4月全国第三次文物普查开始，至2011年12月结束，历时近5年。此次普查范围较大，包括古遗址、古墓葬、古建筑、石窟寺等。不同于第一、二次全国普查的是，这次基本是地方组织人员实施，省级文博机构极少参与。渭河上游地区大部分属天水市、定西市管辖，具体工

[1]　甘肃省文物考古研究所：《甘肃武山县东旱坪战国秦汉墓葬》，《考古》2003年第6期，第512～523页。
[2]　李晓青、南宝生：《甘肃清水县刘坪近年发现的北方系青铜器及金饰片》，《文物》2003年第7期，第4～17页。
[3]　早期秦文化联合考古队：《牛头河流域考古调查》，《中国国家博物馆馆刊》2010年第3期。
[4]　甘肃省文物考古研究所、张家川回族自治县博物馆：《2006年度甘肃张家川回族自治县马家塬战国墓地发掘简报》，《文物》2008年第9期，第4～28页。

作由下属各县完成。因此，这次调查范围更大，可能遍及全区域，新发现的遗址也比较多。但是大多基层文博单位业务人员极少，能力有限，对于遗址的文化性质的判断存在一些问题。

2009年，甘肃省文物考古研究所对被盗的秦安王洼墓地进行了勘探和发掘，发现墓葬30座，发掘了3座战国竖穴土坑墓[1]。性质属于西戎文化。同年，早期秦文化联合考古队在礼县的发掘工作结束，转至清水县。正遇天平（天水至平凉）公路要经过李崖遗址，考古队随即清理了3座战汉时期的残墓和1座西周灰坑。2010、2011年对李崖遗址进行主动性发掘，共发掘墓葬20余座（包括4座寺洼文化墓葬），灰坑40余个。出土器物的年代集中在西周中期，个别可早至西周早期偏晚或更早。这个年代与史书记载的非子受封的年代基本吻合，再考虑到遗址的规模，发掘者认为是非子封邑的可能性很大。此外，在遗址的西北还发现了北魏时期的古城遗址，认为是北魏的清水县城所在[2]。

2011年9月，李崖遗址发掘正酣时，《光明日报》刊登李学勤先生的文章《清华简关于秦人始源的重要发现》，文中提到秦国先人"商奄之民"西迁至"邾"，而"邾"确定在甘谷县[3]。此文引起了早期秦文化项目组专家的注意，但文中所述与20世纪80年代甘谷的调查和毛家坪遗址的发掘成果不论在遗存特点还是年代上都有一些出入。这可能是项目组决定重返毛家坪的原因吧！

2012年7月，早期秦文化联合考古队开始对毛家坪遗址发掘，至2014年田野工作基本结束。起初发掘点就选在了20世纪80年代发掘处的周围，但文化堆积不是很理想。后来扩大了范围，进行了大面积的钻探和发掘。经过3年的发掘，出土了大量的随葬品，年代多在春秋战国时期。其中春秋中期的"子车戈"铭文初步说明了毛家坪遗址在东周时期应为子车氏家族聚居和埋葬之地。少数墓葬和灰坑进入了西周时期，但不会早于西周晚期。因此，毛家坪遗址的发掘证实了史书记载的"子车氏"的历史存在。遗憾的是，没有找到清华简《系年》中记载的周成王时迁秦先人于甘谷的实物线索。

2014年，甘肃省文物考古研究所对漳河流域的墩坪遗址进行了钻探和发掘，发现墓葬150余座，发掘27座。其性质为春秋战国时期的西戎遗存，可能为貕戎[4]。

2015年对毛家坪遗址发现的3座车马坑进行三维扫描、分割、打包提取。2016年3月开始整理毛家坪发掘资料，西北大学研究生赵兆、刘婷分别做了墓葬研究和马车的复原研究，并完成了硕士论文。刘欢博士对毛家坪工地所出动物骨骼进行鉴定并做初步整理。后续又有天水市博物馆工作人员、西北师范大学研究生等参与整理。

渭水上游地区虽然调查多次，但缺乏系统性和综合性，并且早期的调查资料都以传统记录方式获取，给今后的综合研究造成了很大的困难，无法展开多学科、宏观、深入的研究。因此，秦文化与西戎文化研究项目组（2016年由"早期秦文化联合考古队"更名，文中简称"项目组"）决定再对此一区域进行考古调查。总之，渭河上游地区考古工作开展至今，已逾70年，成果是显著的。其中重要遗址、墓地的发掘集中在天水地区，天水地区的工作代表了渭河

---

[1] 甘肃省文物考古研究所：《甘肃秦安王洼战国墓地2009年发掘简报》，《文物》2012年第8期。

[2] 早期秦文化联合考古队：《甘肃清水李崖遗址考古发掘获重大突破》，《中国文物报》2012年1月20日。

[3] 李学勤：《清华简关于秦人始源的重要发现》，《光明日报》2011年9月8日。

[4] 甘肃省文物考古研究所：《甘肃漳县墩坪墓地2014年发掘简报》，《考古》2017年第8期，第34～51页。

上游地区的高峰。但限于每个时代的局限性，对这一区域的史前文化以及其他时期的文化都有不足，悬而未决的问题依然很多，这需要一代代考古人不懈的努力和追求。

三　天水地区自然地理概况

天水地处甘肃省东南部，东临陕西，南接陇南，直通巴蜀。地势呈西高东低，海拔在1000～2100米。地跨长江、黄河两大流域。两大水系中，黄河的最大支流渭河从西向东贯穿全境，干流流经了武山县、甘谷县和麦积区。长江二级支流西汉水及其支流分布在天水南部。渭河以北地区地质构造属北祁连山加里东褶皱带，沉积了深厚的第三纪红色泥岩和砂砾岩层。第四纪以来，堆积了几十米厚的黄土层，经过长时期风雨的侵蚀，发育成黄土卯梁地貌。渭河以南大部分为秦岭山地，属西秦岭海西构造褶皱带，多山高谷深、陡峭起伏的地形，特别是东南部区域。

人类赖以生存发展的黄土层占天水地区总面积的34.8%，厚度20～80米，大部分分布在渭河以北，以秦安、甘谷比较典型；水资源包括渭河水系和嘉陵江水系。渭河流长约280千米，流域面积11696平方千米，占全市总面积的81.65%。有一级支流58条，二级支流109条。流域面积大于1000平方千米的支流有榜沙河、散渡河、葫芦河、藉河、牛头河。较大支流有山丹河、大南河、聂河、永川河、东柯河、交川河、东岔河、通关河。二级支流有漳河、清溪河、清水河、显亲河、西小河、南小河、汤峪河、樊河、后川河等；嘉陵江水系分布在天水南部，流域面积为802平方千米，占全市总面积的5.6%，支流有西汉水、白家河、花庙河、红崖河等（图一）。

天水行政区划包括二区五县，即秦州区、麦积区、甘谷县、武山县、清水县、秦安县和张家川回族自治县。总面积1.43万平方千米。

四　调查及报告编写

1. 调查起因及经过

自2004年早期秦文化联合考古队工作以来，虽然取得了一系列重大成果，但有些问题仍然困扰着考古学家。比如秦祖非子的封邑"秦"的具体位置及对应遗址，秦人早期县邑的具体位置及对应遗址，渭河上游地区周文化、寺洼文化如何分布等众多问题。基于试图解决一些学术问题，渭河上游地区是非常重要的区域。

此次调查由梁云和甘肃省文物考古研究所侯红伟发起，2016年10月筹备，11月1日开始，27日结束。首先对天水市秦州、麦积两区所辖渭河两岸及其支流藉河两岸进行考古调查，调查遗址42处，以史前遗存为主的遗址有33处，以周秦遗存为主的遗址有5处。新发现遗址4处，分别是皇城台遗址、玉泉村遗址、师家湾墓地和王李湾墓地。还有早期定为史前遗址的柴家坪遗址、北坪遗址等遗址中发现了新遗存，另有10余处已知遗址遭严重破坏，濒临消失。调查人员有西北大学梁云教授、硕士研究生王璐、张亚楠，甘肃省文物考古研究所侯红伟、裴建陇，天水市文物保护和考古研究中心（原天水市文物考古研究所）王太职、陈东东，北京大学硕士研

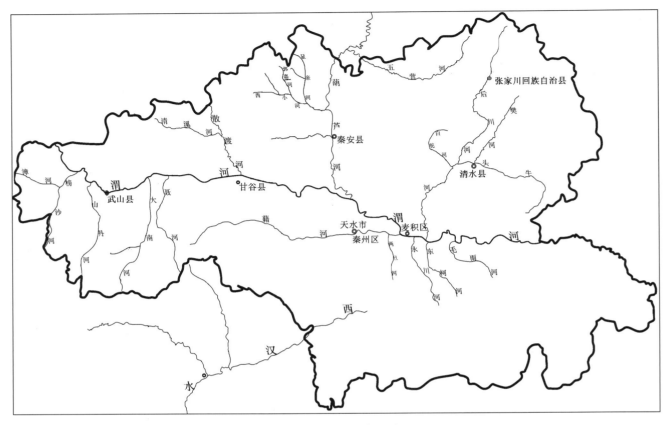

图一　天水水系分布示意图

究生刘思源。

　　2017年3月27日至4月27日，考古队对甘谷县境内的遗址进行了调查，共发现遗址51处。以史前遗存为主的遗址有40处，以周秦遗存为主的遗址有5处，以汉以后遗存为主的遗址有6处。总面积2万平方米及以下的小型遗址共14处，总面积2万至10万平方米的中型遗址共25处，总面积10万至20万平方米的大型遗址共4处，总面积20万平方米以上的超大型遗址共8处；10月12日至31日，武山县调查遗址30多处，这次吸纳了兰州大学自然地理学、历史地理学、环境考古等专业人员，并使用无人机、GPS、GIS等手段，尽可能地对遗址的自然环境、文化堆积、遗迹遗物等做综合性记录，采集陶片、土样等标本。调查人员有梁云、侯红伟、王太职、裴建陇、陈东东、王璐、张亚楠，新加入了兰州大学博士生黎海民、史志林、硕士生陈亭亭，秦始皇帝陵博物院付建、北京科技大学博士生谭宇辰、邹贵森，中国国家博物馆郭梦涵参与了短期调查。

　　两年内共调查遗址近二百处，记录了每个遗址的详细信息，采集了大量陶片与土样44份。对过去调查的一些性质模糊的遗址进行再确认，同时也纠正了一些定性错误的遗址。也新发现了一些遗址，对于寺洼文化、秦文化和西戎文化的研究增添了新的资料。学术之外，对遗址的保存现状有了全面的了解，可以给当地政府和文物保护相关部门提供可靠的信息。

　　2018年5月，由天水市博物馆馆长李宁民研究员主持的天水市市委组织部成纪之星项目《天水地区史前聚落的考古调查与研究》立项，目的是在天水地区以往考古工作的基础上，进一步全面系统地梳理天水地区史前文化遗存分布，并分析其文化面貌，为今后天水地区文旅深度融合提供一定的资料支撑。具体调查由天水市文物保护和考古研究中心（原天水市文物考古研究所）王太职组织实施，调查人员有陈东东、裴建陇、李鑫、王蓉、马素芳、朱姝民、白梅、丁大为等。田野调查于2019年3至5月进行，限于人力、时间和经费，成纪之星项目组仅调查了秦安县部分区域。

2. 资料整理与报告编写

渭河上游的调查资料从20世纪60年代开始就有零散的简报公布，未见有资料翔实，图文并茂的报告出版。此报告旨在把天水地区从史前至汉代文化属性较明确，规模较大的遗址最大程度地集中呈现，给研究者和大众读者一个系统的、综合的、集中的专业性参考依据。报告中绝大部分为未公布资料，少部分见诸已发表的简报、图册及博物馆。

此报告所采用的资料主要包括三大部分：一是早期秦文化联合考古队2005年10月20日至11月10日为期20天的清水县境内牛头河流域调查和2008年8月24日至9月6日张家川境内清水河流域调查资料；二是2017、2018年秦文化与西戎文化项目组在天水地区的考古调查和天水成纪之星项目组的调查资料；三是见诸已发表报告、简报、图册以及博物馆的收藏等。

与多数考古调查报告不同的是，本报告加入了项目组成员对其调查成果的初步研究，包括聚落分布问题和农业相关的问题，仅代表个人对渭河上游地区考古和历史方面的看法，期望起到抛砖引玉的效果。

报告分为五章：

第一章：渭河上游地区考古工作历程及收获（王太职、侯红伟）。

第二章：遗址介绍（王太职、侯红伟、裴建陇、陈东东）。

第三章：天水地区史前聚落分布特点及相关问题（王太职）。

第四章：渭河上游周秦汉聚落分布及相关问题（王璐）。

第五章：渭河上游地区仰韶晚期至汉代农作物种植结构及其影响因素的初步研究（陈亭亭）。

报告中共介绍了142个采集有标本的遗址，包括遗址简介、位置图、标本描述。基本涵盖了天水地区史前时期绝大部分重要遗址，能够给研究者提供直观的、可靠的基础资料。第三、四、五章内容属项目组的初步研究，可能有很多不足之处，仅供研究者参考。

调查报告由甘肃省文物考古研究所侯红伟和天水市文物保护和考古中心王太职负责编写。甘肃省文物考古研究所裴建陇、天水市文物保护和考古研究中心陈东东、上海古籍出版社王璐、天水市博物馆修复中心李鑫等参与了编写。报告中线图主要由方志军、王太职完成，陈东东、裴建陇和李鑫各完成少部分线图。遗址全景由裴建陇、谭宇辰拍摄，标本照片主要由王太职和李鑫完成。

第二章　遗址介绍

第一节　秦州区

一　概况

秦州区原称秦城区，位于天水市西南部。东、北接麦积区，南接徽县、礼县、西和县，西邻甘谷县。下辖22个乡镇，总面积2442平方千米（图二）。

全区境属北暖温带大陆性气候，地处暖温带半湿润、半干旱气候的过渡带，以湿润和半湿润为主。年均气温6℃～11℃，夏无酷暑，冬无严寒。

西秦岭山脉横贯东西，分为南、北两个自然风貌迥异的区域，是黄河长江两大流域的分水岭。地貌为北部以黄土高原为主，南部为山地为主；北部水系为渭河水网，以一级支流藉河及其他支流构成，较大河流有罗玉河、南沟河、金河等。南部水系以西汉水及其支流、嘉陵江各支流构成，较大河流有汪川河、小南河、白家河等。

藉河两岸及其支流流域、西汉水上游流域是各人类生活的主要区域，史前遗址比较密集，且延续时间长。有些遗址几乎没有荒芜过，经过了几千年仍然有人居住、生产或者埋葬。秦州区境内的史前考古起步很早，早在1947年裴文中先生的西北之行第一站便是天水，他在藉河两岸及支流附近进行了考古调查，发现了七里墩遗址、高家湾遗址、马跑泉遗址、花牛寨遗址、罗家湾遗址、老君庙遗址、西山坪遗址、关子镇遗址、烟铺村遗址等。后来中国社会科学院考古研究所甘青队对师赵村遗址、西山坪遗址、罗家沟遗址进行了发掘，并出版了发掘报告《师赵村与西山坪》。2004年早期秦文化联合考古队对西汉水上游进行了调查，秦州区天水镇、杨家寺镇部分地区纳入调查范围。2019年由于修建天水至平凉的高速公路，复旦大学与天水市博物馆合作对师赵村遗址进行了抢救性发掘。近些年，社会高速发展，农田基建、公路、铁路、高铁的修建使很多遗址改变了原貌，甚至消失。此次调查旨在对已发现遗址的现状进行了解，对各遗址文化性质进行再次确认，对未调查区域进行调查。

下图为秦州区发现的一些规模较大且保存现状较好的遗址位置示意图（图二），其中有些遗址未采集到标本。

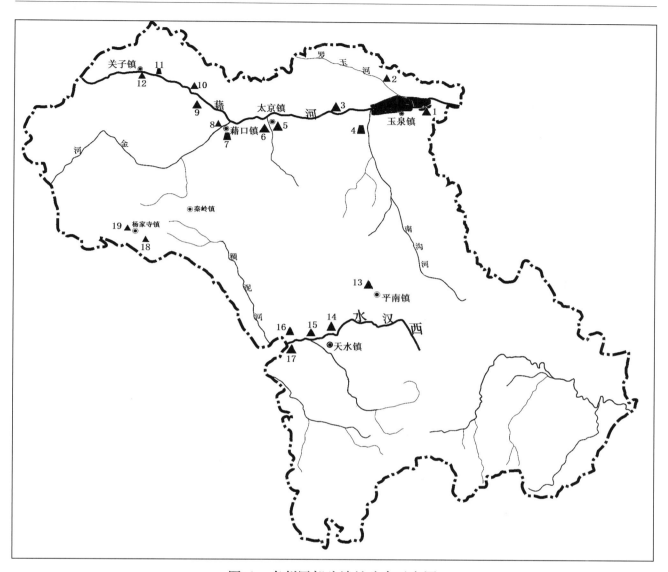

图二　秦州区部分遗址分布示意图

1. 七里墩遗址　2. 烟铺村遗址　3. 师赵村遗址　4. 老君庙遗址　5. 杨集寨遗址　6. 西山坪遗址　7. 鸦儿崖遗址　8. 西庙坡遗址　9. 上花坪遗址　10. 山坪里遗址　11. 红土坡遗址　12. 杨家坪遗址　13. 平南遗址　14. 盘头山遗址　15. 庙坪遗址　16. 王坪遗址　17. 大坟遗址　18. 王家磨遗址　19. 房背山遗址

二　遗址分述

1. 玉泉镇七里墩遗址

七里墩遗址位于玉泉镇七里墩村东侧，小河子与藉河交汇处，藉河南岸一级阶地之上。地理坐标为北纬34°34′，东经105°45′（图三）。

1947年裴文中先生首次发现。1956年甘肃省文物工作队再次调查，测得遗址南北长约260、东西宽140米，面积约3.6万平方米，文化堆积层厚达0.6～1.5米。在一处齐家文化墓葬填土中发现了仰韶文化小口尖底瓶残片和夹砂粗红陶片，提供了仰韶文化早于齐家文化的又一证据[1]。

---

[1]　甘肃省文物管理委员会：《渭河上游天水、甘谷两县考古调查简报》，《考古通讯》1958年第5期。

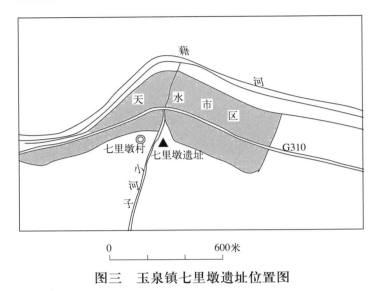

图三　玉泉镇七里墩遗址位置图

1963年公布为县级文物保护单位。

1981年社科院进行复查，在断崖上发现灰坑、白灰面房址等遗迹，并采集了一些陶片。文化属性为齐家文化，有学者认为七里墩遗址齐家文化特征明显，称为"七里墩类型"。近些年由于城市的扩张，城中村改造，部分遗址已经被破坏。2016年项目组调查时未发现丰富的堆积，仅在小河东岸二级阶地上发现有少量陶片。采集的标本如下（图四）。

标本七里墩：1，罐口沿。泥质红陶。侈口，尖圆唇，束颈。素面。口径约16、残高5.5厘米（图四，1）。时代为齐家文化时期。

标本七里墩：2，陶片。泥质黄褐陶。表面饰篮纹。时代为齐家文化时期（图四，2）。

标本七里墩：3，陶片。应为罐类肩部。上部素面，下部饰篮纹。时代为齐家文化时期（图四，3）。

标本七里墩：4，罐残片。夹砂红褐陶。侈口，尖唇，斜直领，溜肩。唇部饰压印纹，肩部饰绳纹。口径约11.5、残高7厘米（图四，4）。时代为齐家文化时期。

标本七里墩：5，罐肩部残片。泥质红陶。表面纹饰下部为篮纹，上部为倒三角纹。残高约8.5厘米（图四，5）。时代为齐家文化时期。

标本七里墩：6，陶片。泥质红陶。表面饰绳纹。残高约9厘米（图四，6）。时代为齐家文化时期。

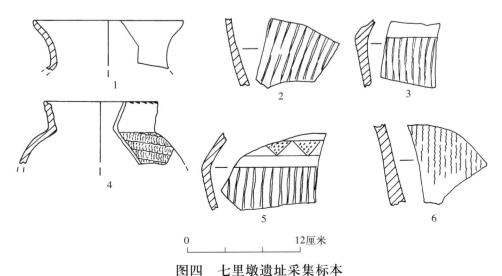

图四　七里墩遗址采集标本

1.罐口沿　2、3、6.陶片　4.罐残片　5.罐肩部残片

2. 玉泉镇烟铺村遗址

烟铺村遗址位于秦州区玉泉镇烟铺村东北，藉河支流罗玉河的一、二级阶地之上。地理坐标为北纬34°36′，东经105°42′（图五）。

遗址南北长约400、东西宽约200米，总面积约8万平方米。1947年裴文中先生首次发现，1963年公布为县级文物保护单位。遗址断面上暴露有灰坑、灰层。在一长约3.5、深约0.5～0.8米的大灰坑中采集有彩陶口沿、陶环等（彩版一，1）。地面也分布有较多陶片。遗存文化属性为仰韶文化。采集标本如下（图六；彩版二）。

标本烟铺村：1，彩陶盆残片。泥质红陶。敛口，平沿，圆唇。唇部饰一周黑彩。沿下饰弧形黑彩。口径28、残高5.6、壁厚0.6厘米（图六，1；彩版一，2）。时代为仰韶文化晚期。

标本烟铺村：2，钵口沿。泥质红陶。敛口，圆唇。素面。口径18、残高5.2、壁厚0.4厘米（图六，2；彩版一，3）。时代为仰韶文化晚期。

标本烟铺村：3，罐口沿。泥质红陶。敛口，厚圆唇，斜平沿。饰斜向线纹。口径28、残高7、壁厚0.6厘米（图六，3；彩版一，4）。时代为仰韶文化晚期。

标本烟铺村：4，钵口沿。泥质红陶。敛口，尖圆唇。素面抹光。口径18、残高5、壁厚0.4

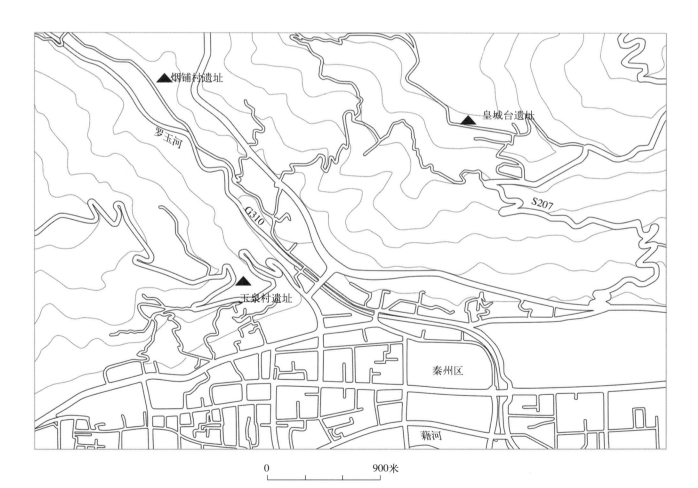

图五 玉泉镇烟铺村遗址位置图

厘米（图六，4；彩版一，5）。时代为仰韶文化晚期。

　　标本烟铺村：5，罐口沿。夹砂红陶。敛口，卷沿，圆唇。沿下抹光。饰斜细绳纹。口径30、残高6.4、壁厚0.8厘米（图六，5；彩版二，1）。时代为仰韶文化晚期。

　　标本烟铺村：6，彩陶盆残片。泥质。敛口，卷沿，圆唇。口沿外侧及颈部饰黑彩。口径28、残高3.2、壁厚0.4厘米（图六，6；彩版二，2）。时代为仰韶文化晚期。

　　标本烟铺村：7，罐耳残片。夹砂灰褐陶。素面。残宽13.6、残高6.8厘米（图六，7；彩版二，3）。时代为仰韶文化晚期。

　　标本烟铺村：8，陶环，残。泥质黄褐陶。磨光。断面呈圆角弧边钝角三角形。外径6、内径5厘米（图六，8；彩版二，4）。时代为仰韶文化时期。

　　标本烟铺村：9，陶环，残。泥质灰陶。磨光。断面呈弧边锐角三角形。外径6、内径5.2厘米（图六，9；彩版二，5）。时代为仰韶文化时期。

　　标本烟铺村：10，盆口沿。泥质灰陶。敛口，平沿，圆唇。有黑色陶衣。残宽6.6、残高3.6厘米（图六，10；彩版二，6）。时代为仰韶文化晚期。

　　标本烟铺村：11，盆口沿。侈口，卷沿，尖圆唇。沿部饰平行条带黑彩。口径30、残高3、壁厚0.6厘米（图六，11；彩版二，7）。时代为仰韶文化中期。

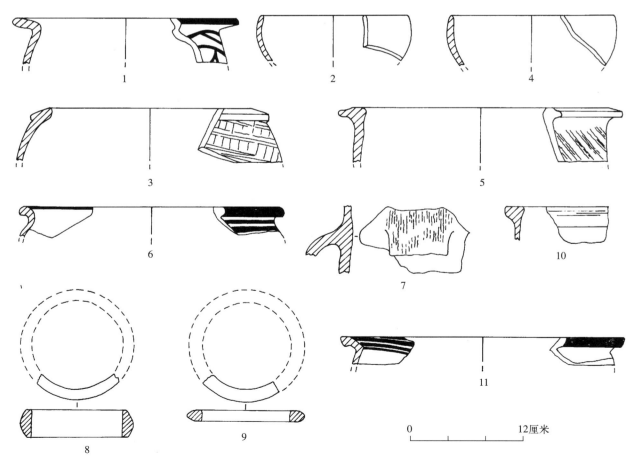

图六　烟铺村遗址采集标本

1.彩陶盆残片　2、4.钵口沿　3、5.罐口沿　6.彩陶盆残片　7.罐耳　8、9.陶环　10、11.盆口沿

3. 太京镇师赵村遗址

师赵村遗址位于天水市秦州区太京镇师家崖村北侧，藉河北岸的一、二级阶地上，东西分布有三条自然冲沟，把遗址分割为四块。遗址南北长约500、东西长约1000米，总面积约50万平方米。地理坐标为北纬34°34′，东经105°38′（图七）。

20世纪50年代首次发现，1963年公布为县级文物保护单位。60、70年代也有一些当地农民种地时发现的遗物流入了社会或者上缴了当时文化馆，个别收录至《中国彩陶图谱》（图八（由张朋川《中国彩陶图谱》绘制））。1981～1986年中国社会科学院考古研究所甘青队进行了发掘，发掘面积5730平方米。发现房址、灰坑、陶窑、墓葬等各类遗迹若干，出土大量不同

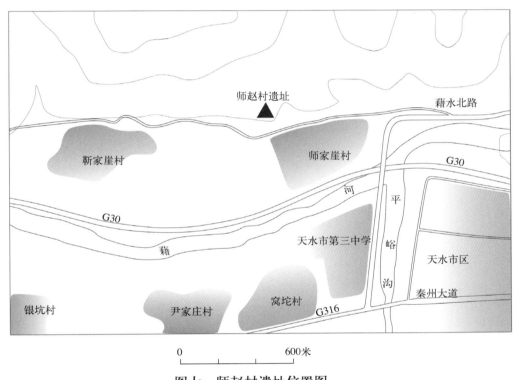

0　　　　　　　　600米

图七　师赵村遗址位置图

种类的器物（详见《师赵村与西山坪》）。后期经平田整地，地貌改变较大，暴露的断面上可见大量的灰层、灰坑等，地面上散落大量的陶片。

2016年项目组又进行了调查，发现大量灰层、灰坑、白灰面房址、灶址等遗迹（彩版三，1～3）。同时也采集了大量的标本，部分标本如下（图九、一○；

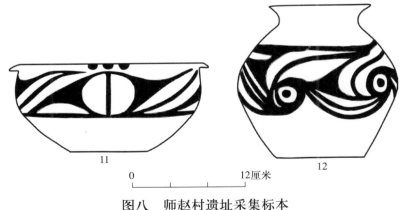

0　　　　　　　12厘米

图八　师赵村遗址采集标本

11. 彩陶盆　12. 彩陶罐（根据张朋川《中国彩陶图谱》绘制）

彩版四）。

　　标本师赵村：1，钵口沿。泥质红陶。敛口，尖圆唇。素面。口径26、残高6.4、壁厚0.6厘米（图九，1；彩版四，1）。时代为仰韶文化晚期。

　　标本师赵村：2，钵口沿。泥质橙黄陶。敛口，尖圆唇，浅腹。外壁素面，内壁饰垂幛纹黑彩。口径22.8、残高4.4、壁厚0.6厘米（图九，2；彩版四，2）。时代为马家窑文化时期。

　　标本师赵村：3，钵口沿。泥质红陶。尖圆唇，敛口，深腹。素面。口径20、残高6.2、壁厚0.6厘米（图九，3；彩版四，3）。时代为仰韶文化时期。

　　标本师赵村：4，罐口沿。夹砂红陶。敞口，唇面有凹槽，束颈。素面。口径24、残高6.4、壁厚0.8厘米（图九，4；彩版四，4）。时代为仰韶文化晚期。

　　标本师赵村：5，罐口沿。夹砂红褐陶。敛口，斜折沿，尖圆唇。饰横向绳纹和附加堆纹。口径28、残高7、壁厚1厘米（图一〇，5；彩版四，5）。时代为仰韶文化晚期。

　　标本师赵村：6，罐口沿。夹砂红褐陶。侈口，平沿，方唇。饰横向绳纹、附加堆纹。口径

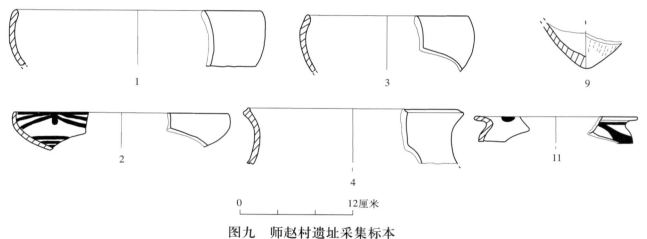

0　　　　　　　　　12厘米

图九　师赵村遗址采集标本
1～3.钵口沿　4.罐口沿　9.尖底瓶底部　11.盆口沿

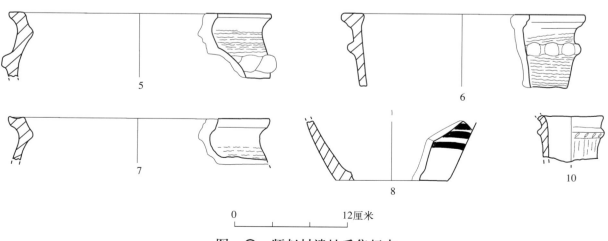

0　　　　　　　　　12厘米

图一〇　师赵村遗址采集标本
5～7.罐口沿　8.罐底　10.瓶颈部

26、残高8、壁厚1厘米（图一〇，6；彩版四，6）。时代为仰韶文化晚期。

标本师赵村：7，罐口沿。夹砂黄褐陶。敛口，斜折沿，尖圆唇。磨光。口径27.6、残高5、壁厚0.8厘米（图一〇，7；彩版四，7）。时代为仰韶文化晚期。

标本师赵村：8，罐底。泥质黄褐陶。饰黑彩条带纹。底径12、残高6.4、壁厚0.8厘米（图一〇，8）。时代为马家窑文化时期。

标本师赵村：9，尖底瓶底部。泥质橙黄陶。素面。残宽8.6、残高5.2、壁厚0.6厘米（图九，9）。时代为仰韶文化晚期。

标本师赵村：10，瓶颈部。泥质红陶。饰附加堆纹，敷黄色陶衣。口径6.8、残高5.2、壁厚0.6厘米（图一〇，10；彩版四，8）。时代为仰韶文化时期。

标本师赵村：11，盆口沿。敛口，卷沿，圆唇。束颈，鼓肩。沿内侧及颈部饰黑彩几何纹。口径18、残高3、壁厚0.6厘米（图九，11）。时代为仰韶文化中期。

4. 太京镇杨集寨遗址

杨集寨遗址位于秦州区太京镇杨集寨村南侧，藉河南岸一级阶地上，遗址南高北低，东西两侧均为自然冲沟，东侧为杨集寨沟，西侧为寺沟。地理坐标为北纬34°33′，东经105°33′（图一一）。

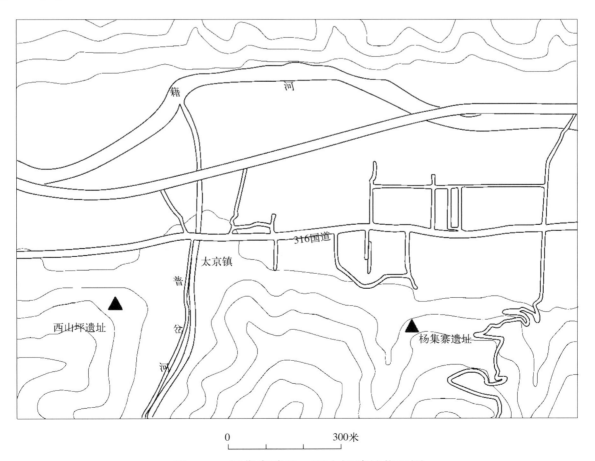

0　　　　　　300米

图一一　杨集寨遗址、西山坪遗址位置图

　　遗址东西长约300、南北长约150米，总面积约4.5万平方米。1956年一普时发现仰韶文化遗存，文化层堆积0.4～2米。1963年公布为县级文物保护单位，现为梯田，主要种植果树。原遗址上的居民已搬迁，遗留几处废弃的院落。此次调查亦发现遗址断面上暴露有灰坑、灰层、墓葬等遗迹。文化属性为仰韶文化。采集的标本如下（图一二、一三）。

　　标本杨集寨：1，瓮口沿。泥质灰陶。敛口，尖圆唇，斜平沿，沿外侧一道凹槽。沿外端饰戳划纹。口沿36、残高4、壁厚0.6厘米（图一二，1；彩版五，1）。时代为仰韶文化晚期。

　　标本杨集寨：2，盆口沿。泥质深灰陶。敛口，宽平沿，圆唇，鼓肩。素面。口沿36、残高8、壁厚0.6厘米（图一二，2；彩版五，2）。时代为仰韶文化晚期。

　　标本杨集寨：3，钵口沿。泥质橙黄陶。敛口，尖圆唇。口沿31.2、残高4.6、壁厚0.8厘米（图一二，3；彩版五，3）。时代为仰韶文化时期。

　　标本杨集寨：4，钵口沿。泥质黄褐陶。敛口，尖圆唇，唇内侧有凹槽。口沿30.8、残高5、壁厚0.6厘米（图一二，4；彩版五，4）。时代为仰韶文化晚期。

　　标本杨集寨：5，盆口沿。泥质红陶。敛口，卷沿，圆唇。素面。口沿24、残高5、壁厚0.6厘米（图一三，5；彩版五，5）。时代为仰韶文化晚期。

　　标本杨集寨：6，盆口沿。夹砂红褐陶。敛口，宽平沿，圆唇。口沿31.2、残高3、壁厚0.8厘米（图一三，6；彩版五，6）。时代为仰韶文化晚期。

　　标本杨集寨：7，瓶口沿。夹砂红陶。直口，宽平沿，方唇。口沿16、残高3、壁厚0.6厘米（图一三，7；彩版五，7）。时代为仰韶文化晚期。

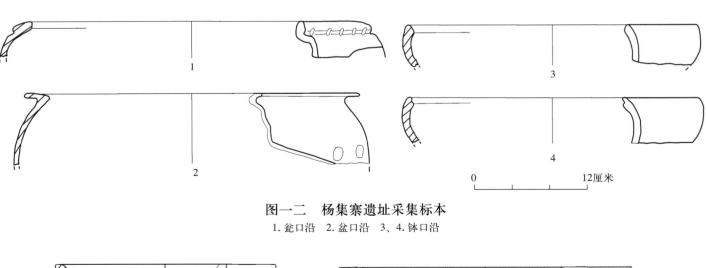

图一二　杨集寨遗址采集标本

1.瓮口沿　2.盆口沿　3、4.钵口沿

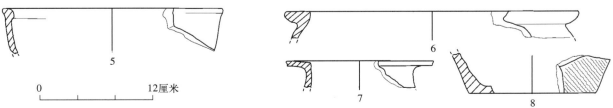

图一三　杨集寨遗址采集标本

5、6.盆口沿　7.瓶口沿　8.罐底

标本杨集寨：8，罐底。夹砂黄褐陶。斜腹，平底。腹部饰斜向细绳纹。底径14、残高4.4、壁厚1厘米（图一三，8；彩版五，8）。时代为仰韶文化时期。

5. 太京镇西山坪遗址

西山坪遗址位于秦州区太京镇葛家新庄西侧，普岔河的二级阶地上，在藉河及支流普岔河的交汇之处，为西高东低的三角形坡状地形。地理坐标为北纬34°33′，东经105°32′（见图一一）。

遗址南北长约900、东西长约200米，总面积约18万平方米。1947年裴文中先生首次发现，1963年公布为省级文物保护单位。1986～1990年中国社会科学院考古研究所甘青队进行了发掘，揭露面积1525平方米，清理房址3座、灰坑22个、墓葬8座，出土了若干遗物。后农田基建有所破坏，此次调查发现暴露的遗迹主要集中于临河一侧，地面上分布大量陶片。采集的标本如下（图一四、一五；彩版六）。

标本西山坪：1，罐口沿。夹砂黄褐陶。直口，窄沿。饰粗绳纹。口径28.5、残高8、壁厚1厘米（图一四，1；彩版六，1）。时代为仰韶文化晚期。

标本西山坪：2，罐口沿。夹砂黄褐陶。侈口，窄斜沿，束颈。饰交错粗绳纹。口径约20.8、残高8、壁厚0.8厘米（图一四，2；彩版六，2）。时代为仰韶文化时期。

标本西山坪：3，罐口沿。夹砂红褐陶。侈口，方唇。饰平行条状附加堆纹。口径22.5、残高7、壁厚1厘米（图一四，3）。时代为仰韶文化晚期。

标本西山坪：4，鬲口沿。夹砂灰陶。侈口，卷沿，方唇。颈部饰粗绳纹，后抹光。口径22.8、残高5、壁厚0.4厘米（图一四，4；彩版六，3）。时代为东周时期。

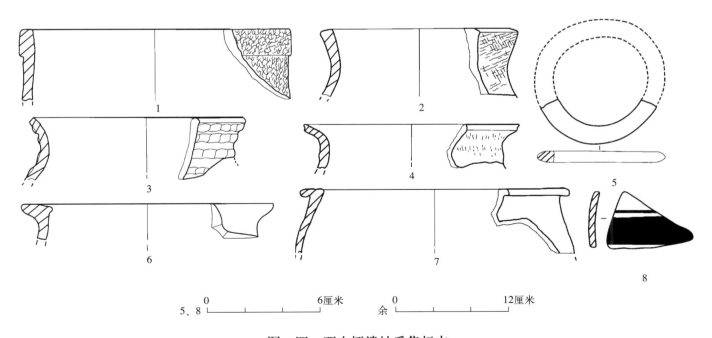

图一四　西山坪遗址采集标本

1～3.罐口沿　4.鬲口沿　5.陶环　6、7.盆口沿　8.彩陶片

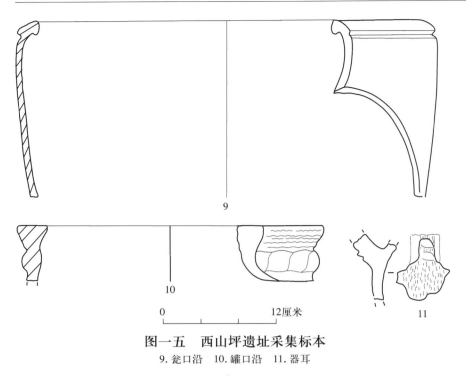

图一五　西山坪遗址采集标本
9. 瓮口沿　10. 罐口沿　11. 器耳

标本西山坪：5，陶环。泥质灰陶。横截面为圆角三角形。内径10、外径14厘米（图一四，5；彩版六，4）。时代为仰韶文化时期。

标本西山坪：6，盆口沿。细泥灰陶。敛口，宽平沿，尖圆唇。素面。口径26.8、残高4、壁厚1厘米（图一四，6；彩版六，5）。时代为仰韶文化晚期。

标本西山坪：7，盆口沿。泥质灰陶。敛口，宽平沿，圆唇。素面。口径28.4、残高7、壁厚0.6厘米（图一四，7）。时代为仰韶文化晚期。

标本西山坪：8，彩陶片。泥质红陶。饰黑彩。残宽9.6、残高6.6厘米（图一四，8；彩版六，6）。时代为仰韶文化时期。

标本西山坪：9，瓮口沿。泥质灰陶。敛口，斜平沿，圆唇，唇外侧有凹槽。素面抹光。口径40、残高19、壁厚0.6厘米（图一五，9；彩版六，7）。时代为仰韶文化晚期。

标本西山坪：10，罐口沿。夹砂灰褐陶。敛口，平沿，尖圆唇。饰附加堆纹和横绳纹。口径32、残高6、壁厚1厘米（图一五，10）。时代为仰韶文化晚期。

标本西山坪：11，器耳。泥质红陶。饰绳纹。残宽4、残高7厘米（图一五，11；彩版六，8）。时代为仰韶文化时期。

6. 藉口镇西庙坡遗址

西庙坡遗址位于秦州区藉口镇西南侧，地处金河（藉河支流）南岸一级阶地之上。地理坐标为北纬34°33′，东经105°28′（图一六）。

1956年全国一普时任步云等首次发现，文化层堆积0.6～1.5米，定为仰韶文化遗址。1963年被公布为县级文物保护单位。遗址北低南高，呈坡状，现修为梯田，东西长约350、南北宽约200米，总面积约7万平方米。与西侧的鸦儿崖相隔一条沟。遗址断面上未发现遗迹，地面采集的标本如下（图一七）。

标本西庙坡：1，彩陶片。泥质黄陶。饰黑彩。残宽10、高4.8、壁厚0.6厘米（图一七，1）。时代为仰韶文化晚期。

标本西庙坡：2，盆口沿。泥质红陶。敛口，平沿，圆唇。饰条状黑彩。口径22.4、残高

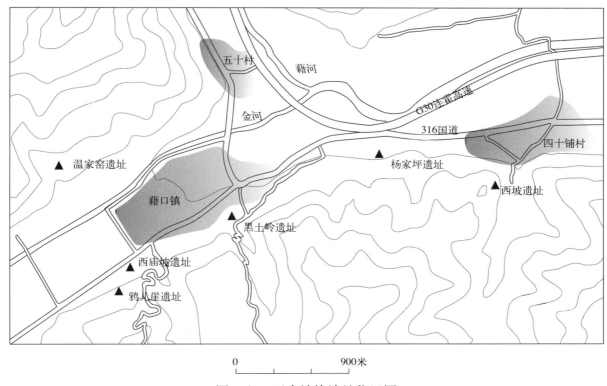

图一六　西庙坡等遗址位置图

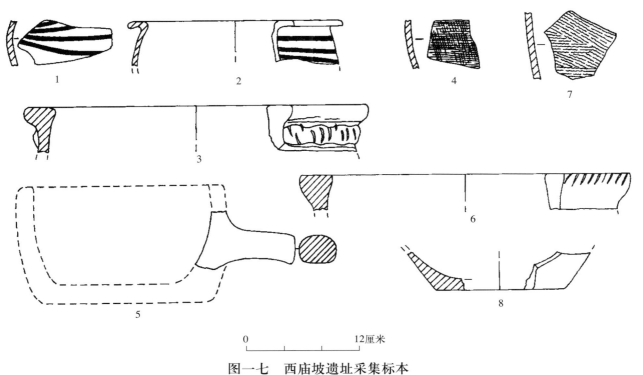

图一七　西庙坡遗址采集标本

1.彩陶片　2.盆口沿　3、6.罐口沿　4、7.尖底瓶残片　5.器柄　8.罐底

4.8、壁厚0.6厘米（图一七，2）。时代为仰韶文化晚期。

标本西庙坡：3，罐口沿。夹砂红褐陶。敛口，平沿，圆唇。饰附加堆纹。口径36、残高5、壁厚1.2厘米（图一七，3）。时代为仰韶文化晚期。

标本西庙坡：4，陶片，应为尖底瓶残片。泥质红陶。饰细密网格线纹。残宽5、残高5.2、壁厚0.4厘米（图一七，4）。时代为仰韶文化时期。

标本西庙坡：5，器柄。泥质黄褐陶。截面近似椭圆形。残长约10厘米（图一七，5）。时代为仰韶文化时期。

标本西庙坡：6，罐口沿。夹砂红褐陶。敛口，窄平沿，圆唇。沿外侧饰斜向绳纹。口径35.2、残高4、壁厚1.4厘米（图一七，6）。时代为仰韶文化晚期。

标本西庙坡：7，陶片，应为尖底瓶残片。泥质红陶。饰交错细绳纹。残宽8、高7.6、壁厚0.8厘米（图一七，7）。时代为仰韶文化时期。

标本西庙坡：8，罐底。泥质灰陶，平底。底径14、残高4、壁厚0.8厘米（图一七，8）。时代为仰韶文化时期。

7. 藉口镇鸦儿崖遗址

鸦儿崖遗址位于藉口镇郑集寨村西南，金河南岸一级阶地上。地理坐标为北纬34°33′，东经105°28′（见图一六）。

遗址南高北低，北侧有一较为平坦的台地，与西庙坡遗址相隔一条自然冲沟。三普资料中误记录为杏树坡遗址，2016年早期秦文化联合考古队进行了调查，确认了此地点称为鸦儿崖，因此定为鸦儿崖遗址。遗存主要集中在台地东侧，仅发现陶片，未发现遗迹。采集有仰韶文化陶片和一件陶刀，以及一些汉代瓦片。部分标本如下（图一八）。

标本鸦儿崖：1，盆口沿。泥质黄褐陶。敛口，宽平沿，尖圆唇。沿内侧有凹槽。颈部饰黑彩变形鸟纹，沿面饰山形纹。口径32、残高约6.4、壁厚0.6～1厘米（图一八，1；彩版七，

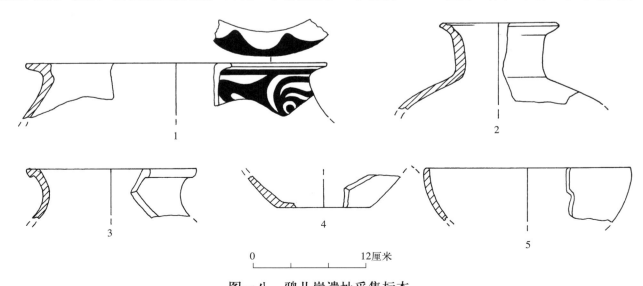

0　　　　　　　　　12厘米

图一八　鸦儿崖遗址采集标本

1.盆口沿　2.罐残片　3.罐口沿　4.罐底　5.钵残片

1）。时代为仰韶文化晚期。

标本鸦儿崖：2，罐残片。泥质灰陶。侈口，斜方唇。直颈，宽肩。素面。口径13.2、残高9.2、壁厚0.5～1厘米（图一八，2；彩版七，2）。时代为汉代。

标本鸦儿崖：3，罐口沿。泥质灰陶。侈口，平沿，斜方唇。束颈。素面。口径19、残高5.6、壁厚0.7～1厘米（图一八，3；彩版七，3）。时代为仰韶文化晚期。

标本鸦儿崖：4，罐底。下腹与底部相连。下腹急收，平底。素面。底径10、残高3.6、壁厚0.6～1厘米（图一八，4；彩版七，4）。时代为仰韶文化时期。

标本鸦儿崖：5，钵残片。泥质红陶。口微敛，圆唇，深腹。素面。口径22、残高约6、壁厚0.5～0.8厘米（图一八，5）。时代为仰韶文化时期。

8. 藉口镇西坡遗址

位于秦州区藉口镇四十里铺村南侧，藉河南岸一、二级阶地上，西距藉口镇3千米。地理坐标为北纬34°33′，东经105°30′（见图一六）。

遗址南高北低，西高东低。东侧为冲沟，有季节性小河流入藉河。1956年任步云等首次发现，文化堆积层厚约1米，定为齐家文化遗址。1991年公布为县级文物保护单位。三普又进行了复查，在断面上发现白灰面房址及灰坑等遗迹，地面采集到泥质红、灰陶片，纹饰有绳纹、篮纹、附加堆纹等。2016年项目组又进行了调查，发现了一处半地穴式白灰面房址，呈袋状，应为南北向，南侧有红烧土（彩版七，5）。房址北侧有一座东西向墓葬。采集的部分标本如下（图一九；彩版八）。

标本西坡：1，罐残片。下腹及底部。泥质灰陶，斜腹，平底。素面。底径6、残高约6、壁厚0.4厘米（图一九，1；彩版八，1）。时代为齐家文化时期。

标本西坡：2，罐口沿。夹砂红陶。口微敛，直颈，窄沿。表面饰绳纹。口径25.6、残高5.2、厚1～1.5厘米（图一九，2；彩版八，2）。时代为齐家文化时期。

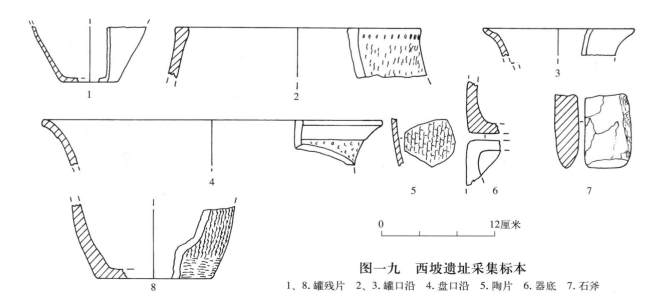

0　　　　　　　12厘米

图一九　西坡遗址采集标本

1、8.罐残片　2、3.罐口沿　4.盘口沿　5.陶片　6.器底　7.石斧标本西坡：3，罐口沿。泥质红陶。侈口，尖圆唇，沿内侧凹陷。素面。口径16、残高约2.8、壁厚0.5厘米（图一九，3；彩版八，3）。时代为齐家文化时期。

标本西坡：4，盘口沿。泥质红陶，敞口，方唇。表面局部饰稀疏绳纹。口径36、残高约4.8、壁厚0.6厘米（图一九，4；彩版八，4）。时代为齐家文化时期。

标本西坡：5，陶片。夹砂红陶。表面饰绳纹。残长5.2、宽5、厚0.4厘米（图一九，5；彩版八，5）。时代为齐家文化时期。

标本西坡：6，器底。器物拐角处残片。夹砂红陶，外侧呈直角，内弧。宽3.2、残高5.2、厚1.5～1.8厘米（图一九，6；彩版八，6）。时代为齐家文化时期。

标本西坡：7，石斧。青石质，表面有打痕，刃部双面磨成。残长8、宽5.2、厚2.4厘米（图一九，7；彩版八，7）。时代为齐家文化时期。

标本西坡：8，罐残片，腹部及底。夹砂红陶，弧腹平底。下腹饰竖绳纹，接近底部饰横绳纹。底径12、残高8、壁厚1.5～1.8厘米（图一九，8；彩版八，8）。时代为齐家文化时期。

9. 藉口镇黑土岭遗址

黑土岭遗址位于藉口镇郑集寨村（藉口镇政府所在地）南侧，藉河南岸一级阶地上，距现藉河约650米（见图一六）。地势南高北低，呈台阶状，东侧一条自然冲沟，有季节性小河注入藉河。

1956年一普时首次发现，南北约120、东西约100米，实际面积约3.4万平方米，文化层堆积约0.5～1.5米，确认为仰韶文化遗址。1963年被甘肃省人民委员会公布为县级文物保护单位。2007年三普进行了复查，地貌后期人为改变较大，断面上暴露多处灰坑遗迹，地面采集有彩陶片和红陶片，纹饰有黑彩弧线纹、平行条纹、绳纹、篮纹等。

2016年项目组又进行了调查，采集的部分标本如下（图二〇；彩版九）。

标本黑土岭：1，罐残片，属腹部。夹砂红陶。表面满饰绳纹。残长约10、宽8、厚0.8厘米（图二〇，1；彩版九，1）。时代为仰韶文化时期。

标本黑土岭：2，彩陶片。泥质红陶。表面抹光后饰黑彩纹饰，似花瓣状。残长6、宽4、厚0.6厘米（图二〇，2；彩版九，2）。时代为仰韶文化中晚期。

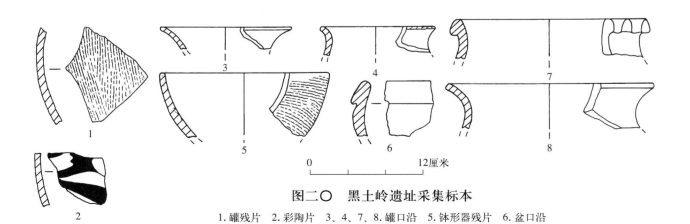

0　　　　　　　　　12厘米

图二〇　黑土岭遗址采集标本

1.罐残片　2.彩陶片　3、4、7、8.罐口沿　5.钵形器残片　6.盆口沿

标本黑土岭：3，罐口沿。泥质红陶。喇叭口，方唇。素面。口径14、残高约2.4、厚0.4厘米（图二〇，3；彩版九，3）。时代为齐家文化时期。

标本黑土岭：4，罐口沿。夹砂黄褐陶。侈口，方唇，颈部稍内收。唇面饰压印纹。口径12、残高约3、厚0.6厘米（图二〇，4；彩版九，4）。时代为齐家文化时期。

标本黑土岭：5，钵形器残片。泥质黄陶。侈口，圆唇，深弧腹。表面饰绳纹。口径18、残高约6.8、厚0.7厘米（图二〇，5；彩版九，5）。时代为仰韶文化时期。

标本黑土岭：6，盆口沿。夹砂红陶。敛口，外卷沿，圆唇。肩部稍外鼓。素面。残高约6、厚1.2～1.5厘米（图二〇，6；彩版九，6）。时代为仰韶文化晚期。

标本黑土岭：7，罐口沿。夹砂红陶。侈口，沿稍卷。唇上有指印纹。口径20、残高约4厘米（图二〇，7；彩版九，7）。时代为仰韶文化晚期。

标本黑土岭：8，罐口沿。泥质灰陶。敞口，方唇。素面。口径22、残高约5厘米（图二〇，8；彩版九，8）。时代为齐家文化时期。

10. 藉口镇温家窑遗址

温家窑遗址位于天水市秦州区藉口镇温家窑村北侧的台地上，藉河南源河流金家河北岸一级阶地上。地理坐标为北纬34°33′，东经105°28′（见图一六）。遗址紧挨村庄，以东西两条沟为界，北高南低，东西长约250、南北宽150米，面积约4万平方米。

1956年甘肃省文物工作队首次发现，文化层厚约1米，确认为齐家文化遗址。1963年公布为县级文物保护单位。三普时发现断崖及地面均暴露有明显的灰坑遗迹，采集了较多陶片，主要有夹砂、泥质红褐陶残片，纹饰有绳纹、篮纹、刻划纹和附加堆纹等。

2016年项目组又进行了复查，发现一处文化层断面，长约50、厚约2～3米，包含有仰韶文化和齐家文化陶片。地面采集到若干陶片，其中以齐家文化为主，少数为仰韶文化。可见，此遗址非单纯的齐家文化遗址，仰韶文化时期已经有人类活动。采集的部分标本如下（图二一；彩版一〇）。

标本温家窑：1，陶片。泥质灰陶，表面饰平行凹弦纹。残长约6、宽4、厚0.8厘米（图二一，1；彩版一〇，1）。时代为齐家文化时期。

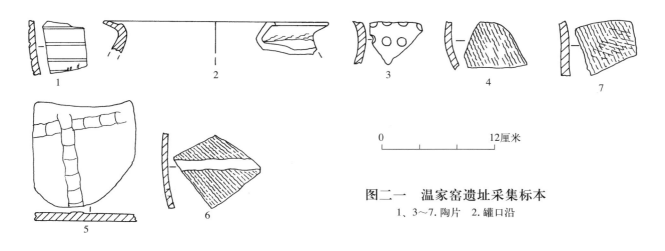

图二一　温家窑遗址采集标本
1、3～7. 陶片　2. 罐口沿

标本温家窑：2，罐口沿。夹砂红陶。侈口，斜沿，尖圆唇。沿面凹陷。沿下饰斜绳纹。口径24、残高约4厘米（图二一，2；彩版一○，2）。时代为齐家文化时期。

标本温家窑：3，陶片。夹砂黄褐陶。表面饰排列整齐的圆形管戳纹。残长约6、宽4、厚0.8厘米（图二一，3；彩版一○，3）。时代为齐家文化时期。

标本温家窑：4，陶片。夹砂红褐陶。表面饰绳纹，上有一道抹光。残长约7、宽7、厚0.6厘米（图二一，4；彩版一○，4）。时代为齐家文化时期。

标本温家窑：5，陶片。夹砂灰陶。表面先饰绳纹，上贴泥条后压印。残长约8、宽4、厚0.6厘米（图二一，5；彩版一○，5）。时代为仰韶文化晚期。

标本温家窑：6，陶片。夹砂黄褐陶。表面饰整齐斜绳纹。残长约6、宽5、厚0.8厘米（图二一，6）。时代为齐家文化时期。

标本温家窑：7，陶片。夹砂黄褐陶。表面饰交叉绳纹。残长约12、宽10、厚1厘米（图二一，7；彩版一○，6）。时代为齐家文化时期。

标本温家窑：8，陶片。夹砂红陶。表面有交叉附加条纹。残长约11、宽10、厚1厘米（彩版一○，7）。时代为齐家文化时期。

标本温家窑：9，罐颈部。泥质红陶。细颈，圆肩。表面抹光。宽6、残高约8、厚0.5～1厘米（彩版一○，8）。时代为仰韶文化晚期。

11. 藉口镇上花坪遗址

上花坪遗址（原误称为"上户坪"）位于秦州区藉口镇中灵村（或称中牛村）西南，藉河南岸一级阶地上，遗址东西两侧均为自然冲沟，东侧为爷庙沟，西侧为水泉沟，北侧为316国道。地理坐标为北纬34°35′，东经105°26′（图二二）。

20世纪50年代首次发现，1963年公布为县级文物保护单位。此遗址东西长约200、南北宽约180米，总面积约3.6万平方米。

2016年项目组再次调查，在遗址断面上发现暴露的文化层，还有灰坑、房址等遗迹，采集有素面红陶、绳纹红陶、附加堆纹红陶片，文化属性多为仰韶文化，可辨器形有盆口沿等。采集的部分标本如下（图二三；彩版一一）。

标本上花坪：1，罐口沿。泥质黄褐陶。口微敛，窄沿，厚圆唇，外壁饰竖向粗绳纹。口径18、残高6、壁厚0.8厘米（图二三，1；彩版一一，1）。时代为仰韶文化时期。

标本上花坪：2，钵口沿。泥质黄褐陶。敛口，尖圆唇，腹斜收，素面。口径24、残高5、壁厚0.6～0.8厘米（图二三，2；彩版一一，2）。时代为仰韶文化晚期。

标本上花坪：3，罐口沿。夹砂红褐陶。敛口，平沿，方唇，鼓肩。肩部饰横向绳纹。口径28、残高6、壁厚0.6～0.8厘米（图二三，3；彩版一一，3）。时代为仰韶文化晚期。

标本上花坪：4，罐口沿。夹砂红褐陶。口微敛，内折沿，方唇。颈部一道凸棱，肩部饰有斜向绳纹。残宽4.8～5.2、残高4、壁厚1～1.2厘米（图二三，4；彩版一一，4）。时代为仰韶文化中期。

标本上花坪：5，罐口沿。夹砂红褐陶。侈口，束颈。方唇。素面。口径27.2、残高4、壁厚

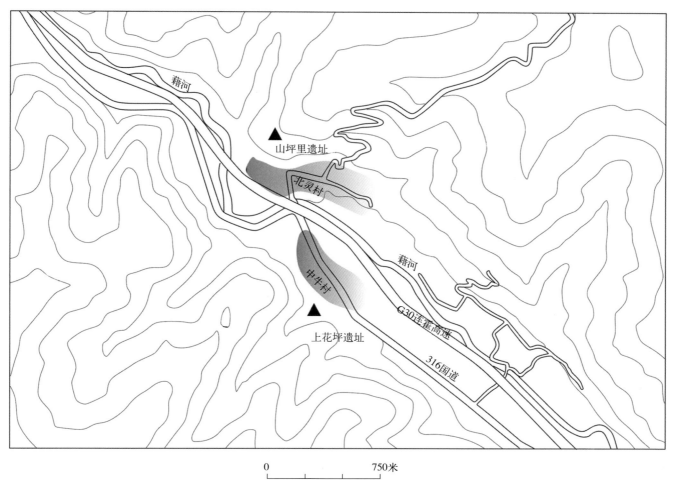

图二二 上花坪、山坪里遗址位置图

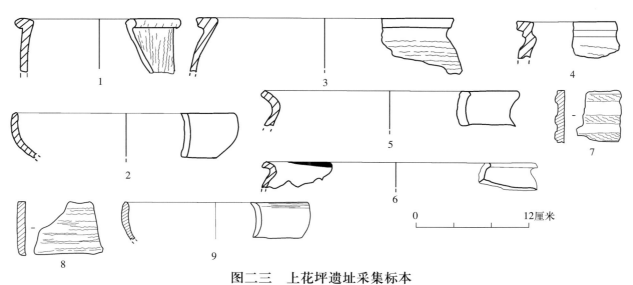

图二三 上花坪遗址采集标本

1、3～5.罐口沿 2、9.钵口沿 6.盆口沿 7、8.陶片

0.8厘米（图二三，5）。时代为仰韶文化晚期。

　　标本上花坪：6，盆口沿。泥质彩陶，红底黑彩。敛口，卷沿，圆唇，束颈，溜肩，沿、唇、肩部均饰黑彩。口径29.2、残高3.2、壁厚0.4~0.6厘米（图二三，6；彩版一一，5）。时代为仰韶文化晚期。

　　标本上花坪：7，陶片。夹砂红褐陶。外壁饰三道附加堆纹，其上压斜向绳纹。宽3.8~4.8、残高5.8、壁厚0.8~1厘米（图二三，7；彩版一一，6）。时代为仰韶文化时期。

　　标本上花坪：8，陶片，应为尖底瓶残片。夹砂浅黄褐陶。外壁饰不连贯的竖向线纹。残宽2.4~7.2、残高5.8、壁厚0.8厘米（图二三，8；彩版一一，7）。时代为仰韶文化时期。

　　标本上花坪：9，钵口沿。泥质红陶。敛口，尖圆唇，鼓肩，下腹斜收。口径19.8、残高4、壁厚0.4~0.6厘米（图二三，9；彩版一一，8）。时代为仰韶文化时期。

12. 藉口镇山坪里遗址

　　山坪里遗址位于秦州区藉口镇北灵村北侧，藉河北岸二级阶地上，地理坐标为北纬34°36′，东经105°26′（图二二）。

　　遗址南北长约200、东西约200米，总面积约4万平方米。20世纪50年代首次发现，1963年被定为县级文物保护单位。遗址断面上暴露有灰层、陶窑、灰坑等遗迹。陶窑可见残存的火塘和烟道，火塘宽约1.5、高1.3米。残存三个火道，壁面为厚约5厘米的青灰色硬面，东、中、西侧火道内径分别约25、12、20厘米，残存的西火道最长为1.02米。地面陶片较丰富，有彩陶、绳纹灰陶等。文化属性以仰韶文化为主，也有周秦文化遗存。采集的标本如下（图二四~三三；彩版一二~一四）。

　　标本山坪里：1，鬲口沿。夹砂黄褐陶。侈口。方唇，唇面有凹槽。溜肩，肩部有绳纹，颈部抹光。口径22、残高7、壁厚0.8厘米（图二四，1；彩版一二，1）。时代为东周时期。

　　标本山坪里：2，瓶口沿。泥质红陶。侈口，卷沿，圆唇，束颈。沿内侧有一周凹槽。口径

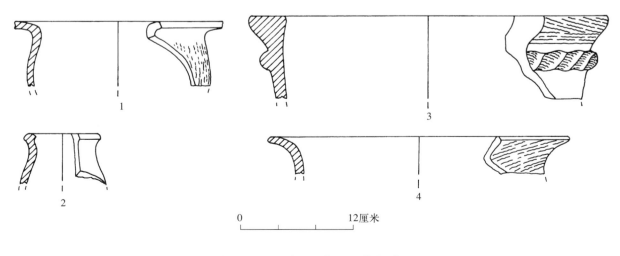

0　　　　　　　　　12厘米

图二四　山坪里遗址采集标本

1. 鬲口沿　2. 瓶口沿　3、4. 罐口沿

8、残高5.4、壁厚0.8厘米（图二四，2；彩版一二，2）。时代为仰韶文化晚期。

标本山坪里：3，罐口沿。夹砂黄褐陶。敛口，宽平沿，尖圆唇。饰附加堆纹。口径38、残高9、壁厚1.2厘米（图二四，3；彩版一二，3）。时代为仰韶文化晚期。

标本山坪里：4，罐口沿。泥质红陶。侈口，卷沿，方唇。沿下饰细绳纹。口径32、残高4、壁厚1厘米（图二四，4；彩版一二，4）。时代为仰韶文化晚期。

标本山坪里：5，盆口沿。泥质红陶。敛口，卷平沿，尖圆唇。鼓腹。沿上及腹部饰黑彩。口径30、残高4.4、壁厚0.8厘米（图二五，5；彩版一二，5）。时代为仰韶文化晚期。

标本山坪里：6，盆口沿。泥质红陶。敛口，圆唇。饰瓦棱纹。口径31.6、残高4、壁厚1厘米（图二五，6；彩版一二，6）。时代为仰韶文化晚期。

标本山坪里：7，钵口沿。泥质红陶。敛口，圆唇。磨光。口径30、残高4、壁厚0.6厘米（图二五，7）。时代为仰韶文化晚期。

标本山坪里：8，钵口沿。泥质灰陶。尖圆唇，敛口。口径30.8、残高6、壁厚0.8厘米（图二五，8）。时代为仰韶文化晚期。

标本山坪里：9，钵口沿。泥质红陶。敛口，尖圆唇。口径29.6、残高4、壁厚0.4厘米（图二六，9）。时代为仰韶文化晚期。

标本山坪里：10，鬲口沿。夹砂灰陶。敞口，宽平沿，尖圆唇。束颈，鼓肩。沿内外侧均有一道凹弦纹。肩部饰绳纹，沿下抹光。口径20.8、残高4、壁厚0.6厘米（图二六，10；彩版一二，7）。时代为东周时期。

标本山坪里：11，鬲口沿。夹砂灰陶。侈口，窄平沿，尖圆唇。沿内外侧均有一道凹弦纹，沿下抹光。肩部饰绳纹。口径20、残高6、壁厚0.8厘米（图二六，11；彩版一二，8）。时代为东周时期。

标本山坪里：12，罐残片。夹砂灰褐陶。直口。束颈，溜肩。饰平行条状附加堆纹。口径17.6、残高12、壁厚0.6厘米（图二六，12；彩版一三，1）。时代为仰韶文化晚期。

标本山坪里：13，罐残片。泥质红陶。侈口，尖圆唇。器身有多道平行凹槽。口径9.2、残高7、壁厚0.8厘米（图二六，13；彩版一三，2）。时代为仰韶文化晚期。

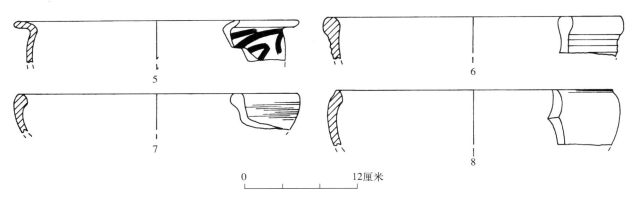

0　　　　　　　12厘米

图二五　山坪里遗址采集标本

5、6.盆口沿　7、8.钵口沿

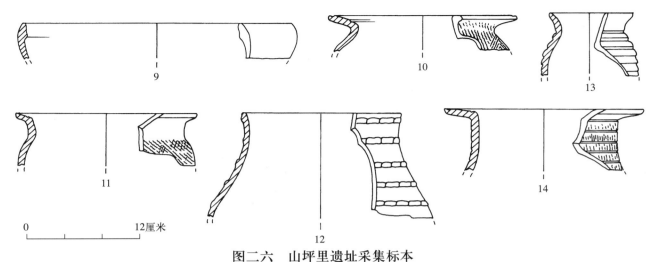

图二六　山坪里遗址采集标本

9.钵口沿　　10、11.鬲口沿　　12、13.罐残片　　14.罐口沿

标本山坪里：14，罐口沿。泥质灰陶。侈口，宽平沿，尖圆唇。沿内外侧均有一道凹弦纹。饰竖向粗绳纹，横向平行凹弦纹。口径21.2、残高7、壁厚1厘米（图二六，14；彩版一三，3）。时代为东周时期。

标本山坪里：15，罐口沿。夹砂黄褐陶。敛口，尖圆唇。饰横线纹。口径约42、残高6、壁厚1厘米（图二七，15）。时代为仰韶文化晚期。

标本山坪里：16，盆口沿。泥质红褐陶。敛口，窄平沿，尖圆唇。素面。口径26、残高4、壁厚4厘米（图二七，16；彩版一三，4）。时代为仰韶文化晚期。

标本山坪里：17，罐口沿。泥质灰陶。敛口。方唇，唇面有弦纹。口径约36、残高6、壁厚0.6厘米（图二七，17）。时代为仰韶文化晚期。

标本山坪里：18，罐口沿。泥质红陶。敛口，窄平沿，尖圆唇。素面。口径36、残高7.2、壁厚0.8厘米（图二七，18；彩版一三，5）。时代为仰韶文化晚期。

标本山坪里：19，鬲口沿。夹砂灰陶。敛口，宽平沿，尖圆唇。沿内外侧均有一道凹弦纹。口径20、残高3.4、壁厚0.87厘米（图二七，19；彩版一三，6）。时代为春秋时期。

标本山坪里：20，罐残片。夹砂灰陶。侈口，窄平沿，尖圆唇。颈部饰一道凹弦纹。残宽6、残高6、壁厚1厘米（图二七，20；彩版一三，7）。时代为东周时期。

标本山坪里：21，盆口沿。泥质红陶。敛口，卷沿，圆唇，素面。口径32、残高4、壁厚0.6厘米（图二七，21；彩版一三，8）。时代为仰韶文化晚期。

标本山坪里：22，罐口沿。夹砂灰褐陶。敛口，窄平沿，方唇。沿下饰竖向绳纹。口径26、残高4、壁厚1.2厘米（图二七，22；彩版一四，1）。时代为仰韶文化晚期。

标本山坪里：23，瓶残片。夹砂红陶。饰多道平行凹弦纹。残宽8、残高12、壁厚1厘米（图二八，23；彩版一四，2）。时代为仰韶文化晚期。

标本山坪里：24，器物肩部残片。泥质彩陶。饰数道平行黑彩。残宽8、残高4、壁厚0.8厘米（图二八，24；彩版一四，3）。时代为仰韶文化晚期。

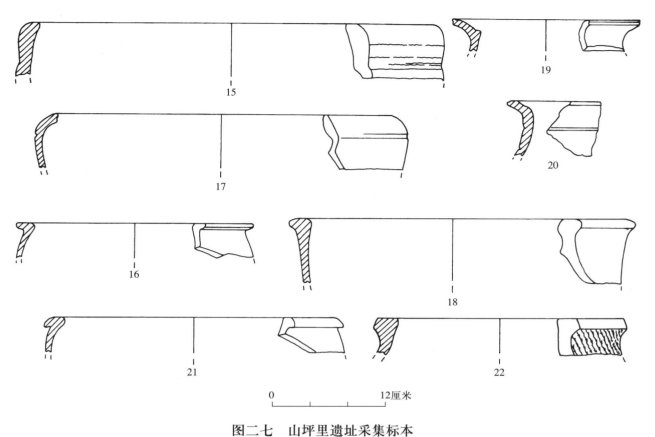

图二七　山坪里遗址采集标本
15、17、18、22.罐口沿　16、21.盆口沿　19.鬲口沿　20.罐残片

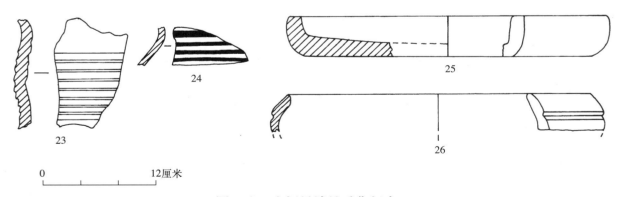

图二八　山坪里遗址采集标本
23.瓶残片　24.肩部陶片　25.托盘残片　26.罐口沿

标本山坪里：25，托盘残片。泥质黄褐陶。直口，窄平沿。沿上有戳印纹。口径34、残高4.2、壁厚1.6厘米（图二八，25；彩版一四，4）。时代为仰韶文化晚期。

标本山坪里：26，罐口沿。泥质黄褐陶。敛口，尖圆唇。口沿外侧饰一周凹弦纹。口径约32、残高4、壁厚0.8厘米（图二八，26；彩版一四，5）。时代为仰韶文化晚期。

标本山坪里：27，喇叭口罐口沿。泥质灰陶。敞口，尖圆唇。沿内有两道凹弦纹。口径

20、残高5.4、壁厚1厘米（图二九，27；彩版一四，6）。时代为春秋时期。

　　标本山坪里：28，罐残片。泥质黄褐陶。斜腹，平底。腹上饰横向绳纹，底部边缘有绳纹。底径16、残高7、壁厚1厘米（图二九，28；彩版一四，7）。时代为仰韶文化晚期。

　　标本山坪里：29，罐残片。夹砂红褐陶。斜腹，平底。腹部饰横向绳纹。底径26、残高6、壁厚1.8厘米（图二九，29；彩版一四，8）。时代为仰韶文化晚期。

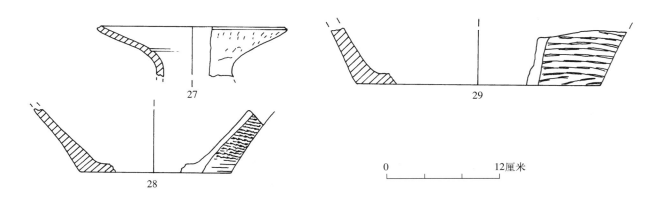

0 ———————— 12厘米

图二九　山坪里遗址采集标本

27. 喇叭口罐口沿　　28、29. 罐残片

13. 关子镇杨家坪遗址

　　杨家坪遗址位于秦州区关子镇西南，藉河南岸二级阶地之上。紧邻连霍高速和G316国道。遗址南北长约400、东西长约600米，总面积约24万平方米。地理坐标为北纬34°37′，东经105°22′（图三〇）。

　　20世纪50年代首次发现，1956年出土了一件彩陶壶，现藏于甘肃省博物馆。橙黄色泥质陶，腹有耳。口沿内绘一圈圆弧纹和圆点纹，腹部绘对鸟纹。口径12.2、底径12.8、高21厘米（图三一）。1961年被定为县级文物保护单位（彩版一五，1）。

　　2016年项目组又进行了调查，地表下约1米为文化层，厚约1~2米，暴露有骨头、陶片等。在一处修路挖开的断面上发现红烧土坑、白灰面房址、陶窑等遗迹。暴露出的白灰面房址长约7米，白灰面厚约0.5~1厘米（彩版一五，2）。白灰地面北侧下有红色烧结面，厚5~10厘米，长约1米，应为与房屋相关的火塘（彩版一六，1）。还发现有陶窑遗迹（彩版一六，2）。地面有较多陶片，采集的部分标本如下（图三二~三四）。

　　标本杨家坪：1，罐口沿。泥质灰陶。敛口，尖圆唇。磨光。口径20.8、残高2.4、壁厚0.6厘米（图三二，1）。时代为仰韶文化晚期。

　　标本杨家坪：2，罐口沿。夹砂红陶。敛口，宽平沿，圆唇。沿下饰交错绳纹，腹部饰附加堆纹。口径40、残高8、壁厚0.8~3.6厘米（图三二，2）。时代为仰韶文化晚期。

　　标本杨家坪：3，盆口沿。夹砂红陶。侈口，卷平沿，圆唇。素面。口径28、残高5、壁厚1厘米（图三二，3；彩版一七，1）。时代为仰韶文化晚期。

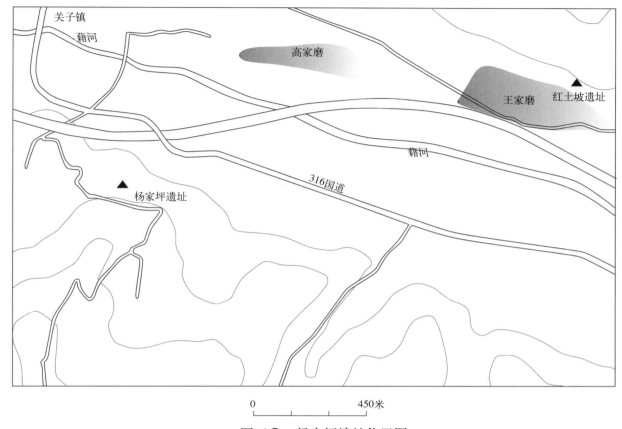

图三〇　杨家坪遗址位置图

标本杨家坪:4,盆口沿。夹砂红陶。敛口,宽平沿,方唇。口径34、残高4、壁厚1.2厘米(图三二,4)。时代为仰韶文化晚期。

标本杨家坪:5,罐口沿。泥质红陶。敛口,卷平沿,圆唇。鼓肩。素面。口径14.4、残高5、壁厚0.8厘米(图三三,5;彩版一七,2)。时代为仰韶文化晚期。

标本杨家坪:6,盆口沿。泥质灰褐陶。敛口,宽平沿,圆唇,鼓肩。磨光。口径34、残高4.8、壁厚0.6厘米(图三三,6;彩版一七,3)。时代为仰韶文化晚期。

标本杨家坪:7,器盖。泥质灰陶。手制。现存盖面较斜,顶部有蘑菇状捉手。素面。残宽14.8、残高6厘米(图三三,7;彩

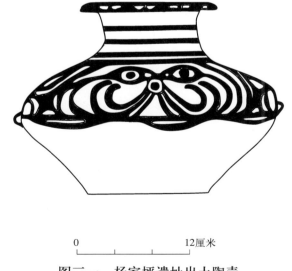

图三一　杨家坪遗址出土陶壶

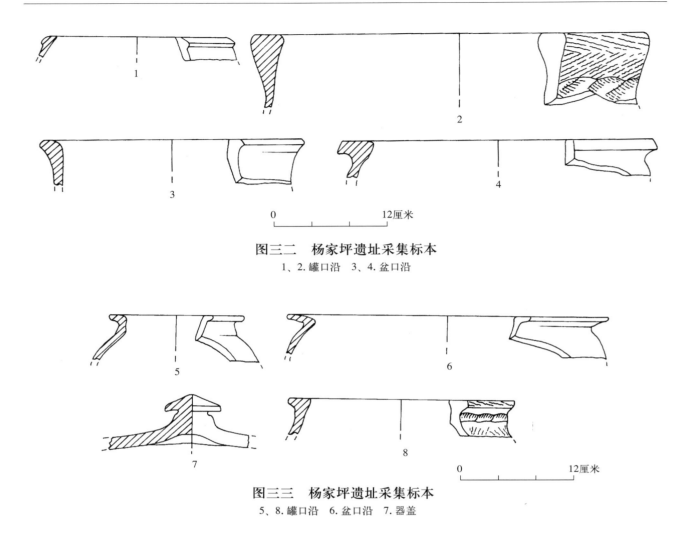

图三二　杨家坪遗址采集标本
1、2.罐口沿　3、4.盆口沿

图三三　杨家坪遗址采集标本
5、8.罐口沿　6.盆口沿　7.器盖

版一七，4）。时代为仰韶文化晚期。

标本杨家坪：8，罐口沿。夹砂黄褐陶。敛口，平沿，圆唇。唇部饰绳纹，沿下有附加堆纹。口径24、残高4、壁厚1厘米（图三三，8；彩版一七，5）。时代为仰韶文化晚期。

标本杨家坪：9，盆口沿。夹砂黄褐陶。口微侈，宽平沿，圆唇。素面。口径34、残高4.4、壁厚1.2厘米（图三四，9）。时代为仰韶文化晚期。

标本杨家坪：10，鼎口沿。泥质灰陶。直口，斜平沿。有一乳丁。磨光。口径18、残高6、壁厚0.8厘米（图三四，10；彩版一七，6）。时代为仰韶文化晚期。

标本杨家坪：11，托盘残片。泥质灰陶。敛口，尖圆唇，斜平沿。沿下饰指甲纹。磨光。口径24、残高3、壁厚1厘米（图三四，11；彩版一七，7）。时代为马家窑文化马家窑类型。

标本杨家坪：12，罐底。泥质黄褐陶。饰粗绳纹。底径20、残高5、壁厚1.2厘米（图三四，12）。时代为仰韶文化晚期。

标本杨家坪：13，罐口沿。泥质灰陶。侈口，卷沿，尖圆唇。沿部饰条形黑彩。口径32、残高3、壁厚1.2厘米（图三四，13；彩版一七，8）。时代为仰韶文化晚期。

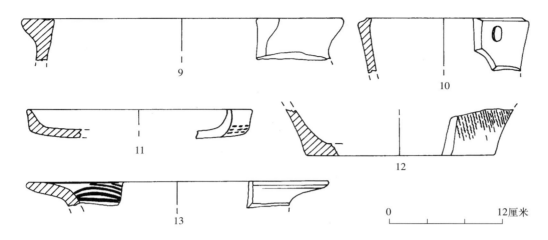

图三四　杨家坪遗址采集标本
9.盆口沿　10.鼎口沿　11.托盘残片　12.罐底　13.罐口沿

第二节　麦积区

一　概况

麦积区原称北道区，1985年之前为天水县。绝大部分区域位于天水市东南部，有四个乡镇居于中部。东接陕西宝鸡，南接陇南市两当、徽县，西、北部与秦州区、清水县、秦安县、甘谷县接壤。总面积3480平方千米。

地貌南北差别巨大。北部黄土在渭河及各支流的冲刷切割下，形成黄土卯梁沟壑山地。南部西秦岭山脉横亘，山峰陡峭，局部基岩裸露，森林覆盖面大；北部为渭河水系，渭河干流在此区流经最长，达181千米，其较大支流有葫芦河、藉河、永川河、东柯河、牛头河、毛峪河等。南部为嘉陵江水系。南部为嘉陵江水系，较大支流有白家河、花庙河、红崖河。

属大陆性暖温带半湿润气候，年平均气温10.9℃，年均降水量500～600毫米。

经考古调查，古人类主要生活在北部渭河及其支流两岸，南部发现很少（图三五）。20世纪50年代任步云等考古学家对此区域进行较为详细的调查，后来又经过全国第二、三次文物复查，大致摸清了遗址的分布及性质，其中以史前遗址数量最多。规模较大且遗存丰富的有柴家坪遗址、周家湾遗址、樊家城遗址、蔡科顶遗址等。文化属性以仰韶中、晚期，齐家文化为主，未发现明确的前仰韶文化遗存。此次调查复查了已发现遗址，同时也新发现了几处周代遗址，较为重要。

二　遗址分述

1. 伯阳镇柴家坪遗址

柴家坪遗址位于伯阳镇下坪村东侧，渭河西岸一级阶地之上，距现在河床约20米。地理坐

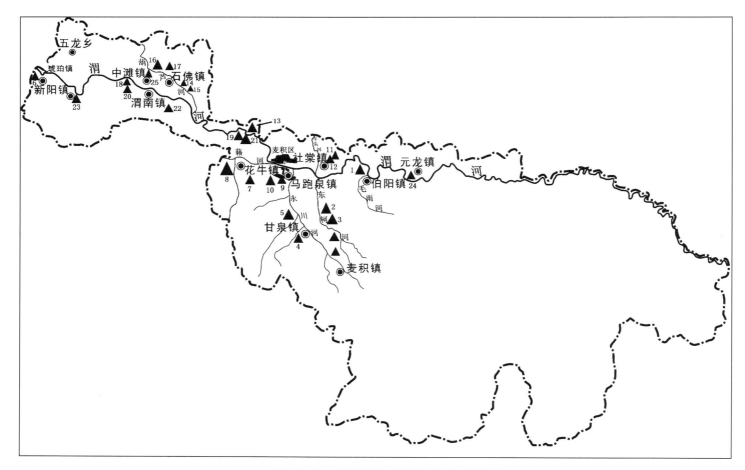

图三五　麦积区部分遗址分布示意图

1. 柴家坪遗址　2. 柳家河遗址　3. 北坪遗址　4. 寺坪遗址　5. 吴家河遗址　6. 窑上遗址　7. 白崖遗址　8. 张罗遗址　9. 马跑泉遗址　10. 三十甸子遗址　11. 黄家咀遗址　12. 庙山坪遗址　13. 董家坪遗址　14. 郭家老庄遗址　15. 旧堡子遗址　16. 王家疤遗址　17. 王李湾遗址　18. 卦台山遗址　19. 刘缑遗址　20. 平塘峡遗址　21. 巧儿河遗址　22. 汝季遗址　23. 周家湾遗址　24. 蔡科顶遗址　25. 樊家城遗址

标为北纬34°32′、东经106°03′。南北长约1000、东西宽约250米，面积约为25万平方米（图三六）。

　　遗址地势平坦开阔，西侧至下坪村，东侧至渭河，陇海铁路在遗址下通过。1956年发现此遗址，后又发现了珍贵的仰韶文化人面形陶塑（图三七）。1981年公布为省级文物保护单位。1956年调查时发现文化层厚1～2.8米，北部为仰韶文化，南部为仰韶文化和齐家文化共存。后来由于农田基建，文化层受到严重扰动，陶片的分布比较杂乱。

　　2016年项目组又进行了调查，在遗址临河断面上发现多处遗迹，包括灰坑、墓葬等。文化层最厚达2米以上。除了已知的史前文化遗存外，新发现了东周时期的秦文化遗存。采集的部分标本如下（图三八～四三；彩版一八～二二）。

　　标本柴家坪：1，罐口沿。夹砂红褐陶。敛口，平沿，尖唇。饰附加堆纹。口径36、残高6、壁厚1厘米（图三八，1；彩版一八，1）。时代为仰韶文化晚期。

　　标本柴家坪：2，罐口沿。夹砂红褐陶。敛口，平沿，圆唇。唇面及颈部饰绳纹，颈局部抹光。口径36.4、残高6.8、壁厚1厘米（图三八，2；彩版一八，2）。时代为仰韶文化晚期。

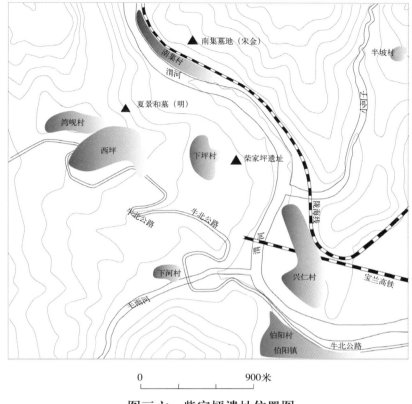

图三六　柴家坪遗址位置图

标本柴家坪：3，罐口沿。夹砂红褐陶。敛口，平沿，方唇。饰绳纹和附加堆纹。口径36、残高9.6、壁厚0.8厘米（图三八，3；彩版一八，3）。时代为仰韶文化晚期（或马家窑文化时期）。

标本柴家坪：4，罐残片。夹砂红褐陶。饰交错细绳纹，附加泥条上饰斜粗绳纹。残宽14、残高14、壁厚0.8厘米（图三八，4；彩版一八，4）。时代为仰韶文化晚期。

标本柴家坪：5，罐残片。夹砂褐陶。饰竖绳纹。残宽2、残高13.4、壁厚2厘米（图三八，5）。时代为仰韶文化晚期。

标本柴家坪：6，罐残片。夹砂红褐陶。侈口，卷沿，尖圆唇。饰粗绳纹，有圆饼形堆饰。口径30、残高7.6、壁厚1厘米（图三九，6；彩版一八，5）。时代为仰韶文化晚期。

标本柴家坪：7，罐口沿。夹砂灰褐陶。直口，平沿，方唇。表面饰交错粗绳纹。口径22、残高6.6、壁厚0.6厘米（图三九，7；彩版一八，6）。时代为东周时期。

标本柴家坪：8，罐残片。泥质灰陶。敛口，卷沿，尖圆唇。素面。口径12、残高5.6、壁厚0.6厘米（图三九，8；彩版一八，7）。时代为仰韶文化晚期。

标本柴家坪：9，罐底。夹砂红褐陶。饰粗绳纹。残高6.6、壁厚1.2厘米（图三九，9；彩版一八，8）。时代为仰韶文化时期。

标本柴家坪：10，罐口沿。夹砂红褐陶。敛口，斜折沿，圆唇，束颈。饰附加堆纹和绳纹。口径16、残高5.6、壁厚0.6厘米（图三九，10；彩版一九，1）。时代为仰韶文化晚期。

标本柴家坪：11，鬲口沿。夹砂灰陶。侈口，卷沿，尖圆唇。饰竖绳纹。口径20、残高4.2、壁厚0.6厘米（图三九，11；彩版一九，2）。时代为春秋时期。

标本柴家坪：12，罐口沿。夹砂红褐陶。敛口，平沿，尖圆唇。口径26、残高5、壁厚1厘米（图三九，12；彩版一九，3）。时代为仰韶文化中期。

标本柴家坪：13，鬲口沿。夹砂灰褐陶。敛口，平沿，尖圆唇，束颈。肩部饰绳纹。口径24、残高5.2、壁厚0.6厘米（图三九，13；彩版一九，4）。时代为春秋时期。

标本柴家坪：14，罐口沿。夹砂红褐陶。敛口，斜平沿，方唇。表面饰戳印纹。口径26、残高8、壁厚0.6厘米（图四〇，14；彩版一九，5）。时代为仰韶文化中期。

标本柴家坪：15，瓶口沿。泥质红褐陶。敛口，窄平沿，尖圆唇。口径10.8、残高6.4、壁

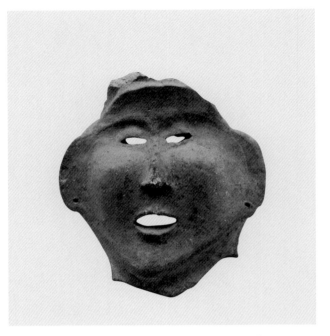

图三七　柴家坪遗址出土人面陶塑

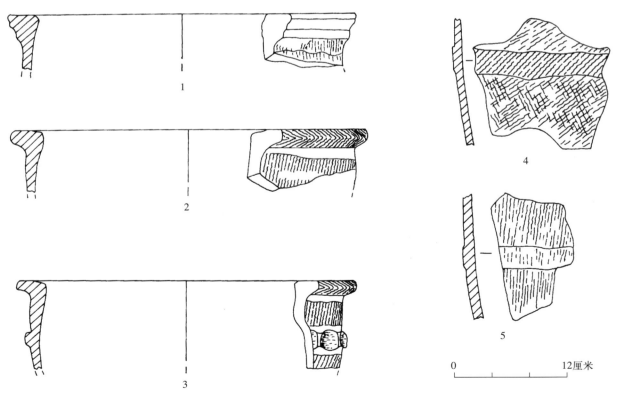

图三八　柴家坪遗址采集标本

1～3.罐口沿　4、5.罐残片

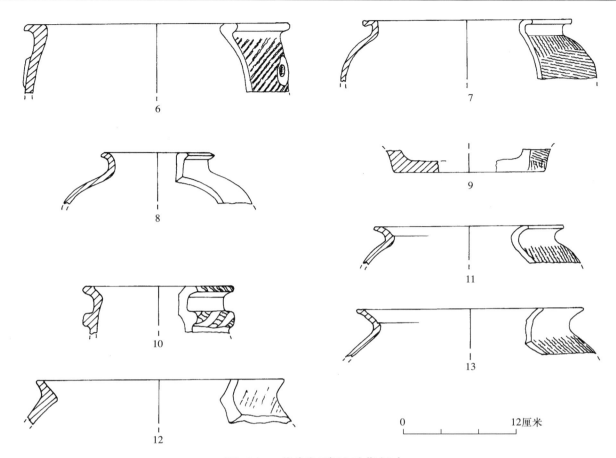

0   12厘米

图三九 柴家坪遗址采集标本
6、8.罐残片 7、10、12.罐口沿 9.罐底 11、13.鬲口沿

厚0.6厘米（图四○，15；彩版一九，6）。时代为仰韶文化晚期。

标本柴家坪：16，罐底。泥质红陶。底径10.8、残高3.8、壁厚0.6厘米（图四○，16；彩版一九，7）。时代为仰韶文化时期。

标本柴家坪：17，瓶口沿。泥质红陶。侈口，平沿，圆唇。口径14、残高5.4、壁厚0.6厘米（图四○，17；彩版一九，8）。时代为仰韶文化晚期。

标本柴家坪：18，罐口沿。夹砂红陶。敛口，斜折沿，圆唇。饰粗绳纹。口径20、残高5、壁厚0.8厘米（图四○，18；彩版二○，1）。时代为仰韶文化中期。

标本柴家坪：19，罐口沿。泥质红陶。敛口，平沿，圆唇。饰绳纹。口径24、残高3、壁厚1厘米（图四○，19）。时代为仰韶文化晚期。

标本柴家坪：20，罐底片。泥质红陶。饰横向细绳纹。底径14、残高12.6、壁厚1厘米（图四○，20；彩版二○，2）。时代为仰韶文化晚期。

标本柴家坪：21，钵口沿。泥质红陶。敛口，圆唇。素面。口径24、残高4、壁厚0.8厘米（图四一，21；彩版二○，3）。时代为仰韶文化时期。

标本柴家坪：22，罐底。夹砂红褐陶。饰拍打绳纹。底径18、残高6.8、壁厚1.2厘米（图四一，22；彩版二○，4）。时代为仰韶文化时期。

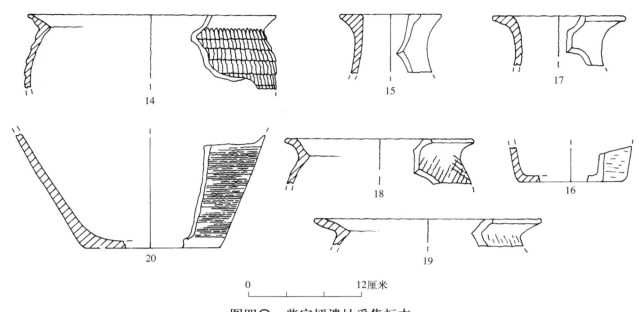

0　　　　　　　　12厘米

图四〇　柴家坪遗址采集标本

14、18、19.罐口沿　15、17.瓶口沿　16、20.罐底

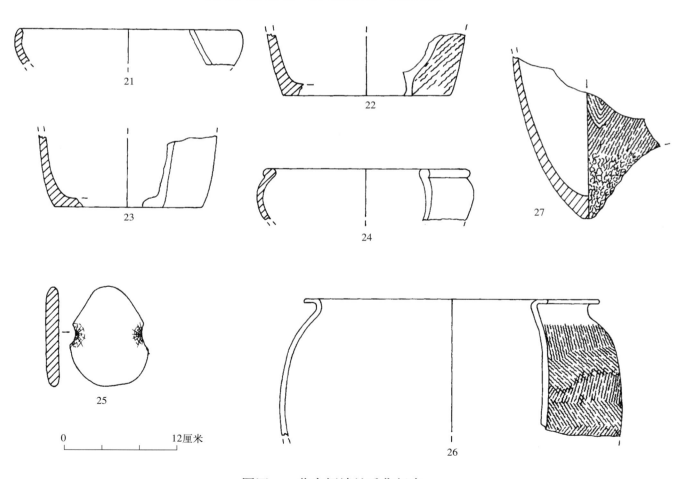

0　　　　　　　12厘米

图四一　柴家坪遗址采集标本

21、24.钵口沿　22、23.罐底　25.刮削器　26.鬲口沿　27.鬲足

标本柴家坪：23，罐底。泥质红陶。素面。底径16、残高8、壁厚0.8厘米（图四一，23；彩版二〇，5）。时代为仰韶文化时期。

标本柴家坪：24，钵口沿。泥质灰陶。敛口，卷沿，圆唇。鼓肩。素面抹光。口径22、残高5.8、壁厚0.6厘米（图四一，24；彩版二〇，6）。时代为仰韶文化晚期。

标本柴家坪：25，刮削器。石质。近椭圆形。两侧有打制的豁口。长10.8、宽8.4、厚1.4厘米（图四一，25）。时代为仰韶文化时期。

标本柴家坪：26，鬲口沿。夹砂灰褐陶。平沿，方唇。束颈，溜肩。口径32、残高15、壁厚0.6厘米（图四一，26；彩版二〇，8）。时代为春秋时期。

标本柴家坪：27，鬲足。夹砂浅灰陶。联裆鬲尖锥状足，足跟不明显。裆部饰细绳纹，足部饰麻点纹。残高18.4厘米（图四一，27；彩版二〇，7）。时代为春秋时期。

标本柴家坪：28，鬲口沿。夹砂灰陶。敛口，平沿，方唇。束颈，饰绳纹，沿下抹光。口径36、残高5.8、壁厚1厘米（图四二，28；彩版二一，1）。时代为春秋时期。

标本柴家坪：29，鬲口沿。泥质浅灰陶。敛口，平沿，圆唇。束颈，鼓肩。颈部抹光，肩部饰绳纹。口径32、残高4、壁厚0.6厘米（图四二，29；彩版二一，2）。时代为春秋时期。

标本柴家坪：30，鬲口沿。夹砂浅灰陶。敛口，圆唇。束颈，鼓肩。口径20、残高5.6、壁厚1.2厘米（图四二，30）。时代为春秋时期。

标本柴家坪：31，罐口沿。泥质灰陶。平沿，尖圆唇。口径36、残高3.6、壁厚1厘米（图四二，31；彩版二一，3）。时代为仰韶文化晚期。

标本柴家坪：32，罐口沿。夹砂红褐陶。敛口，斜折沿，方唇。唇面饰压印纹，颈部饰绳纹。口径34、残高7.6、壁厚0.6厘米（图四二，32；彩版二一，4）。时代为仰韶文化中期。

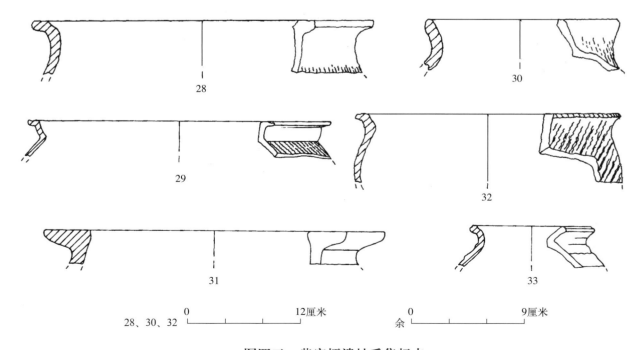

图四二　柴家坪遗址采集标本
28～30.鬲口沿　31～33.罐口沿

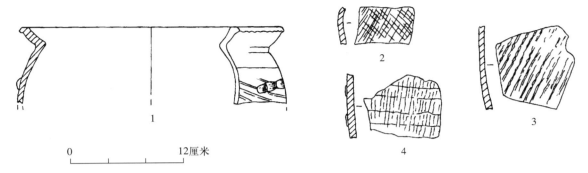

0　　　　　　　12厘米

图四三　柴家坪遗址 H1 采集标本
1. 罐口沿　2. 红陶片　3、4. 陶片

标本柴家坪：33，罐口沿。夹砂灰陶。敛口，卷沿，方唇。束颈，鼓肩。颈部抹光，肩部饰绳纹。口径12.8、残高4.4、壁厚1厘米（图四二，33；彩版二一，5）。时代为春秋时期。

（1）柴家坪遗址灰坑H1标本

标本柴家坪H1：1，罐口沿。夹砂红陶。敛口，宽折沿，尖圆唇。沿面有压印纹，肩部饰附加堆纹。口径28、残高8.4、壁厚0.4～0.8厘米（图四三，1；彩版二一，6）。时代为仰韶文化中期。

标本柴家坪H1：2，红陶片，推测为尖底瓶残片。泥质红陶。表面饰交错细绳纹。残宽6、残高4、壁厚0.6厘米（图四三，2）。时代为仰韶文化中期。

标本柴家坪H1：3，陶片。推测为罐残片。夹砂红褐陶。表面饰细绳纹。残宽8、残高9.2、壁厚0.6厘米（图四三，3；彩版二一，7）。时代为仰韶文化中期。

标本柴家坪H1：4，陶片。夹砂红褐陶。表面饰条状附加堆纹与绳纹。残宽8、残高7、壁厚0.8厘米（图四三，4；彩版二一，8）。时代为仰韶文化中期。

2. 甘泉镇柳家河遗址

柳家河遗址位于甘泉镇柳家河村北侧，东柯河北岸一级阶地之上，呈坡状，北高南低。地理坐标为北纬34°27′，东经105°58′（图四四）。

2016年项目组调查时发现，南部史前遗存较为丰富，北部除少量史前遗存外还发现了东周时期遗存。遗址东部断面上有大量瓦片堆积，包括筒瓦、瓦当等，应属明清时期，据说此处曾建有泰山庙。西部发现一处灰坑H1，距地表约1.3、宽约1米，包含大量绳纹灰陶，有鬲、盆等。采集的部分标本如下（图四五；彩版二二，1～4）。

标本柳家河：1，盆口沿。泥质红陶。斜平沿，尖圆唇。饰斜绳纹。口径28、残高3、壁厚0.8厘米（图四五，1；彩版二二，1）。时代为仰韶文化晚期。

标本柳家河：2，罐口沿。夹砂红陶。侈口，斜平沿，方唇。饰竖绳纹。口径26、残高5、壁厚0.6厘米（图四五，2；彩版二二，2）。时代为仰韶文化晚期。

标本柳家河：3，罐底。夹砂红陶。饰附加堆纹。底径18、残高3、壁厚1.4厘米（图四五，3；彩版二二，3）。时代为仰韶文化晚期。

标本柳家河：4，罐底。夹砂黄褐陶。饰附加堆纹。底径20、残高3、壁厚1.6厘米（图四五，4；彩版二二，4）。时代为仰韶文化时期。

（1）柳家河遗址H1标本

标本柳家河H1：1，鬲口沿。夹砂灰陶。敛口。束颈，鼓肩。残宽14、残高11.4、壁厚0.8厘米（图四六，1）。饰绳纹，肩部抹光。时代为春秋时期。

标本柳家河H1：2，陶片。泥质浅灰陶。饰竖绳纹和平行弦纹。残宽8.6、残高9、壁厚0.6厘米（图四六，2）。时代为东周时期。

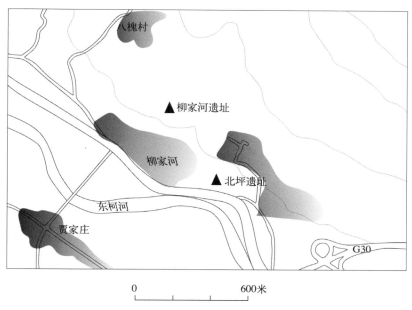

图四四　柳家河遗址位置图

标本柳家河H1：3，鬲口沿。夹砂灰陶。敛口，斜平沿，方唇。束颈，溜肩。饰竖绳纹。口径20、残高8、壁厚0.6厘米（图四六，3）。饰粗绳纹。时代为春秋时期。

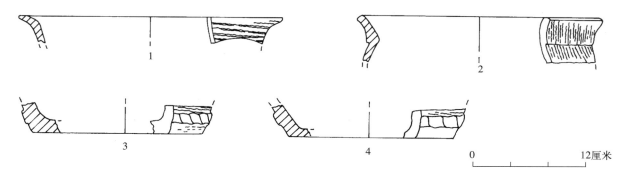

图四五　柳家河遗址采集标本

1.盆口沿　2.罐口沿　3、4.罐底

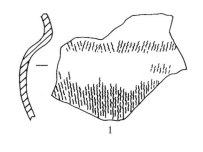
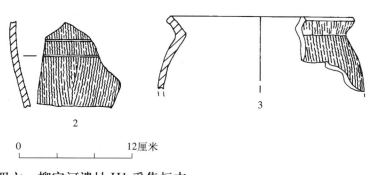

图四六　柳家河遗址H1采集标本

1、3.鬲口沿　2.陶片

3. 甘泉镇北坪遗址

北坪遗址位于甘泉镇北坪村周围，现北坪村即是遗址部分。处在东柯河北岸一级阶地之上，与柳家河遗址隔着一条冲沟。地理坐标为北纬34°27′，东经105°58′（图四七；彩版二二，5～8）。

遗址南北宽约300、东西长约600米，面积约18万平方米。北高南低，呈坡状地形。村子南侧地面陶片较多，以史前遗存为主。据当地一位老乡介绍，修建房子时发现过墓葬，并出土灰陶器。老乡家中有几件陶器，其中一件陶鬲基本完整，时代为西周早期。

标本北坪：1，瓶口沿。夹砂灰褐陶。侈口，尖圆唇，直颈。口径10、残高4、壁厚0.4厘米（图四七，1；彩版二二，5）。时代为仰韶文化时期。

标本北坪：2，罐口沿。泥质红褐陶。敞口，斜平沿，尖圆唇。口径28、残高5、壁厚0.4厘米（图四七，2；彩版二二，6）。时代为仰韶文化晚期。

标本北坪：3，罐口沿。夹砂红陶。侈口，尖圆唇。饰附加堆纹和竖向绳纹。宽6.2、残高5、壁厚0.6厘米（图四七，3；彩版二二，7）。时代为仰韶文化晚期。

标本北坪：4，陶片。泥质灰陶。饰凹弦纹。残宽4.6、残高5.2、壁厚0.6厘米（图四七，4；彩版二二，8）。时代为仰韶文化晚期。

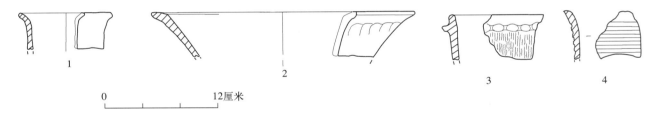

0　　　　　　　　12厘米

图四七　北坪遗址采集标本
1. 瓶口沿　2、3. 罐口沿　4. 陶片

4. 甘泉镇寺坪遗址

寺坪遗址位于甘泉村及玉兰村西侧，永川河二级阶地上。遗址中部有条季节性小河汇入永川河。地理坐标为北纬34°26′，东经105°55′（图四八）。东西长约800、南北宽约600米，面积约48万平方米。

遗址断面上发现丰富的文化堆积，大量遗迹，包括灰坑、墓葬。其中一处断面上文化层长约6、厚约1.3～1.4、距地表约0.30米。并有多个灰坑，编号为H1～H4。H3北侧有一座墓葬，宽约0.50、深约1米。该遗址有仰韶中期、齐家、龙山的文化遗存。据玉兰村老乡告知，农民耕地时挖出过较多的彩陶、石锛和石斧等。天水著名的双玉兰堂即在遗址东侧。地面上分布有较多陶片，采集到的标本如下（图四九；彩版二三）。

标本寺坪：1，钵口沿。泥质灰陶。敛口，尖圆唇。敷黑色陶衣，饰一道凹弦纹。口径28、残高6、壁厚0.8厘米（图四九，1）。时代为仰韶文化晚期。

标本寺坪：2，罐口沿。夹砂红陶。敛口，厚圆唇。饰粗绳纹。口径36、残高7、壁厚1厘米

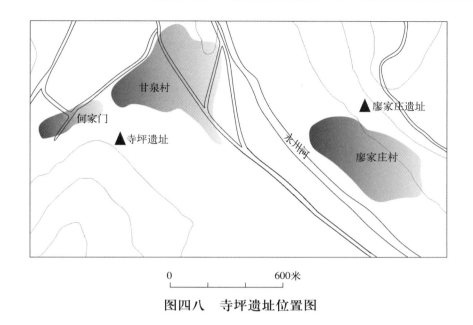

图四八　寺坪遗址位置图

（图四九，2）。时代为仰韶文化晚期。

标本寺坪：3，钵口沿。泥质黄褐陶。敛口，尖圆唇。素面。口径28、残高5、壁厚0.8厘米（图四九，3；彩版二三，1）。时代为仰韶文化晚期。

标本寺坪：4，钵口沿。泥质红陶。敛口，尖圆唇。素面。敷黄褐色陶衣。口径24、残高5、壁厚0.4厘米（图五○，4；彩版二三，2）。时代为仰韶文化晚期。

标本寺坪：5，陶片。夹砂黄褐陶。饰平行条状附加堆纹，一周泥条上有压印纹。残宽9、残高8.8、壁厚0.8厘米（图五○，5）。时代为仰韶文化晚期。

标本寺坪：6，罐口沿。泥质灰陶。侈口，斜平沿，尖圆唇。素面。口径14、残高3.4、壁厚0.9厘米（图五○，6）。时代为仰韶文化晚期。

标本寺坪：7，陶片。夹砂灰褐陶。饰绳纹，附加泥条上有压印纹，还有一道抹痕。残宽8、残高6、壁厚1.1厘米（图五○，7）。时代为仰韶文化晚期。

标本寺坪：8，罐残片。器物肩部。泥质红陶。饰两道平行凹弦纹。残宽8.8、残高7、壁厚

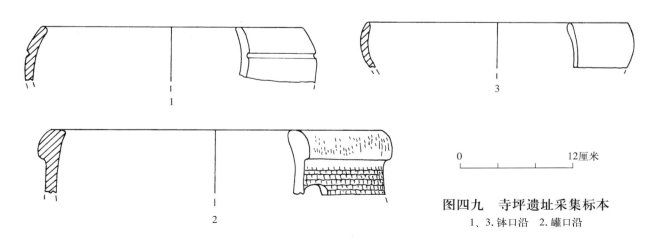

图四九　寺坪遗址采集标本
1、3.钵口沿　2.罐口沿

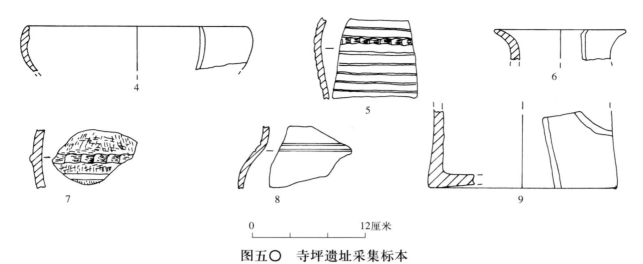

0　　　　　　　　　　12厘米

图五〇　寺坪遗址采集标本

4.钵口沿　5、7.陶片　6.罐口沿　8.罐残片　9.罐底

0.8厘米（图五〇，8）。时代为仰韶文化晚期。

标本寺坪：9，罐底。夹砂红陶。素面。底径20、残高8.4、壁厚1.2厘米（图五〇，9；彩版二三，3）。时代为仰韶文化时期。

（1）灰坑H1

H1为袋状坑，开口距地表约1.5米。开口被扰动，残宽2.66、底3.28、深约1米。填土中包含有炭粒、草木灰、陶片等。地理坐标为北纬34° 26′ 53.91″，东经105° 55′ 56.38″。采集的标本如下（图五一）。

标本寺坪H1：1，罐口沿。夹砂红陶。敛口，窄平沿，圆唇。口径30、残高3、壁厚0.8厘米（图五一，1）。时代为仰韶文化晚期。

标本寺坪H1：2，罐残片。夹砂灰褐陶。斜腹，平底。素面。底径11.2、残高4、壁厚0.8厘米（图五一，2；彩版二三，4）。时代为仰韶文化晚期。

标本寺坪H1：3，罐口沿。夹砂红陶。敛口，斜折沿，尖圆唇。肩部饰横向绳纹。口径27.2、残高5、壁厚0.8厘米（图五一，3）。时代为仰韶文化时期。

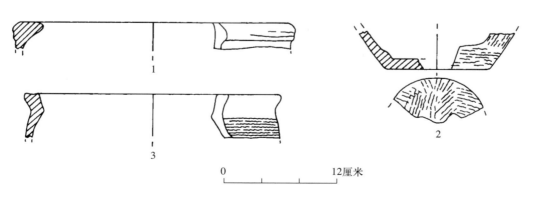

0　　　　　　　　　　12厘米

图五一　寺坪遗址 H1 采集标本

1、3.罐口沿　2.罐残片

（2）灰坑H2

H2位于H1北侧约4米处，开口距地表约1、宽约2.2、深约1米，锅底状，南侧坑壁因水流冲刷被破坏，坑口被扰乱。采集若干陶片如下（图五二、五三）。

标本寺坪H2：1，罐底。夹砂红褐陶。斜腹，平底。素面。底径12、残高6、壁厚0.8厘米（图五二，1；彩版二三，5）。时代为仰韶文化时期。

标本寺坪H2：2，陶片。推测为尖底瓶残片。泥质黄褐陶。饰细绳纹。残宽5.4、残高5.8、壁厚0.6厘米（图五二，2）。时代为仰韶文化时期。

标本寺坪H2：3，钵口沿。泥质红陶。敛口，尖圆唇。素面。口径24、残高4、壁厚0.4厘米（图五二，3）。时代为仰韶文化晚期。

标本寺坪H2：4，钵口沿。泥质灰陶。敛口，尖圆唇。素面。口径30、残高5、壁厚0.7厘米（图五二，4）。时代为仰韶文化晚期。

标本寺坪H2：5，钵口沿。泥质橙黄陶。敛口，尖圆唇。素面。口径25.4、残高4、壁厚0.5厘米（图五二，5；彩版二三，6）。时代为仰韶文化晚期。

标本寺坪H2：6，钵口沿。泥质橙黄陶。敛口，尖圆唇。素面。口径26、残高4.8、壁厚0.6厘米（图五三，6）。时代为仰韶文化晚期。

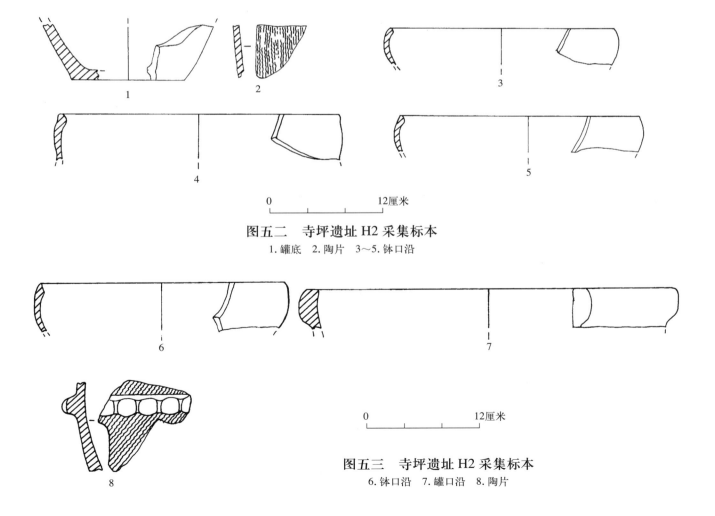

0   12厘米

图五二 寺坪遗址 H2 采集标本

1.罐底 2.陶片 3～5.钵口沿

0   12厘米

图五三 寺坪遗址 H2 采集标本

6.钵口沿 7.罐口沿 8.陶片

标本寺坪H2：7，罐口沿。夹粗砂红褐陶。敛口，圆唇。口径39、残高4、壁厚1厘米（图五三，7；彩版二三，7）。时代为仰韶文化晚期。

标本寺坪H2：8，陶片。夹砂红褐陶。饰绳纹和附加堆纹。宽9、残高9.2、壁厚0.8厘米（图五三，8）。时代为仰韶文化晚期。

（3）灰坑H4

开口距地表约0.50米，锅底状，宽1.35、深1米。采集若干陶片，如下（图五四）。

标本寺坪H4：1，陶片。夹砂黄褐陶。饰绳纹和附加堆纹。残宽10.6、残高13.2、壁厚1.2厘米（图五四，1；彩版二三，8）。时代为仰韶文化晚期。

标本寺坪H4：2，钵口沿。泥质灰陶。尖圆唇。素面。残宽4.8、残高4、壁厚0.5厘米（图五四，2）。时代为仰韶文化晚期。

标本寺坪H4：3，陶片。推测为尖底瓶残片。泥质黄褐陶。饰交错细绳纹，绳纹上有白彩。残宽3、残高5、壁厚0.6厘米（图五四，3）。时代为仰韶文化晚期。

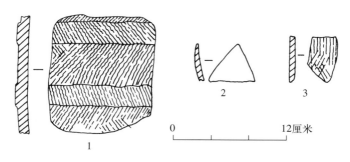

图五四　寺坪遗址 H4 采集标本
1、3.陶片　2.钵口沿

5. 甘泉镇吴家河遗址

吴家河遗址位于甘泉镇吴河村西侧，吴家河与永川河交汇之处。地理坐标为北纬34°28′，东经105°54′（图五五）。遗址西北高东南低，呈坡状，现修为台地种植樱桃。东西长约800、南北宽约650米，面积约52万平方米。

项目组在遗址西部道路断面上发现了两座白灰面房址，编号F1和F2。房址F1为半地穴式，残存白灰面地面和部分墙面。白灰面长3.6米，厚约1厘米，墙面残高20（西北）和34（东南）厘米（彩版二四，1）；F2位于F1西北约2米处，与F1处于同一断面上。也有竖直的白灰墙面，可看出房屋的拐角为弧形。白灰面长3、残高0.5米，厚约1厘米。中间部分的白灰面有两层，上下两层之间相隔2厘米。

白灰面下有红烧土堆积。断面上还发现多个红烧土坑。除此之外，还发现多处文化层，地面分布较多陶片，以史前遗存为主，也有周代遗存。此次采集的标本如下（图五六～五八；彩版二四，2～5）。

标本吴家河：1，罐口沿。泥质红陶。敞口，尖圆唇。素面。口径约23、高2.5、厚0.4厘米（图五六，1；彩版二四，2）。时代为齐家文化时期。

标本吴家河：2，罐口沿。侈口，尖圆唇。唇面有戳印纹，沿外饰绳纹。口径约21、高5.8、

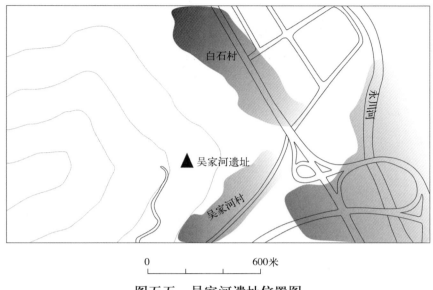

图五五　吴家河遗址位置图

厚0.6厘米（图五六，2；彩版二四，3）。时代为齐家文化时期。

标本吴家河：3，盆口沿。夹砂红陶。有鋬耳。宽约10、高4.5、厚0.4～2厘米（图五七，3；彩版二四，4）。时代为齐家文化时期。

标本吴家河：4，罐底。夹砂红褐陶。饰竖绳纹。高约4、厚0.6～1厘米（图五七，4）。时代为齐家文化时期。

标本吴家河：5，陶片。饰篮纹。宽4、残高约8、厚0.6厘米（图五七，5）。时代为齐家文化时期。

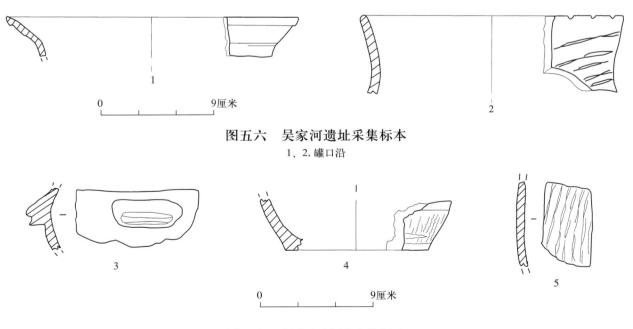

图五六　吴家河遗址采集标本
1、2.罐口沿

图五七　吴家河遗址采集标本
3.盆口沿　4.罐底　5.陶片

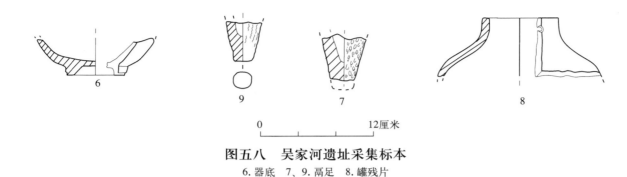

图五八　吴家河遗址采集标本

6. 器底　7、9. 鬲足　8. 罐残片

标本吴家河:6，器底。泥质灰陶。弧腹，圈足。足径5.6、残高3.5厘米（图五八，6）。

标本吴家河:7，鬲足。夹砂红褐陶。圆锥状，平跟。饰粗绳纹。足径1.8、高约6厘米（图五八，7）。时代为东周时期。

标本吴家河:8，罐残片。泥质灰陶。直颈，溜肩，颈部有穿。素面。口径约8、残高6厘米（图五八，8；彩版二四，5）。时代为汉代。

标本吴家河:9，鬲足。夹砂红褐陶。锥状足，足跟残。饰麻点绳纹。高约5厘米（图五八，9）。时代为东周时期。

6. 琥珀镇窑上遗址

窑上遗址位于琥珀镇罗家村窑上自然村东侧，渭河一级阶地之上。地理坐标为北纬34°43′，东经105°27′（图五九）。

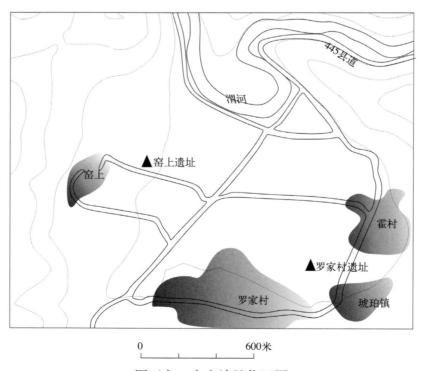

图五九　窑上遗址位置图

遗址东西长约500、南北宽约300米，面积约15万平方米。1989年公布为县级文物保护单位。遗址靠渭河一侧建有一座砖瓦厂，其断面上可见连续的文化层，厚度1～3米。亦有灰坑若干。地面散落大量的陶片，绝大部分为东周时期的遗存。采集的标本如下（图六〇、六一；彩版二五）。

标本窑上：1，罐口沿。泥质，深灰陶。侈口，窄平沿，尖圆唇。颈部饰弦纹。口径12、残高6、壁厚1厘米（图六〇，1；彩版二五，1）。时代为东周（战国）。

标本窑上：2，罐口沿。泥质，深灰陶。侈口，尖圆唇。束颈，溜肩，鼓腹。腹部饰绳纹，弦纹。肩部抹光。口径20.8、残高10.4、壁厚0.8厘米（图六〇，2；彩版二五，2）。时代为东周（战国）。

标本窑上：3，鬲残片。夹砂灰陶。侈口，平沿，方唇。束颈，耸肩。沿内外侧各有一道凹弦纹。肩部饰绳纹。口径28、残高7.6、壁厚0.6厘米（图六〇，3；彩版二五，3）。时代为东周（春秋晚期）。

标本窑上：4，瓮口沿。夹砂灰陶，敛口，宽平沿，方唇。饰绳纹。口径32、残高6、壁厚1厘米（图六〇，4；彩版二五，4）。时代为东周时期。

标本窑上：5，罐口沿。夹砂灰陶。敛口，平沿，尖唇。口径22、残高5.4、壁厚1厘米（图六一，5；彩版二五，5）。时代为东周时期。

标本窑上：6，豆柄。夹砂灰陶。连接有豆盘底部。残高5厘米（图六一，6；彩版二五，6）。时代为东周时期。

标本窑上：7，甑残片。泥质灰陶。斜腹，平底，底部有圆孔。腹下部饰绳纹。残高6、壁厚1厘米（图六一，7；彩版二五，7）。时代为东周时期。

标本窑上：8，鬲足。夹砂灰陶。锥形实足。饰粗绳纹。残高6厘米（图六一，8）。时代为东周时期。

标本窑上：9，罐口沿。泥质灰陶。侈口，方唇。束颈。口径30、残高4、壁厚1厘米（图

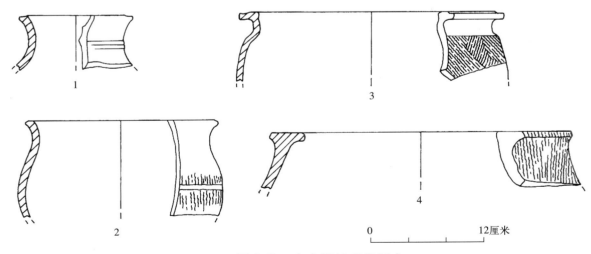

0　　　　　　　12厘米

图六〇　窑上遗址采集标本

1、2.罐口沿　3.鬲残片　4.瓮口沿

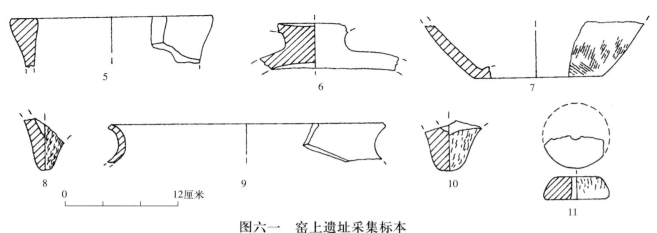

图六一　窑上遗址采集标本

5、9.罐口沿　6.豆柄　7.甑残片　8、10.鬲足　11.陶纺轮

六一，9）。时代为东周时期。

　　标本窑上：10，鬲足。夹砂灰陶。锥形实足，横截面呈椭圆形。足内侧饰粗绳纹。残高5.6厘米（图六一，10）。时代为东周时期。

　　标本窑上：11，陶纺轮。夹砂灰陶。圆形，断面为圆角梯形。直径7.2、孔径1.2厘米（图六一，11；彩版二五，8）。时代为东周时期。

7. 花牛镇白崖遗址

　　白崖遗址位于花牛镇白崖村南侧，藉河南岸一级阶地之上。遗址南高北低，南侧临山。现有高速铁路通过，遗址原貌改变巨大（图六二）。

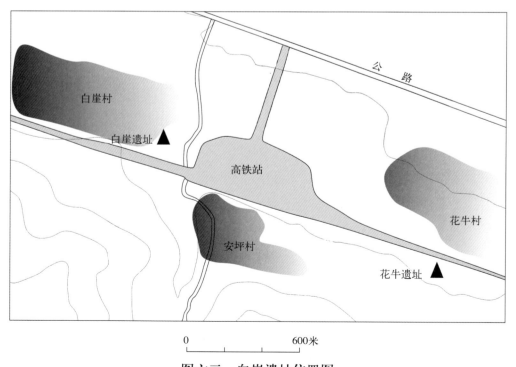

图六二　白崖遗址位置图

地面散见少量陶片，采集标本如下（图六三）。

标本白崖：1，罐口沿。夹砂红褐陶。窄平沿，尖圆唇。饰平行条状附加堆纹。口径约32、残高5.4厘米（图六三，1）。时代为仰韶文化晚期。

标本白崖：2，板瓦残片。泥质灰陶。正面为素面，背面有布纹。长约7.4、宽7、厚1.8厘米（图六三，2）。时代为汉代。

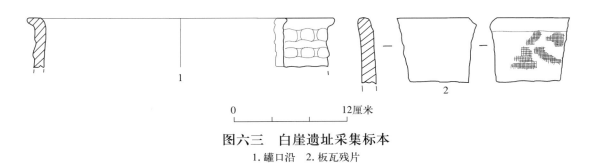

0　　　　　　　　　　12厘米

图六三　白崖遗址采集标本
1. 罐口沿　2. 板瓦残片

8. 花牛镇张罗遗址

张罗遗址位于花牛镇张河村和罗沟村之间，为藉河支流与藉河的交汇之处，河流的一、二级阶地之上。地理坐标为北纬34°33′，东经105°48′（图六四）。

遗址西高东低，西靠山，东临河，南北约500、东西约500米，面积约25万平方米。1947年裴文中先生发现此遗址，当时称张家湾遗址。1956年任步云等也做了调查，命名为罗家沟口遗址。1964年做了试掘，并找到了石岭下类型被仰韶文化庙底沟类型叠压的地层关系。1981年公布为省级文物保护单位。近些年由于农田基建和修路，遗址面貌改变较大，暴露出的断面上可见丰富的文化层和灰坑、白灰面房址等遗迹。地面上有大量的陶片。文化属性为仰韶文化。采集的部分标本如下（图六五～六八；彩版二六、二七）。

标本张罗：1，罐残片。夹砂红褐陶。敛口，斜折沿，尖圆唇。唇部饰斜向压印纹。肩部饰竖向细绳纹，两道平行凹弦纹。口径28、残高7.8、壁厚0.6厘米（图六五，1；彩版二六，1）。时代为仰韶文化中期。

标本张罗：2，罐口沿。夹砂红褐陶。敛口，斜折沿，方唇。肩部饰绳纹，并有一个乳突。口径18、残高5、壁厚0.6厘米（图六五，2；彩版二六，2）。时代为仰韶文化中期。

标本张罗：3，钵口沿。泥质红陶。敛口，圆唇。素面。口径14、残高3.6、壁厚0.6厘米（图六五，3；彩版二六，3）。时代为仰韶文化中期。

标本张罗：4，罐口沿。泥质灰陶。卷沿，尖圆唇。束颈。口径14、残高5、壁厚0.4厘米（图六五，4；彩版二六，4）。时代为仰韶文化晚期。

标本张罗：5，钵口沿。泥质红陶。敛口，圆唇。施乳黄色陶衣。口径16、残高4.8、壁厚0.6厘米（图六五，5）。时代为仰韶文化中期。

标本张罗：6，钵口沿。泥质灰陶。敛口，尖圆唇。素面抹光。口径17.2、残高3.6、壁厚0.6厘米（图六五，6；彩版二六，5）。时代为仰韶文化晚期。

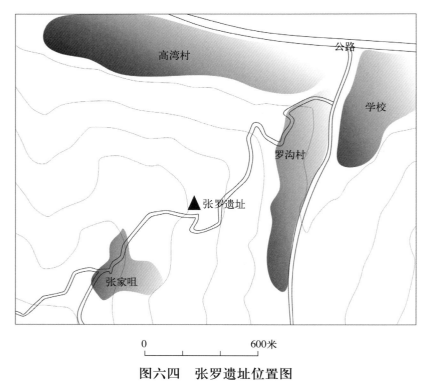

图六四　张罗遗址位置图

标本张罗：7，钵口沿。泥质红陶。尖圆唇。施浅黄色陶衣。口径22.8、残高4.6、壁厚0.6厘米（图六五，7）。时代为仰韶文化晚期。

标本张罗：8，钵口沿。泥质黄陶。敛口，尖圆唇。素面抹光。口径22.8、残高4、壁厚0.4厘米（图六五，8；彩版二六，6）。时代为仰韶文化晚期。

标本张罗：9，瓶口沿。泥质红陶。侈口，卷沿，尖圆唇。磨光。口径约17.6、残高3.4、宽7.4厘米（图六五，9）。时代为仰韶文化晚期。

标本张罗：10，盆口沿。泥质灰黑陶。敛口，圆唇。素面抹光。口径27.2、残高3.6、壁厚0.4厘米（图六五，10；彩版二六，7）。时代为仰韶文化晚期。

标本张罗：11，盆口沿。泥质灰陶。敛口，平沿，尖圆唇。束颈。素面。口径约21.6、残高3.2、壁厚0.4厘米（图六五，11）。时代为仰韶文化晚期。

标本张罗：12，钵口沿。泥质红陶。敛口，圆唇。素面。口径约21.2、残高3、壁厚0.6厘米（图六五，12）。时代为仰韶文化晚期。

标本张罗：13，罐底。泥质灰陶。平底。素面。底径约27、残高3.2、壁厚0.8厘米（图六五，13；彩版二六，8）。时代为仰韶文化晚期。

标本张罗：14，钵口沿。泥质红陶。敛口，尖圆唇。素面。口径约16、残高6、壁厚0.4~0.6厘米（图六六，14）。时代为仰韶文化晚期。

标本张罗：15，陶片。泥质红陶。表面饰交错细绳纹。残长6、宽5、壁厚0.4厘米（图六六，15）。属仰韶文化。

标本张罗：16，罐残片。泥质红陶。斜腹，平底，深腹。底部内侧饰席纹。底径约12.4、残高10、壁厚0.6~1厘米（图六六，16；彩版二七，1）。时代为仰韶文化晚期。

标本张罗：17，罐下腹。夹砂红陶。斜腹。表面饰绳纹。底径约12.4、残高6.4、壁厚1~1.2厘米（图六六，17；彩版二七，2）。属仰韶文化。

标本张罗：18，钵口沿。泥质黄褐陶。敛口，圆唇。素面。口径12、残高3.6、壁厚0.6厘米（图六六，18）。时代为仰韶文化晚期。

标本张罗：19，罐口沿。泥质灰陶。卷沿，尖圆唇。束颈。素面。口径10.8、残高5、壁厚0.4厘米（图六六，19）。时代为仰韶文化晚期。

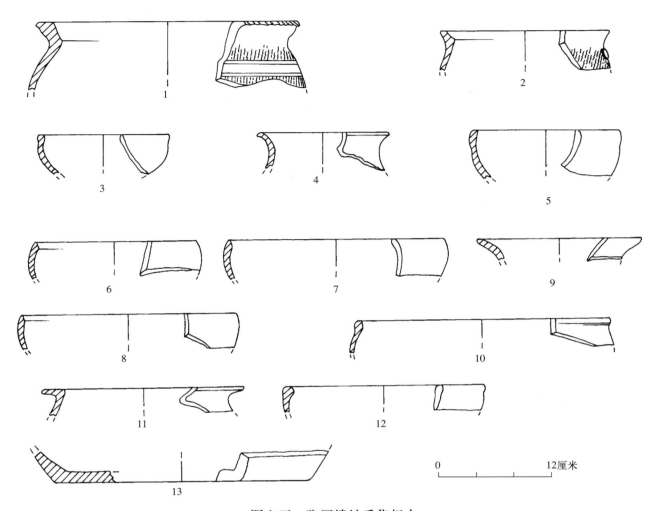

图六五　张罗遗址采集标本

1.罐残片　2、4.罐口沿　3、5~8、12.钵口沿　9.瓶口沿　10、11.盆口沿　13.罐底

　　标本张罗：20，罐口沿。夹砂红褐陶。敛口，斜折沿，尖圆唇。唇部饰斜向压印纹。肩部饰竖向细绳纹和凹弦纹。口径20.4、残高6、壁厚0.6厘米（图六六，20）。时代为仰韶文化晚期。

　　标本张罗：21，罐口沿。夹砂红褐陶。敛口，斜沿，方唇。饰斜绳纹，贴一泥饼。口径12.4、残高3.5、壁厚0.6厘米（图六六，21）。时代为仰韶文化晚期。

　　标本张罗：22，钵口沿。泥质红陶。敛口，圆唇。内外均施黄色陶衣。口径16、残高4.8、壁厚0.6厘米（图六七，22）。时代为仰韶文化晚期。

　　标本张罗：23，钵口沿。泥质红陶。敛口，尖圆唇。磨光。口径20、残高4、壁厚0.4厘米（图六七，23）。时代为仰韶文化时期。

　　标本张罗：24，钵口沿。泥质红陶。尖圆唇。内外均饰黄色陶衣。口径18、残高4.6、壁厚0.6厘米（图六七，24）。时代为仰韶文化晚期。

　　标本张罗：25，钵口沿。泥质灰陶。敛口，尖圆唇。素面。口径22.4、残高3.6、壁厚0.6厘米（图六七，25）。时代为仰韶文化晚期。

标本张罗：26，盆口沿。泥质灰黑陶。敛口，圆唇。通体抹光。口径26、残高3、壁厚0.4厘米（图六七，26）。时代为仰韶文化晚期。

标本张罗：27，罐口沿。泥质红陶。侈口，尖圆唇。素面。残宽7.4、残高3.4厘米（图六七，27）。时代为仰韶文化晚期。

标本张罗：28，盆口沿。泥质灰陶。敛口，宽平沿，尖圆唇。束颈。素面。口径29.2、残高3.2、壁厚0.4厘米（图六七，28）。时代为仰韶文化晚期。

标本张罗：29，器底。泥质灰黑陶。平底，斜腹。素面。底径28.8、残高3.2、壁厚0.8厘米（图六七，29）。时代为仰韶文化晚期。

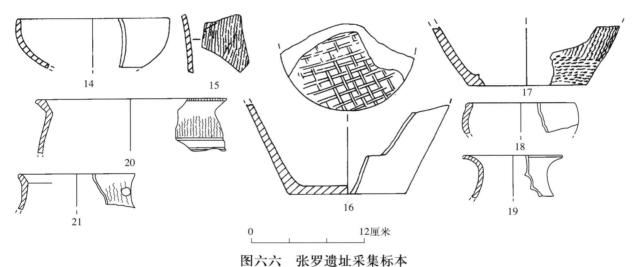

图六六　张罗遗址采集标本

14、18.钵口沿　15.陶片　16.罐残片　17.罐下腹　19～21.罐口沿

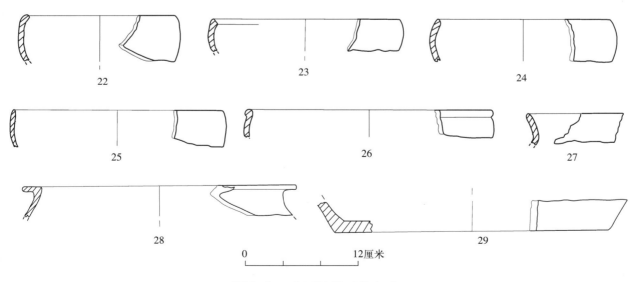

图六七　张罗遗址采集标本

22～25.钵口沿　26、28.盆口沿　27.罐口沿　29.器底

灰坑H4

H4为锅底状，开口2.3、底1.5、深1.05米；地理坐标为北纬34°33′45″，东经105°48′13″。

标本张罗H4：1，罐口沿。夹砂褐陶。敛口，外圆唇，沿外侧有凹槽一道。表面饰附加堆纹。口径约32、残高6、壁厚0.6～1厘米（图六八，1；彩版二七，3）。时代为仰韶文化晚期。

标本张罗H4：2，盆口沿。泥质灰陶。敛口，宽平沿。素面。口径34、残高4、壁厚0.6～1厘米（图六八，2；彩版二七，4）。时代为仰韶文化晚期。

标本张罗H4：3，钵口沿。泥质黄陶。敛口，尖圆唇。素面。口径约24、残高6、壁厚0.4～0.6厘米（图六八，3；彩版二七，5）。时代为仰韶文化晚期。

标本张罗H4：4，钵口沿。泥质黄褐陶。敛口，尖唇。素面。口径约22、残高3.4、壁厚0.4～0.8厘米（图六八，4；彩版二七，6）。时代为仰韶文化晚期。

标本张罗H4：5，罐口沿。夹砂褐陶。侈口，窄平沿，尖圆唇。表面饰附加堆纹。口径约36、残高5、壁厚1.4～2.2厘米（图六八，5；彩版二七，7）。时代为仰韶文化晚期。

标本张罗H4：6，陶片。泥质黄褐陶。表面饰白彩条纹。残宽3.6，高3.6，壁厚0.4厘米（图六八，6；彩版二七，8）。时代为仰韶文化晚期。

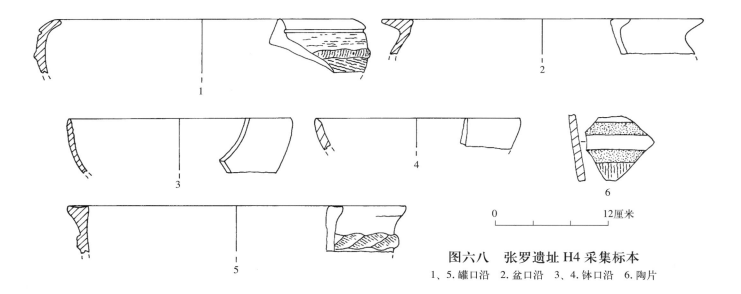

图六八　张罗遗址 H4 采集标本

1、5. 罐口沿　2. 盆口沿　3、4. 钵口沿　6. 陶片

9. 马跑泉镇遗址

马跑泉遗址位于马跑泉镇西侧，永川河与渭河的交汇之处，渭河南岸一、二级阶地之上。地理坐标为北纬34°32′，东经105°54′（图六九）。

遗址南高北低，南北长约450、东西长约400米，面积约18万平方米。1947年裴文中先生首次调查时为军事用地，未能详查。1956年任步云等再次调查，发现了仰韶文化、齐家文化及周代的遗存，文化堆积最厚达3米左右。有两件西周早期的青铜簋传为此遗址出土，其中一件现藏麦积区博物馆。1981年公布为省级文物保护单位。近些年来，遗址面貌巨变，项目组此次调查

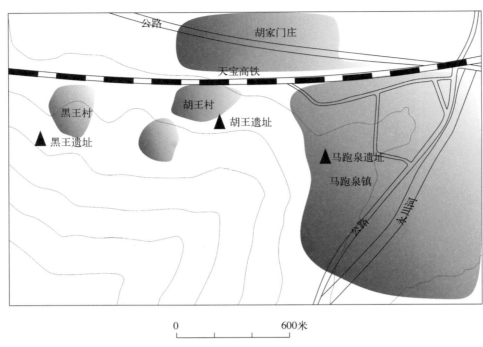

图六九　马跑泉遗址位置图

发现的史前遗存极少，在遗址南侧发现了一些墓葬，大多遭盗掘。地面上陶片也比较少。采集的标本如下（图七〇）。

标本马跑泉：1，罐残片。夹砂红陶。侈口，束颈，宽扁双耳，肩部及耳根饰粗绳纹。口径约22、残高10厘米（图七〇，1）。时代为齐家文化时期。

标本马跑泉：2，罐口沿。夹砂红陶。侈口，圆唇，直颈。素面。口径约12、残高4.6厘米（图七〇，2）。时代为齐家文化时期。

标本马跑泉：3，罐残片。泥质灰陶。敛口，方唇，鼓肩。素面。口径10、残高5.4厘米（图七〇，3）。时代为东周时期。

标本马跑泉：4，陶片。泥质灰陶。饰两道弦纹。残高7厘米（图七〇，4）。时代为东周时期。

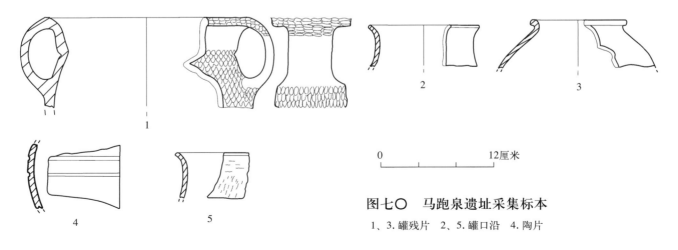

图七〇　马跑泉遗址采集标本

1、3.罐残片　2、5.罐口沿　4.陶片

标本马跑泉：5，罐口沿。夹砂红陶。侈口，方唇。饰绳纹。残高5厘米（图七〇，5）。时代为齐家文化时期。

10. 马跑泉镇三十甸子遗址

三十甸子遗址位于马跑泉镇甸子村南侧，渭河南岸二级阶地之上，与黑王遗址相隔一条沟。地理坐标为北纬34°32′，东经105°52′（图七一）。

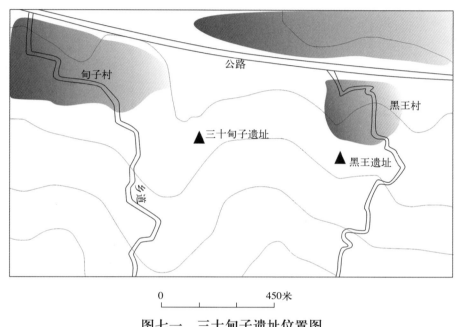

图七一　三十甸子遗址位置图

遗址东西长约400、南北宽约100米，面积约4万平方米。遗址中心区被村庄和高铁所压。断面上发现一处白灰面房址，白灰面厚0.2～0.3厘米，下有红烧土堆积，残长约1米，应为火塘。地面有少量的陶片，路旁采集有一汉以后完整陶罐。采集的标本如下（图七二；彩版二八）。

标本三十甸子：1，双耳罐。泥质灰陶。侈口，圆唇。束颈，鼓肩，斜腹。素面。口径约9.6、底径7、高9.4厘米（图七二，1；彩版二八，1）。时代为东周时期。

标本三十甸子：2，罐口沿。泥质红陶。侈口，斜折沿。方唇，唇端有凹槽。口径约26、残高11厘米（图七二，2；彩版二八，2）。时代为齐家文化时期。

标本三十甸子：3，罐口沿。泥质灰陶。圆唇，鼓肩。口径约12、残高2.2厘米（图七二，3；彩版二八，3）。时代为汉代。

标本三十甸子：4，口沿。泥质红陶。口微侈，唇部饰按压纹。颈部饰竖绳纹。宽6、残高4.2厘米（图七二，4；彩版二八，4）。时代为齐家文化时期。

标本三十甸子：5，陶片。泥质红褐陶。饰竖篮纹。宽7.4、高5.4厘米（图七二，5；彩版二八，5）。时代为齐家文化。

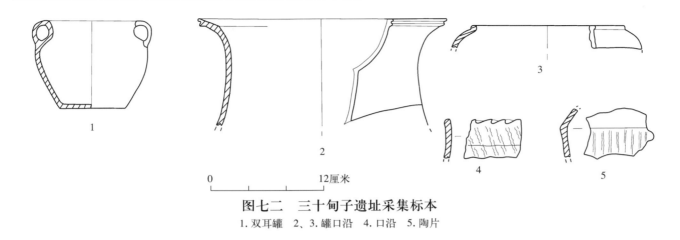

图七二　三十甸子遗址采集标本

1. 双耳罐　2、3. 罐口沿　4. 口沿　5. 陶片

11. 社棠镇黄家咀遗址

黄家咀遗址位于社棠镇黄家咀村及北侧，渭河北岸一级阶地之上。遗址北高南低，呈三角形，总面积约2万平方米。地理坐标为北纬34°33′，东经105°59′（图七三）。

1956年调查发现，文化层堆积最厚达1米，分布有仰韶文化和齐家文化遗存。1963年公布为县级文物保护单位。2016年项目组调查时也发现了一些灰层，遗址部分仍被村庄叠压。采集的部分标本如下（图七四）。

标本黄家咀：1，罐残片。夹砂红褐陶，陶色斑驳不均匀。侈口，束颈。肩部以下饰竖向粗绳纹。宽11.6、残高11.8、壁厚0.6厘米（图七四，1）。时代为齐家文化时期。

标本黄家咀：2，罐口沿。泥质黄褐陶。侈口，直颈。素面。口径约19.6、残高8.6、壁厚0.6厘米（图七四，2）。时代为齐家文化时期。

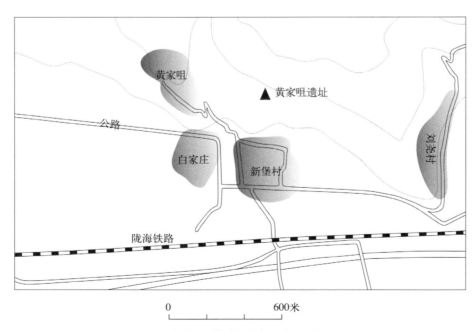

图七三　黄家咀遗址位置图

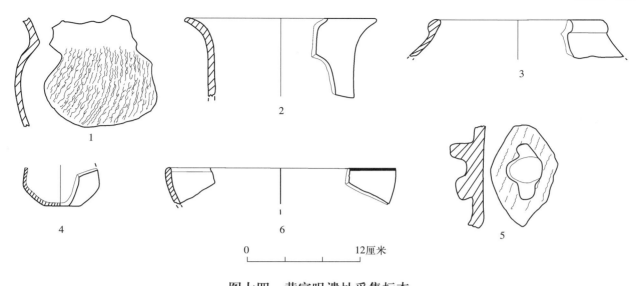

图七四　黄家咀遗址采集标本
1、4. 罐残片　2、3. 罐口沿　5. 陶片　6. 钵口沿

标本黄家咀：3，罐口沿。泥质灰陶。敛口，厚圆唇。溜肩。素面。口径17.6、残高4.2、壁厚0.4厘米（图七四，3）。时代为仰韶文化晚期。

标本黄家咀：4，罐残片。泥质红陶。斜肩，折腹，平底，素面。底径3.6、残高4、壁厚0.4厘米（图七四，4）。时代为齐家文化时期。

标本黄家咀：5，陶片。泥质红陶。外壁饰绳纹，并饰附加堆纹，其上有按窝。残长11、残宽6.8、壁厚1～3.4厘米（图七四，5）。时代为仰韶文化时期。

标本黄家咀：6，钵口沿。泥质红陶，红底黑彩。侈口，圆唇，口沿上饰黑彩，内外壁抹光。口径23.6、残高4、壁厚0.6厘米（图七四，6）。时代为仰韶文化晚期。

12. 社棠镇庙山坪遗址

庙山坪遗址位于麦积区社棠镇社棠村北庙山坪上，牛头河与渭河交汇之处。庙山坪为孤立的台地，上有崇祯观，因此称庙山。地理坐标为北纬34°33′，东经105°58′。总面积约12万平方米（图七五）。

1956年发现并初次调查，文化层最厚约1米，定为齐家文化遗址。1963年公布为县级文物保护单位。此次调查不仅发现了齐家文化遗存，而且发现了仰韶文化遗存。采集的标本如下（图七六；彩版二九）。

标本庙山坪：1，罐口沿。夹砂红陶。敛口，宽斜沿，方唇，饰竖向绳纹。口径22、残高5、壁厚0.8厘米（图七六，1；彩版二九，1）。时代为仰韶文化晚期。

标本庙山坪：2，罐口沿。夹砂黄褐陶。敛口，窄斜沿，沿下饰附加堆纹。宽8、残高6、壁厚0.8厘米（图七六，2；彩版二九，2）。时代为仰韶文化晚期。

标本庙山坪：3，罐口沿。夹砂红褐陶。直口，宽折沿，方唇。沿下及唇上饰绳纹，器身饰平行条状附加堆纹。口径33、残高9、壁厚1.2厘米（图七六，3；彩版二九，3）。时代为仰韶

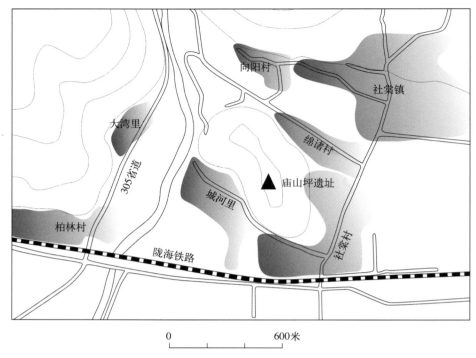

图七五　庙山坪遗址位置图

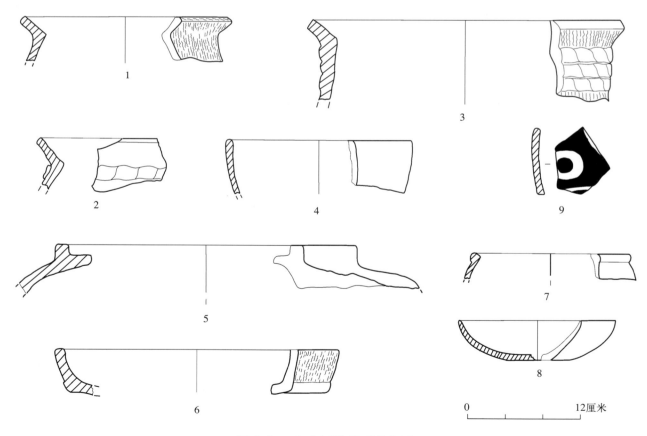

图七六　庙山坪遗址采集标本

1～3、7.罐口沿　4.钵口沿　5.圈足底　6.托盘　8.钵残片　9.彩陶片

文化晚期。

　　标本庙山坪：4，钵口沿。泥质红褐陶。侈口，圆唇。深腹。素面。口径20、残高6、壁厚0.6厘米（图七六，4；彩版二九，4）。时代为仰韶文化晚期。

　　标本庙山坪：5，圈足底。夹砂红陶。口径32、残高5.6、壁厚0.8厘米（图七六，5；彩版二九，5）。时代为仰韶文化晚期。

　　标本庙山坪：6，托盘。夹砂红陶。侈口，方唇，斜浅腹，平底。饰竖向绳纹。口径30、残高5、壁厚0.8厘米（图七六，6；彩版二九，6）。时代为仰韶文化时期。

　　标本庙山坪：7，罐口沿。夹砂红褐陶。敛口，圆唇。口径16.8、残高3、壁厚0.4厘米（图七六，7；彩版二九，7）。时代为仰韶文化晚期。

　　标本庙山坪：8，钵残片。夹砂红陶。侈口，尖圆唇，浅弧腹，平底。口径16.8、残高4.6、壁厚0.4厘米（图七六，8）。时代为仰韶文化晚期。

　　标本庙山坪：9，彩陶片。泥质红陶。饰黑彩圆点纹。残宽3.8、残高7.6、壁厚0.6厘米（图七六，9；彩版二九，8）。时代为仰韶文化时期。

13. 石佛镇董家坪遗址

　　董家坪遗址位于石佛镇董河村西侧，渭河北岸一级阶地之上。遗址平面大体呈三角形，地势平坦，视野开阔。地理坐标为北纬34°37′，东经105°46′（图七七）。面积约20万平方米。

　　1956年首次调查，发现了仰韶文化、齐家文化和周代的遗存。1963年公布为县级文物保护单位。1983年甘肃省文物工作队和北京大学考古系进行了试掘，明确了齐家文化层上是两周文化层。当时发掘者就认为此遗址地理位置优越，遗存丰富，是一处非常重要的遗址。两周遗存

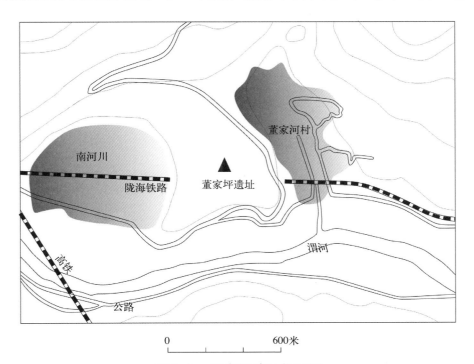

图七七　董家坪遗址位置图

性质属秦文化，年代从西周晚期延续至战国时期。经过近些年的调查和研究，有人认为是春秋时期秦武公所设邽县。此说不无道理，但需要更多的证据。此遗址调查多次，采集的标本如下（图七八、七九；彩版三〇）。

　　标本董家坪：1，盆口沿。夹砂黄褐陶。敛口，窄平沿，尖圆唇。素面。口径约28、残高6、壁厚0.4厘米（图七八，1；彩版三〇，1）。时代为仰韶文化晚期。

　　标本董家坪：2，盆口沿。夹砂黄褐陶。侈口，圆唇。素面。口径约30、残高5、壁厚0.8厘米（图七八，2）。时代为仰韶文化晚期。

　　标本董家坪：3，罐口沿。夹砂红褐陶。侈口，尖圆唇。肩部饰戳印纹。口径约28、残高6、壁厚0.6厘米（图七八，3；彩版三〇，2）。时代为仰韶文化晚期。

　　标本董家坪：4，罐口沿。夹砂灰陶。敛口，宽平沿。尖唇。口径34、残高4、壁厚0.6厘米（图七八，4；彩版三〇，3）。时代为仰韶文化晚期。

　　标本董家坪：5，罐口沿。夹砂红陶。敛口，窄平沿，方唇。口径22、残高6、壁厚0.6厘米（图七九，5；彩版三〇，4）。时代为仰韶文化晚期。

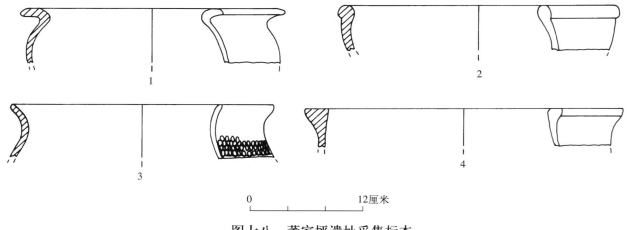

0　　　　　　　12厘米

图七八　董家坪遗址采集标本

1、2. 盆口沿　3、4. 罐口沿

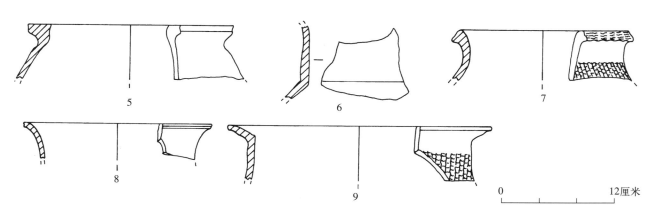

0　　　　　　　12厘米

图七九　董家坪遗址采集标本

5、8. 罐口沿　6. 罐肩部　7. 罐残片　9. 鬲口沿

标本董家坪：6，罐肩部。泥质红陶。折肩。素面抹光。宽9.4、残高8、壁厚0.8厘米（图七九，6；彩版三〇，5）。时代为仰韶文化晚期。

标本董家坪：7，罐残片。夹砂红褐陶。侈口。束颈。唇部饰压印纹，肩部饰粗绳纹，颈部抹光。口径约18、残高5.4、壁厚0.6厘米（图七九，7；彩版三〇，6）。时代为仰韶文化晚期。

标本董家坪：8，罐口沿。泥质红陶。侈口，方唇。素面抹光。口径约20、残高4、壁厚0.4厘米（图七九，8；彩版三〇，7）。时代为仰韶文化晚期。

标本董家坪：9，鬲口沿。夹砂灰陶。侈口，宽斜平沿，尖圆唇。肩部饰竖绳纹，沿下抹光。口径28、残高6、壁厚0.8厘米（图七九，9；彩版三〇，8）。时代为东周时期。

14. 石佛镇郭家老庄遗址

郭家老庄遗址位于石佛镇郭老村北侧，葫芦河北岸二级阶地之上。北靠山，南临河，北高南低。地理位置为北纬34°41′，东经105°43′（图八〇）。文物普查记录总面积1400平方米。

1990年北京大学对葫芦河流域进行过调查，采集了少量陶片，多为橙红、橙黄陶，纹饰多绳纹和篮纹，不见彩陶，还有个别灰陶。包含了齐家文化、周代及汉代遗存。此次项目组调查不仅发现了上述文化遗存，还发现了仰韶时期的文化。采集的部分标本如下（图八一、八二；彩版三一、三二）。

标本郭家老庄：1，罐残片。夹砂红陶。侈口，高领，圆唇。鼓肩。肩部饰压印纹。口径11.2、残高6.4、壁厚0.4厘米（图八一，1；彩版三一，1）。时代为齐家文化时期。

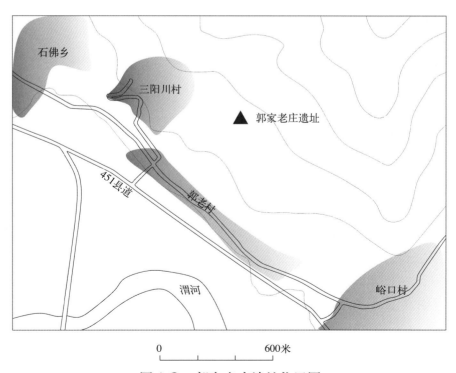

图八〇 郭家老庄遗址位置图

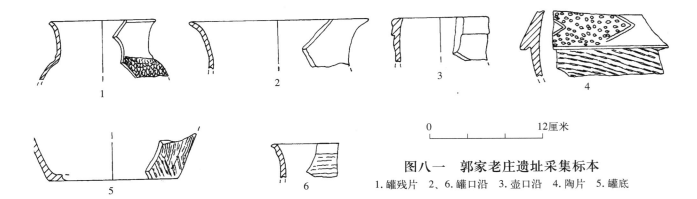

图八一　郭家老庄遗址采集标本
1.罐残片　2、6.罐口沿　3.壶口沿　4.陶片　5.罐底

标本郭家老庄：2，罐口沿。泥质黄褐陶。侈口，高领，尖圆唇。素面。口径18.8、残高5.2、壁厚0.6厘米（图八一，2；彩版三一，2）。时代为齐家文化时期。

标本郭家老庄：3，壶口沿。泥质黄褐陶。直口，平沿，扁方唇。素面。口径10.4、残高4.8、壁厚0.6厘米（图八一，3；彩版三一，3）。时代为仰韶文化晚期。

标本郭家老庄：4，陶片。泥质灰陶。上部平行锯齿纹间有圆窝纹，下部饰篮纹。残宽12.4、残高7.3、壁厚0.8厘米（图八一，4；彩版三一，4）。时代为齐家文化时期。

标本郭家老庄：5，罐底。夹砂灰褐陶。饰线纹。底径约13.6、残高5.8、壁厚0.8厘米（图八一，5；彩版三一，5）。时代为仰韶文化晚期。

标本郭家老庄：6，罐口沿。夹砂黄褐陶。侈口，尖圆唇。饰线纹。宽3.2、残高3.6、壁厚约0.6厘米（图八一，6；彩版三一，6）。时代为齐家文化时期。

标本郭家老庄：7，陶片。泥质红陶。饰绳纹。残宽8、残高11、壁厚0.8厘米（图八二，7；彩版三一，7）。属仰韶文化。

标本郭家老庄：8，陶片。泥质黄褐陶。饰绳纹和弦纹。残宽9.4、残高9、壁厚0.8厘米（图八二，8；彩版三一，8）。属仰韶文化。

标本郭家老庄：9，陶片。泥质红陶。局部细绳纹。残宽6、残高9.6、壁厚0.6厘米（图八二，9；彩版三二，1）。属仰韶文化。

标本郭家老庄：10，罐腹部。泥质红陶。饰篮纹。残宽8、残高9、壁厚0.6厘米（图八二，10；彩版三二，2）。时代为齐家文化时期。

标本郭家老庄：11，罐颈部。泥质红陶。侈口，束颈。素面。残宽10、残高8、壁厚0.6厘米（图八二，11；彩版三二，3）。时代为齐家文化时期。

标本郭家老庄：12，罐腹部。夹砂黄褐陶。素面。残宽8.6、残高7.6、壁厚0.8厘米（图八二，12；彩版三二，4）。属仰韶文化。

标本郭家老庄：13，罐口沿。泥质红陶。侈口，斜沿，圆唇。束颈。素面。口径12、残高8、壁厚0.6厘米（图八二，13；彩版三二，5）。时代为齐家文化时期。

标本郭家老庄：14，罐口沿。夹砂黄褐陶。侈口，圆唇。饰附加堆纹。口径约28、残高6、壁厚0.6厘米（图八二，14；彩版三二，6）。时代为仰韶文化晚期。

标本郭家老庄：15，罐口沿。泥质红陶。侈口，尖圆唇。素面。口径约18、残高6、壁厚0.4

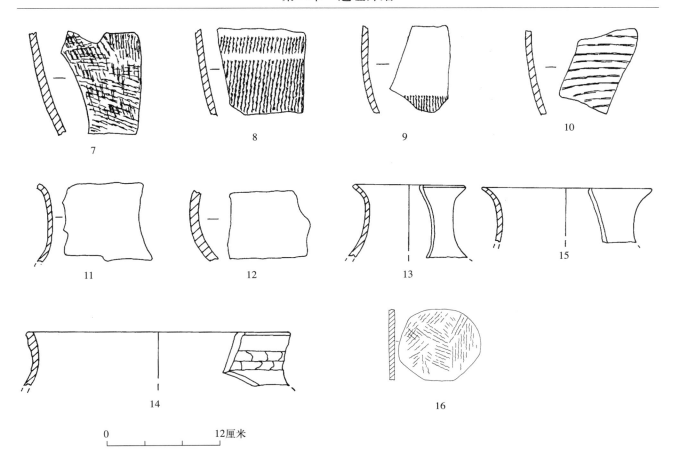

图八二　郭家老庄遗址采集标本

7～9.陶片　10、12.罐腹部　11.罐颈部　13～15.罐口沿　16.圆陶片

厘米（图八二，15；彩版三二，7）。时代为齐家文化时期。

标本郭家老庄：16，圆陶片。夹砂灰褐陶。饰绳纹。直径8.5、厚约1厘米（图八二，16；彩版三二，8）。属仰韶文化。

15. 石佛镇旧堡子遗址

旧堡子遗址位于石佛镇峪口村东南，渭河二级阶地之上，因有堡子而名。遗址规模较小，总面积约2万平方米（图八三）。

三普时发现了仰韶文化及汉代遗存。此次调查采集到的标本如下（图八四）。

标本旧堡子：1，罐口沿。泥质黄褐陶。敛口。卷沿。表面抹光。口径约22、残高6.4厘米（图八四，1）。时代为汉代。

标本旧堡子：2，罐底。泥质浅灰陶。快轮制成。素面。底径约11.6、残高6.8厘米（图八四，2）。时代为汉代。

标本旧堡子：3，罐底。泥质浅灰陶。快轮制成。素面。底径约12、残高4厘米（图八四，3）。时代为汉代。

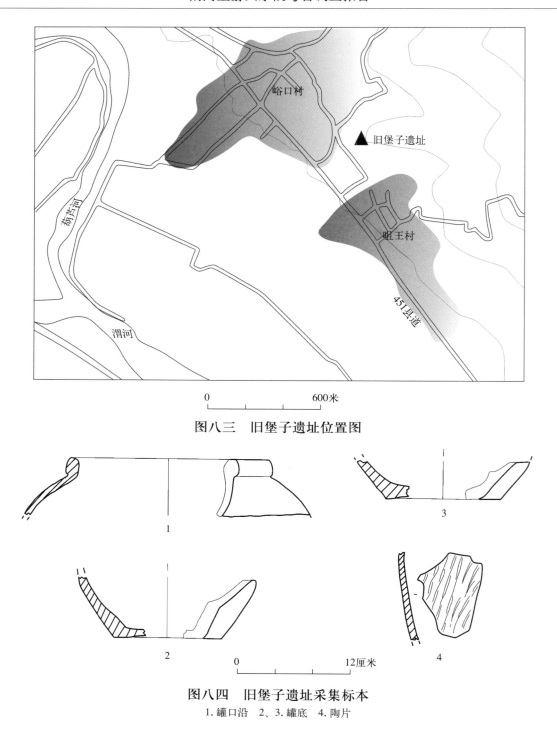

图八三　旧堡子遗址位置图

图八四　旧堡子遗址采集标本
1. 罐口沿　2、3. 罐底　4. 陶片

　　标本旧堡子：4，陶片。泥质红陶。饰篮纹。残长约10、宽7厘米（图八四，4）。时代为齐家文化时期。

16. 石佛镇王家屲遗址

　　王家屲遗址位于石佛镇杨庄村东侧，葫芦河北岸二级阶地之上。背山面河，呈坡状，现修为梯田。地理坐标为北纬34° 43′，东经105° 40′（图八五）。东西长约400、南北宽约300米，

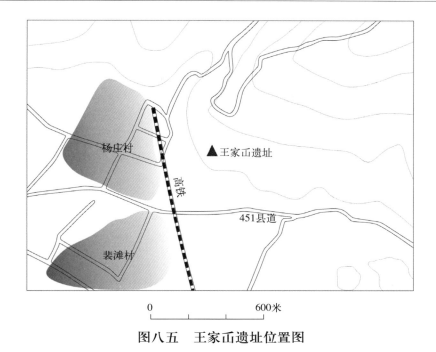

图八五　王家峁遗址位置图

面积约为12万平方米。

　　遗址被砖厂取土破坏，暴露出丰富的遗迹现象，地面散落大量的陶片。断面上可见连续的文化层、白灰面房址、灰坑等。遗址东部发现一处白灰面房屋遗迹，白灰地面残长约2.5米，墙面残高0.5米左右。从陶片和遗迹判断，此遗址属仰韶文化晚期和齐家文化时期。前后多次调查，并清理了一座残灰坑，采集的标本如下（图八六～八八；彩版三三）。

　　标本王家峁：1，罐口沿。泥质灰褐陶。侈口，窄平沿，圆唇。表面饰麻点纹，唇部抹光。口径约22、残高8、壁厚0.8～1.2厘米（图八六，1）。时代为齐家文化时期。

　　标本王家峁：2，罐残片。泥质红陶。圆腹，凹底。腹部及底部饰篮纹。底径10、残高7、

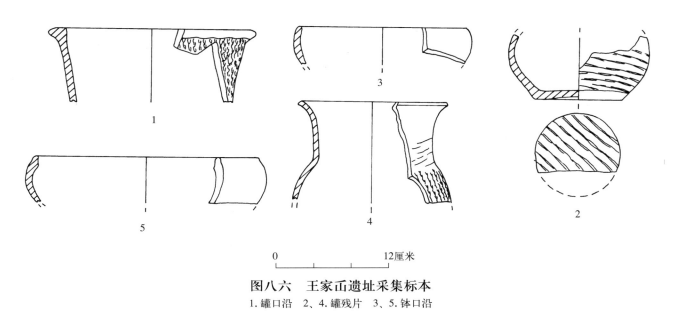

图八六　王家峁遗址采集标本
1.罐口沿　2、4.罐残片　3、5.钵口沿

壁厚0.6～1厘米（图八六，2；彩版三三，1）。时代为齐家文化时期。

标本王家m：3，钵口沿。泥质红陶。敛口，尖圆唇。口径约18、残高4、壁厚0.4～0.8厘米（图八六，3）。时代为仰韶文化晚期。

标本王家m：4，罐残片。泥质红褐陶。侈口，直高领卷沿，尖圆唇，折肩。肩部饰竖绳纹。口径约16、残高11、壁厚0.6厘米（图八六，4；彩版三三，2）。时代为齐家文化时期。

标本王家m：5，钵口沿。泥质红陶。敛口，圆唇。表面施黄褐陶衣。口径24、残高5、壁厚0.4～1厘米（图八六，5）。时代为仰韶文化晚期。

标本王家m：6，钵口沿。泥质灰陶。敛口，尖圆唇。素面。口径约24、残高6、壁厚0.4～0.8厘米（图八七，6；彩版三三，3）。时代为仰韶文化晚期。

标本王家m：7，托盘残片。泥质灰陶。斜直壁。表面饰绳纹。口径38，高6、壁厚1.2～2厘米（图八七，7；彩版三三，4）。时代为仰韶文化晚期。

标本王家m：8，罐肩部残片。泥质红褐陶。侈口，折肩。素面。残宽8、残高10、壁厚0.6厘米（图八七，8）。时代为齐家文化。

标本王家m：9，罐肩部残片。为肩部与上腹部连接之处。泥质红陶。折肩。腹部饰篮纹。残宽8、残高6、壁厚0.4～1厘米（图八七，9；彩版三三，5）。时代为齐家文化时期。

标本王家m：10，陶片。泥质红陶。表面饰交错篮纹。残宽7、残高7.4、壁厚0.8～1厘米（图八七，10）。属仰韶文化晚期。

标本王家m：11，陶片。夹砂红陶。表面饰麻点纹。残长9.6，宽7.4、壁厚1厘米（图八七，11；彩版三三，6）。时代为齐家文化时期。

灰坑H1

标本王家mH1：1，罐残片。夹砂红褐陶。侈口，斜直领，鼓腹。唇部压印呈锯齿形，颈部饰竖篮纹。斜鼓腹，腹部饰麻点纹。口径26、残高16、壁厚1厘米（图八八，1）。时代为齐家文化。

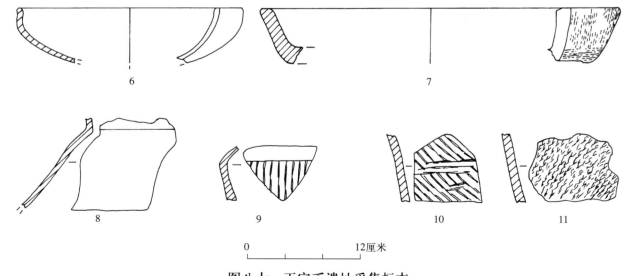

图八七　王家m遗址采集标本

6.钵口沿　7.托盘残片　8、9.罐肩部残片　10、11.陶片

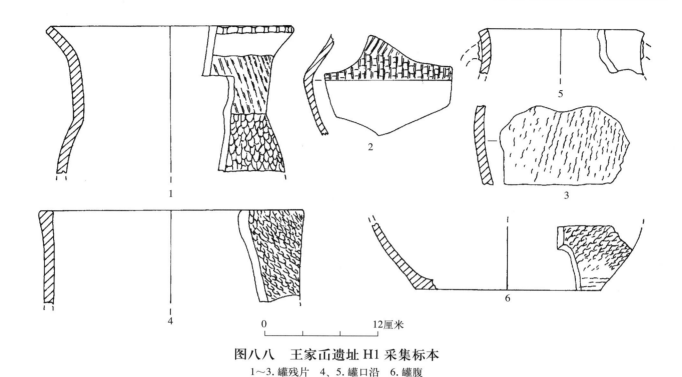

图八八　王家岏遗址 H1 采集标本
1～3.罐残片　4、5.罐口沿　6.罐腹

标本王家岏H1：2，罐残片。泥质红陶。腹部饰篮纹，肩部抹光。残宽13.2、高10.8、壁厚0.6～1厘米（图八八，2；彩版三三，7）。时代为齐家文化时期。

标本王家岏H1：3，罐残片。夹砂红褐陶。表面饰绳纹。残长14、宽9、壁厚1～1.2厘米（图八八，3）。时代为齐家文化时期。

标本王家岏H1：4，罐口沿。夹砂红褐陶。直口，方唇。表面饰麻点纹。口径28、残高10、壁厚0.8～1.2厘米（图八八，4；彩版三三，8）。时代为齐家文化时期。

标本王家岏H1：5，罐口沿。夹砂红褐陶。口微侈，方唇，有双耳。唇部有压印纹。口径约17、残高5、壁厚1厘米（图八八，5）。时代为齐家文化时期。

标本王家岏H1：6，罐腹。夹砂红褐陶。鼓腹，平底。表面饰粗绳纹，近底处抹光。底径约20、残高7.2、壁厚0.6～1.2厘米（图八八，6）。时代为齐家文化时期。

17. 石佛镇王李湾遗址

王李湾遗址位于石佛镇团半村南侧，渭河北岸一级阶地上。地理坐标为北纬34°42′，东经105°42′（图八九）。遗址规模小，面积约6000平方米。发现了齐家文化和汉代遗存。采集的标本如下（图九〇）。

标本王李湾：1，陶片。泥质红陶。表面饰横篮纹。宽9、残高约5.5厘米（图九〇，1）。时代为齐家文化时期。

标本王李湾：2，陶片。泥质灰陶。表面饰竖绳纹和弦纹。宽12、残高约7、厚1厘米（图九〇，2）。时代为汉代。

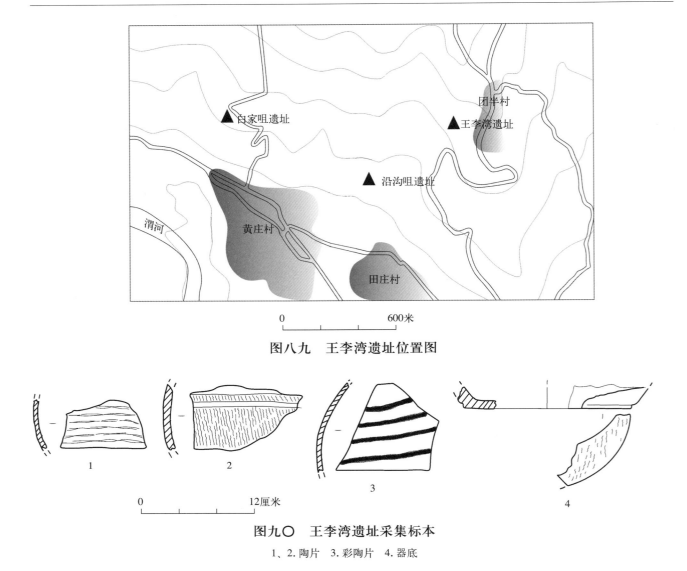

图八九　王李湾遗址位置图

图九〇　王李湾遗址采集标本

1、2.陶片　3.彩陶片　4.器底

标本王李湾：3，彩陶片。泥质红陶。表面饰多道红彩条带纹。宽10、残高约10、厚0.7厘米（图九〇，3）。时代为齐家文化时期。

标本王李湾：4，器底。夹砂红陶。斜腹，平底。底部有绳纹。底径18、残高2.4厘米（图九〇，4）。时代为齐家文化时期。

18. 渭南镇卦台山遗址

卦台山遗址位于渭南镇吴家村西北，渭河南侧孤立的台地之上（图九一）。此台相传为伏羲画卦之地，故名卦台山，山上有伏羲庙。地理坐标为北纬34°42′，东经105°37′，海拔约1250米。面积约1万平方米。

1956年首次发现此遗址，定为齐家文化遗址。后经多次调查，又发现了仰韶文化遗存。断面上可见灰层、白灰面房址、灰坑等遗迹。2003年公布为省级文物保护单位。2016年项目组进行了调查，山顶有晚期夯土墙一周，墙外侧山坡上有零星的陶片。采集的标本如下（图

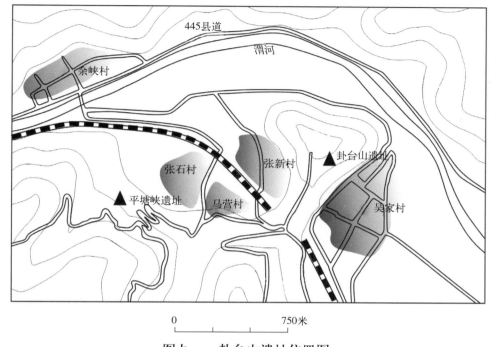

图九一　卦台山遗址位置图

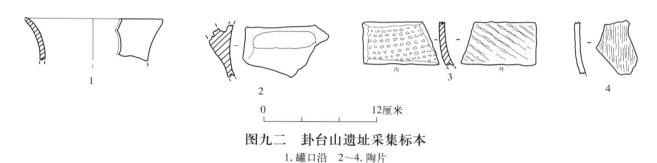

图九二　卦台山遗址采集标本
1. 罐口沿　2～4. 陶片

九二）。

标本卦台山：1，罐口沿。泥质黄褐陶。侈口，尖圆唇。素面。口径约14.4、残高4.5厘米（图九二，1）。时代为仰韶文化时期。

标本卦台山：2，陶片。鏊的部分。泥质红陶。素面。宽8.8、残高约5.8厘米（图九二，2）。时代为仰韶文化时期。

标本卦台山：3，陶片。泥质灰陶。内侧饰绳纹，外侧饰戳印纹。宽8.1、残高约4.8厘米（图九二，3）。时代为战国时期。

标本卦台山：4，陶片。夹砂红褐陶。表面饰细绳纹。宽4、残高约6厘米（图九二，4）。时代为仰韶文化时期。

19. 渭南镇刘𬮿遗址

刘𬮿遗址位于渭南镇刘庄村与𬮿庄村西侧，渭河东岸二级阶地上，与董家坪遗址隔河相望（图九三）。遗址南北长200、东西宽约100米，面积约2万平方米。文化堆积0.2～0.5米。属于

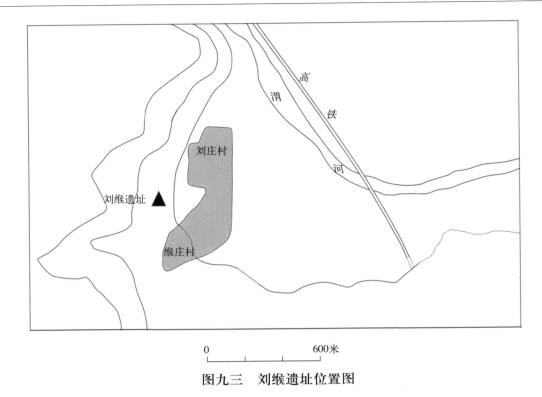

图九三　刘缑遗址位置图

仰韶文化时期。

　　2016年项目组进行了调查，地面上可见零星陶片。采集的标本如下（图九四）。

　　标本刘缑：1，钵口沿。泥质黄陶。敛口，尖圆唇。口径约17.2、残高2.8厘米（图九四，1）。时代为仰韶文化时期。

　　标本刘缑：2，罐底。泥质红陶。斜腹，平底。素面。底径约13.2、残高2.8厘米（图九四，2）。时代为仰韶文化晚期。

　　标本刘缑：3，罐口沿。夹砂灰陶。侈口，宽平沿，尖圆唇。饰稀疏的斜线纹。口径约18.8、残高3.6厘米（图九四，3）。时代为仰韶文化晚期。

　　标本刘缑：4，陶片。夹砂红陶。饰绳纹。长、宽约8厘米（图九四，4）。时代为仰韶文化时期。

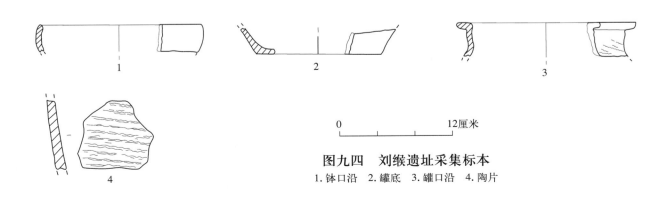

图九四　刘缑遗址采集标本
1. 钵口沿　2. 罐底　3. 罐口沿　4. 陶片

20. 渭南镇平塘峡遗址

平塘峡遗址位于渭南镇张石村东南，磨沟河与渭河的交汇之处，渭河的二级阶地上，与卦台山隔村相对。地理坐标为北纬34°42′，东经105°36′（见图九一）。三普认为是齐家文化遗址。

2016年项目组调查时未采集到典型齐家文化遗存，发现了仰韶文化和汉代遗存。采集的标本如下（图九五）。

标本平塘峡：1，瓮口沿。泥质灰黑陶。敛口，卷沿，圆唇，鼓肩。口径约40、高4.2、壁厚0.6厘米（图九五，1）。时代为仰韶文化晚期。

标本平塘峡：2，缸残片。泥质灰陶。敛口，方唇，腹部较直。唇外一道弦纹。口径约32、高6.8、壁厚0.8厘米（图九五，2）。时代为仰韶文化晚期。

标本平塘峡：3，陶片。夹砂黄褐陶。表面饰细绳纹和条状附加堆纹。宽12、残高10.4、壁厚0.8厘米（图九五，3）。时代为仰韶文化晚期。

标本平塘峡：4，陶片。泥质灰陶。表面有拍打弦纹，内侧有压印圆点纹。宽14、残高8、壁厚0.7厘米（图九五，4）。时代为汉代。

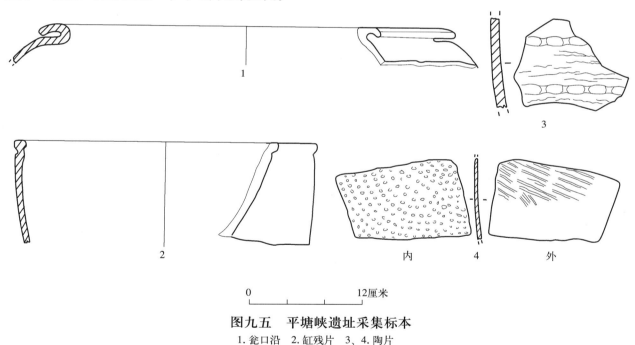

图九五 平塘峡遗址采集标本
1. 瓮口沿 2. 缸残片 3、4. 陶片

21. 渭南镇巧儿河遗址

巧儿河遗址位于渭南镇巧儿河村西，渭河南岸一级阶地之上（图九六）。地理坐标为北纬34°37′，东经105°47′。遗址规模较小，面积约4万平方米。

断面上发现文化层，距地表约0.8、厚约1、长约20米。陶片较丰富，以仰韶文化遗存为主，还发现了战国时期的遗存。采集的标本如下（图九七～一〇〇；彩版三四、三五）。

标本巧儿河：1，缸残片。泥质浅黄褐色陶。敛口，窄平沿，尖唇，直腹，器表饰绳纹，沿下为附加堆纹。口径38、残高20、壁厚1.2、沿宽3.2厘米（图九七，1；彩版三四，1）。时代为

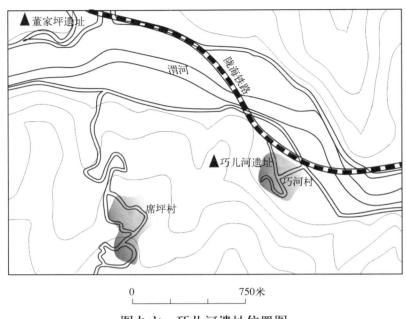

图九六　巧儿河遗址位置图

仰韶文化晚期。

　　标本巧儿河：2，盆口沿。泥质红陶。侈口，平折沿，圆唇，束颈，溜肩，外壁饰竖向绳纹。口径36、残高7、壁厚0.6～1.2、沿宽1.6厘米（图九七，2；彩版三四，2）。时代为仰韶文化中期。

　　标本巧儿河：3，罐口沿。夹砂红褐陶。侈口，圆唇，直颈。唇部及外壁饰附加堆纹。口径36、残高7、壁厚1厘米（图九七，3；彩版三四，3）。时代为仰韶文化晚期。

　　标本巧儿河：4，盆口沿。泥质黄褐陶。敛口，圆唇，鼓肩，浅腹，素面抹光。口径23.2、残高7、壁厚0.4～0.6厘米（图九七，4；彩版三四，4）。时代为仰韶文化晚期。

　　标本巧儿河：5，盆口沿。夹砂红陶。敛口，宽平沿，尖唇。素面。口径约31.2、残高6、壁厚0.6～0.8厘米（图九七，5）。时代为仰韶文化晚期。

　　标本巧儿河：6，罐口沿。夹砂红褐陶。侈口，圆唇。颈部饰附加堆纹，肩部饰竖向绳纹。口径约29.6、残高8.4、壁厚0.8～1.4厘米（图九八，6；彩版三四，5）。时代为仰韶文化晚期。

　　标本巧儿河：7，罐口沿。泥质红褐陶。敛口，方唇。唇面有一道凹弦纹。肩部饰交错线纹。口径约36.5、残高7、壁厚1厘米（图九八，7；彩版三四，6）。时代为仰韶文化中期。

　　标本巧儿河：8，盆口沿。夹砂红褐陶。侈口，斜沿，束颈。唇部饰压印纹。口径约24、残高6.6、壁厚1～1.4厘米（图九八，8）。时代为仰韶文化晚期。

　　标本巧儿河：9，罐口沿。夹砂红陶。侈口，斜折沿。口沿边有道凹槽，唇部饰压印纹，颈部饰绳纹和附加堆纹。口径约19.6、残高6.2、壁厚0.6～1.4厘米（图九八，9）。时代为仰韶文化晚期。

　　标本巧儿河：10，盆口沿。夹砂红陶。宽平沿，尖唇。肩部饰竖绳纹。沿下抹光。口径约26、残高4、壁厚0.8厘米（图九八，10；彩版三四，7）。时代为仰韶文化晚期。

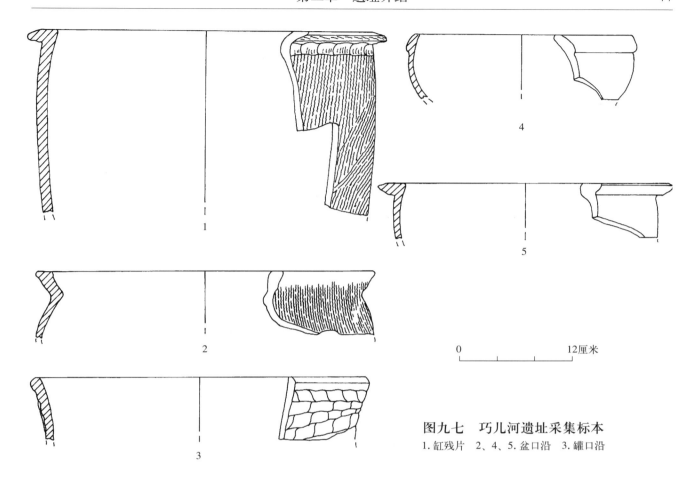

图九七　巧儿河遗址采集标本
1. 缸残片　2、4、5. 盆口沿　3. 罐口沿

　　标本巧儿河：11，罐口沿。夹砂红陶。直口，平折沿，方唇。沿上和唇部饰斜向交错绳纹，颈部饰附加堆纹。口径约35.2、残高6.4、壁厚1～1.8厘米（图九八，11；彩版三四，8）。时代为仰韶文化晚期。

　　标本巧儿河：12，罐口沿。夹砂深灰陶。侈口，斜折沿，方唇，束颈。唇部饰斜绳纹，肩部饰交错绳纹。口径约29.6、残高5、壁厚0.8～1.2厘米（图九八，12）。时代为仰韶文化晚期。

　　标本巧儿河：13，盆口沿，夹砂灰陶。侈口，斜沿，方唇。沿中间有凹槽。口径23.6、残高4、壁厚0.6～1厘米（图九九，13；彩版三五，1）。时代为仰韶文化晚期。

　　标本巧儿河：14，钵口沿。泥质红陶。敛口，尖圆唇，鼓肩，下腹斜收，素面。口径约17.6、残高6、壁厚0.4～0.6厘米（图九九，14；彩版三五，2）。时代为仰韶文化晚期。

　　标本巧儿河：15，钵残片。泥质红陶。敛口，圆唇，鼓肩。施红色陶衣。口径23.6、残高5、壁厚0.4厘米（图九九，15；彩版三五，3）。时代为仰韶文化晚期。

　　标本巧儿河：16，盆口沿。泥质黄褐陶。敛口，圆唇，直肩，下腹斜收，外壁抹光。宽3.8～5.8、残高4、壁厚0.6厘米（图九九，16；彩版三五，4）。时代为仰韶文化晚期。

　　标本巧儿河：17，罐口沿。夹砂红陶。侈口，圆唇。颈部饰戳印纹和附加堆纹。口径约25.2、残高5、壁厚1～1.6厘米（图九九，17；彩版三五，5）。时代为仰韶文化晚期。

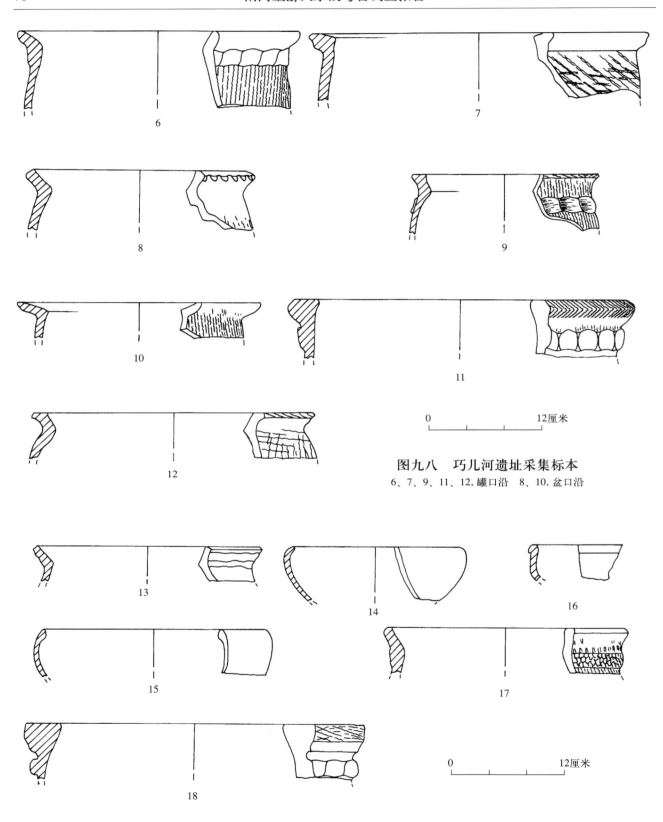

图九八　巧儿河遗址采集标本

6、7、9、11、12.罐口沿　8、10.盆口沿

图九九　巧儿河遗址采集标本

13、16.盆口沿　14.钵口沿　15.钵残片　17、18.罐口沿

标本巧儿河：18，罐口沿。夹砂红陶。敛口，窄平沿，厚方唇。唇部饰斜向绳纹，颈部有附加堆纹。口径35.6、残高6、壁厚1.2～1.6、沿宽3.6厘米（图九九，18；彩版三五，6）。时代为仰韶文化晚期。

标本巧儿河：19，盆口沿。夹砂黄褐陶。敛口，宽平沿，圆唇。肩部饰横向绳纹。口径约32、残高4.4、壁厚1～1.2厘米（图一〇〇，19）。时代为仰韶文化晚期。

标本巧儿河：20，盆口沿。泥质灰陶。敞口，斜沿，尖圆唇。外壁饰横向绳纹。口径23.6、残高4、壁厚0.6～0.8厘米（图一〇〇，20）。时代为仰韶文化晚期。

标本巧儿河：21，罐口沿。泥质灰陶。侈口，窄平沿。唇外侧饰锯齿状附加堆纹，颈部有线纹。口径约18、残高4、壁厚0.6厘米（图一〇〇，21）。时代为仰韶文化晚期。

标本巧儿河：22，罐底。夹砂红陶。斜腹，平底，饰附加堆纹和交错绳纹。底径20、残高8.2、壁厚1.4～2.2厘米（图一〇〇，22）。时代为仰韶文化晚期。

标本巧儿河：23，铲形鬲足。夹砂灰陶。实心，横截面呈椭圆形，外壁饰交错绳纹。宽1.6、残高5.6、长3.2厘米（图一〇〇，23；彩版三五，7）。时代为战国时期。

标本巧儿河：24，罐底。夹砂红陶。斜腹，平底，外壁和底部饰交错细绳纹。底径约17.4、残高5.2、壁厚1～3.6厘米（图一〇〇，24）。属仰韶文化。

标本巧儿河：25，罐底。夹砂红陶。斜腹，平底，腹下部饰斜绳纹。底径约19.8、残高4、壁厚1.2～1.6厘米（图一〇〇，25）。属仰韶文化。

标本巧儿河：26，罐底。夹砂红陶。平底，下腹饰绳纹。底径10、残高2.8、壁厚0.8～1.6厘米（图一〇〇，26；彩版三五，8）。属仰韶文化。

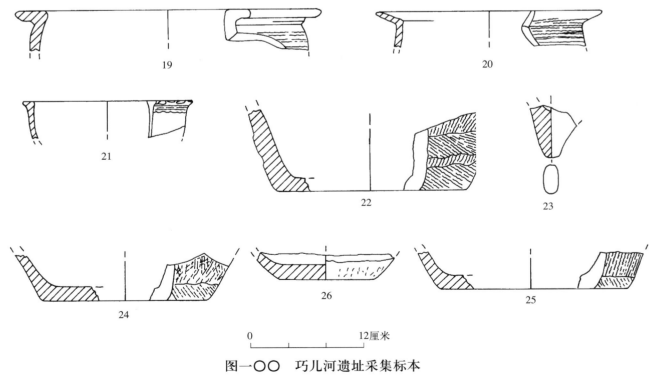

图一〇〇　巧儿河遗址采集标本

19、20. 盆口沿　21. 罐口沿　22、24～26. 罐底　23. 铲形鬲足

22. 渭南镇汝季遗址

汝季遗址位于渭南镇汝季村东南，渭河南岸二级阶地之上。地理坐标为北纬34°40′，东经105°41′（图一〇一）。遗址地表较平坦，南侧依山，北侧为断崖，较陡峭，原有村民居住。南北长约400、东西宽约200米，面积约8万平方米。

1956年首次发现，确定为周代遗址。1963年公布为县级文物保护单位。2016年项目组进行了复查，发现了少量灰层及灰坑，地面散见灰陶片。采集的部分标本如下（图一〇二、图一〇三；彩版三六）。

标本汝季：1，鬲口沿。夹砂灰陶。侈口，方唇，束颈。素面。口径24、残高4、壁厚1厘米（图一〇二，1）。时代为东周时期。

标本汝季：2，鬲口沿。夹砂灰陶。侈口，圆唇，束颈。器身饰绳纹，沿下抹光。口径18、残高5.4厘米（图一〇二，2；彩版三六，1）。时代为东周时期。

标本汝季：3，瓮口沿。夹砂灰陶。敛口，宽厚唇，短颈。颈部一周泥条上饰压印纹。口沿及肩部饰绳纹。口径30、残高8、壁厚0.8厘米（图一〇二，3；彩版三六，2）。时代为东周时期。

标本汝季：4，罐口沿。夹砂灰陶。侈口，尖圆唇，束颈，鼓肩。素面。口径14、残高4、壁厚0.6厘米（图一〇二，4；彩版三六，3）。时代为东周时期。

标本汝季：5，鬲口沿。夹砂灰褐陶。侈口，束颈。肩部饰绳纹，沿下抹光。口径20、残高4、壁厚0.6厘米（图一〇二，5；彩版三六，4）。时代为东周时期。

标本汝季：6，甗口沿。夹砂灰陶。口微外侈，领部饰绳纹和附加堆纹。口径约22、残高7、壁厚1厘米（图一〇三，6；彩版三六，5）。时代为东周时期。

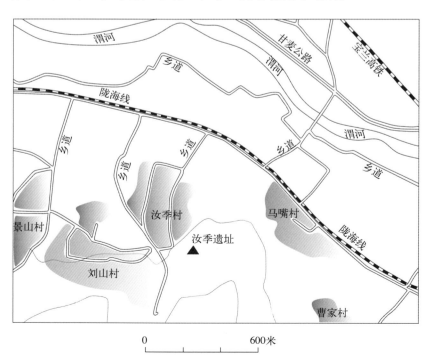

图一〇一　汝季遗址位置图

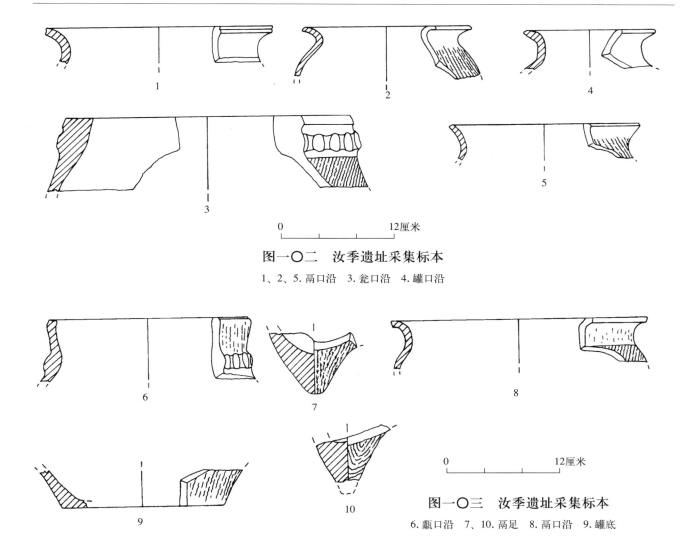

图一〇二 汝季遗址采集标本

1、2、5.鬲口沿 3.瓮口沿 4.罐口沿

图一〇三 汝季遗址采集标本

6.瓿口沿 7、10.鬲足 8.鬲口沿 9.罐底

标本汝季:7，鬲足。夹砂灰陶。锥状足，低裆。饰绳纹。残高7厘米（图一〇三，7；彩版三六，6）。时代为东周时期。

标本汝季:8，鬲口沿。夹砂灰陶。侈口，方唇，束颈，鼓肩。肩上饰绳纹，颈部抹光。口径26.8、残高5.4、壁厚0.6厘米（图一〇三，8）。时代为东周时期。

标本汝季:9，罐底。夹砂灰陶。斜腹，平底。腹部饰绳纹。底径17.2、残高4、壁厚0.8厘米（图一〇三，9；彩版三六，7）。时代为东周时期。

标本汝季:10，鬲足。夹砂灰褐陶。锥状实心足，横截面为椭圆形。饰麻点纹。残高6.4厘米（图一〇三，10；彩版三六，8）。时代为东周时期。

23. 新阳镇周家湾遗址

周家湾遗址位于新阳镇周家湾村南侧，渭河南岸一级阶地之上（图一〇四）。地理坐标为北纬34°41′，东经105°31′。东西长约600、南北宽约400米，面积约为24万平方米。

遗址南高北低，呈坡状地形。南靠低山，北面临河，现修为梯田种植果树。与霍家坪遗

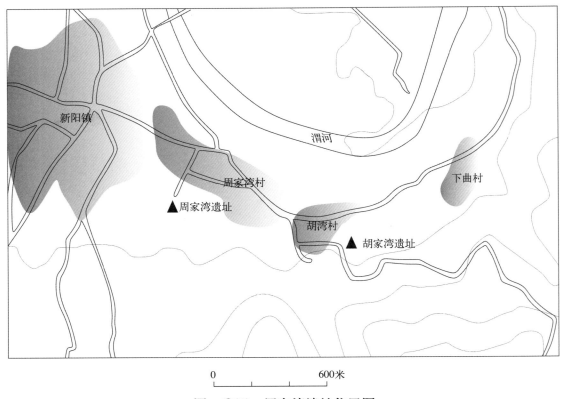

图一〇四　周家湾遗址位置图

址、胡家大庄遗址同为一个地理单元，可以认为是一个大遗址，其核心区域在周家湾遗址。

　　1956年调查时记录为胡家大庄遗址，1989年公布为县级文物保护单位。此遗址断面暴露的文化层、遗迹非常丰富，地面上可见大量的陶片。此次调查发现灰坑多处，采集到大量陶片，彩陶比较丰富，以仰韶文化晚期（或马家窑文化）遗存为主，是渭河干流两岸规模较大的聚落之一。采集的标本如下（图一〇五～一一一；彩版三七～四〇）。

　　标本周家湾：1，彩陶片。腹部。泥质橙黄陶。黑彩鸟纹。残宽10.4、残高15.2、壁厚1厘米（图一〇五，1；彩版三七，1）。时代为仰韶文化晚期。

　　标本周家湾：2，罐口沿。泥质灰陶。侈口，方唇。素面。口径21、残高2.8、壁厚0.4厘米（图一〇五，2；彩版三七，2）。时代为东周时期。

　　标本周家湾：3，罐口沿。夹砂红陶。敛口，宽平沿，圆唇。颈部饰斜绳纹，贴圆形泥饼。口径25.6、残高4、壁厚1厘米（图一〇五，3；彩版三七，3）。时代为仰韶文化晚期。

　　标本周家湾：4，盆口沿。泥质红陶。敛口，斜沿，圆唇。鼓肩。口径23、残高3.6、壁厚0.4厘米（图一〇五，4；彩版三七，4）。时代为仰韶文化晚期。

　　标本周家湾：5，瓶口沿。夹砂黄褐陶。侈口，窄平沿，尖圆唇。颈部饰白彩条纹。口径约12.4、残高5.6、壁厚0.6厘米（图一〇五，5；彩版三七，5）。时代为仰韶文化晚期。

　　标本周家湾：6，彩陶片。泥质橙黄陶。饰黑色条纹。残宽6.4、残高4、壁厚0.6厘米（图一〇五，6；彩版三七，6）。时代为马家窑文化时期。

　　标本周家湾：7，盆口沿。泥质黄褐陶。侈口，圆唇。素面。口径30、残高5、壁厚0.6厘米

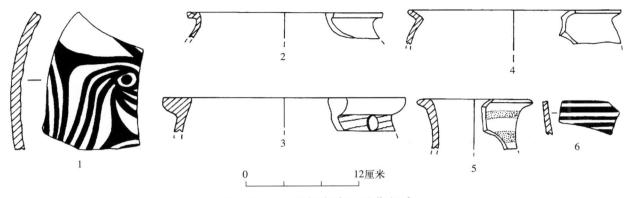

图一〇五　周家湾遗址采集标本

1、6.彩陶片　2、3.罐口沿　4.盆口沿　5.瓶口沿

（图一〇六，7；彩版三七，7）。时代为仰韶文化晚期。

标本周家湾∶8，盆口沿。泥质灰陶。侈口，斜沿，束颈，鼓肩。口径26.8、残高5.6、壁厚0.6厘米（图一〇六，8；彩版三七，8）。时代为仰韶文化晚期。

标本周家湾∶9，罐口沿。夹砂红褐陶。敛口，方唇。饰附加堆纹。口径17.2、残高6、壁厚1.2厘米（图一〇六，9；彩版三八，1）。时代为仰韶文化晚期。

标本周家湾∶10，罐口沿。夹砂黄陶。直口，窄平沿，尖圆唇。束颈。肩部饰交错绳纹。口径9.6、残高4、壁厚1厘米（图一〇六，10；彩版三八，2）。时代为仰韶文化晚期。

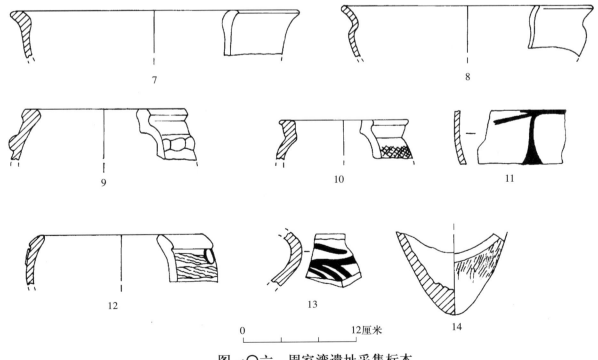

图一〇六　周家湾遗址采集标本

7、8.盆口沿　9、10、12.罐口沿　11.彩陶片　13.罐肩残片　14.尖底瓶底

标本周家湾：11，彩陶片。泥质红陶，陶色不均。微弧，饰黑彩弧边三角纹。残宽9.6、残高6、壁厚0.6厘米（图一〇六，11；彩版三八，3）。时代为仰韶文化晚期（或者石岭下类型）。

标本周家湾：12，罐口沿。夹砂红褐陶。敛口，外圆唇。饰粗绳纹，并有圆饼状附加堆纹。口径17.2、残高5.4、壁厚0.6厘米（图一〇六，12；彩版三八，4）。时代为仰韶文化晚期。

标本周家湾：13，罐肩部残片。泥质红陶。侈口。饰黑彩。残宽6、残高6、壁厚1厘米（图一〇六，13；彩版三八，5）。时代为仰韶文化晚期。

标本周家湾：14，尖底瓶底部。泥质红褐陶。底部呈圆锥状，尖部浑圆。饰细绳纹。残高约9厘米（图一〇六，14；彩版三八，6）。属为仰韶文化时期。

标本周家湾：15，缸口沿。夹砂红陶。敛口，宽平沿。尖圆唇。口径35.2、残高5、壁厚0.8厘米（图一〇七，15；彩版三八，7）。属为仰韶文化时期。

标本周家湾：16，盆口沿。泥质黄陶。敛口，宽斜沿，尖圆唇。口径33.2、残高8、壁厚1厘米（图一〇七，16）。时代为仰韶文化晚期。

标本周家湾：17，钵残片。泥质黄褐陶。直口，尖圆唇，斜腹。素面。口径17.2、残高6、壁厚0.6厘米（图一〇七，17；彩版三八，8）。时代为仰韶文化晚期。

标本周家湾：18，彩陶片。罐颈肩连接部。泥质红陶。斜肩，直颈。饰黑色平行条纹和三

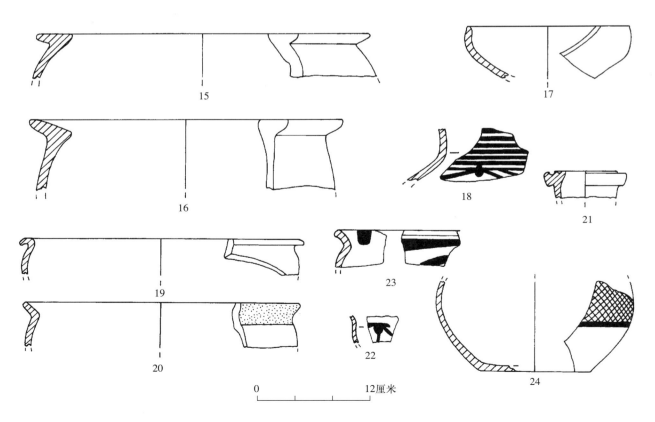

0　　　　　　　　12厘米

图一〇七　周家湾遗址采集标本

15.缸口沿　16、19、23.盆口沿　17.钵残片　18、22.彩陶片　20.罐口沿　21.尖底瓶口沿　24.罐残片

角纹。残高约6厘米（图一〇七，18；彩版三九，1）。时代为马家窑文化时期。

标本周家湾：19，盆口沿。泥质黄褐陶。敛口，卷沿，尖圆唇。沿上有黑彩纹饰。口径30、残高4、壁厚0.6厘米（图一〇七，19；彩版三九，2）。时代为仰韶文化晚期。

标本周家湾：20，罐口沿。泥质红陶。敛口，斜沿，尖圆唇。沿外侧饰白彩宽条纹，内侧饰白彩圆点纹。口径29.2、残高5、壁厚0.6厘米（图一〇七，20）。时代为仰韶文化晚期。

标本周家湾：21，尖底瓶口沿。泥质黄褐陶。直口双唇，外唇较低。口径6.8、残高3、壁厚0.6厘米（图一〇七，21；彩版三九，3）。时代为仰韶文化晚期。

标本周家湾：22，彩陶片。泥质红陶。饰圆点黑彩纹。残宽3.4、残高3、壁厚0.4厘米（图一〇七，22；彩版三九，4）。时代为仰韶文化晚期。

标本周家湾：23，盆口沿。泥质红陶。敛口，圆唇。饰黑彩条纹。残宽6.4、残高4、壁厚0.8厘米（图一〇七，23；彩版三九，5）。时代为仰韶文化晚期。

标本周家湾：24，罐残片。泥质橙黄陶。圆腹，平底。饰黑彩网格纹。底径12、残高10、壁厚0.6厘米（图一〇七，24；彩版三九，6）。时代为仰韶文化晚期。

（1）灰坑H2

标本周家湾H2：1，钵口沿。泥质黄褐陶。敛口，圆唇。饰一道凹弦纹。口径22、残高4、壁厚0.6厘米（图一〇八，1；彩版三九，7）。时代为仰韶文化晚期。

标本周家湾H2：2，瓶口沿。泥质黄褐陶。侈口。平沿，沿面稍凹。尖圆唇。口径14、残高8、壁厚0.8厘米（图一〇八，2）。时代为仰韶文化晚期。

标本周家湾H2：3，钵残片。泥质黄褐陶，口沿处一圈红色。敛口，尖圆唇。口径20、残高5、壁厚0.4厘米（图一〇八，3；彩版三九，8）。属仰韶文化。

标本周家湾H2：4，尖底瓶底部残片。泥质红陶。圆锥形，底部圆浑。饰竖线纹，尖端抹光。残高6.4厘米（图一〇八，4；彩版四〇，1）。属仰韶文化。

标本周家湾H2：5，罐底。夹砂红褐陶。斜腹，平底。饰横向绳纹。底径14、残高12、壁厚1厘米（图一〇八，5）。时代为仰韶文化晚期。

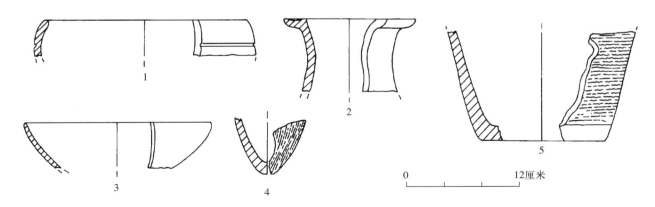

图一〇八 周家湾遗址 H2 采集标本

1.钵口沿 2.瓶口沿 3.钵残片 4.尖底瓶底部 5.罐底

（2）灰坑H4

标本周家湾H4∶1，钵口沿。泥质红陶。敛口，尖圆唇。口径18.4、残高4.8、壁厚0.6厘米（图一〇九，1；彩版四〇，2）。属仰韶文化时期。

标本周家湾H4∶2，罐底。夹砂红陶。斜腹，平底。底径16、残高5、壁厚0.8厘米（图一〇九，2；彩版四〇，3）。属仰韶文化。

标本周家湾H4∶3，罐口沿。夹砂红陶。敛口，窄平沿，圆唇。饰横向粗绳纹，贴有圆形泥饼。口径17.2、残高5、壁厚1厘米（图一〇九，3；彩版四〇，4）。时代为仰韶文化晚期。

标本周家湾H4∶4，盘底。夹砂红陶。斜腹，平底。内侧饰暗红色条纹。底径21、残高3、壁厚0.6厘米（图一〇九，4）。时代为仰韶文化晚期。

（3）灰坑H6

标本周家湾H6∶1，彩陶片。泥质红陶。饰浅黑色条带纹。宽3.4、残高4.4、壁厚0.6厘米（图一一〇，1；彩版四〇，5）。属仰韶文化时期。

标本周家湾H6∶2，罐口沿。夹砂红陶。敛口，窄平沿，圆唇。口径21.2、残高3、壁厚0.6厘米（图一一〇，2）。时代为仰韶文化晚期。

标本周家湾H6∶3，瓶口沿。泥质红陶。敞口，宽斜沿，尖圆唇。口径15.2、残高4、壁厚0.6厘米（图一一〇，3）。时代为仰韶文化晚期。

标本周家湾H6∶4，钵口沿。泥质红陶。敛口，尖圆唇。素面。口径22.4、残高4、壁厚0.4

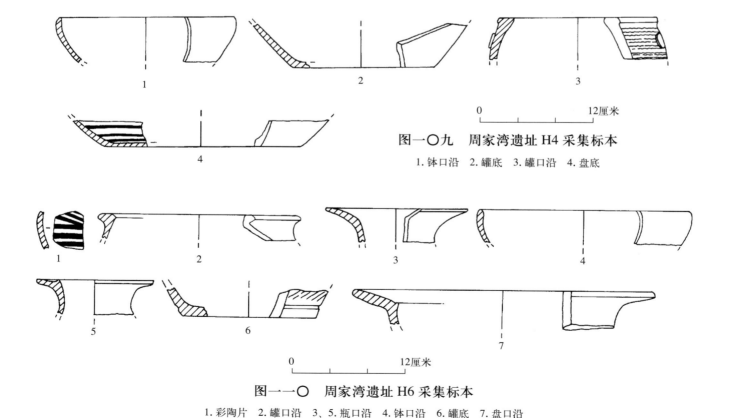

图一〇九　周家湾遗址 H4 采集标本

1.钵口沿　2.罐底　3.罐口沿　4.盘底

图一一〇　周家湾遗址 H6 采集标本

1.彩陶片　2.罐口沿　3、5.瓶口沿　4.钵口沿　6.罐底　7.盘口沿

厘米（图一一〇，4）。属仰韶文化。

标本周家湾H6：5，瓶口沿。夹砂黄褐陶。侈口。宽平沿，沿面稍凹。尖圆唇。口径12.4、残高4、壁厚0.6厘米（图一一〇，5）。时代为仰韶文化晚期。

标本周家湾H6：6，罐底。泥质红陶。斜腹，平底。饰斜线纹和弦纹。底径14、残高3、壁厚1厘米（图一一〇，6）。属仰韶文化。

标本周家湾H6：7，盘口沿。泥质黄褐陶。敞口，宽斜平沿，尖圆唇。口径32、残高4、壁厚1厘米（图一一〇，7）。时代为仰韶文化晚期。

标本周家湾H6：8，陶片。夹砂红褐陶。微弧。饰麦粒状纹。残宽10、残高13、壁厚1厘米（图一一一，8；彩版四〇，6）。时代为马家窑文化。

标本周家湾H6：9，陶片。泥质红陶。饰交错线纹。残宽6.4、残高9、壁厚0.8厘米（图一一一，9；彩版四〇，7）。时代为仰韶文化。

标本周家湾H6：10，罐底。夹砂红褐陶。斜腹，平底。饰竖绳纹。底径23、残高7、壁厚1.4厘米（图一一一，10）。时代为马家窑文化。

标本周家湾H6：11，壶颈部残片。泥质红陶。侈口，直颈。饰平行条纹黑彩。残高9、壁厚0.8厘米（图一一一，11）。时代为仰韶文化晚期。

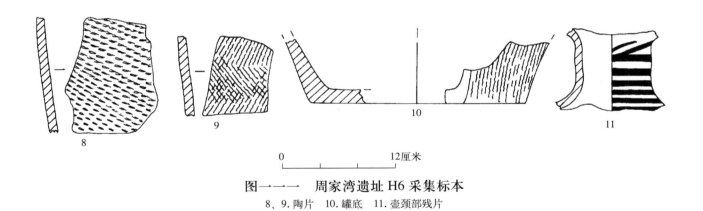

0   12厘米

图一一一 周家湾遗址H6采集标本

8、9.陶片 10.罐底 11.壶颈部残片

24. 元龙镇蔡科顶遗址

蔡科顶遗址位于元龙镇吴家岩自然村西侧，渭河北岸一级阶地之上。遗址中间高周围低，似圆顶，面积约为12万平方米。地理坐标为北纬34°31′，东经106°08′（图一一二）。

1956年首次发现，1963年公布为县级文物保护单位。1981年中国社会科学院考古研究所甘肃工作队又进行了调查，发现了灰层、灰坑、红烧土等遗迹，采集了仰韶文化半坡类型、庙底沟类型及齐家文化的遗存。

2016年项目组调查时也发现了大量的遗迹，采集了较多陶片，部分标本如下（图一一三、一一四；彩版四一）。

标本蔡科顶：1，盆口沿。泥质红陶。敛口，卷沿，圆唇。素面。口径24、残高4.4、壁厚0.6厘米（图一一三，1）。时代为仰韶文化中期。

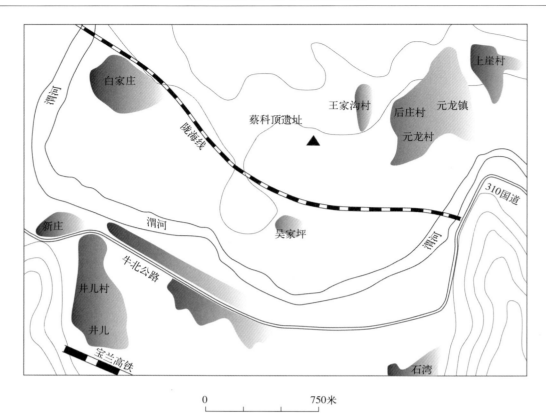

图一一二　蔡科顶遗址位置图

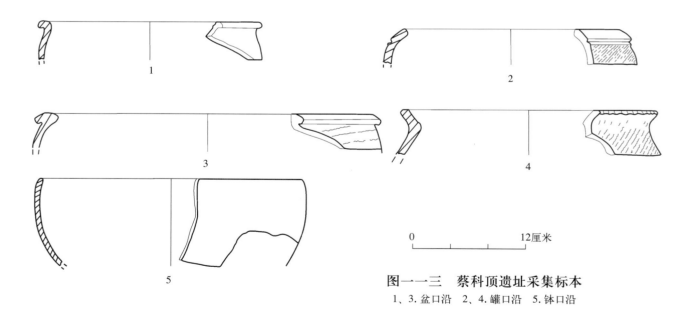

图一一三　蔡科顶遗址采集标本

1、3.盆口沿　2、4.罐口沿　5.钵口沿

　　标本蔡科顶：2，罐口沿。夹砂红陶。敛口，方唇。口沿外侧有一道凹槽，肩部饰绳纹。口径23.2、残高4、壁厚0.6厘米（图一一三，2）。时代为仰韶文化晚期。

　　标本蔡科顶：3，盆口沿。泥质红褐陶。敛口，卷沿，方唇。肩部饰稀疏绳纹。口径约36、残高4、壁厚0.6厘米（图一一三，3；彩版四一，1）。时代为仰韶文化中期。

标本蔡科顶：4，罐口沿。夹砂灰陶。敛口，斜折沿，尖圆唇。唇端饰压印纹。肩部饰斜绳纹。口径27.2、残高5、壁厚0.6厘米（图一一三，4；彩版四一，2）。时代为仰韶文化晚期。

标本蔡科顶：5，钵口沿。泥质红陶。敛口，圆唇，深腹。素面。口径28、残高9.6、壁厚0.4厘米（图一一三，5；彩版四一，3）。时代为仰韶文化晚期。

标本蔡科顶：6，罐口沿。夹砂红褐陶。侈口，斜折沿，方唇。素面。口径28、残高6、壁厚0.8厘米（图一一四，6；彩版四一，4）。时代为仰韶文化晚期。

标本蔡科顶：7，罐口沿。夹砂红褐陶。侈口，尖圆唇。唇外部有鸡冠形鋬，其下饰绳纹。口径14.2、残高6、壁厚0.8厘米（图一一四，7；彩版四一，5）。时代为仰韶文化晚期。

标本蔡科顶：8，罐口沿。夹砂红陶。敛口，折沿，圆唇。沿内侧有凹槽。素面。口径31、残高5、壁厚0.6厘米（图一一四，8；彩版四一，6）。时代为仰韶文化中期。

标本蔡科顶：9，罐底。泥质红陶。斜腹，平底。底径16.4、残高4、壁厚1厘米（图一一四，9；彩版四一，7）。时代为仰韶文化时期。

标本蔡科顶：10，盆口沿。夹砂红陶。敛口，卷沿，圆唇。素面。口径30、残高6、壁厚0.6厘米（图一一四，10）。时代为仰韶文化晚期。

标本蔡科顶：11，罐底。泥质灰陶。斜腹，平底。素面。底径14、残高6.4、壁厚1厘米（图一一四，11；彩版四一，8）。时代为仰韶文化时期。

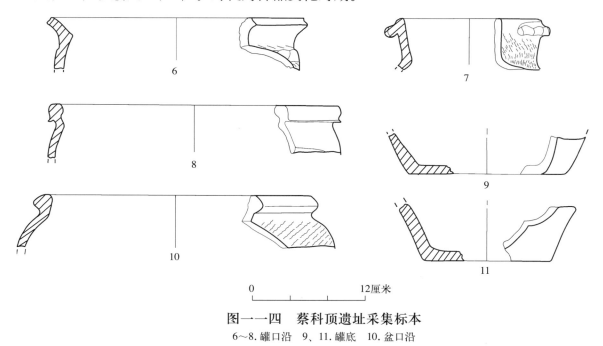

图一一四　蔡科顶遗址采集标本
6~8.罐口沿　9、11.罐底　10.盆口沿

25. 中滩镇樊家城遗址

樊家城遗址位于中滩镇雷王村北侧，葫芦河西岸二级阶地之上，也是葫芦河与渭河交汇的三角洲地带，地理位置优越。地理坐标为北纬34°43′，东经105°39′，海拔1250米（图一一五）。遗址西高东低，总面积约30万平方米。

1956年文物普查时发现，1981年公布为省级文物保护单位。此遗址东部为一古城址，至今地表残存城墙，墙体4～5米，当地传为樊梨花所筑，故名樊家城。1990年北京大学等再次调查，城内采集到战国时期的陶片，断崖上有板瓦，年代晚于东周时期。因此筑城时代有待进一步研究。2016～2017年重新调查，在城墙体中发现汉代绿釉陶片。城内发现很多汉瓦，内饰布纹外绳纹，时代为西汉。断崖上还发现了一座汉代残墓。据现有证据，判断城址应为汉代修筑；遗址西部以史前文化为主，暴露的文化层厚度1～3米，包含的器物以仰韶文化晚期为主。仰韶晚期上层分布有齐家文化遗存。也存在石岭下类型和庙底沟类型的彩陶片。可以判断，此遗址从仰韶文化中期遗址延续到汉代甚至更晚。此次采集的部分标本如下（图一一六、一一七；彩版四二、四三）。

标本樊家城：1，钵口沿。泥质红陶。敛口，尖圆唇。素面。口径20、残高5.2、壁厚0.4～0.6厘米（图一一六，1；彩版四二，1）。时代为仰韶文化晚期。

标本樊家城：2，罐口沿。泥质灰陶。侈口。平沿，沿面稍凹。方唇。束颈。素面。口径12、残高4.2、壁厚0.8～1厘米（图一一六，2；彩版四二，2）。时代为仰韶文化晚期。

标本樊家城：3，罐口沿。泥质红陶。敛口，外弧沿，圆唇。沿下饰凹弦纹。素面。口径26、残高4、壁厚0.6～1厘米（图一一六，3）。时代为仰韶文化晚期。

标本樊家城：4，尖底瓶口沿。泥质黄褐陶。口微侈，宽平沿，尖圆唇，素面。口径20、残高3.2、壁厚0.6～1厘米（图一一六，4）。时代为仰韶文化晚期。

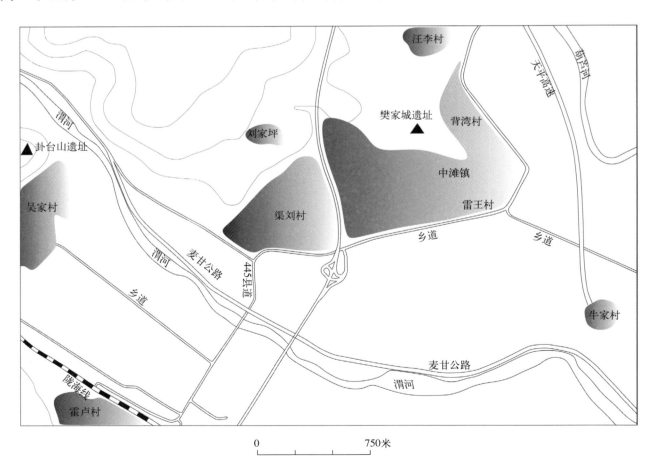

图一一五　樊家城遗址位置图

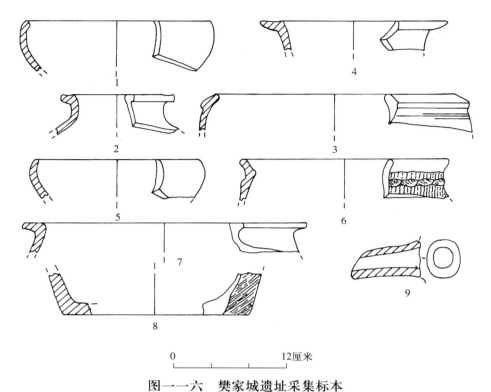

图一一六　樊家城遗址采集标本

1、5.钵口沿　2、3、6.罐口沿　4.尖底瓶口沿　7.盆口沿　8.罐底　9.器流

标本樊家城：5，钵口沿。泥质红陶。敛口，尖圆唇。素面。口径18、残高4.2、壁厚0.4~0.8厘米（图一一六，5）。时代为仰韶文化晚期。

标本樊家城：6，罐口沿。夹砂红陶。敛口，斜沿，圆唇。饰绳纹和附加堆纹。口径22、残高4.4、壁厚0.4~0.6厘米（图一一六，6；彩版四二，3）。时代为仰韶文化晚期。

标本樊家城：7，盆口沿。泥质红陶。敛口，宽平沿，圆唇。素面。口径30、残高3.2、壁厚0.6~0.8厘米（图一一六，7；彩版四二，4）。时代为仰韶文化晚期。

标本樊家城：8，罐底。夹砂红褐陶。斜腹，平底。饰绳纹。底径约20、残高4.4、壁厚1.2~1.4厘米（图一一六，8）。属仰韶文化。

标本樊家城：9，器流。泥质红陶。空心柱状，截面为椭圆形。素面。残长7.4，长径2~4、壁厚0.8~1厘米（图一一六，9；彩版四二，5）。属仰韶文化时期。

标本樊家城：10，彩陶片。泥质红陶。表面饰网纹。残宽3.2、高3.5、厚0.3厘米（图一一七，10；彩版四二，6）。时代为仰韶文化晚期。

标本樊家城：11，彩陶片。泥质深红陶。表面饰黑彩。残宽3.2、残高3.5、壁厚0.4厘米（图一一七，11；彩版四二，7）。时代为仰韶文化时期。

标本樊家城：12，彩陶片。泥质黄褐陶。表面施土黄色陶衣，上饰黑色条纹。残宽5.1、残高2.4、壁厚0.3厘米（图一一七，12；彩版四二，8）。时代为仰韶文化晚期。

标本樊家城：13，彩陶片。泥质黄褐陶。表面饰黑彩网格纹。残宽5.7、高3.4、厚0.4厘米（图一一七，13；彩版四三，1）。时代为仰韶文化晚期。

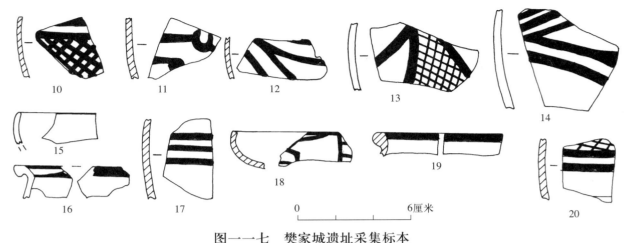

图一一七　樊家城遗址采集标本

10～14、17、20. 彩陶片　15、18. 钵口沿　16、19. 盆口沿

标本樊家城：14，彩陶片。泥质深红陶。表面饰黑彩相交条纹。残宽5.2、高5.7、壁厚0.4～0.5厘米（图一一七，14；彩版四三，2）。时代为仰韶文化时期。

标本樊家城：15，钵口沿。泥质红陶。敛口，尖圆唇。素面抹光。残宽2.6、高1.8、壁厚0.2～0.3厘米（图一一七，15；彩版四三，3）。时代为仰韶文化时期。

标本樊家城：16，盆口沿。泥质深红陶。敛口，斜折沿，沿上饰黑彩。残宽2.9、高1.8、壁厚0.4厘米（图一一七，16；彩版四三，4）。时代为仰韶文化中期。

标本樊家城：17，彩陶片。泥质红褐陶。表面饰三道黑彩。残宽2.7，高4.6、壁厚0.4厘米（图一一七，17；彩版四三，5）。时代为仰韶文化时期。

标本樊家城：18，钵口沿。泥质红陶。敛口，圆唇。表面有黑彩纹饰。残高2、壁厚0.3厘米（图一一七，18；彩版四三，6）。时代为仰韶文化时期。

标本樊家城：19，盆口沿。泥质红陶。侈口，圆唇。沿上饰一道黑彩。残宽6.6、高2.4、壁厚0.4～1厘米（图一一七，19；彩版四三，7）。时代为仰韶文化中期。

标本樊家城：20，彩陶片。泥质红陶。表面饰黑彩条纹。残宽2.8、高3.6、壁厚0.3厘米（图一一七，20；彩版四三，8）。时代为仰韶文化时期。

第三节　甘谷县

一　概况

甘谷县位于天水市西北部，东接麦积区、秦安县，南邻秦州区、陇南市礼县，西连武山县，北靠定西市通渭县。总面积1572平方千米。下辖15个乡镇。

境内地势南高北低，渭河从中部横穿。地貌南北差异较大，北部属黄土卯梁沟壑区，中部为渭河河谷，南部为秦岭山脉西延山区。平均海拔1972米，最高点为朱圉山主峰石鼓山，海拔

2716米。全境水系都为渭河水系。渭河干流流长42千米。北部较大支流有散渡河、清溪河、西小河等，南部有武家河、金川河、聂河、古坡河等。

早在1947年裴文中先生即到甘谷调查，由于时间所限，仅在渭河两岸较小区域进行了调查，发现了三十里铺遗址、梁家沟遗址、何家沟遗址、西王庄遗址、五甲庄遗址等仰韶文化时期的遗址。也发现了当时属武山县的磐安镇毛家坪遗址，现已成为甘谷县最重要的遗址，2019年公布为全国重点文物保护单位。1956年全国第一次文物普查，任步云、郭德勇等再次进行较大范围的调查，又发现了几十处遗址，其中有灰地儿、渭水峪、西坪等较为重要的新石器遗址。后又经过了全国第二、三次文物普查，确定的史前遗址有40处左右，其中一半遗址集中在渭河干流两岸新兴镇和磐安镇辖区，其他区域比较分散（图一一八）。

二　遗址分述

1. 白家湾乡三角地遗址

三角地遗址位于甘谷县白家湾乡东三十里铺村南侧，G316国道西南台地上。地理坐标为北纬34°39′，东经105°21′（图一一九；彩版四四，1）。地形较平缓，东西长约350、南北长约200米，面积约7万平方米。遗迹遗物较丰富。

2017年项目组进行了调查，在距地表1～2米处发现灰层一处，长约150、厚约1.5～2米。包含物有大量灰陶片、素面和绳纹红陶片、炭屑、红烧土粒等。灰层附近还发现一处瓮棺葬，被破坏。瓮棺仅残留了下部，即鬲足和鬲的裆部，为绳纹灰陶铲足鬲。应为战国时代，与瓮棺葬同出有灰陶盆。此次采集的部分标本如下（图一二〇、一二一；彩版四四、四五）。

标本三角地：1，鬲足跟。夹砂灰陶。足跟较矮，锥状。饰粗绳纹。宽4.4、残高4厘米（图一二〇，1）。时代为东周时期。

标本三角地：2，鬲足跟。夹砂灰陶。锥状实足跟。素面。宽5、残高4厘米（图一二〇，2）。时代为东周时期。

标本三角地：3，鬲足。夹砂灰陶。锥状实足跟。饰粗绳纹。残宽5、残高4.4厘米（图一二〇，3；彩版四四，2）。时代为东周时期。

标本三角地：4，鬲口沿。夹砂灰陶。侈口，宽斜沿，尖圆唇。颈部有绳纹。口径24、残高3、壁厚0.4～0.8厘米（图一二〇，4）。时代为东周时期。

标本三角地：5，罐口沿。泥质灰陶。侈口，尖唇。表面饰多道凹弦纹。口径20、残高3.4、壁厚0.6～0.8厘米（图一二〇，5；彩版四四，3）。时代为东周时期。

标本三角地：6，蒜头壶口部。泥质灰陶。直口，稍突出。饰凹弦纹。口径5、残高7、壁厚0.4～1.4厘米（图一二〇，6；彩版四四，4）。时代为东周时期。

标本三角地：7，罐口沿。泥质灰陶。侈口，窄唇。外侧有一长方形孔。表面饰绳纹。口径18、残高16、壁厚1～1.2厘米（图一二〇，7；彩版四四，5）。时代为东周时期。

标本三角地：8，罐残片。肩部。泥质灰陶。圆肩，饰三道弦纹。残宽12、高3.4、壁厚0.6～1厘米（图一二〇，8；彩版四五，1）。时代为东周时期。

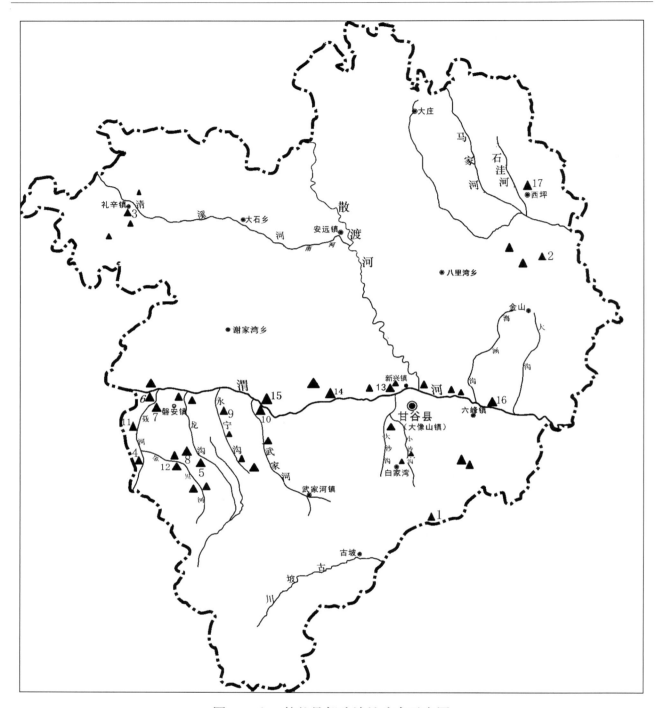

图一一八　甘谷县部分遗址分布示意图

1. 三角地遗址　2. 郑家山梁遗址　3. 礼辛镇遗址　4. 堡坡遗址　5. 点田地遗址　6. 刘家墩遗址　7. 毛家坪遗址　8. 石咀地遗址　9. 四十里铺遗址　10. 瓦盆窑遗址　11. 雨家岔遗址　12. 大地儿遗址　13. 灰地儿遗址　14. 柳家坪遗址　15. 城儿坪遗址　16. 渭水峪遗址　17. 水泉沟遗址

　　标本三角地：9，缸口沿。夹砂红褐陶。直口，窄平沿，宽方唇，唇上饰细绳纹。口径约32、残高11.4、壁厚1～1.8厘米（图一二一，9；彩版四五，2）。时代为东周时期。

　　标本三角地：10，缸口沿。夹砂红陶。直口，窄平沿。表面饰竖绳纹，口沿有抹光痕迹。

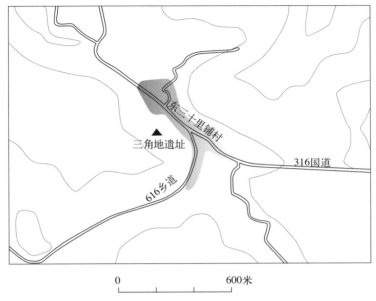

图一一九 三角地遗址位置图

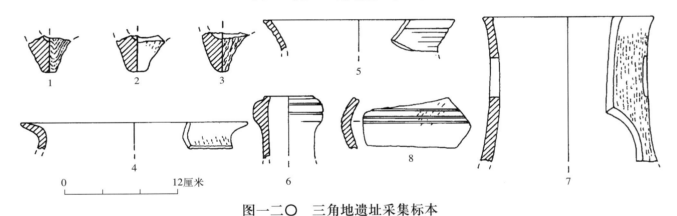

图一二〇 三角地遗址采集标本

1～3.鬲足 4.鬲口沿 5、7.罐口沿 6.蒜头壶口沿 8.罐残片

口径28、残高7、壁厚1～1.8厘米（图一二一，10；彩版四五，3）。时代为东周时期。

标本三角地：11，缸口沿。夹砂灰陶。敛口，窄平沿，圆唇。饰竖绳纹。口径28、残高10、壁厚1.2～2.4厘米（图一二一，11；彩版四五，4）。时代为东周时期。

标本三角地：12，盆残片。泥质灰陶。直口，窄平沿，沿上有一道凹槽，方唇，直颈，折腹。颈部为素面，腹部饰横绳纹。口径30、残高10、壁厚0.8～1厘米（图一二一，12；彩版四五，5）。时代为东周时期。

标本三角地：13，缸口沿。夹砂红褐陶。直口，窄沿。表面饰竖绳纹。口径24、残高7、壁厚1.2厘米（图一二一，13；彩版四五，6）。时代为东周时期。

标本三角地：14，铲形鬲足。夹砂灰褐陶。足跟扁平。局部饰绳纹。宽10、残高8.4厘米（图一二一，14；彩版四五，7）。时代为战国时期。

标本三角地：15，铲形鬲足。夹砂灰陶。足跟扁平，横截面呈圆角长方形。局部饰绳纹。残高6.6、宽7厘米（图一二一，15；彩版四五，8）。时代为战国时期。

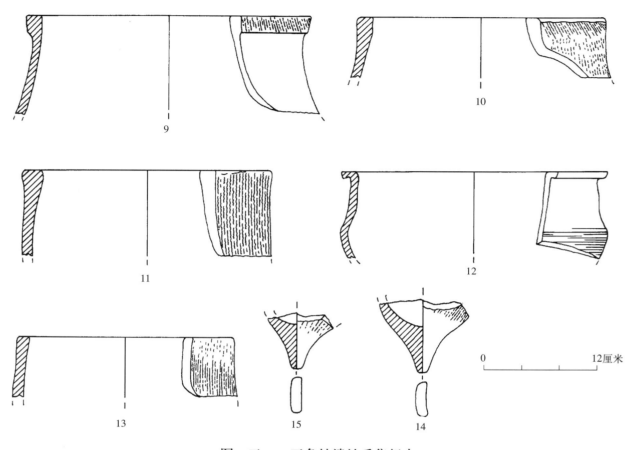

图一二一　三角地遗址采集标本
9、10、11、13.缸口沿　12.盆残片　14、15.铲形鬲足

2. 白家湾乡阳凷遗址

位于甘谷县白家湾乡梁家庄村东侧，地理坐标为北纬34°42′，东经105°19′，海拔1461米（图一二二）。遗址东西长约250、南北宽约200米，面积约5万平方米。文化堆积厚1～1.8米。

三普时发现断面上暴露有灰坑和白灰面居址遗迹，地面采集有马家窑文化彩陶片和齐家文化陶片，可辨器形有瓶、罐等，也有带孔石刀等石器。2017年项目组进行了复查，发现几处文化层和灰坑剖面。文化层距地表约2、厚约1～3米。文化层中夹杂有炭屑、红烧土以及若干陶器残片，可辨有罐口沿、陶环、器座等。灰坑2个，编号为H1和H2。

（1）H1

圜底，距地表约4、长约2、深约1米。包含较多陶片，有彩陶片、素面红陶片。

（2）H2

圜底，距地表约1.5、长约2、深约1.5～2米。包含较多的陶片和红烧土，陶片年代可到仰韶文化晚期。除了各个遗迹单位出土的陶片，在台地上及路边也采集到大量的陶片。采集的部分标本如下（图一二三）。

标本阳凷：1，罐口沿。泥质红陶，侈口，圆唇，颈部较长。素面。口径22、残高7厘米（图一二三，1）。时代为齐家文化时期。

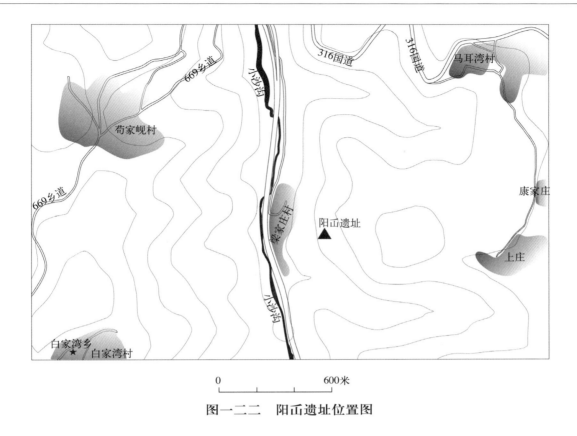

图一二二　阳屲遗址位置图

标本阳屲：2，陶片。泥质深灰陶。表面有弦纹。残长5、宽4、厚0.7厘米（图一二三，2）。时代为齐家文化时期。

标本阳屲：3，罐口沿。泥质黄褐陶。喇叭口，圆唇。素面。口径22、残高约4厘米（图一二三，3）。时代为齐家文化时期。

标本阳屲：4，罐口沿。泥质黄陶。侈口，方唇。素面。口径20、残高4厘米（图一二三，4）。时代为齐家文化时期。

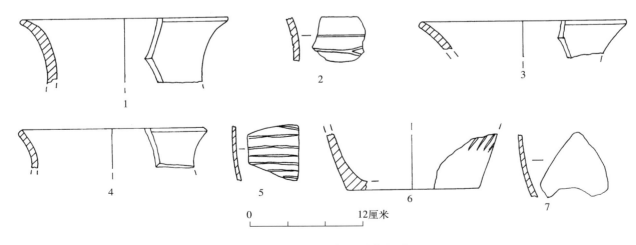

图一二三　阳屲遗址采集标本

1、3、4.罐口沿　2、5、7.陶片　6.罐残片

标本阳圮：5，陶片。夹砂红陶。表面饰篮纹。残长6、宽5、厚0.4厘米（图一二三，5）。时代为齐家文化时期。

标本阳圮：6，罐残片。下腹连底部。夹砂红陶，斜腹，平底。腹部饰篮纹。底径14、残高6、厚1～1.5厘米（图一二三，6）。时代为齐家文化时期。

标本阳圮：7，陶片。泥质灰陶，表面施浅灰色化妆土。残长7.2、宽6.8、厚0.4～0.6厘米（图一二三，7）。时代为仰韶文化晚期。

3. 白家湾乡陡圮崖遗址

陡圮崖遗址位于白家湾乡梁家庄西侧，因其所在台地称为陡圮崖得名（图一二四）。1956年任步云等在东南乡（现白家湾乡）发现了梁家庄遗址，应是同一遗址。当时面积约1.2万平方米，文化堆积0.5～1米，属仰韶文化。近些年由于农业建设，面积有所缩减。

三普进行了调查，2017年早期秦文化联合考古队进行过调查，采集的部分标本如下（图一二五；彩版四六）。

标本陡圮崖：1，盆口沿。泥质灰陶，口微敛。方唇，唇内侧凸起。圆肩。素面。口径20、残高约4.5厘米（图一二五，1；彩版四六，1）。时代为仰韶文化晚期。

标本陡圮崖：2，钵口沿。泥质红陶，口微敛，圆唇，浅腹。表面有一道弦纹。口径22、残高约5.6、壁厚约0.6厘米（图一二五，2；彩版四六，2）。时代为仰韶文化晚期。

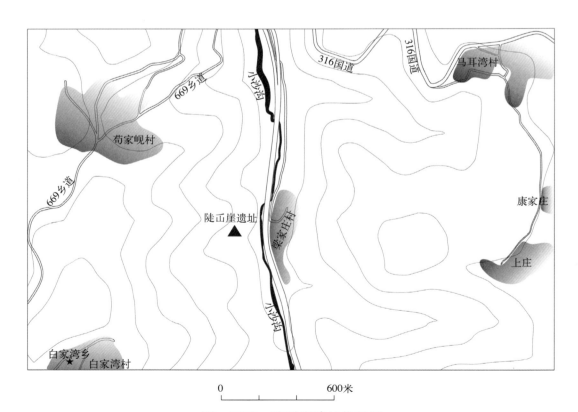

图一二四　陡圮崖遗址位置图

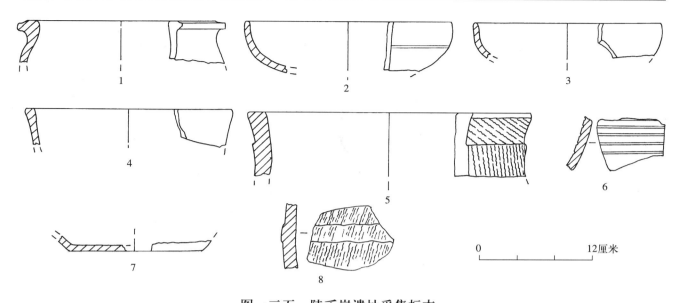

图一二五　陡㕸崖遗址采集标本

1.盆口沿　2、3.钵口沿　4.罐口沿　5.缸口沿　6.瓶残片　7.罐底　8.陶片

标本陡㕸崖：3，钵口沿。泥质红陶。口微敛，尖圆唇，浅腹。表面有乳白色陶衣。口径20、残高约4、壁厚0.6厘米（图一二五，3；彩版四六，3）。时代为仰韶文化晚期。

标本陡㕸崖：4，罐口沿。泥质灰陶。口微敞，窄沿，尖圆唇。素面。口径22、残高约4、壁厚0.7厘米（图一二五，4；彩版四六，4）。时代为仰韶文化晚期。

标本陡㕸崖：5，缸口沿。夹砂黄褐陶。口微敞，窄沿，尖圆唇。表面有附加堆纹和绳纹。口径37.5、残高约6.6、壁厚1.5~2厘米（图一二五，5；彩版四六，5）。时代为仰韶文化晚期。

标本陡㕸崖：6，瓶残片。夹砂红陶。表面有多道平行弦纹。推测器形为陀螺瓶。残宽约6、高5厘米（图一二五，6；彩版四六，6）。时代为仰韶文化时期。

标本陡㕸崖：7，罐底。泥质红陶。平底。素面。底径约14、壁厚0.5厘米（图一二五，7；彩版四六，7）。时代为仰韶文化时期。

标本陡㕸崖：8，陶片。应为罐残片。夹砂灰陶。表面有附加堆纹和绳纹装饰。残长约8、宽7、厚1.5厘米（图一二五，8；彩版四六，8）。时代为仰韶文化晚期。

4. 金山镇郑家山梁遗址

郑家山梁遗址位于甘谷县金山乡郑家山村西侧，地理坐标为北纬34°50′，东经105°27′（图一二六）。遗址所在为一处三角形山梁，顶上为一三角形堡子。遗迹及遗物发现在山梁西南坡地上，面积约为2.5万平方米。

发现遗迹有1座墓葬、1处房址、5处灰坑和1处灰层；墓葬距地表约3、长约1、深1米。房址为白灰面，距地表约3.2、长约3.5米，白灰面厚约0.5厘米。房址内有火塘，长约0.40、深0.50米，多红烧土。五座灰坑中H5较为典型，包含物较多，锅底状，呈西高东低的倾斜状，开口地

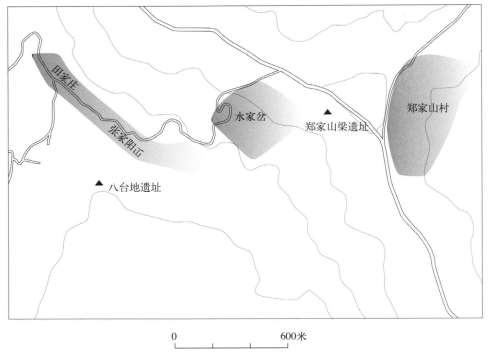

图一二六　郑家山梁遗址位置图

表约4、宽约3、深0.40～0.50米，包含有陶片、石器、红烧土和灰土，出土一残陶鬲；灰层堆积距地表约4、宽约2、厚约1米，包含有陶片、骨头、红烧土、木炭和灰土。从遗迹及遗物来判断，此遗址为一处齐家文化遗址。采集到较多陶片，包含1件完整器盖。标本如下（图一二七；彩版四七）。

标本郑家山梁：1，罐残片。泥质黄褐陶。侈口，尖唇，束颈，折腹，大耳。颈部饰一道凹弦纹与戳点纹，素面。口径约12、底径6、残高13.6、壁厚0.4～0.6厘米（图一二七，1；彩版四七，1）。时代为齐家文化时期。

标本郑家山梁：2，器盖。夹砂红陶。圆柱形捉手。素面。泥条盘筑痕迹明显。直径14.4、高5.2厘米（图一二七，2；彩版四七，2）。时代为齐家文化时期。

标本郑家山梁：3，罐残片。夹砂黄褐陶。颈肩连接处。斜肩。素面。残宽12、高10、壁厚0.4～0.6厘米（图一二七，3；彩版四七，3）。时代为齐家文化时期。

标本郑家山梁：4，罐底。泥质红陶。斜腹，平底。饰竖绳纹。底径14、残高5、壁厚1.2～1.4厘米（图一二七，4；彩版四七，4）。时代为齐家文化时期。

标本郑家山梁：5，罐口沿。泥质红陶。侈口，尖圆唇。表面饰刻划纹、按窝纹和绳纹。口径18、残高6、壁厚0.6～1厘米（图一二七，5；彩版四七，5）。时代为齐家文化时期。

标本郑家山梁：6，器耳。夹砂红陶。侈口，窄沿，圆唇。沿上饰凹弦纹，肩部饰桥形宽耳。表面饰绳纹。口径约12、残高8.4、壁厚0.6～1厘米（图一二七，6；彩版四七，6）。时代为齐家文化时期。

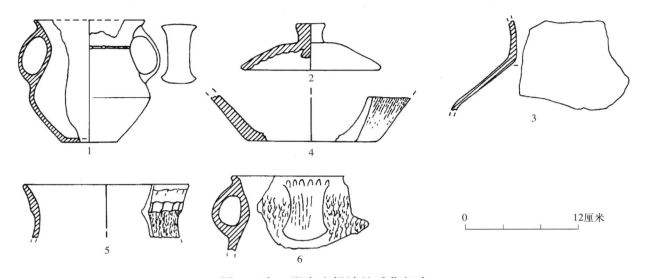

图一二七　郑家山梁遗址采集标本

1、3.罐残片　2.器盖　4.罐底　5.罐口沿　6.器耳

5. 礼辛镇遗址

礼辛镇遗址位于甘谷县礼辛镇上街村与下街村之间，清溪河南岸一级阶地上。地理坐标为北纬34°54′，东经105°04′（图一二八；彩版四八，1）。遗址东西长约1200、南北宽约400米，面积约24万平方米。1960年首次发现，当时归属武山县管辖，定为仰韶文化遗址，1981年被甘肃省人民政府公布为省级文物保护单位。

2017年项目组进行了调查，遗址断面可见丰富的文化层和遗迹，包含有大量陶片。文化层厚度约1～3米。地面也可见大量陶片，尤其彩陶片较多，纹饰特征为仰韶文化晚期以及马家窑文化时期。采集的标本如下（图一二九～一三二；彩版四八～五〇）。

图一二八　礼辛镇遗址位置图

　　标本礼辛镇：1，瓶口沿。泥质黄褐陶。侈口，平沿，尖圆唇。素面。口径约12、残高2.6、壁厚0.4～1厘米（图一二九，1；彩版四八，2）。时代为仰韶文化晚期。

　　标本礼辛镇：2，钵口沿。泥质灰陶。敛口，尖圆唇。素面。口径20、残高4.4、壁厚0.4～0.6厘米（图一二九，2；彩版四八，3）。时代为仰韶文化晚期。

　　标本礼辛镇：3，盆口沿。泥质灰陶。侈口，宽斜沿，圆唇。素面。口径32、残高5、壁厚0.4～0.6厘米（图一二九，3）。时代为仰韶文化晚期。

　　标本礼辛镇：4，钵口沿。泥质黄褐陶。敛口，圆唇。表面饰黑彩网格纹。口径约8、残高4.4、壁厚0.4厘米（图一二九，4；彩版四八，4）。时代为马家窑文化时期。

　　标本礼辛镇：5，盆口沿。泥质红陶。口微敛，斜沿，圆唇。沿上饰黑彩圆圈黑点纹。口径32、残高3、壁厚0.6～0.8厘米（图一二九，5；彩版四八，5）。时代为仰韶文化晚期。

　　标本礼辛镇：6，罐残片。肩部。泥质红陶。直颈，溜肩，肩部有黑彩纹饰。残宽15、高6.6、壁厚0.8厘米（图一二九，6；彩版四九，1）。时代为仰韶文化晚期。

　　标本礼辛镇：7，彩陶片。泥质黄褐陶。内外皆饰黑彩条带纹。残宽6、高5.2、壁厚0.6～0.8厘米（图一二九，7；彩版四九，2）。时代为仰韶文化晚期。

　　标本礼辛镇：8，彩陶片。泥质红陶。表面饰浅黑色条带纹。残宽8.2、高6、壁厚0.8厘米（图一二九，8；彩版四九，3）。时代为仰韶文化晚期。

　　标本礼辛镇：9，盆口沿。泥质灰陶。敛口，平沿，尖唇。素面。口径26、残高4.8、壁厚0.6～0.8厘米（图一三〇，9；彩版四九，4）。时代为仰韶文化晚期。

　　标本礼辛镇：10，尖底瓶口沿。泥质灰陶。敛口，重唇口。素面。口径4.4、残高4.4、壁厚0.4～1厘米（图一三〇，10；彩版四九，5）。时代为仰韶文化晚期。

　　标本礼辛镇：11，罐口沿。夹砂深灰陶。侈口，斜折沿，尖圆唇。肩部饰按窝纹。口径约

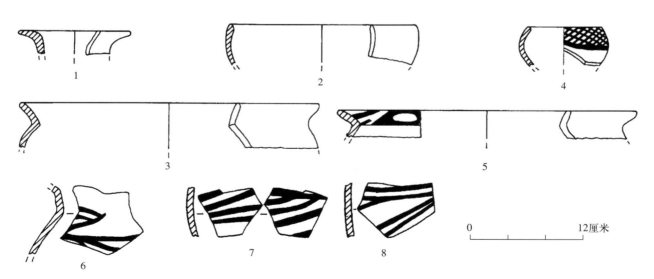

图一二九　礼辛镇遗址采集标本

1. 瓶口沿　2、4. 钵口沿　3、5. 盆口沿　6. 罐残片　7、8. 彩陶片

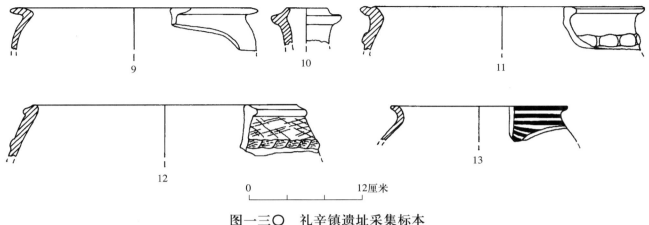

图一三〇　礼辛镇遗址采集标本

9. 盆口沿　10. 尖底瓶口沿　11、12、13. 罐口沿

30、残高5、壁厚0.8～1.4厘米（图一三〇，11；彩版四九，6）。时代为仰韶文化晚期。

标本礼辛镇：12，罐口沿。夹砂深灰陶。口微敛，窄斜沿，圆唇。表面饰附加堆纹和线纹。口径约28、残高6、壁厚0.6～1厘米（图一三〇，12）。时代为仰韶文化晚期。

标本礼辛镇：13，罐口沿。泥质橙黄陶。侈口，尖圆唇。表面饰黑彩条纹。口径约18.8、残高4、壁厚0.4～0.6厘米（图一三〇，13；彩版四九，7）。时代为马家窑文化时期。

标本礼辛镇：14，罐口沿。夹砂灰黑陶。敛口，宽平沿，圆唇。表面饰线纹并有贴圆泥饼。口径35.2、残高12、壁厚0.8～1.6厘米（图一三一，14；彩版四九，8）。时代为仰韶文化晚期。

标本礼辛镇：15，罐口沿。夹砂灰陶。敛口，宽平沿，方唇。唇部饰绳纹。口径约39、残高6、壁厚1.2～2厘米（图一三一，15）。时代为仰韶文化晚期。

标本礼辛镇：16，盆口沿。泥质黄褐陶。侈口，斜沿，圆唇，溜肩。素面。口径30、残高8、壁厚0.4～0.8厘米（图一三一，16；彩版五〇，1）。时代为仰韶文化晚期。

标本礼辛镇：17，盆口沿。泥质灰陶。敛口，外弧沿，圆唇。素面。口径23.2、残高8、壁厚0.6～0.8厘米（图一三一，17）。时代为仰韶文化晚期。

标本礼辛镇：18，尖底瓶底。泥质灰陶。锥状，竖截面呈钝角。表面饰粗绳纹。残高4.6厘米（图一三一，18；彩版五〇，2）。时代为仰韶文化晚期或马家窑文化时期。

标本礼辛镇：19，罐底。泥质红陶。斜腹，平底。有黑彩纹饰。底径5、残高4、壁厚0.8～1厘米（图一三一，19；彩版五〇，3）。时代为仰韶文化时期。

标本礼辛镇：20，罐残片。泥质灰陶。斜腹，平底。表面饰绳纹，底部边缘有压印痕迹。底径21.2、残高18.4、壁厚0.8～1.2厘米（图一三一，20；彩版五〇，4）。时代为仰韶文化晚期。

标本礼辛镇：21，彩陶片。泥质黄褐陶。表面饰圈内圆点纹。底4.4、残高5、壁厚0.6厘米（图一三一，21；彩版五〇，5）。时代为仰韶文化中、晚期。

标本礼辛镇：22，盆口沿。夹砂红陶。敛口，宽平沿，尖圆唇。素面。口径约29、残高6.2、壁厚0.4～0.8厘米（图一三二，22；彩版五〇，6）。时代为仰韶文化晚期。

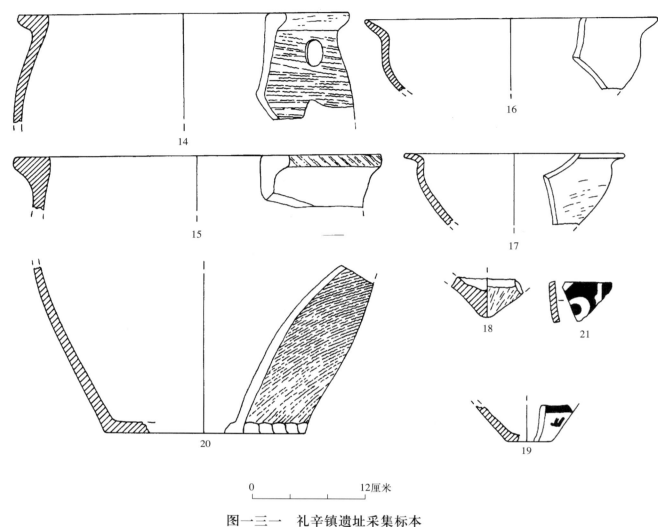

图一三一　礼辛镇遗址采集标本

14、15.罐口沿　16、17.盆口沿　18.尖底瓶底　19.罐底　20.罐残片　21.彩陶片

　　标本礼辛镇：23，盆口沿。泥质灰陶。敛口，宽平沿，尖圆唇。表面饰圆饼状附加堆纹。口径约28、残高6、壁厚0.8～2厘米（图一三二，23）。时代为仰韶文化晚期。

　　标本礼辛镇：24，瓮口沿。泥质灰陶。敛口，尖唇。口沿外侧饰一道凹槽。素面。口径36、残高10、壁厚0.6～2厘米（图一三二，24）。时代为仰韶文化晚期。

　　标本礼辛镇：25，盆口沿。泥质灰陶。侈口，窄平沿，方唇。素面。口径34、残高7、壁厚1～2厘米（图一三二，25；彩版五〇，7）。时代为仰韶文化晚期。

　　标本礼辛镇：26，瓮口沿。泥质灰陶。敛口，尖唇，口沿外侧饰一道凹槽，唇内侧凹陷。素面。口径34、残高7、壁厚0.2～1.2厘米（图一三二，26）。时代为仰韶文化晚期。

　　标本礼辛镇：27，罐口沿。夹砂灰黑陶。口微侈，宽平沿，方唇，唇上饰斜线纹。肩部饰压印纹与圆饼状附加堆纹。口径约34s、残高11、壁厚1～3.2厘米（图一三二，27；彩版五〇，8）。时代为仰韶文化晚期。

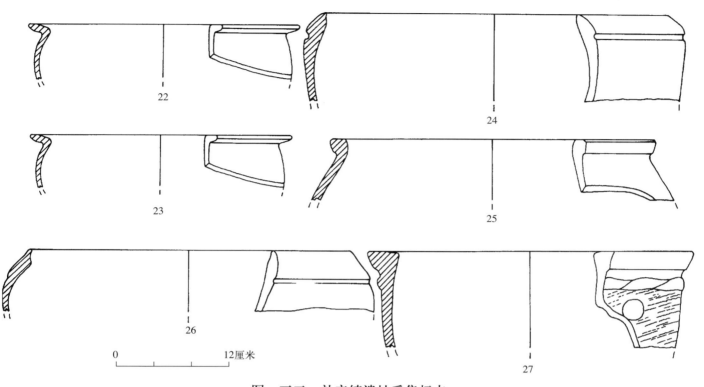

图一三二 礼辛镇遗址采集标本

22、23、25. 盆口沿 24、26. 瓮口沿 27. 罐口沿

6. 礼辛镇老爷山庄遗址

遗址位于礼辛镇下马坡村老爷山庄南侧，清溪河北岸二级阶地上。地形北高南低，呈缓坡状（图一三三）。三普时首次发现，南北长800、东西宽100米，占地面积约8万平方米。

断面上暴露有白灰面居址、灰坑等遗迹，文化层厚0.3～0.8米，当时地面采集有黑彩网纹、平等条纹、弧线纹、圆圈纹等彩陶片，属仰韶文化遗存，还有绳纹、篮纹等齐家文化陶片。1984年被甘谷县人民政府公布为县级文物保护单位。2017年项目组再次进行了调查，采集了若干标本，其中部分标本如下（图一三四）。

标本老爷山庄：1，罐口沿。夹砂红陶。敛口，尖唇。沿外侧有多道凸棱，最宽棱上有均匀的压印纹。口径32、残高约6、厚0.7～1厘米（图一三四，1）。时代为齐家文化时期。

标本老爷山庄：2，罐颈部残片。泥质红陶。侈口，尖圆唇。沿下有双扁耳残缺的痕迹。素面。口径约14.5、残高约4.5、壁厚0.4厘米（图一三四，2）。时代为齐家文化时期。

标本老爷山庄：3，罐残片。罐的颈肩相连部。泥质红陶。束颈，鼓肩。素面。残长约7、宽8、壁厚0.5厘米（图一三四，3）。时代为齐家文化时期。

标本老爷山庄：4，罐残片。泥质红陶。罐肩腹相连部，鼓肩。腹部饰竖篮纹。残长约10.4、宽7.2、厚0.4厘米（图一三四，4）。时代为齐家文化时期。

标本老爷山庄：5，罐底。泥质红陶。罐下腹与底相连部。斜腹、平底。素面。底径10、残高约4厘米（图一三四，5）。时代为齐家文化时期。

标本老爷山庄：6，罐底。泥质红陶。斜下腹、平底。素面。底径12、残高约6厘米、厚1.5

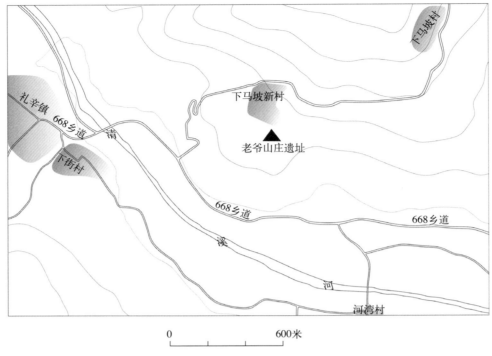

图一三三　老爷山庄遗址位置图

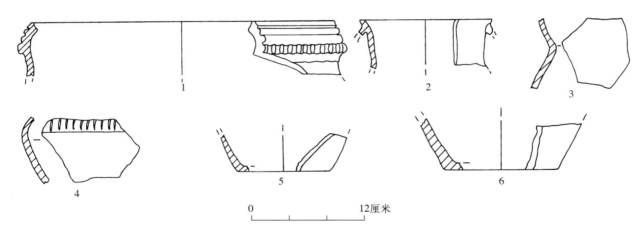

图一三四　老爷山庄遗址采集标本

1. 罐口沿　2. 罐颈部　3、4. 罐残片　5、6. 罐底

厘米（图一三四，6）。时代为齐家文化时期。

7. 礼辛镇花卯咀遗址

花卯咀遗址位于天水市甘谷县礼辛镇倪山村岳家门北侧（图一三五），地理坐标为北纬34°56′，东经105°0′。

全国三普时首次发现，断面上暴露有灰坑和白灰面居址等遗迹，采集有夹砂或泥质红陶片，纹饰有绳纹、刻划纹和篮纹。2017年项目组再次调查，发现了齐家文化、周代、汉代等

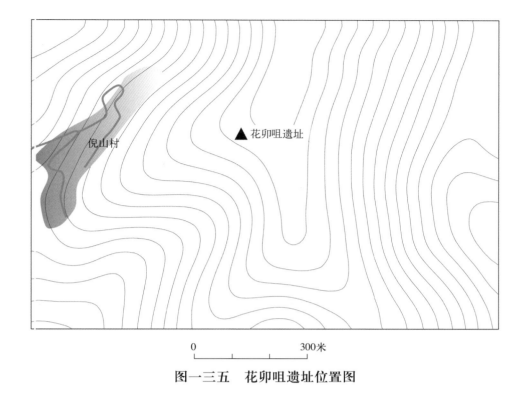

图一三五　花卯咀遗址位置图

遗存。发现一处墓群，已被破坏，地上散落较多的青砖，时代应为汉代。采集的部分标本如下（图一三六）。

标本花卯咀：1，盆口沿。泥质灰陶。口微敛，平沿外斜，方唇。素面。口径34、残高约6、壁厚0.7~1厘米（图一三六，1）。时代为东周时期。

标本花卯咀：2，陶片。泥质灰陶。表面饰竖绳纹和弦纹。有一圆形穿孔，锥钻形成。残长约7.5、宽4、厚0.8厘米（图一三六，2）。时代为东周时期。

标本花卯咀：3，盆口沿。泥质灰陶。侈口，窄沿，斜方唇。竖颈。素面。口径15、残高约3.2、壁厚0.3厘米（图一三六，3）。时代为东周时期。

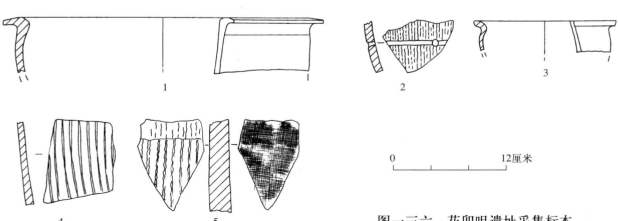

图一三六　花卯咀遗址采集标本

1、3.盆口沿　2、4.陶片　5.瓦片

标本花咀咀：4，陶片。泥质红陶。表面饰篮纹。残长约9、宽7、厚0.8厘米（图一三六，4）。时代为齐家文化时期。

标本花咀咀：5，瓦片。泥质灰陶。正面饰竖绳纹，背面为布纹。残长约8、宽6、厚2厘米（图一三六，5）。时代为秦汉时期。

8. 磐安镇堡坡遗址

堡坡遗址位于甘谷县磐安镇毛河村北侧，毛河西岸一级阶地之上（图一三七）。遗址地形西高东低，呈坡状，上有一堡子，故而得名。地理坐标为北纬34°42′，东经105°4′。

2017年项目组进行了调查，遗址规模较小，东西长约120、南北长约80米，面积约为9600平方米。断面上发现2处灰坑，锅底状，都较浅。地面可见红陶、彩陶和灰陶残片。采集的标本如下（图一三八、图一三九；彩版五一）。

标本堡坡：1，盆残片。泥质灰陶。敛口，平沿，方唇。肩部稍鼓。饰竖向粗绳纹，并以弦纹间隔。口径44、残高14、壁厚0.6厘米（图一三八，1；彩版五一，1）。时代为东周时期。

标本堡坡：2，盆口沿。泥质灰陶。敛口，平沿，圆唇。束颈。鼓肩。肩部有绳纹。口径18、残高5、壁厚0.4厘米（图一三八，2；彩版五一，2）。时代为东周时期。

标本堡坡：3，盆口沿。泥质黄陶。侈口，方圆唇。斜腹。口径18、残高5.2、壁厚0.8厘米（图一三八，3）。时代为仰韶文化时期。

标本堡坡：4，罐口沿。泥质灰陶。敛口，圆唇。素面。口径18、残高4、壁厚0.4厘米（图一三八，4；彩版五一，3）。时代为仰韶文化时期。

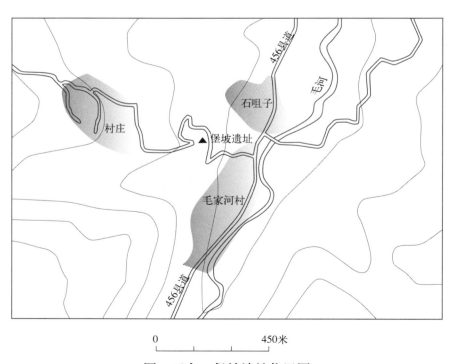

图一三七　堡坡遗址位置图

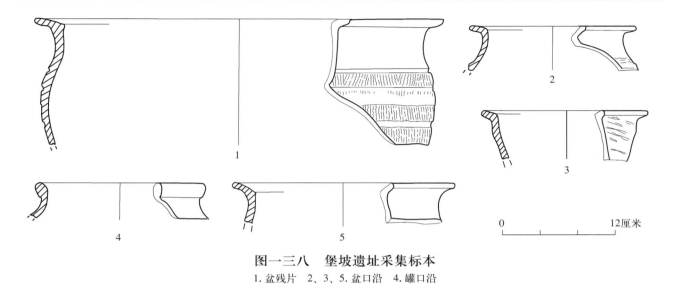

图一三八 堡坡遗址采集标本
1.盆残片 2、3、5.盆口沿 4.罐口沿

标本堡坡:5，盆口沿。泥质灰黑陶。敛口，平沿，圆唇。素面。口径24、残高4.4、壁厚0.6厘米（图一三八，5）。时代为仰韶文化晚期。

标本堡坡:6，盆口沿。泥质灰陶。敛口，宽平沿，方唇。溜肩。肩部饰绳纹弦纹相间。口径31.2、残高15.2、壁厚0.4厘米（图一三九，6；彩版五一，4）。时代为东周时期。

标本堡坡:7，陶片。泥质红陶。饰圆点弧线黑彩。残宽2.4、残高2.4、壁厚0.4厘米（图一三九，7；彩版五一，5）。时代为仰韶文化晚期。

标本堡坡:8，罐底。泥质红陶。平底。底径6、残高1.4、壁厚0.8厘米（图一三九，8；彩版五一，6）。时代为仰韶文化时期。

标本堡坡:9，罐底。夹砂灰陶。斜腹、平底。底径14、残高4、壁厚0.8厘米（图一三九，9；彩版五一，7）。时代为东周时期。

标本堡坡:10，罐残片。泥质灰陶。饰间隔交错绳纹。残宽13.2、残高8.4、壁厚0.8厘米（图一三九，10；彩版五一，8）。时代为东周时期。

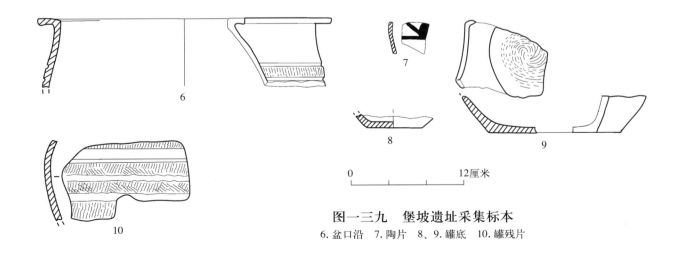

图一三九 堡坡遗址采集标本
6.盆口沿 7.陶片 8、9.罐底 10.罐残片

9. 磐安镇点田地遗址

点田地遗址位于甘谷县磐安镇田家庄村北的台地上，遗址北、西、东三侧均为冲沟。地理坐标为北纬34°42′，东经105°08′（图一四〇）。

遗址南北长约250、东西长约200米，总面积约为5万平方米。三普时发现白灰面房址，采集有齐家文化和寺洼文化标本。项目组调查也发现了遗址断面上暴露有灰坑、灰层等遗迹。灰坑发现4座，其中一座包含有特征明显的周秦文化陶片。一段连续的文化层距地表约1.2、长约15、厚约2～3米，包含有木炭和大量陶片，有鬲口沿、鬲足、鬲裆部等。地表采集有齐家陶片和大量绳纹灰陶片。该遗址以周秦文化遗存为主，年代主要集中在春秋早中期。还包含齐家文化遗存。采集的部分标本如下（图一四一）。

标本点田地：1，鬲口沿。夹砂灰陶。斜沿，方唇。肩部饰绳纹，颈部抹光。口径20、残高6、壁厚0.6厘米（图一四一，1）。时代为东周时期（春秋）。

标本点田地：2，盆口沿。泥质灰陶。敛口，平沿，尖圆唇。素面。口径20、残高5、壁厚0.4厘米（图一四一，2）。时代为东周时期（春秋）。

标本点田地：3，鬲足。夹砂深灰陶。尖锥足，实足跟。饰绳纹。残宽8、残高9厘米（图一四一，3）。时代为东周时期。

标本点田地：4，鬲足。夹砂灰陶。锥状足。饰绳纹。残宽6、残高6厘米（图一四一，4）。时代为东周时期。

标本点田地：5，陶片。泥质红陶。饰粗绳纹。残宽10、残高4.2厘米（图一四一，5）。时代为东周时期。

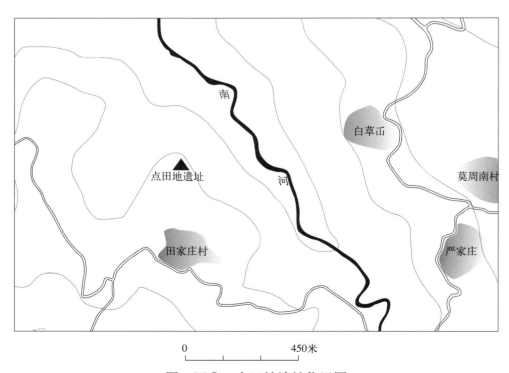

图一四〇　点田地遗址位置图

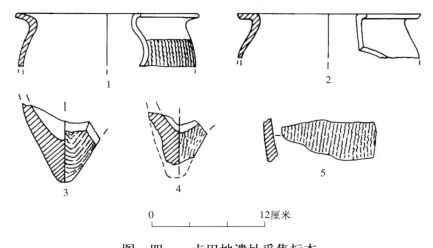

图一四一 点田地遗址采集标本
1. 鬲口沿 2. 盆口沿 3、4. 鬲足 5. 陶片

10. 磐安镇刘家墩遗址

刘家墩遗址位于天水市甘谷县磐安镇刘家墩村西侧，渭河南岸，毛河与渭河交汇的台地上，与东旱坪遗址相邻（图一四二；彩版五二，1）。地理坐标为北纬34°45′，东经105°5′。刘家墩遗址面积约20万平方米，局部被现代砖厂破坏，现存约14万平方米。1956年首次发现了仰韶文化、齐家文化和唐代遗存。1957年被甘谷县人民政府公布为县级文物保护单位。

断面上暴露的文化层和遗迹比较丰富，本次调查共发现4个灰坑和1个墓葬。灰坑中都包含了大量的陶片、炭屑、骨头和红烧土。墓葬开口被破坏，长约0.75、深约0.75米，棺板厚约

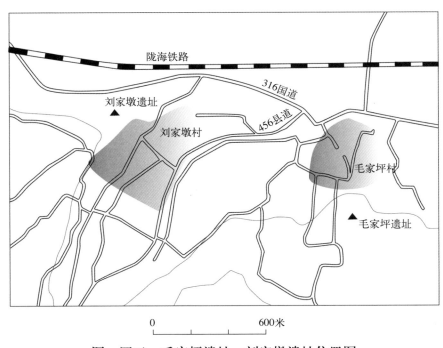

图一四二 毛家坪遗址、刘家墩遗址位置图

5.5～6厘米，人骨暴露，应为近代墓葬。采集的标本如下（图一四三、一四四；彩版五二、五三）。

标本刘家墩：1，罐耳。夹砂红褐陶。侈口，尖圆唇，鼓肩，宽耳。肩部饰弦纹和戳点纹，耳部饰绳纹。口径23.2、残高10、壁厚0.8厘米（图一四三，1；彩版五二，2）。时代为齐家文化时期。

标本刘家墩：2，罐耳。夹砂红褐陶。侈口，尖唇，束颈，鼓肩，桥形宽耳。颈部饰六道凹弦纹，耳部饰竖向绳纹。口径23.2、残高9、壁厚0.6、沿宽0.8厘米（图一四三，2；彩版五二，3）。

标本刘家墩：3，鬲口沿。夹砂灰陶。侈口、圆唇，束颈。沿下抹光，肩部饰绳纹。长19.2、宽5.2厘米（图一四三，3；彩版五二，4）。时代为东周时期。

标本刘家墩：4，带耳罐残片。泥质红褐陶。直颈，圆肩，弧腹，颈部有一段锯齿状凸棱，肩部残留一截断耳，外壁磨光。宽5.4、残高5.4、壁厚0.4厘米（图一四三，4；彩版五二，5）。时代为齐家文化时期。

标本刘家墩：5，罐底。夹砂红褐陶。斜腹，平底，外壁及底部饰绳纹。底径8.8、残高2.4、壁厚0.8～1厘米（图一四三，5；彩版五三，1）。时代为齐家文化时期。

标本刘家墩：6，陶盘。夹砂红陶。敛口，尖圆唇，外壁弧内壁直，平底。底径11.2、残高2.4、深约1.3、壁厚0.4～0.8厘米（图一四四，6；彩版五三，2）。时代为仰韶文化时期。

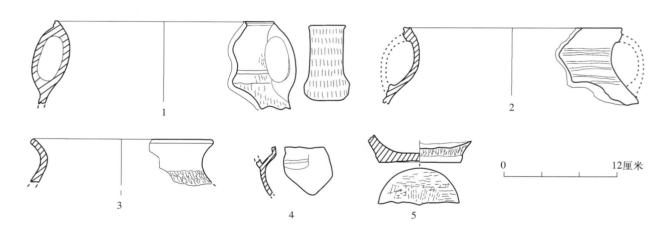

图一四三　刘家墩遗址采集标本

1、2.罐耳　3.鬲口沿　4.带耳罐残片　5.罐底

图一四四　刘家墩遗址采集标本

6.陶盘　7.器耳　8.陶片　9.器盖捉手　10.圆陶片

标本刘家墩：7，器耳。夹砂灰陶。桥形宽耳，饰竖向绳纹。宽约4厘米、高7.5、壁厚0.6～0.8厘米（图一四四，7；彩版五三，3）。时代为齐家文化时期。

标本刘家墩：8，陶片。夹砂灰陶。外壁饰竖篮纹，其上饰一道两边有均匀缺口的附加堆纹，其上有按窝纹。宽8.4、残高7、壁厚0.8～1厘米（图一四四，8；彩版五三，4）。时代为齐家文化时期。

标本刘家墩：9，器盖捉手。夹砂灰陶。呈"T"字形圆柱状，柱部空心。素面。直径2～4、残高4厘米（图一四四，9；彩版五三，5）。时代为仰韶文化时期。

标本刘家墩：10，圆陶片。泥质灰陶。呈不规则圆形，外壁饰一道树叶状压印纹。直径约4、壁厚0.6厘米（图一四四，10；彩版五三，6）。时代为仰韶文化时期。

11. 磐安镇毛家坪遗址

毛家坪遗址位于磐安镇毛坪村南，渭河南岸一、二级阶地之上，西侧有聂河汇入渭河。地理坐标为北纬34°45′05″、东经105°05′17″（见图一四二）。遗址总面积约60万平方米。1981年公布为省级重点文物保护单位，2019年公布为全国重点文物保护单位。

1947年裴文中先生首次发现，1956年张学正等再次调查，1963年公布为省级文物保护单位。1982、1983年甘肃省文物工作队和北京大学进行了两次发掘，除发现了大量的周秦文化遗存外，还发现了石岭下类型和齐家文化遗存。2012～2014年早期秦文化联合考古队又进行了第三次发掘，清理居址、墓葬、车马坑等数座，出土青铜器、陶器、玉器、骨器等各类遗存若干，成果将在发掘报告中详细介绍。2017年项目组调查重点在遗址南部较高处，渭河二级阶地上。在多处发现了白灰面房址、火塘、灰坑等遗迹，从包含的陶片判断，属于齐家文化遗存。采集的部分标本如下（图一四五）。

标本毛家坪：1，罐口沿。泥质红褐陶。侈口，尖圆唇，直颈，素面。口径约13.2、残高5.4、壁厚0.6厘米（图一四五，1）。时代为齐家文化时期。

标本毛家坪：2，钵口沿。夹砂黄陶。侈口，尖圆唇，弧腹。口径约27、残高5.2、壁厚0.6厘米（图一四五，2）。时代为齐家文化时期。

标本毛家坪：3，双耳罐残片。泥质黄陶。侈口，尖圆唇，束颈高领，鼓肩，桥形宽耳。素面。口径约11.6、残高7.6、壁厚0.2厘米（图一四五，3）。时代为齐家文化时期。

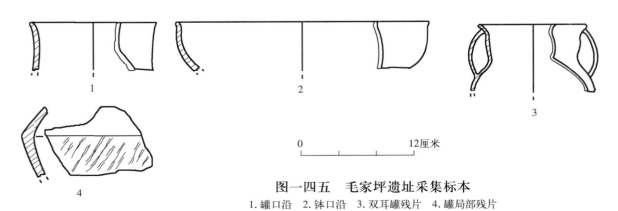

0　　　　　　　　12厘米

图一四五　毛家坪遗址采集标本

1. 罐口沿　2. 钵口沿　3. 双耳罐残片　4. 罐局部残片

标本毛家坪：4，罐肩部残片。夹砂红陶。折肩，斜腹。肩部素面，腹部饰交错篮纹。残宽11.8、残高8、壁厚0.6～0.8厘米（图一四五，4）。时代为齐家文化时期。

12. 磐安镇石咀地遗址

石咀地遗址位于磐安镇原家庄村东北侧，金川河北岸。地理坐标为北纬34°42′，东经105°8′（图一四六）。该遗址南北宽20～50、东西长约80～100米，面积约3000平方米。

遗址区台地为缓斜坡，东侧为散土河，水量较大。断层上有堆积较薄的文化层，未发现灰坑等遗迹。地表可见较多陶片，主要属仰韶至齐家文化时期。采集的标本如下（图一四七；彩版五四）。

标本石咀地：1，罐口沿。夹砂红褐陶。敛口，宽平沿，厚唇，束颈，素面。口径39.6、沿宽3.8、残高4、壁厚1厘米（图一四七，1）。时代为仰韶文化晚期。

标本石咀地：2，罐口沿。夹砂红褐陶。侈口，窄平沿，尖圆唇，束颈，鼓肩。颈部饰数道刻划纹，肩部饰戳印纹。口径32、残高4、壁厚1～1.4厘米（图一四七，2；彩版五四，1）。时代为仰韶文化晚期。

标本石咀地：3，瓶口沿。泥质红陶。侈口，厚圆唇。肩部饰数道凸弦纹。口径12、残高5.6、壁厚0.8厘米（图一四七，3；彩版五四，2）。时代为仰韶文化中期。

标本石咀地：4，盆口沿。泥质黄褐陶。敛口，宽沿稍卷，圆唇，圆鼓肩。颈部饰一道凹槽。口径30、残高5、壁厚0.6厘米（图一四七，4；彩版五四，3）。时代为仰韶文化晚期。

标本石咀地：5，彩陶片。泥质红陶。表面饰黑彩网格纹。长7、宽6.2、壁厚0.6厘米（图

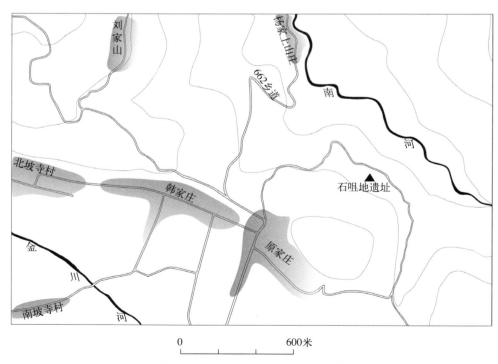

图一四六　石咀地遗址位置图

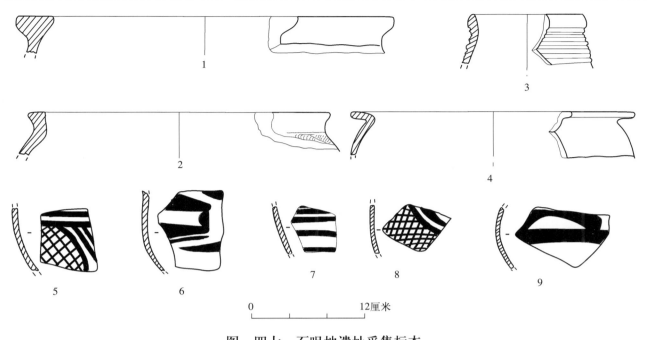

图一四七　石咀地遗址采集标本

1、2.罐口沿　3.瓶口沿　4.盆口沿　5~9.彩陶片

一四七，5；彩版五四，4）。时代为仰韶文化晚期。

标本石咀地：6，彩陶片。泥质红陶。表面饰黑彩圆点柳叶纹（变形鱼纹）。宽7、残高9、壁厚0.2~0.6厘米（图一四七，6；彩版五四，5）。时代为仰韶文化晚期。

标本石咀地：7，彩陶片。泥质红陶。表面饰黑彩平行线纹。长5.4、宽5、壁厚0.6厘米（图一四七，7；彩版五四，6）。时代为仰韶文化晚期。

标本石咀地：8，彩陶片。泥质红陶。表面饰网格纹。宽约3.2、长7.2、壁厚0.4厘米（图一四七，8；彩版五四，7）。时代为仰韶文化晚期。

标本石咀地：9，彩陶片。泥质红陶。表面饰黑彩弧线纹。宽约6.8、长10.2、壁厚0.4厘米（图一四七，9；彩版五四，8）。时代为仰韶文化时期。

13. 磐安镇四十里铺遗址

四十里铺遗址位于甘谷县磐安镇四十里铺村东南侧，渭河南岸二级阶地上。地理坐标为北纬34°45′，东经105°09′17″（图一四八）。遗址南北长约800、东西宽约100米，总面积约为8万平方米。发现有墓群，盗掘严重。地表散落有大量陶片和人骨。地表采集有彩陶、红陶钵、灰陶口沿等。

遗址南北两侧各有一年代较晚的堡子。断面上暴露有两个灰坑，编为H1和H2。H1位于堡子夯土下，距地表约3.5、开口宽约3、深约1.5米，包含有陶片、红烧土、骨渣、炭屑等；H2位于H1东侧，圜底，距地表约4、开口约1.5、深约1米，包含有陶片、炭屑、红烧土等。堡子附近地表采集有陶片、汉瓦等，标本如下（图一四九~一五一；彩版五五、五六）。

标本四十里铺：1，彩陶片。泥质黄褐陶。饰黑彩弧线纹。残宽8.6、残高10、壁厚0.8厘米

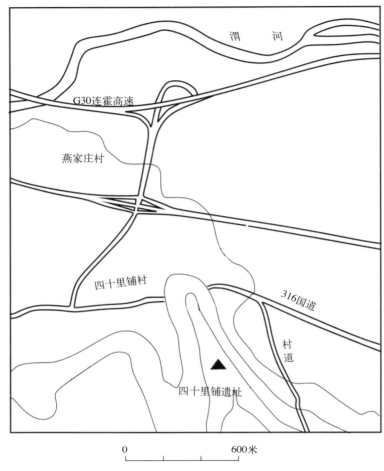

图一四八　四十里铺遗址位置图

（图一四九，1；彩版五五，1）。文化属性为马家窑文化石岭下类型。

标本四十里铺：2，彩陶片。泥质红陶。饰黑彩。残宽8、高5、壁厚1厘米（图一四九，2）。时代为仰韶文化时期。

标本四十里铺：3，彩陶片。泥质红陶。饰黑彩。残宽6.4、残高6、壁厚0.8厘米（图一四九，3；彩版五五，2）。文化属性为石岭下类型。

标本四十里铺：4，彩陶片。泥质红陶。饰黑彩弧边三角纹。残宽4.8、高7、壁厚0.8厘米（图一四九，4；彩版五五，3）。文化属性为石岭下类型。

标本四十里铺：5，彩陶片。泥质红陶。饰黑彩条纹。残宽6.2、高5.2、壁厚1厘米（图一四九，5；彩版五五，4）。时代为仰韶文化晚期。

标本四十里铺：6，彩陶片。泥质红陶。饰红彩弧边三角纹。残宽5.4、残高5、壁厚0.4厘米（图一四九，6；彩版五五，5）。时代为仰韶文化晚期。

标本四十里铺：7，彩陶片。泥质红陶。饰浅黑色条纹。宽5.2、残高5、壁厚0.4厘米（图一四九，7；彩版五五，6）。时代为仰韶文化晚期。

标本四十里铺：8，钵口沿。泥质黄褐陶。敛口，圆唇。饰黑彩平行条带纹。口径22、残高

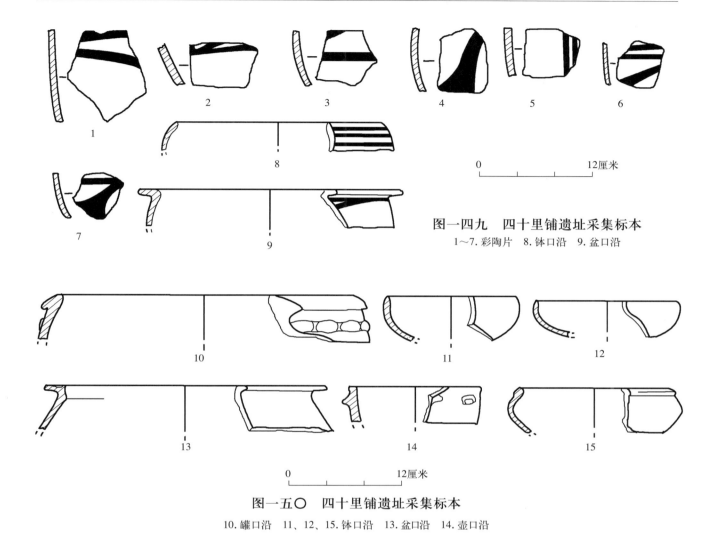

图一四九　四十里铺遗址采集标本

1～7.彩陶片　8.钵口沿　9.盆口沿

图一五○　四十里铺遗址采集标本

10.罐口沿　11、12、15.钵口沿　13.盆口沿　14.壶口沿

3、壁厚0.4厘米（图一四九，8；彩版五五，7）。时代为仰韶文化晚期。

标本四十里铺：9，盆口沿。泥质红陶。敛口，宽平沿，圆唇。颈部饰黑彩纹饰。口径约28、残高4、壁厚0.4厘米（图一四九，9；彩版五五，8）。时代为仰韶文化晚期。

标本四十里铺：10，罐口沿。夹砂红陶。敛口，尖圆唇。饰附加堆纹。口径32、残高5、壁厚1厘米（图一五○，10；彩版五六，1）。时代为仰韶文化晚期。

标本四十里铺：11，钵口沿。泥质红陶。敛口，尖圆唇，斜腹。素面。口径约14、残高4.8、壁厚0.4厘米（图一五○，11；彩版五六，2）。时代为仰韶文化晚期。

标本四十里铺：12，钵口沿。泥质黄褐陶。敛口，尖圆唇，浅腹。口径约14.8、残高4、壁厚0.4厘米（图一五○，12；彩版五六，3）。时代为仰韶文化晚期。

标本四十里铺：13，盆口沿。泥质红陶。敛口，斜折沿，圆唇。磨光。口径30、残高5、壁厚0.6厘米（图一五○，13；彩版五六，4）。时代为仰韶文化晚期。

标本四十里铺：14，壶口沿。泥质灰褐陶。直口，方唇。饰乳丁纹。口径约14、残高4、壁厚0.4厘米（图一五○，14；彩版五六，5）。时代为仰韶文化晚期。

标本四十里铺：15，钵口沿。泥质灰陶。敛口，圆唇，圆折腹。素面。口径约16、残高5、壁厚0.4厘米（图一五〇，15；彩版五六，6）。时代为仰韶文化晚期。

标本四十里铺：16，盆口沿。泥质灰陶。敛口，宽斜沿，尖圆唇。素面。口径约24、残高5、壁厚0.8厘米（图一五一，16）。时代为仰韶文化晚期。

标本四十里铺：17，器盖捉手。夹砂红陶。顶部圆平。直径10、残高4厘米（图一五一，17；彩版五六，7）。时代为仰韶文化时期。

标本四十里铺：18，陶片。夹砂灰陶。饰交错绳纹和附加堆纹。残宽10.8、残高10厘米（图一五一，18；彩版五六，8）。时代为仰韶文化晚期。

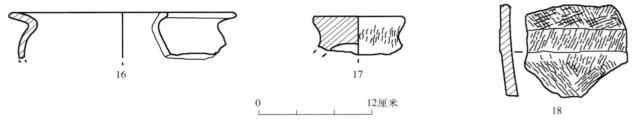

图一五一　　四十里铺遗址采集标本
16. 盆口沿　17. 器盖捉手　18. 陶片

14. 磐安镇瓦盆窑遗址

瓦盆窑遗址位于甘谷县磐安镇西三十铺村东侧山顶处。该遗址东临渭河，西临武家河，处于朱圉峡峡口。地理坐标点为北纬34°44′，东经105°11′，海拔约1450米（图一五二）。遗址为长条蛇形台地，长约850、宽约80米，面积约6.8万平方米。

发现较多的遗迹遗物，有灰坑3处，房址1处。灰坑剖面都呈不规则形。房址有白灰面，残长约4.5米，白灰面厚约3毫米。地面有较多陶片，包括红陶、彩陶、灰陶。采集的标本如下（图一五三～一五五；彩版五七、五八）。

标本瓦盆窑：1，罐口沿。泥质红陶。侈口，圆唇。素面。口径24、残高5、壁厚0.4厘米（图一五三，1；彩版五七，1）。时代为齐家文化时期。

标本瓦盆窑：2，盆口沿。泥质黄褐陶。敛口，宽平沿，尖圆唇。口径24、残高3、壁厚0.8厘米（图一五三，2；彩版五七，2）。时代为仰韶文化晚期。

标本瓦盆窑：3，罐口沿。夹砂红褐陶。敛口，宽平沿，圆唇。饰横向绳纹，贴圆形泥饼。口径32、残高3、壁厚0.8厘米（图一五三，3）。时代为仰韶文化晚期。

标本瓦盆窑：4，罐残片。泥质灰陶。喇叭口，方唇，束颈。唇端有一道弦纹。口径约16、残高6.5厘米（图一五三，4；彩版五七，3）。时代为东周时期。

标本瓦盆窑：5，罐口沿。夹砂红褐陶。敛口，外卷沿。饰附加堆纹。口径20、残高4、壁厚1厘米（图一五三，5；彩版五七，4）。时代为仰韶文化晚期。

标本瓦盆窑：6，罐口沿。夹砂红陶。侈口，圆唇。直颈、鼓肩。肩部饰绳纹。口径14、残高8、壁厚0.4厘米（图一五四，6；彩版五七，5）。时代为齐家文化时期。

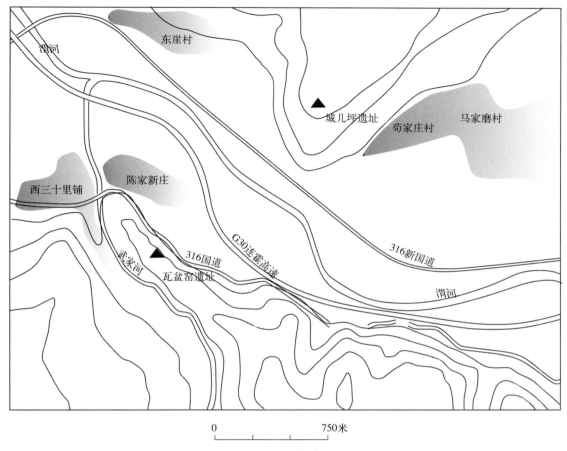

图一五二　瓦盆窑遗址位置图

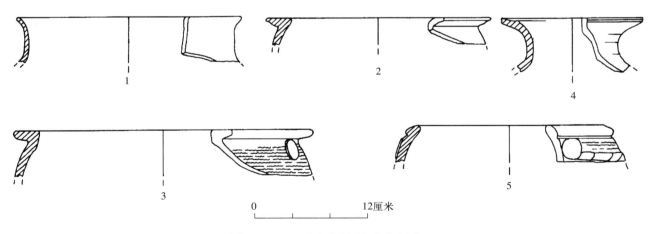

图一五三　瓦盆窑遗址采集标本

1、3、5.罐口沿　2.盆口沿　4.罐残片

　　标本瓦盆窑：7，盆口沿。夹砂黄褐陶。敛口，平沿，尖圆唇，斜腹。素面。口径24、残高6、壁厚0.4厘米（图一五四，7；彩版五七，6）。时代为仰韶文化晚期。

　　标本瓦盆窑：8，罐残片。夹砂黄褐陶。侈口，尖圆唇。高直颈。颈部饰篮纹。口径14、残高10、壁厚0.6厘米（图一五四，8；彩版五七，7）。时代为齐家文化时期。

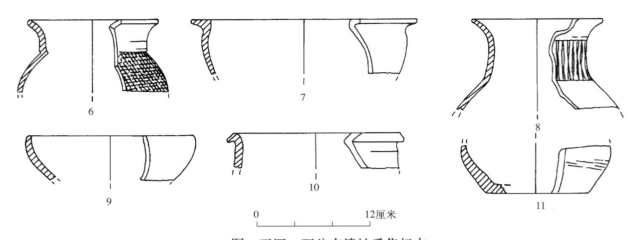

图一五四　瓦盆窑遗址采集标本
6、10.罐口沿　7.盆口沿　8.罐残片　9.钵口沿　11.罐底

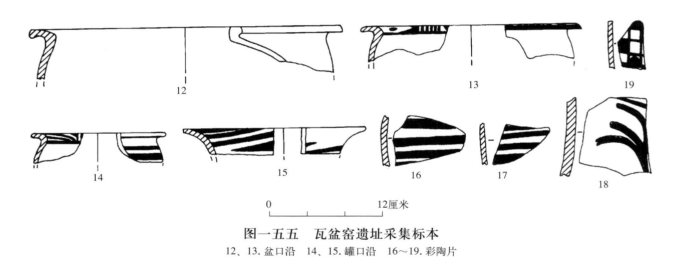

图一五五　瓦盆窑遗址采集标本
12、13.盆口沿　14、15.罐口沿　16～19.彩陶片

　　标本瓦盆窑：9，钵口沿。泥质黄褐陶。敛口，尖圆唇。口径18、残高5、壁厚0.6厘米（图一五四，9）。时代为仰韶文化时期。

　　标本瓦盆窑：10，罐口沿。夹砂红陶。侈口，尖圆唇。敷黄色陶衣。口径18、残高4、壁厚0.6厘米（图一五四，10）。时代为仰韶文化早期。

　　标本瓦盆窑：11，罐底。泥质红陶。斜腹，平底。腹部饰弦纹。底径11、残高5.2、壁厚1厘米（图一五四，11；彩版五七，8）。时代为仰韶文化时期。

　　标本瓦盆窑：12，盆口沿。泥质灰陶。敛口，宽沿稍卷，方唇。素面。口径33、残高5.6、壁厚0.8厘米（图一五五，12；彩版五八，1）。时代为仰韶文化晚期。

　　标本瓦盆窑：13，盆口沿。泥质黄褐陶。敛口，卷沿，尖圆唇。沿面饰黑彩圆点竖线纹。口径23.2、残高4、壁厚0.4厘米（图一五五，13；彩版五八，2）。时代为仰韶文化晚期。

　　标本瓦盆窑：14，罐口沿。泥质红陶。敛口，卷沿，尖圆唇。沿面饰弧线纹，肩部饰平行条纹。口径14、残高3.4、壁厚0.4厘米（图一五五，14；彩版五八，3）。时代为仰韶文化晚期。

标本瓦盆窑：15，罐口沿。夹砂黄褐陶。喇叭口，方唇。沿内外皆饰浅黑色条纹。口径20、残高3、壁厚0.6厘米（图一五五，15；彩版五八，4）。时代为仰韶文化晚期。

标本瓦盆窑：16，彩陶片。夹砂红陶。饰浅黑色条纹。残宽8、残高5.6、壁厚0.6厘米（图一五五，16；彩版五八，5）。时代为仰韶文化时期。

标本瓦盆窑：17，彩陶片。泥质红陶。饰浅黑彩条纹。残宽6、残高4.4、壁厚0.4厘米（图一五五，17；彩版五八，6）。时代为仰韶文化晚期。

标本瓦盆窑：18，彩陶片。陶壶颈部。泥质红陶。饰黑彩弧线纹。残宽7.8、残高9、壁厚1厘米（图一五五，18；彩版五八，7）。时代为仰韶文化时期。

标本瓦盆窑：19，彩陶片。泥质红陶。饰黑彩网格纹。残宽3、残高5.4、壁厚0.6厘米（图一五五，19；彩版五八，8）。时代为仰韶文化晚期。

15. 磐安镇雨家屲遗址

雨家屲遗址位于甘谷县磐安镇东坡峪村南的台地上，遗址地处毛河西岸，金川河在此处汇入毛河，南北两侧为冲沟。地理坐标为北纬34°43′12″，东经105°04′32″（图一五六）。遗址南北长约300、东西长约300米，总面积约为9万平方米。

一条路从遗址穿过，两侧断崖暴露多处文化层、灰坑和房址等等。其中一处大灰坑开口距地表约0.3米，呈圜底，开口约5、深约1米，夹杂木炭和烧土块，包含大量陶片，包括彩陶和

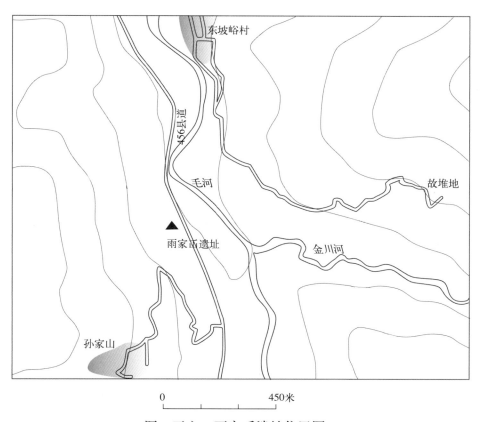

图一五六　雨家屲遗址位置图

　　两件残陶环；房址F1距地表约2、长约6、深约0.5米。白灰面有两层，上层厚约0.5、下层厚约1厘米，火塘长约0.8、深约0.5米；灰层距地表约2.2、长约1.2、厚约0.3米，包含大量陶片，多红陶、彩陶，还有陶环残段。河道处采集有大量绳纹灰陶；较高处采集有大量史前红陶片、彩陶，还发现有陶环、石器等。采集的标本如下（图一五七～一六〇；彩版五九～六一）。

　　标本雨家屲：1，盆口沿。泥质红陶。敛口，平沿。圆唇。沿面饰圆点黑彩，肩部饰黑彩条纹。口径约24、残高4、壁厚0.4厘米（图一五七，1；彩版五九，1）。时代为仰韶文化晚期。

　　标本雨家屲：2，钵口沿。泥质红陶。敛口，尖唇。饰黑彩弧形条纹。口径约30、残高3.6、壁厚0.6厘米（图一五七，2；彩版五九，2）。时代为仰韶文化晚期。

　　标本雨家屲：3，盆口沿。泥质红陶。侈口，卷沿，尖圆唇。沿面饰黑彩弧边三角纹，颈部饰条纹。口径约27.2、残高3、壁厚0.6厘米（图一五七，3；彩版五九，3）。时代为仰韶文化晚期。

　　标本雨家屲：4，盆口沿。泥质红陶。敛口，斜折沿，圆唇。鼓肩。饰黑彩条纹。口径约32、残高5、壁厚0.4厘米（图一五七，4；彩版五九，4）。时代为仰韶文化晚期。

　　标本雨家屲：5，钵口沿。泥质黄褐陶。敛口，尖圆唇。唇部饰黑彩。口径约24、残高3、壁厚0.4厘米（图一五七，5；彩版五九，5）。时代为仰韶文化晚期。

　　标本雨家屲：6，壶残片。下腹部。泥质，表层红陶，里层为灰陶。饰黑彩弧形纹。底径约12.8、残高6、壁厚0.6厘米（图一五七，6；彩版五九，6）。时代为仰韶文化晚期。

　　标本雨家屲：7，盆口沿。泥质黄褐陶。敛口，卷沿，圆唇。唇部饰黑彩，肩部为弧线圆点纹。口径约24、残高5.6、壁厚0.4厘米（图一五八，7；彩版五九，7）。时代为仰韶文化中期。

　　标本雨家屲：8，彩陶片。泥质红陶。饰黑彩变形鸟纹。宽约6、厚1厘米（图一五八，8；彩版五九，8）。时代为仰韶文化晚期。

　　标本雨家屲：9，彩陶片。泥质红陶。饰浅黑彩菱形网格纹。残长7、宽5、壁厚0.8厘米（图一五八，9；彩版六〇，1）。时代为仰韶文化晚期。

　　标本雨家屲：10，彩陶片。泥质红陶。饰黑彩豆荚圆点纹。残宽5.6、残高6、壁厚0.4厘米

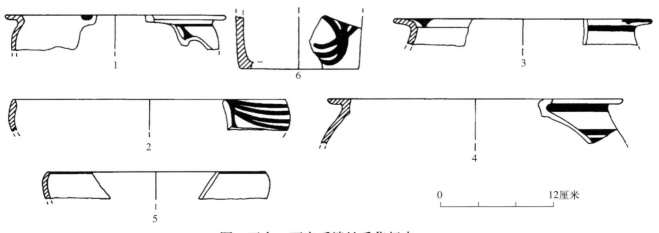

图一五七　雨家屲遗址采集标本

1、3、4.盆口沿　2、5.钵口沿　6.壶残片

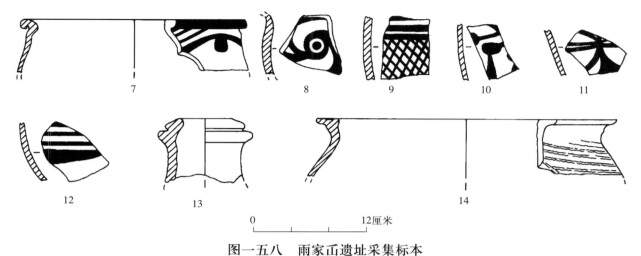

图一五八　雨家屲遗址采集标本
7. 盆口沿　8~11. 彩陶片　12. 钵残片　13. 尖底瓶口沿　14. 罐口沿

（图一五八，10；彩版六〇，2）。时代为仰韶文化中期。

标本雨家屲：11，彩陶片。泥质黄褐陶。饰弧线黑彩。残长6.6、宽5、壁厚0.4厘米（图一五八，11；彩版六〇，3）。时代为仰韶文化晚期。

标本雨家屲：12，钵残片。泥质红陶。饰条形黑彩。残宽7.2、残高6.6、壁厚0.6厘米（图一五八，12；彩版六〇，4）。时代为仰韶文化晚期。

标本雨家屲：13，尖底瓶口沿。泥质黄褐陶。重唇口。两唇间有一凹槽。口径5.6、残高7、壁厚0.8厘米（图一五八，13；彩版六〇，5）。时代为仰韶文化中期。

标本雨家屲：14，罐口沿。夹砂红陶。侈口，平沿，圆唇。鼓肩。肩部饰细绳纹。口径约32、残高6.2、壁厚0.6厘米（图一五八，14；彩版六〇，6）。时代为仰韶文化晚期。

标本雨家屲：15，钵口沿。泥质灰陶。敛口，圆唇。口径约19.2、残高5、壁厚0.6厘米（图一五九，15；彩版六〇，7）。时代为仰韶文化晚期。

标本雨家屲：16，罐口沿。夹砂灰黄陶。敛口，斜折沿，尖圆唇。饰斜线纹。口径13.6、残高7.4、壁厚0.6厘米（图一五九，16；彩版六〇，8）。时代为仰韶文化中期。

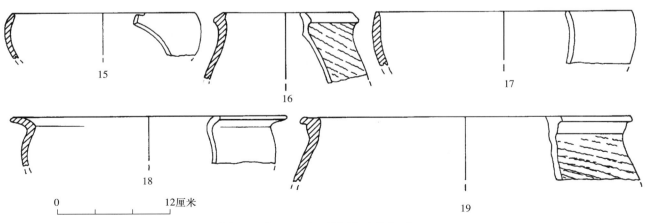

图一五九　雨家屲遗址采集标本
15、17. 钵口沿　16、19. 罐口沿　18. 盆口沿

　　标本雨家屲：17，钵口沿。泥质红陶。敛口，尖圆唇。施黄色陶衣。口径27.2、残高6、壁厚0.8厘米（图一五九，17；彩版六一，1）。时代为仰韶文化时期。

　　标本雨家屲：18，盆口沿。泥质红陶。敛口，卷沿，尖圆唇。束颈。口径约29、残高5.2、壁厚0.6厘米（图一五九，18；彩版六一，2）。时代为仰韶文化晚期。

　　标本雨家屲：19，罐口沿。夹砂黄褐陶。敛口，平沿，圆唇。饰线纹，有白色陶衣。口径35.2、残高7、壁厚0.8厘米（图一五九，19）。时代为仰韶文化晚期。

　　标本雨家屲：20，罐口沿。夹砂红褐陶。敛口，外圆唇。饰横向绳纹。口径22、残高7、壁厚0.4厘米（图一六〇，20；彩版六一，3）。时代为仰韶文化晚期。

　　标本雨家屲：21，陶片。泥质红陶。敞口，尖圆唇。饰交错绳纹和附加堆纹。残宽9、残高9、壁厚0.6厘米（图一六〇，21；彩版六一，4）。时代为仰韶文化时期。

　　标本雨家屲：22，罐口沿。夹砂红褐陶。敛口，平沿，圆唇。沿内侧有两道凹槽。口径22、残高10、壁厚0.8厘米（图一六〇，22；彩版六一，5）。饰细绳纹并有圆形泥饼。时代为仰韶文化中期。

　　标本雨家屲：23，罐底。泥质红陶。平底，斜腹。底径12、残高5、壁厚0.8厘米（图一六〇，23）。时代为仰韶文化时期。

　　标本雨家屲：24，罐口沿。泥质浅灰陶。敛口，外圆唇。沿外侧有三道凹槽。口径27、残高6、壁厚0.4厘米（图一六〇，24；彩版六一，6）。时代为仰韶文化晚期。

　　标本雨家屲：25，陶环。泥质灰陶。横截面近似五边形。内径5.4、外径7.4厘米（图

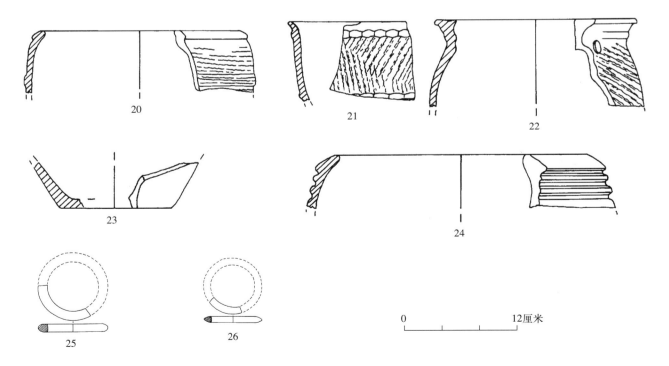

图一六〇　雨家屲遗址采集标本

20、22、24.罐口沿　21.陶片　23.罐底　25、26.陶环

一六〇，25；彩版六一，7）。时代为仰韶文化时期。

标本雨家屲：26，陶环。泥质灰陶，横截面近似锐角三角形。内径4.6、外径6.1厘米（图一六〇，26；彩版六一，8）。时代为仰韶文化时期。

16. 磐安镇大地儿遗址

大地儿遗址位于甘谷县磐安镇毛家村北，金川河南岸一级阶地上，东侧为金川河的小支流，西侧为冲沟，南高北低。地理坐标为北纬34°42′37.79″，东经105°06′16.92″（图一六一）。遗址东西长约700、南北长约300米，总面积约为21万平方米。

1984年被公布为县级文物保护单位。由于后期修梯田，暴露的原始地层很少，未见有堆积较厚的文化层和遗迹，但地面散见大量陶片。采集有史前陶片，主要为红陶，有少量彩陶和灰陶，文化属性为仰韶文化和齐家文化遗存。采集的部分标本如下（图一六二、一六三）。

标本大地儿：1，壶口沿。泥质红陶。敛口，直颈。口沿外侧有凹槽。残高约7.6厘米（图一六二，1）。时代为仰韶文化晚期。

标本大地儿：2，罐底。夹砂红陶。斜腹，平底。有稀疏的细绳纹。残高约4厘米（图一六二，2）。时代为仰韶文化晚期。

标本大地儿：3，罐口沿。夹砂红陶。外斜沿，圆唇。沿下饰稀疏绳纹。残高约6.2厘米（图一六二，3）。时代为仰韶文化晚期。

标本大地儿：4，器座。泥质红陶。圆形，横截面呈"U"形。上、下口沿都有凸棱。高约3.2厘米（图一六二，4）。时代为仰韶文化时期。

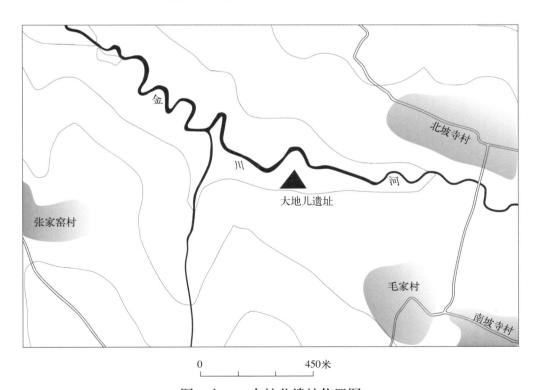

图一六一　大地儿遗址位置图

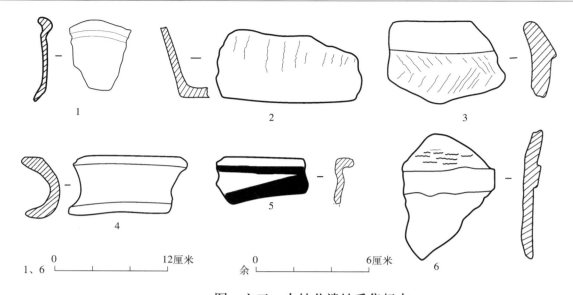

图一六二　大地儿遗址采集标本
1.壶口沿　2.罐底　3.罐口沿　4.器座　5.盆口沿　6.罐残片

　　标本大地儿：5，盆口沿。泥质红陶。侈口，窄平沿，圆唇。饰黑彩条带纹。残长约5、宽2.6厘米（图一六二，5）。时代为仰韶文化时期。

　　标本大地儿：6，罐残片。夹砂红陶。表面饰绳纹和附加堆纹。残高约14厘米（图一六二，6）。时代为仰韶文化时期。

　　标本大地儿：7，罐口沿。夹砂红陶。敛口，平沿，尖圆唇。肩部饰绳纹，沿下抹光。残高约4.6厘米（图一六三，7）。时代为仰韶文化晚期。

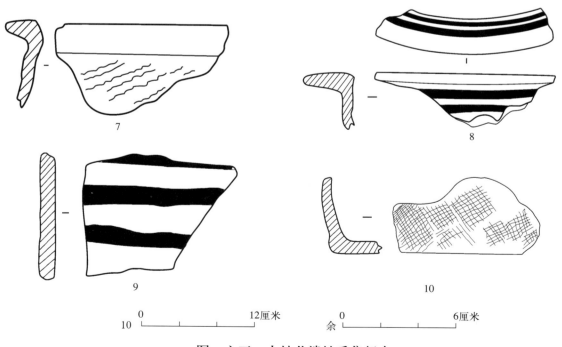

图一六三　大地儿遗址采集标本
7.罐口沿　8.盆口沿　9.彩陶片　10.罐底

标本大地儿：8，盆口沿。泥质红陶。侈口，宽平沿，圆唇。口沿内、外侧饰黑彩平行条状纹。残高约3厘米（图一六三，8）。时代为仰韶文化晚期。

标本大地儿：9，彩陶片。泥质红陶。表面饰黑彩平行条状纹。残高约7厘米（图一六三，9）。时代为仰韶文化时期。

标本大地儿：10，罐底。夹砂红陶。弧壁，平底。表面饰交错细绳纹。残高约8厘米（图一六三，10）。时代为仰韶文化晚期。

17. 磐安镇东坡峪遗址

遗址位于磐安镇东坡峪村西侧，毛河西岸二级阶地上。西高东低，南、北侧各有一条冲沟，面积较小（图一六四）。

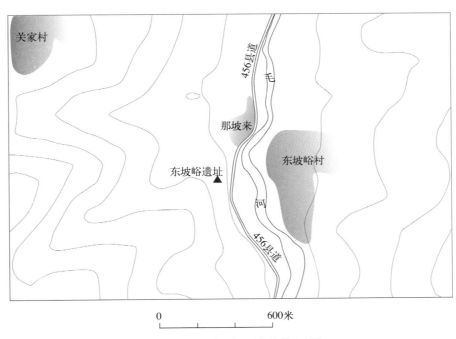

图一六四　东坡峪遗址位置图

2017年项目组首次发现，三普资料中未有记载。采集的部分标本如下（图一六五）。

标本东坡峪：1，罐残片。属罐下腹部于底部相连部分。夹砂红陶，斜腹，平底。表面饰横篮纹。底径16、残高约8、厚0.6～1.2厘米（图一六五，1）。时代为齐家文化时期。

标本东坡峪：2，罐残片。泥质红陶。上有弦纹。残长约5、宽4、厚0.7厘米（图一六五，2）。时代为齐家文化时期。

标本东坡峪：3，陶片。夹砂红陶。表面饰麦粒状绳纹。残长约5、宽4.2、厚0.7厘米（图一六五，3）。时代为齐家文化时期。

标本东坡峪：4，石刀。青石质，横截面近似椭圆，一侧有打击形成的刃部。残长约14、宽4.5、最厚处1厘米（图一六五，4）。

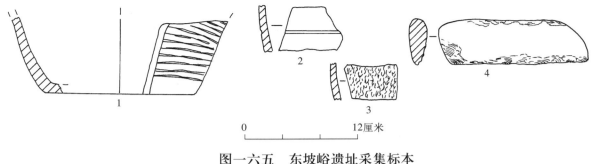

图一六五　东坡峪遗址采集标本

1、2.罐残片　3.陶片　4.石刀

18. 磐安镇马家窑遗址

位于磐安镇南坡寺村马家窑自然村南的台地上，地处金川河南岸一级阶地上，地理坐标为北纬34°42′，东经105°07′（图一六六）。南高北低，东、西两侧为沟，将遗址围成一个三角形。

三普时首次发现，2017年项目组再次调查，断面上发现了竖穴土坑墓、灰坑等遗迹。遗址北侧分布灰坑较多，应为居址区。墓葬南北都有分布。地表采集有绳纹灰陶片，还散落有人骨。从采集的陶片判断，年代应为东周时期。采集的部分标本如下（图一六七）。

标本马家窑：1，罐残片。肩腹相连部。夹砂灰陶，折肩，下腹稍鼓。腹部饰整齐的竖向绳纹。宽13、残高约17、厚0.7厘米（图一六七，1）。时代为东周时期。

标本马家窑：2，陶片。夹砂深灰陶。表面饰交错绳纹。残长约12、宽8、厚0.8厘米（图一六七，2）。时代为东周时期。

标本马家窑：3，陶片。夹砂浅灰陶。表面饰绳纹。残长约8、宽7、厚1厘米（图一六七，3）。时代为东周时期。

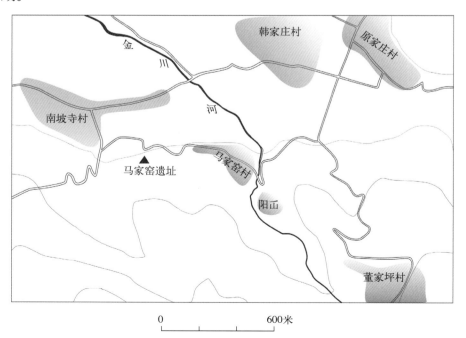

图一六六　马家窑遗址位置图

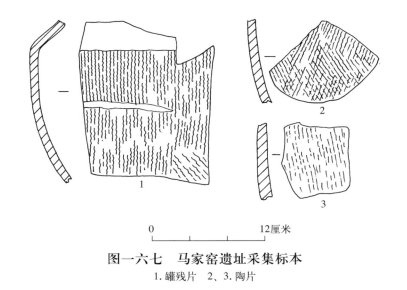

图一六七　马家窑遗址采集标本

1. 罐残片　2、3. 陶片

19. 磐安镇梨园门遗址

位于天水市甘谷县磐安镇潘家山村西侧，地理坐标为北纬34°43′，东经105°09′（图一六八）。南河沟东岸一级阶地上，地势东高西低。三普时首次发现。

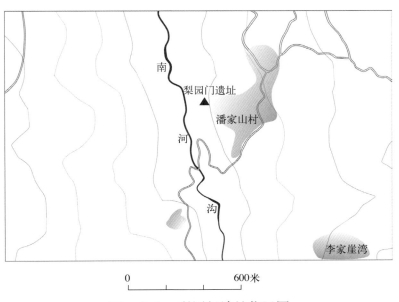

图一六八　梨园门遗址位置图

遗址南北长约200、东西宽150米，面积约3万平方米，文化堆积厚0.5～1米，断面暴露有房址、灰坑等遗迹，采集有泥质或夹砂红陶片，纹饰有绳纹、篮纹、附加堆纹和戳印纹，可辨器形有罐、鬲等。2017年早期秦文化联合考古队再次调查，发现一处半地穴式白灰面房址，白灰面上约30厘米处有齐家文化陶片，应为房址的倒塌堆积。地面上采集有陶片标本，部分标本如下（图一六九；彩版六二，1～4）。

标本梨园门：1，罐残片。泥质红陶。侈口，尖圆唇。长颈。肩部饰压印纹。口径23.6、残高约11、壁厚0.8～1厘米（图一六九，1；彩版六二，1）。时代为齐家文化时期。

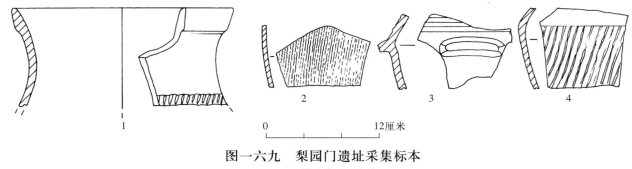

图一六九　梨园门遗址采集标本
1、3、4.罐残片　2.陶片

标本梨园门：2，陶片。泥质黄褐陶。表面饰整齐的竖绳纹。残长约9、宽6、厚0.6厘米（图一六九，2；彩版六二，2）。时代为齐家文化时期。

标本梨园门：3，罐残片。夹砂红陶。肩腹相连部。有錾残断处。部分有平行凹槽。残长8、宽8、厚0.8厘米（图一六九，3；彩版六二，3）。时代为齐家文化时期。

标本梨园门：4，罐残片。泥质红陶。肩腹相连部。肩部素面，腹部饰篮纹。残长约9、宽8、壁厚0.4～0.6厘米（图一六九，4；彩版六二，4）。时代为齐家文化时期。

20. 磐安镇嵌瓷儿遗址

嵌瓷儿遗址位于天水市甘谷县磐安镇四十里铺村南的台地上，遗址地处渭河南岸。地理坐标为北纬34°45′，东经105°08′（图一七〇）。遗址东西长约400、南北长约60米，总面积约为2.4万平方米，文化堆积1～2米。1956年任步云等首次发现，1957年3月公布为县级文物保护单位。

2017年早期秦文化联合考古队调查发现一东西向夯土墙，长约400米，夯层厚约0.1、残高约0.3～6米，圆夯窝，墙体中夹杂有马家窑彩陶等陶片和年代较晚的瓦片。在遗址内发现一明代石碑，仅暴露碑首部分，上有"大明"二字可辨。推测可能是明清时期的永宁镇城址。地面能采集到彩陶片、篮纹红陶、瓦片等。部分标本如下（图一七一；彩版六二，5～8）。

标本嵌瓷儿：1，彩陶片。泥质红陶。表面饰平行条状黑彩纹。残长4、宽3、厚0.7厘米（图一七一，1；彩版六二，5）。时代为马家窑文化时期。

标本嵌瓷儿：2，陶片。泥质红陶。素面。残长4.8、宽4、厚0.6厘米（图一七一，2；彩版六二，6）。时代为仰韶文化时期。

标本嵌瓷儿：3，陶片。泥质橙黄陶。表面饰篮纹，局部交叉。残长10、宽8、厚0.8厘米（图一七一，3；彩版六二，7）。时代为马家窑文化时期。

标本嵌瓷儿：4，板瓦残片。泥质浅灰陶。正面为素面，背面为布纹。残长约7、宽6、厚2厘米（图一七一，4；彩版六二，8）。

21. 磐安镇魏家台子遗址

位于甘谷县磐安镇南坡寺村马家窑自然村东侧，金川河南岸。地理坐标为北纬34°42′，东

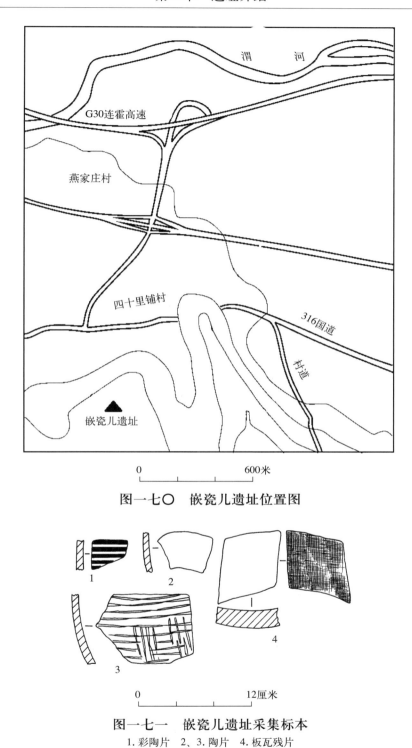

图一七〇　嵌瓷儿遗址位置图

图一七一　嵌瓷儿遗址采集标本

1. 彩陶片　2、3. 陶片　4. 板瓦残片

经105°7′（图一七二）。遗址南北长约100、东西长约250米，面积约为25000平方米。

三普时曾采集少量齐家文化陶片，2017年早期秦文化联合考古队又进行了调查。发现了5座墓葬，均被盗。墓葬南北向，并排暴露在断崖上，间隔1.5～2米，形制相似。墓室宽约0.5、距地表0.5～1.5米，其中一座内残余人骨，其余均被掏空。其东面2米处据传出有红陶罐，断面

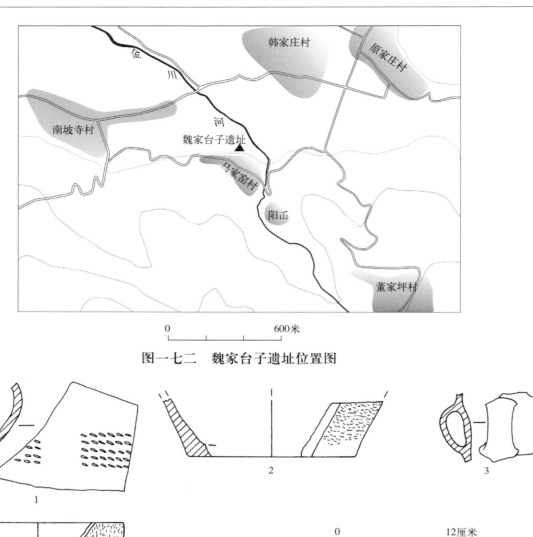

图一七二　魏家台子遗址位置图

图一七三　魏家台子遗址采集标本
1.罐肩部残片　2.罐底　3.器耳　4.碗残片

处仍放置器物留下的轮廓痕迹。地面上采集的陶片以夹砂红陶为主，时代为齐家文化。可以判断，这是一处齐家文化墓地。部分标本如下（图一七三；彩版六三，1~4）。

标本魏家台子：1，罐肩部残片。泥质红陶。圆肩外鼓。肩部饰戳点纹。宽14、残高约12、厚1.2厘米（图一七三，1；彩版六三，1）。时代为齐家文化时期。

标本魏家台子：2，罐底。夹砂黄褐陶，斜腹，平底。腹部饰拍打绳纹。底径17、残高约6厘米（图一七三，2；彩版六三，2）。时代为齐家文化时期。

标本魏家台子：3，器耳。泥质黄陶。桥形宽扁耳。素面。残长约7、宽2.5厘米（图一七三，3；彩版六三，3）。时代为齐家文化时期。

标本魏家台子：4，碗残片。夹砂红陶。深弧腹。表面饰浅绳纹。口径18、残高约7、厚0.4厘米（图一七三，4；彩版六三，4）。时代为齐家文化时期。

22. 磐安镇五甲坪遗址

位于甘谷县磐安镇五甲坪村北侧，渭河北岸二级台地上。地理坐标为北纬34°46′，东经105°05′（图一七四）。

遗址南北长约250、东西长约400米，面积约10万平方米，文化堆积最厚达1.5米。1956年任

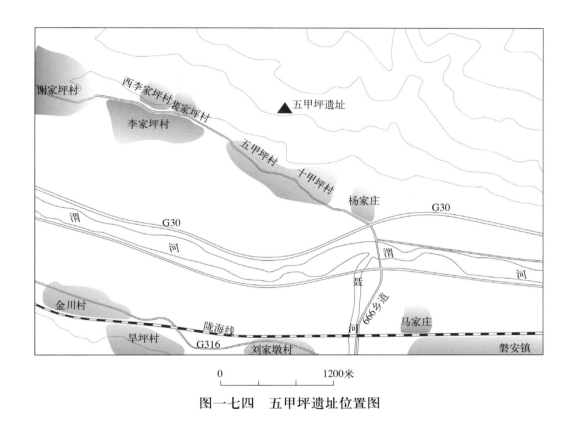

图一七四　五甲坪遗址位置图

步云等首次发现，确定为齐家文化遗址。1957年被公布为县级文物保护单位。全国三普时再次进行了调查，采集有仰韶文化和齐家文化陶片。2017年早期秦文化联合考古队又进行了调查，发现两处灰坑，采集若干陶片、石刀残片等，包含仰韶文化和齐家文化遗存，可以判断五甲坪遗址不是单纯齐家文化遗址。部分标本如下（图一七五）。

标本五甲坪：1，罐口沿。夹砂红陶。侈口，圆唇。口径13、残高约3厘米（图一七五，1）。时代为齐家文化时期。

标本五甲坪：2，罐残片。肩腹相连部。肩部素面，腹部饰密集细绳纹。残长18、宽12、厚0.5厘米（图一七五，2）。时代为齐家文化时期。

标本五甲坪：3，陶片。器物腹部残片。泥质红陶。素面。残长10、宽7、厚0.6厘米（图一七五，3）。时代为仰韶文化时期。

标本五甲坪：4，罐残片。肩颈相连部。泥质红陶，斜肩外鼓，束颈。表面有乳白色化妆土。宽8、残高约6、厚1厘米（图一七五，4）。时代为仰韶文化时期。

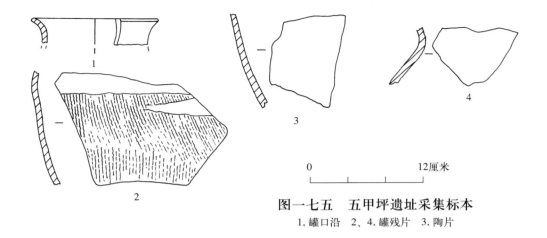

图一七五　五甲坪遗址采集标本
1.罐口沿　2、4.罐残片　3.陶片

23．磐安镇五坰地遗址

五坰地遗址位于甘谷县磐安镇原家庄村韩家庄自然村北的台地上，因小地点称五坰地而得名。遗址地处金川河东岸。地理坐标为北纬34°42′、东经105°07′（图一七六）。

遗址南北长约300、东西长约200米，总面积约为6万平方米。二普时首次发现并定为齐家文化遗址。1984年公布为县级文物保护单位。三普时再次复查，采集了若干齐家文化陶片。2017年早期秦文化联合考古队又进行了调查，采集到了齐家文化、仰韶文化、周代等遗存。部分标本如下（图一七七；彩版六三，5～8）。

标本五坰地：1，罐残片。夹砂红陶。侈口，尖圆唇。颈部饰戳点纹。口径16、残高约10、

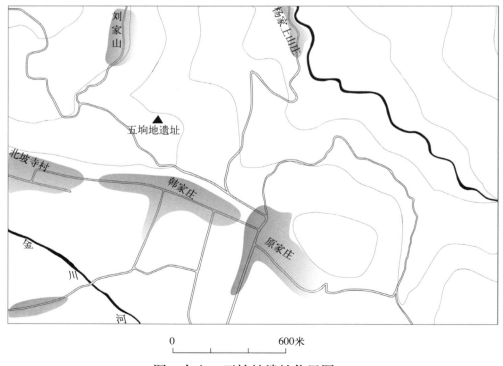

图一七六　五坰地遗址位置图

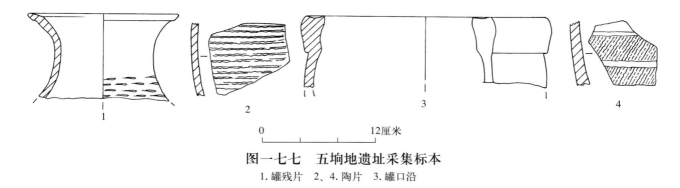

图一七七　五垧地遗址采集标本
1.罐残片　2、4.陶片　3.罐口沿

壁厚0.8厘米（图一七七，1；彩版六三，5）。时代为齐家文化时期。

标本五垧地：2，陶片。泥质黄陶。表面饰横绳纹。残长约9、宽8、厚0.8厘米（图一七七，2；彩版六三，6）。时代为齐家文化时期。

标本五垧地：3，罐口沿。夹砂黄褐陶。直口，窄沿，沿面有凹槽，沿外侧较厚。口径26、残高约6、厚1～2厘米（图一七七，3；彩版六三，7）。时代为仰韶文化晚期。

标本五垧地：4，陶片。夹砂灰陶。表面饰绳纹，并有弦纹隔断。残长约7.2、宽6.8、厚1.2厘米（图一七七，4；彩版六三，8）。时代为汉代。

24. 磐安镇圆咀地遗址

位于甘谷县磐安镇土寨村半山自然村西侧，渭河支流南河沟东岸二级阶地上。地理坐标为北纬34°43′，东经105°9′（图一七八）。该遗址东西长约400、南北长约200米，面积约为8万平方

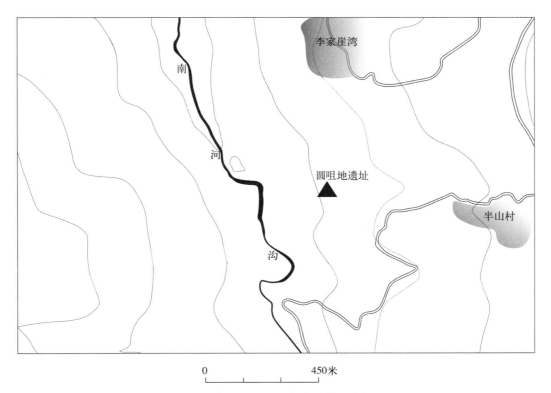

图一七八　圆咀地遗址位置图

米。

　　三普时发现齐家文化遗迹，2017年早期秦文化联合考古队又进行了调查，发现灰坑1座，距地表约2～2.5、长约1.5、深0.20～0.40米，包含齐家文化灰陶口沿、竖绳纹红陶片和炭屑等。地面上采集到少量陶片，部分标本如下（图一七九）。

　　标本圆咀地：1，罐残片。属颈部和上腹部。夹砂红褐陶，溜肩外鼓。腹部饰竖绳纹，肩部素面。宽12、残高12、厚1厘米（图一七九，1）。时代为齐家文化时期。

　　标本圆咀地：2，陶片。泥质红陶。表面饰篮纹。残长约18、宽10、厚1厘米（图一七九，2）。时代为齐家文化时期。

　　标本圆咀地：3，陶片。夹砂灰陶。表面饰细密绳纹，以抹光弦纹间隔。残长约14、宽11、厚1～1.2厘米（图一七九，3）。时代为汉代。

　　标本圆咀地：4，罐底。夹砂红陶。斜腹，平底。腹部饰竖绳纹。底径22、残高约4、厚1.8～2厘米（图一七九，4）。时代为齐家文化时期。

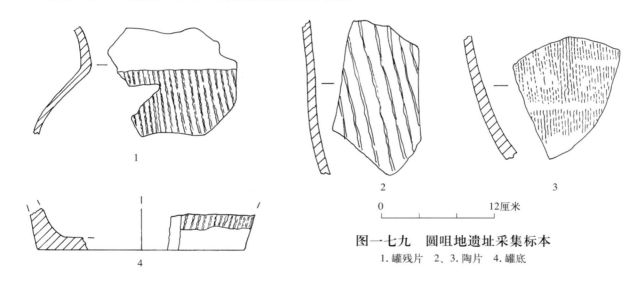

0　　　　　　　　12厘米

图一七九　圆咀地遗址采集标本
1.罐残片　2、3.陶片　4.罐底

25. 新兴镇灰地儿遗址

　　灰地儿遗址位于天水市甘谷县新兴镇头甲村北侧，渭河北岸一二级阶地上。地理坐标为北纬34°45′，东经105°17′（图一八○）。

　　遗址南北长约320、东西长约360米，面积约11万平方米。1956年首次发现，定为仰韶文化遗址。1959年上海博物馆马承源先生做了短期调查，采集的标本多定为马家窑类型，同时也发现了少量白彩陶器。1959、1972年进行过试掘，出土有泥质红陶素面钵、敛口碗、卷沿盆等器物以及陶屋模型，彩陶器也不少，还有石刀、石斧等生产工具。1981年公布为省级文物保护单位。甘谷县博物馆也藏有此遗址出土的较完整的彩陶器。

　　2017年秦文化与西戎文化项目组调查的遗迹主要集中在水塔的东西两侧台地上，水塔北边较少。共发现五处灰坑，灰坑中包含了红陶、彩陶、灰陶等。文化属性多为仰韶文化晚期。采集的标本如下（图一八一、一八二；彩版六四）。

　　标本灰地儿：1，罐口沿。夹砂红陶。敛口，平沿，圆唇，口沿内壁有一凹槽。素面。口径

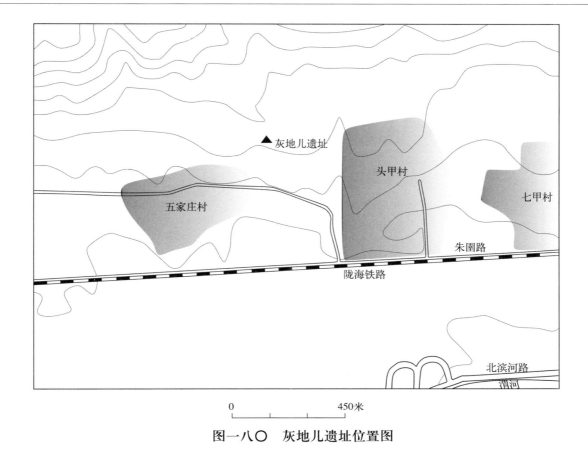

图一八〇　灰地儿遗址位置图

约28、残高3.4、沿宽2、壁厚0.8厘米（图一八一；彩版六四，1）。时代为仰韶文化晚期。

标本灰地儿：2，瓶口沿。泥质黄褐陶。喇叭口，平折沿，圆唇。素面。口径约10、残高2.6、壁厚0.8厘米（图一八一，2）。时代为仰韶文化晚期。

标本灰地儿：3，钵口沿。泥质红陶。敛口，尖唇，素面。口径约23、残高3.2、壁厚0.6～1厘米（图一八一，3）。时代为仰韶文化晚期。

标本灰地儿：4，彩陶片。泥质红陶。表面施土黄色陶衣，上绘黑彩纹饰。宽7.2、残高6、

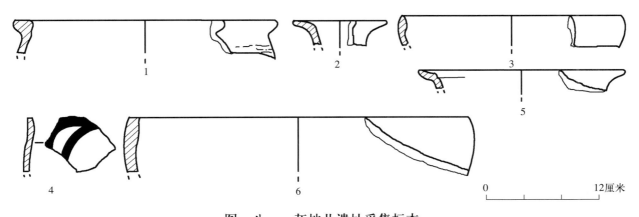

图一八一　灰地儿遗址采集标本
1. 罐口沿　2. 瓶口沿　3. 钵口沿　4. 彩陶片　5. 盆口沿　6. 缸口沿

壁厚0.6厘米（图一八一，4；彩版六四，2）。时代为仰韶文化时期。

　　标本灰地儿：5，盆口沿。泥质灰陶。敞口，平沿，尖圆唇。素面。口径约21、残高2.2、壁厚0.6厘米（图一八一，5；彩版六四，3）。时代为仰韶文化晚期。

　　标本灰地儿：6，缸口沿。泥质红陶。敛口，窄平沿，圆肩。沿上饰白彩，外壁素面。口径约36、残高6.4、壁厚1～1.6厘米（图一八一，6；彩版六四，4）。时代为仰韶文化晚期。

　　标本灰地儿：7，缸口沿。夹砂红褐陶。敛口，宽平沿，厚圆唇。肩部饰附加堆纹，其上压印绳纹。肩以下饰横向绳纹。口径约37、残高8、壁厚1.2～1.8厘米（图一八二，7；彩版六四，5）。时代为仰韶文化晚期。

　　标本灰地儿：8，罐口沿。夹砂灰褐陶。敛口，平沿，尖圆唇。肩部饰平行条状附加堆纹。口径约18、残高5、壁厚0.6～1厘米（图一八二，8；彩版六四，6）。时代为仰韶文化晚期。

　　标本灰地儿：9，钵口沿。泥质黄褐陶。敛口，尖圆唇，鼓肩，下腹斜收。里外壁施浅黄色陶衣。口径约18、残高6.4、壁厚0.6厘米（图一八二，9；彩版六四，7）。时代为仰韶文化晚期。

　　标本灰地儿：10，陶片。夹砂红褐陶。外壁间隔以两道凸棱饰斜向粗绳纹，表面覆盖白彩。残宽10.6、残高6、壁厚0.8～1厘米（图一八二，10；彩版六四，8）。时代为仰韶文化晚期。

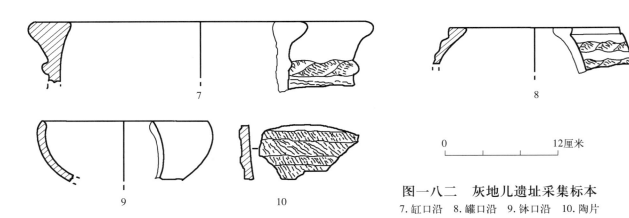

图一八二　灰地儿遗址采集标本
7.缸口沿　8.罐口沿　9.钵口沿　10.陶片

26. 新兴镇柳家坪遗址

　　柳家坪遗址位于天水市甘谷县新兴镇魏家庄村北，渭河北岸一级阶地之上。地理坐标为北纬34°45′，东经105°14′（图一八三）。

　　遗址东西长约300、南北宽约150米，总面积约为4.5万平方米。遗址断面上暴露有灰坑等遗迹。发现两处灰坑，编为H1和H2。H1为筒形平底，距地表约1、宽约4、深约2.5米。H2为圜底，距地表约1.5、开口约2.5、深约1.5米，包含有炭屑、灰土和烧土。采集有仰韶文化晚期和齐家文化陶片，以仰韶和齐家文化为主。部分标本如下（图一八四、一八五；彩版六五）。

　　标本柳家坪：1，盆口沿。泥质红陶。敛口，宽平沿，圆唇。饰弧线三角纹黑红彩。口径约27、残高8厘米（图一八四，1；彩版六五，1）。时代为仰韶文化晚期。

　　标本柳家坪：2，盆口沿。泥质红陶。敛口，宽斜沿，鼓肩。眼内侧绘弧边三角纹，肩部绘垂帐纹。口径约30、残高4.5厘米（图一八四，2；彩版六五，2）。时代为仰韶文化晚期。

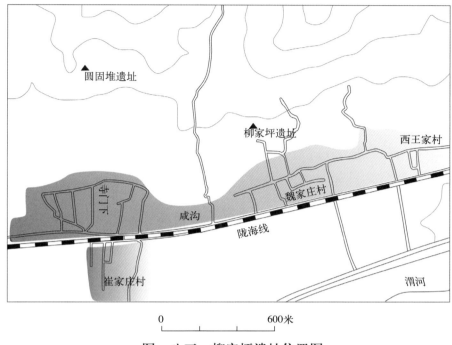

图一八三　柳家坪遗址位置图

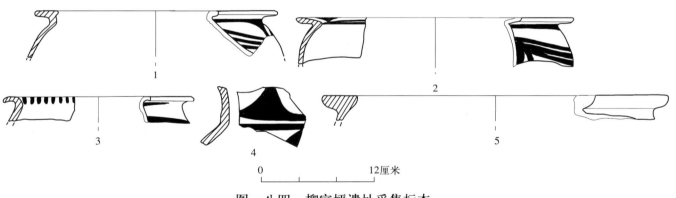

图一八四　柳家坪遗址采集标本
1～3、5.盆口沿　4.罐残片

标本柳家坪：3，盆口沿。泥质红陶。敛口，卷沿，圆唇。沿内侧绘圆点纹，外侧饰弧线纹。口径约20、残高4厘米（图一八四，3；彩版六五，3）。时代为仰韶文化晚期。

标本柳家坪：4，罐残片。泥质红陶。直颈，斜肩。表面饰黑彩弧边三角纹。宽7.2、残高约7厘米（图一八四，4；彩版六五，4）。时代为仰韶文化晚期。

标本柳家坪：5，盆口沿。泥质灰陶。敛口，宽平沿，圆唇。素面。口径约37、残高3.5厘米（图一八四，5；彩版六五，5）。时代为仰韶文化晚期。

标本柳家坪：6，盆口沿。泥质红陶。敛口，卷沿，圆鼓肩。素面。口径约29.2、残高4.8厘米（图一八五，6；彩版六五，6）。时代为仰韶文化晚期。

标本柳家坪：7，钵残片。泥质红陶。敛口，圆唇，弧腹。素面。口径约21.6、残高6厘米（图一八五，7；彩版六五，7）。时代为仰韶文化晚期。

标本柳家坪：8，口沿。夹砂红褐陶。直口，尖唇。口沿外侧贴一周泥条。并饰有泥饼。残高约6厘米（图一八五，8）。时代为仰韶文化晚期。

标本柳家坪：9，钵残片。泥质红陶。直口，圆唇，弧腹。素面。口径约24、残高4厘米（图一八五，9）。时代为仰韶文化晚期。

标本柳家坪：10，器底。夹砂红褐陶。斜腹，足外撇，平底。底径9.2、残高约7厘米（图一八五，10）。时代为仰韶文化时期。

标本柳家坪：11，罐口沿。敛口，圆唇。肩部饰绳纹。口径约32、残高5厘米（图一八五，11；彩版六五，8）。时代为仰韶文化晚期。

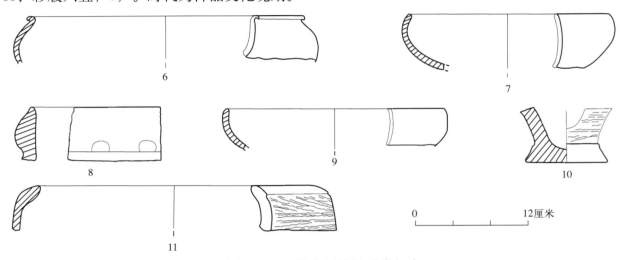

图一八五　柳家坪遗址采集标本
6.盆口沿　7、9.钵残片　8.口沿　10.器底　11.罐口沿

27. 新兴镇城儿坪遗址

城儿坪遗址位于天水市甘谷县新兴镇苟家庄村西的台地上，遗址地处朱圉峡峡口，渭河自此从东南流转为东流，地形险要。地理坐标为北纬34°45′，东经105°12′（图一八六）。遗址南北长约350、东西长约200米，总面积约为7万平方米。

遗址断面上暴露有灰层、灰坑等遗迹。其中一处灰层距地表约0.5～2米，北高南低，厚约0.05～0.2、长约10米。灰层南侧一座灰坑截面呈筒形，平底，开口距地表约0.3、宽约1.2、深约1.5米，包含有陶片（齐家）、炭屑、烧土和兽骨等。采集有陶片，大耳罐残片，彩陶，汉瓦等。该遗址以仰韶和齐家文化为主，还包含马家窑和汉代遗存。部分标本如下（图一八七；彩版六六）。

标本城儿坪：1，器耳。夹砂红陶。侈口，方唇。桥形宽耳，宽窄两层。耳部及肩部饰绳纹，颈部施黄色陶衣。口径约26、残高13厘米（图一八七，1；彩版六六，1）。时代为齐家文化时期。

标本城儿坪：2，瓶口沿。泥质橙黄陶。侈口，宽沿，方唇。沿内侧饰弧带纹、唇端及颈部饰条带纹黑彩。残高约3厘米（图一八七，2；彩版六六，2）。时代为仰韶文化晚期。

标本城儿坪：3，盆口沿。泥质红陶。宽斜沿，尖圆唇，鼓肩。素面。口径约24、残高5.4厘

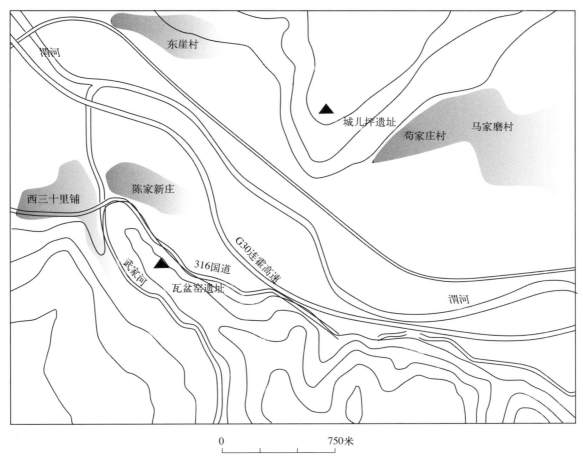

图一八六 城儿坪遗址位置图

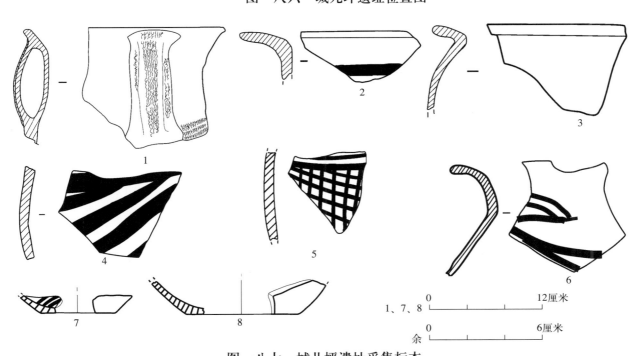

图一八七 城儿坪遗址采集标本

1.器耳 2.瓶口沿 3.盆口沿 4.彩陶片 5.钵残片 6.罐口沿 7.盘底 8.罐底

米（图一八七，3；彩版六六，3）。时代为仰韶文化晚期。

标本城儿坪：4，彩陶片。泥质红陶，表面饰弧带纹。残高4厘米（图一八七，4；彩版六六，4）。时代为仰韶文化时期。

标本城儿坪：5，钵残片。泥质红陶。敛口，下腹内收。表面饰黑彩网格纹。残高约4厘米（图一八七，5；彩版六六，5）。时代为仰韶文化晚期。

标本城儿坪：6，罐口沿。泥质橙黄陶。侈口，圆唇，束颈。表面饰弧形条带纹。残高约6厘米（图一八七，6）。时代为仰韶文化晚期。

标本城儿坪：7，盘底残片。泥质红陶。斜腹，平底。盘内侧饰黑彩条带纹。底径约8厘米（图一八七，7；彩版六六，6）。时代为马家窑文化时期。

标本城儿坪：8，罐底。泥质红陶。弧腹，平底。素面。底径12厘米（图一八七，8；彩版六六，7）。时代为齐家文化时期。

28. 新兴镇渭水峪遗址

渭水峪遗址位于甘谷县新兴镇渭水峪村北侧，渭河北岸一级阶地之上。地理坐标为北纬34°44′，东经105°25′（图一八八）。遗址规模较大，但部分被现代村庄叠压。现存范围东西长约300、南北长约250米，面积约7.5万平方米。

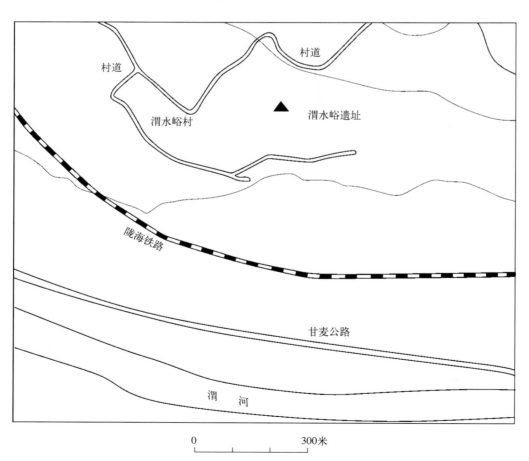

图一八八　渭水峪遗址位置图

1956年任步云等进行了调查，发现了仰韶文化遗存，文化层堆积厚约1～4米。1981年公布为省级文物保护单位。此次调查发现遗址断面暴露多处灰坑遗迹和一处房屋遗迹，灰坑内堆积较为丰富，可见大量陶片和炭屑等物。整个遗址陶片散布较多，所采集陶片可辨器形以仰韶文化晚期的平底罐、钵为主，还有马家窑时期的彩陶，有尖底瓶和钵等。采集的标本如下（图一八九～一九一；彩版六七、六八）。

标本渭水峪：1，彩陶瓶残片。泥质红陶。细颈，宽斜肩。颈部饰黑彩平行宽条带纹，肩部饰黑彩平行窄条带纹和圆点纹。残高约8.5厘米（图一八九，1；彩版六七，1）。时代为马家窑文化时期。

标本渭水峪：2，彩陶钵。泥质橙黄陶。敛口，圆唇，下腹紧收。上半部分饰弧线纹及弧边三角纹。口径约10、残高4厘米（图一八九，2；彩版六七，2）。时代为仰韶文化晚期。

标本渭水峪：3，尖底瓶肩部残片。夹砂橙黄陶。圆肩，斜腹。表面饰密集的细绳纹，肩腹转折处抹出两道弦纹。残高8.5厘米（图一八九，3；彩版六七，3）。时代为仰韶文化晚期。

标本渭水峪：4，彩陶片。泥质红陶。表面饰黑彩条带纹。残高约8厘米（图一八九，4；彩版六七，4）。时代为马家窑文化时期。

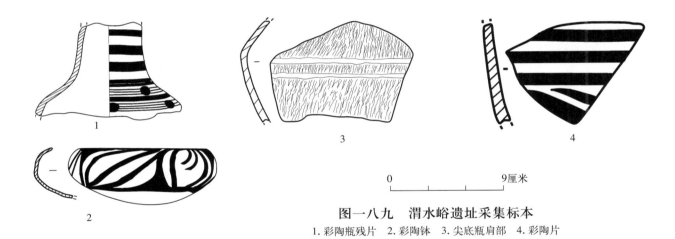

0   9厘米

图一八九　渭水峪遗址采集标本
1. 彩陶瓶残片　2. 彩陶钵　3. 尖底瓶肩部　4. 彩陶片

标本渭水峪：5，钵口沿。泥质红陶。敛口，圆唇，弧腹。素面。口径约20、残高4厘米（图一九〇，5；彩版六七，5）。时代为仰韶文化时期。

标本渭水峪：6，器物肩部残片。应为尖底瓶。泥质红陶。宽斜肩。肩部饰整齐的线纹。残高约5.6厘米（图一九〇，6；彩版六七，6）。时代为仰韶文化时期。

标本渭水峪：7，罐口沿。夹砂红褐陶。敛口，平沿，厚圆唇。肩部饰绳纹。口径约36、残高6厘米（图一九〇，7；彩版六七，7）。时代为仰韶文化晚期。

标本渭水峪：8，罐口沿。夹砂红陶。直口，窄沿，斜方唇。唇部及以下满饰竖绳纹。口径约32、残高8厘米（图一九〇，8；彩版六七，8）。时代为仰韶文化晚期。

标本渭水峪：9，盆口沿。泥质红陶。敛口，圆唇。素面。口径约27、残高6厘米（图一九〇，9；彩版六八，1）。时代为仰韶文化晚期。

标本渭水峪：10，罐口沿。泥质灰陶。敛口，宽平沿，圆唇。口径约36厘米（图一九一，

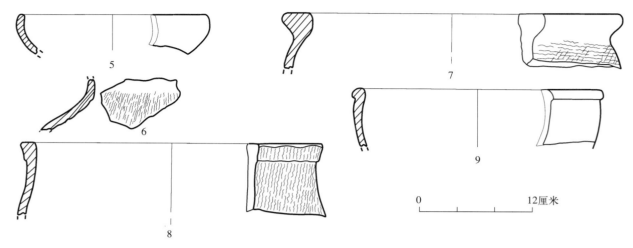

图一九〇　渭水峪遗址采集标本

5.钵口沿　6.器物肩部残片　7、8.罐口沿　9.盆口沿

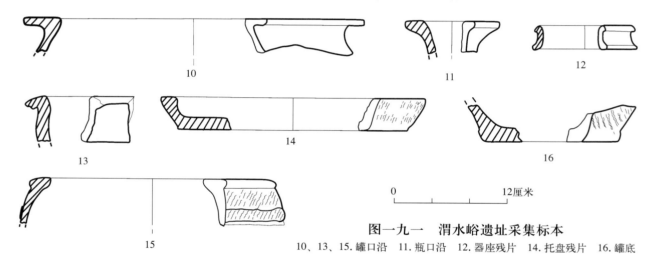

图一九一　渭水峪遗址采集标本

10、13、15.罐口沿　11.瓶口沿　12.器座残片　14.托盘残片　16.罐底

10；彩版六八，2）。时代为仰韶文化晚期。

标本渭水峪：11，瓶口沿。泥质红陶。喇叭口，窄平沿，方唇。细颈。口径约10厘米（图一九一，11；彩版六八，3）。时代为仰韶文化晚期。

标本渭水峪：12，器座残片。泥质橙黄陶。圆形，截面呈槽形。凹处有黄色陶衣。口、底径分别为9和11厘米（图一九一，12；彩版六八，4）。时代为仰韶文化时期。

标本渭水峪：13，罐口沿。泥质红褐陶。宽平沿。素面。残高约4.8厘米（图一九一，13；彩版六八，5）。时代为仰韶文化时期。

标本渭水峪：14，托盘残片。泥质红陶。口稍敛，斜壁，浅腹，平底。表面有稀疏绳纹。口径约28、底径约24、高3.6厘米（图一九一，14；彩版六八，6）。时代为仰韶文化时期。

标本渭水峪：15，罐口沿。夹砂红陶。敛口，厚圆唇。饰绳纹和条状附加堆纹。口径约26、残高4.8厘米（图一九一，15；彩版六八，7）。时代为仰韶文化晚期。

标本渭水峪：16，罐底。夹砂红陶。斜腹，平底，底部稍外凸。饰斜绳纹。底径约14、残高4厘米（图一九一，16；彩版六八，8）。时代为仰韶文化晚期。

29. 新兴镇十字道遗址

十字道遗址位于甘谷县新兴镇十字道村北的台地上，渭河北岸、散渡河东岸，两河交汇的东侧，东界为芦子沟。地理坐标为北纬34°46′，东经105°21′（图一九二）。

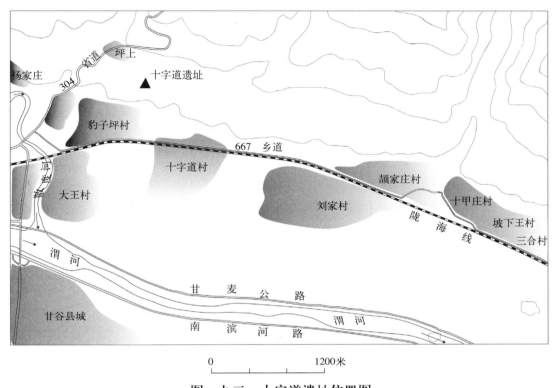

图一九二　十字道遗址位置图

遗址东西长约700、南北长约300米，总面积约为21万平方米，现破坏较为严重。遗址断面上暴露有灰坑、墓葬等遗迹。2017年早期秦文化联合考古队再次进行调查，在一处集中发现了4座灰坑，开口距地表约3米，其中1座灰坑中采集有陶片，为齐家文化遗存。还发现一座汉墓。三普资料中的小坪下遗址与该遗址记录的地点一致，应为同一遗址，发现过齐家文化遗存和汉砖。采集的部分标本如下（图一九三）。

标本十字道：1，陶片。泥质红陶。表面饰篮纹。残长约6、宽4、厚0.6厘米（图一九三，1）。时代为齐家文化时期。

标本十字道：2，陶片。泥质红陶。凹面饰篮纹，凸面素面。残长约7、宽6、厚0.6厘米（图

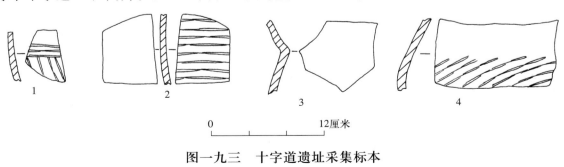

图一九三　十字道遗址采集标本
1、2.陶片　3.罐残片　4.罐肩部残片

一九三，2）。时代为齐家文化时期。

标本十字道：3，罐残片，为颈肩相连部。泥质红陶。束颈，圆肩。素面。宽8、残高约8、厚0.7厘米（图一九三，3）。时代为齐家文化时期。

标本十字道：4，罐肩部残片。泥质红陶。局部饰斜篮纹。残长约13、宽7、厚0.9厘米（图一九三，4）。时代为齐家文化时期。

30. 新兴镇十坡村遗址

十坡村遗址位于天水市甘谷县新兴镇十甲庄村北的台地上，遗址地处渭河北岸。地理坐标为北纬34°45′，东经105°23′（图一九四）。1956年任步云等调查时把当时的十坡村记录为石坡村遗址，1957年十坡村遗址被公布为县级文物保护单位。据《甘谷县志》，新兴镇已无十坡村，被十甲庄村取代。

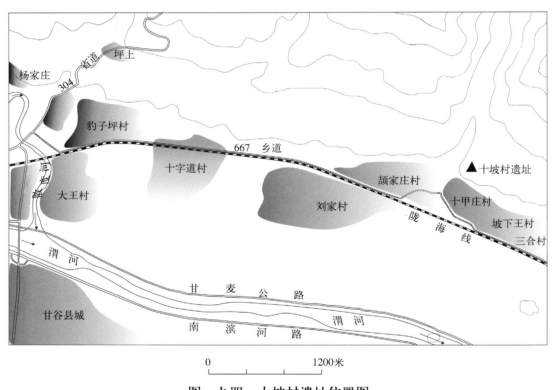

图一九四　十坡村遗址位置图

1956年调查时确认为齐家文化遗址，东西长约600、南北宽120米，总面积约7.2万平方米，文化层0.3～1米。三普再次调查，发现暴露有灰坑，白灰面居址，采集到新石器时期泥质红陶高领折肩罐，钵口沿残片，鬲足，夹砂陶片及石斧、石铲、石镞等。2017年项目组又进行了调查，发现多处灰坑、灰层等遗迹，同时采集到齐家文化泥质素面红陶片、泥质绳纹红陶片等遗存。部分标本如下（图一九五；彩版六九）。

标本十坡村：1，罐残片。夹砂红陶。侈口，束颈。表面饰压印纹，肩部较密集。宽8、残高约9、厚0.5～1.5厘米（图一九五，1；彩版六九，1）。时代为齐家文化时期。

标本十坡村：2，陶片。泥质红陶。表面饰横篮纹。残长约11、宽8、厚0.7厘米（图一九五，2；彩版六九，2）。时代为齐家文化时期。

标本十坡村：3，陶片。泥质黄褐陶。表现饰篮纹。残长约10、宽8、厚1厘米（图一九五，3；彩版六九，3）。时代为齐家文化时期。

标本十字坡村：4，陶片。器物肩腹相连部。折肩，斜腹。腹部饰篮纹。宽7、残高7、厚0.6厘米（图一九五，4；彩版六九，4）。时代为齐家文化时期。

标本十字坡村：5，陶片。颈部残片。泥质红陶。素面，表面抹光。残长8、宽8、厚0.6厘米（图一九五，5；彩版六九，5）。时代为齐家文化时期。

标本十字坡村：6，陶片。夹砂红褐陶。表面饰粗绳纹。残长约7、宽7、厚1厘米（图一九五，6；彩版六九，6）。时代为齐家文化时期。

标本十字坡村：7，罐残片。夹砂灰陶。肩部饰竖向绳纹，绳纹以弦纹隔断，颈部抹光。宽6、残高6、厚0.5厘米（图一九五，7；彩版六九，7）。时代为齐家文化时期。

标本十字坡村：8，罐底。夹砂灰黑陶。斜下腹、平底。下腹饰稀疏绳纹。底径10、残高约4厘米（图一九五，8；彩版六九，8）。时代为齐家文化时期。

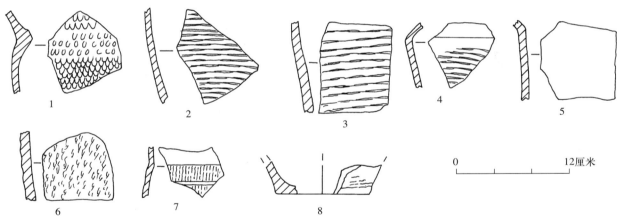

图一九五　十坡村遗址采集标本
1、7.罐残片　2～6.陶片　8.罐底

31. 西坪乡水泉沟遗址

水泉沟遗址位于甘谷县西坪乡石坪村西侧的台地上，西南为石洼河。地理坐标为北纬34°54′，东经105°26′（图一九六；彩版七〇，1）。遗址南北长约900、东西长约400米，总面积约为36万平方米。

遗址断面上暴露有多处灰坑、房址、烧土坑、墓葬等遗迹。其中房址F1为白灰面半地穴式，白灰面距地表约4、残长约3米，厚约2～4毫米，西端部分白灰面为双层，两层间间距15厘米。西侧白灰面上延约4厘米。东侧白灰面略向西倾斜，上延约70厘米，部分为双层，两层白灰面间间距1厘米。F1东侧有一烧土坑，被F1打破，距地表约3.5、残宽约0.5、深约0.8米。1958年出土有人面鲵鱼彩陶瓶（图一九八，8）。1984年被甘谷县人民政府公布为县级文物保护单位。本次调查地表采集有陶片、骨器、鬲足等，标本如下（图一九七、一九八）。

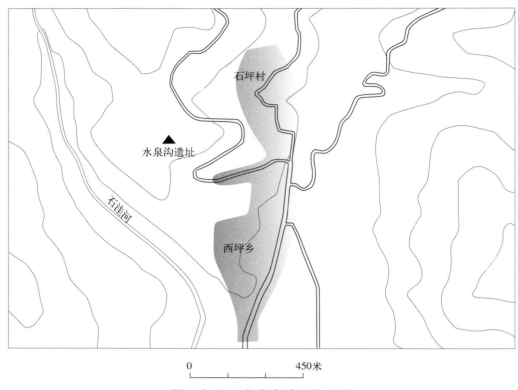

图一九六　水泉沟遗址位置图

　　标本水泉沟：1，罐残片。夹砂黄褐陶。侈口，尖圆唇。束颈，溜肩，有一宽耳。腹部饰竖绳纹，颈部抹光。口径约10、残高8、壁厚0.4厘米（图一九七，1）。时代为齐家文化时期。

　　标本水泉沟：2，盆口沿。细泥灰陶。侈口，卷沿，圆唇。沿外侧有一道凹槽。口径24、残高4、壁厚1厘米（图一九七，2）。时代为仰韶文化时期。

　　标本水泉沟：3，鬲足。夹砂灰陶。锥形足，圆形平足底。饰绳纹。残高约6厘米（图一九七，3）。时代为东周时期。

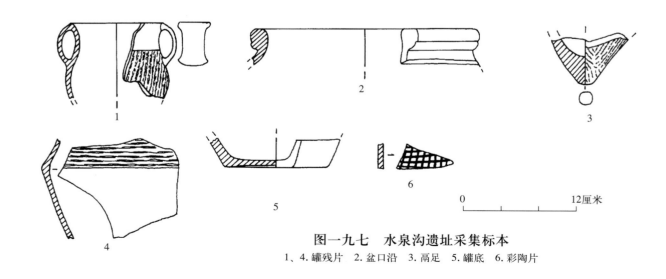

图一九七　水泉沟遗址采集标本
1、4.罐残片　2.盆口沿　3.鬲足　5.罐底　6.彩陶片

标本水泉沟：4，罐残片。肩部。泥质红陶。折肩。腹部饰篮纹。宽13、残高11厘米（图一九七，4）。时代为齐家文化时期。

标本水泉沟：5，罐底。泥质红陶。斜腹，凹底。底径11.2、壁厚1厘米（图一九七，5）。时代为齐家文化时期。

标本水泉沟：6，彩陶片。泥质红陶。饰黑彩网格纹。残宽6、高2.8厘米（图一九七，6）。时代为仰韶文化晚期。

标本水泉沟：7，板瓦。泥质灰陶。正面饰整齐斜绳纹，背面有粗布纹。残长19、宽14厘米（图一九八，7）。时代为汉代。

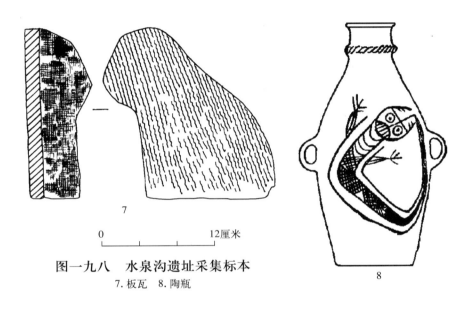

0　　　　　　　　12厘米

图一九八　水泉沟遗址采集标本

7.板瓦　8.陶瓶

32. 西坪乡峡来湾遗址

位于西坪乡湾儿河村峡来湾自然村北侧，西小河北岸二级阶地上。坐标为北纬34°53′13″，东经105°28′9″，海拔1592米（图一九九）。遗址南北长约250、东西长约200米，面积约为5万平方米，文化堆积厚0.8～1.5米。

三普时发现有暴露的灰坑和白灰面房址遗迹，采集有仰韶文化和齐家文化陶片。纹饰有绳纹、篮纹和网格纹，器形有盆、罐。2017年早期秦文化联合考古队又进行了调查，未发现遗迹，采集到少量陶片。部分标本如下（图二○○；彩版七○，2～5）。

标本峡来湾：1，罐残片。泥质黄褐陶。侈口，圆唇，直长颈，斜肩。素面。口径21、残高约10厘米（图二○○，1；彩版七○，2）。时代为齐家文化时期。

标本峡来湾：2，罐残片。属腹部。夹砂黄褐陶。表面饰竖向密集绳纹，有烟炱。残长10、宽7、厚0.8厘米（图二○○，2；彩版七○，3）。时代为齐家文化时期。

标本峡来湾：3，罐下腹残片。属下腹与底相连部。泥质红陶。弧腹，平底。素面。底径15、残高5厘米（图二○○，3；彩版七○，4）。时代为齐家文化。

标本峡来湾：4，陶片。夹砂深灰陶，表面饰绳纹。残长8、宽7厘米（图二○○，4；彩版七○，5）。时代为东周时期。

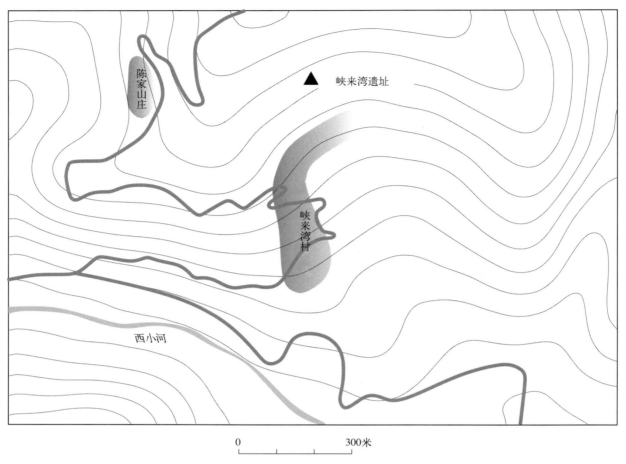

图一九九　峡来湾遗址位置图

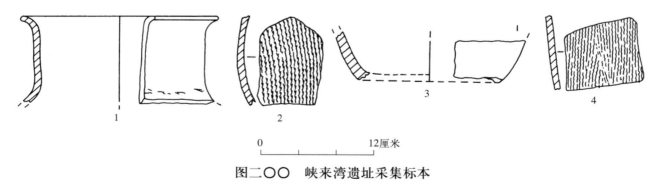

图二〇〇　峡来湾遗址采集标本

1、2.罐残片　3.罐下腹残片　4.陶片

33.六峰镇麻湾咀遗址

　　遗址位于天水市甘谷县六峰镇金坪村东南，黄家沿沟西岸一级阶地上（图二〇一）。三普时首次发现，南北长200、东西宽150米，占地面积约3万平方米，文化堆积厚度1～1.5米。

　　断面暴露有灰坑和白灰面居址遗迹，采集有马家窑文化马家窑类型三角纹、草叶纹、漩涡纹彩陶片；齐家文化夹砂红陶篮纹、绳纹罐残片。2017年早期秦文化联合考古队又进行了调查，采集到少量的陶片，部分标本如下（图二〇二）。

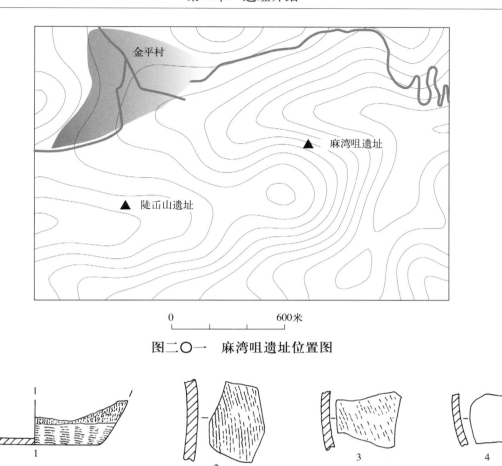

图二〇一　麻湾咀遗址位置图

图二〇二　麻湾咀遗址采集标本

1. 罐底　2～4. 陶片

标本麻湾咀：1，罐底。泥质红陶。斜腹，平底。表面饰绳纹，靠近底部有抹光痕迹。底径14、残高约6、壁厚1～1.5厘米（图二〇二，1）。时代为齐家文化时期。

标本麻湾咀：2，陶片。夹砂红陶。表面饰绳纹。残长约9、宽6、厚1.5厘米（图二〇二，2）。时代为齐家文化时期。

标本麻湾咀：3，陶片。夹砂红陶。表面先饰绳纹，后敷以土黄色化妆土。残长6、宽6、厚1厘米（图二〇二，3）。时代为仰韶文化晚期。

标本麻湾咀：4，陶片。泥质红陶。表面抹光。残长6.4、宽4.8、厚0.8厘米（图二〇二，4）。时代为齐家文化时期。

34. 六峰镇宁静咀遗址

位于天水市甘谷县六峰镇李家坪村魏家湾西侧，地理坐标为北纬34°40′，东经105°24′（图二〇三）。

三普时首次发现，2017年早期秦文化联合考古队再次进行了调查。断面上发现了多处灰

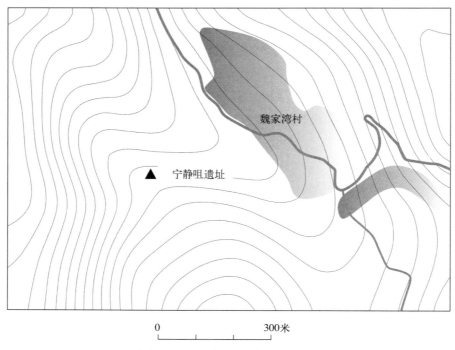

图二〇三　宁静咀遗址位置图

坑及房址遗迹，其中两处房址保存较好，记为F1和F2，均为半地穴式白灰面房址。F1白灰面地面距地表约4、残长约0.50米，厚约0.3～0.5厘米，白灰面下有红烧土，地理坐标为北纬34°40′59.63″，东经105°24′13.80″；F2白灰面距地表约1.5、残长约3米，厚约0.3～0.5厘米。白灰面南侧上堆积宽约1.5米，厚约30～40厘米，堆积内包含烧土、木炭、灰土和少量白灰面，应为房址倒塌堆积。堆积北侧约0.40米处白灰面上有兽骨（颌骨）；可以判断F1和F2为齐家文化时期。地面采集有红陶、灰陶陶片，主要纹饰为绳纹，年代有仰韶文化时期、齐家文化时期、周代、汉代等。部分标本如下（图二〇四）。

标本宁静咀：1，罐口沿。夹砂红陶。直口，圆唇。表面饰平行细绳纹。口径30.4、残高约7、壁厚0.7～1.1厘米（图二〇四，1）。时代为齐家文化时期。

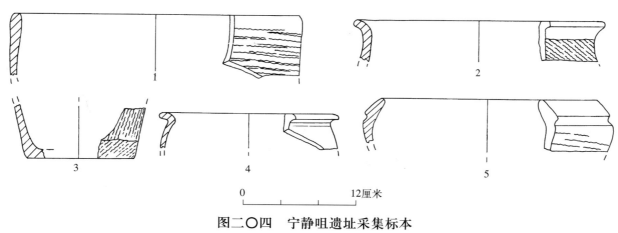

图二〇四　宁静咀遗址采集标本

1、2、4、5.罐口沿　3.罐残片

标本宁静咀：2，罐口沿。夹砂红陶。侈口，圆唇。颈部饰斜绳纹，沿下抹光。口径28、残高约4.4厘米（图二〇四，2）。时代为东周时期。

标本宁静咀：3，罐残片。下腹部分。夹砂红褐陶。斜腹，平底。表面饰绳纹。底径12、残高约6厘米（图二〇四，3）。时代为齐家文化时期。

标本宁静咀：4，罐口沿。泥质灰陶。侈口，沿稍卷，圆唇。素面。快轮制作。口径约20、残高4、壁厚0.4厘米（图二〇四，4）。时代为东汉时期。

标本宁静咀：5，罐口沿。夹砂红陶。敛口，斜沿，圆唇。鼓肩。沿外有一圈凹槽，肩部饰绳纹。口径约24、残高4.4厘米（图二〇四，5）。时代为仰韶文化晚期。

35. 大像山镇上仁湾遗址

位于甘谷县大像山镇五里铺村安家咀头西侧，地理坐标为北纬34°43′，东经105°18′（图二〇五）。遗址东西长约500、南北长约120米，面积约为6万平方米。

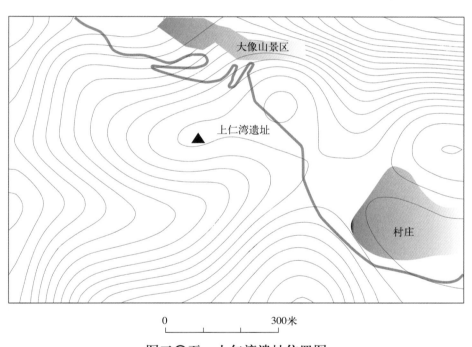

图二〇五　上仁湾遗址位置图

2017年早期秦文化联合考古队再次进行了调查，发现灰坑一处，灰层一处，采集到较多陶片。灰坑H1，距地表1.5、长约1.5、深2米，包含大量炭屑。灰层暴露部分距地表约2、长约10、深约0.70米，包含物有陶片、红烧土、炭屑等。采集的标本部分如下（图二〇六；彩版七一）。

标本上仁湾：1，盆口沿。泥质灰陶。敛口，宽沿，尖圆唇。素面。口径约20、残高4厘米（图二〇六，1；彩版七一，1）。时代为仰韶文化晚期。

标本上仁湾：2，罐口沿。夹砂红陶。直口，窄沿。外侧有耳或錾的接痕。口径14、残高约4厘米（图二〇六，2；彩版七一，2）。时代为仰韶文化晚期。

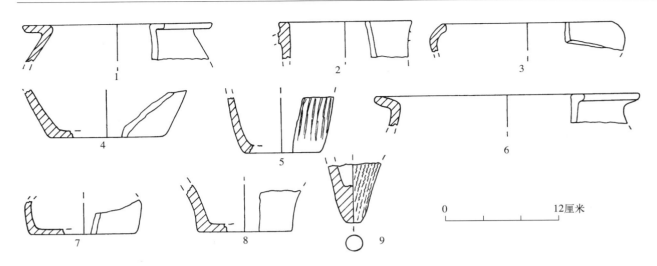

图二〇六　上仁湾遗址采集标本

1、6.盆口沿　2.罐口沿　3.钵口沿　4、7.罐底　5.罐下腹残片　8.盘底　9.锥足

标本上仁湾：3，钵口沿。泥质灰陶。敛口，圆唇。下腹斜收。素面。口径18、残高3厘米（图二〇六，3）。时代为仰韶文化晚期。

标本上仁湾：4，罐底。泥质红陶。斜腹、平底。下腹和底部均有篮纹。底径13、残高约6厘米（图二〇六，4；彩版七一，3）。时代为仰韶文化晚期至齐家文化时期。

标本上仁湾：5，罐下腹残片。泥质红陶。斜腹，平底。下腹饰竖篮纹。底径8、残高约6.4厘米（图二〇六，5；彩版七一，4）。时代为齐家文化时期。

标本上仁湾：6，盆口沿。泥质灰陶。口微敛，宽斜沿，方唇。素面。口径28、残高约3.2厘米（图二〇六，6；彩版七一，5）。时代为仰韶文化晚期。

标本上仁湾：7，罐底。泥质红陶。下腹内收，平底。素面。底径11.2、残高4厘米（图二〇六，7；彩版七一，6）。时代为齐家文化时期。

标本上仁湾：8，盘底。夹砂红陶。腹内收，平底。素面。底径10、残高约5厘米（图二〇六，8；彩版七一，7）。时代为仰韶文化晚期。

标本上仁湾：9，锥足。夹砂红陶。呈圆锥体，尖长型，半截为实足。表面饰绳纹。残高约7厘米（图二〇六，9；彩版七一，8）。时代为齐家文化时期。

36.武家河乡椿树湾遗址

椿树湾遗址位于甘谷县武家河乡王家窑村郭家窑自然村东侧，三普时首次发现（图二〇七）。南北约300、东西约200米，面积约6万平方米。文化堆积约0.7～2米。地面采集多为泥质红陶、夹砂红陶片，还有少量泥质灰陶。属性为齐家文化。采集的部分标本如下（图二〇八）。

标本椿树湾：1，罐残片。泥质黄褐陶。罐肩和颈相连部，束颈，圆肩。肩部有宽扁耳，残。素面。长8、宽6.5、厚0.6厘米（图二〇八，1）。属齐家文化时期。

标本椿树湾：2，罐口沿。夹细砂黄褐陶。敞口，圆唇。素面。宽约5、高6、厚0.3～0.5厘

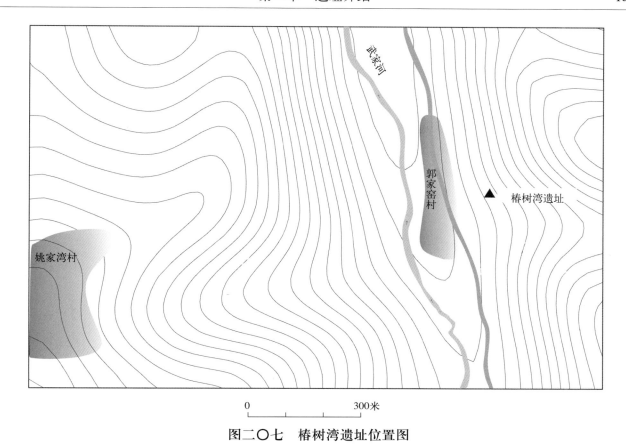

图二〇七　椿树湾遗址位置图

图二〇八　椿树湾遗址采集标本

1、4、5.罐残片　2.罐口沿　3.盘口沿

米（图二〇八，2）。属齐家文化时期。

　　标本椿树湾：3，盘口沿。泥质红陶。口微敛，圆唇。素面。口径约14、残深3厘米（图二〇八，3）。属齐家文化时期。

　　标本椿树湾：4，罐残片，罐下腹。泥质红陶。罐腹部分饰竖绳纹，靠近底部为素面。底径约18、残高8厘米（图二〇八，4）。属齐家文化时期。

　　标本椿树湾：5，罐残片，罐上腹。泥质红陶。满饰密集凌乱的绳纹，绳纹上有波浪形宽弦纹。残宽约12、高11、厚0.5厘米（图二〇八，5）。属齐家文化时期。

37. 八里湾乡斜湾顶遗址

斜湾顶遗址位于甘谷县八里湾乡大塔坪下庄村东侧的台地上，以小地点斜湾顶命名。地理坐标为北纬34°51′，东经105°25′（图二〇九）。三普时做了调查，2017年早期秦文化联合考古队进行了复查，对遗址面积重新测量。

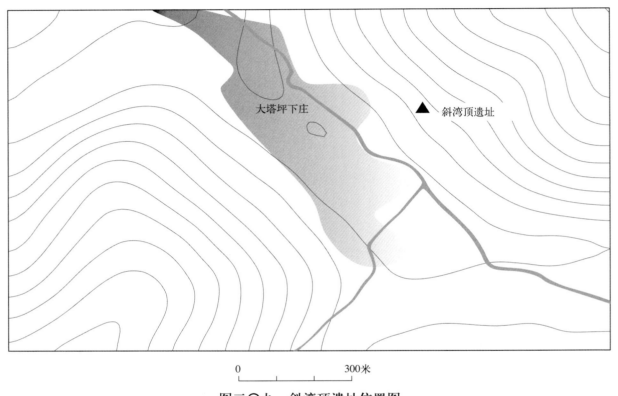

图二〇九　斜湾顶遗址位置图

遗址东西长约100、南北长约50米，总面积约为5000平方米。遗址断面上暴露有灰坑等遗迹，其中较大的一处灰坑开口距地表约2、宽约4、深约1.5米，包含有红陶、绳纹红褐陶、骨头和炭屑等，地面上也可采集一些陶片，可以判断属于齐家文化。部分标本如下（图二一〇）。

标本斜湾顶：1，罐口沿。夹砂红褐陶。敞口，方唇。表面饰细密的绳纹。口径19、残高6厘米（图二一〇，1）。时代为齐家文化时期。

标本斜湾顶：2，陶片。夹砂红褐陶。表面饰密集绳纹。残长11、宽10、厚0.5～0.8厘米（图二一〇，2）。时代为齐家文化时期。

标本斜湾顶：3，罐残片。属腹部。腹部外鼓，束颈。表面饰密集细绳纹。宽14、残高16、厚0.6厘米（图二一〇，3）。时代为齐家文化时期。

38. 谢家湾乡赵家咀遗址

赵家咀遗址位于天水市甘谷县谢家湾乡永丰村西侧的台地上。地理坐标为北纬34°50′，东经105°09′（图二一一）。三普时在永丰村下咀儿南发现了齐家文化遗存。

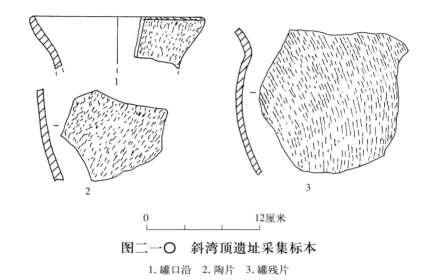

图二一〇　斜湾顶遗址采集标本

1. 罐口沿　2. 陶片　3. 罐残片

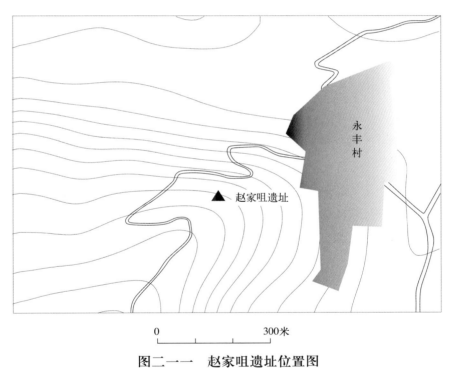

图二一一　赵家咀遗址位置图

　　2017年早期秦文化联合考古队又进行了复查，在永丰村西侧台地断面上发现有土坑墓遗迹，开口距地表约4、墓室宽约1.5米。地面上采集一些陶片和瓦片，部分标本如下（图二一二）。

　　标本赵家咀：1，瓦片。夹砂灰陶，表面饰整齐属绳纹。残长12、宽10、厚1.6厘米（图二一二，1）。时代为汉代。

　　标本赵家咀：2，陶片。泥质深灰陶。器下腹残片。表面残留少量绳纹。残长11、宽7、厚1.2厘米（图二一二，2）。时代为汉代。

　　标本赵家咀：3，瓦片。弧形，应为板瓦残片。泥质灰陶。正面饰绳纹，背面有整齐的方形

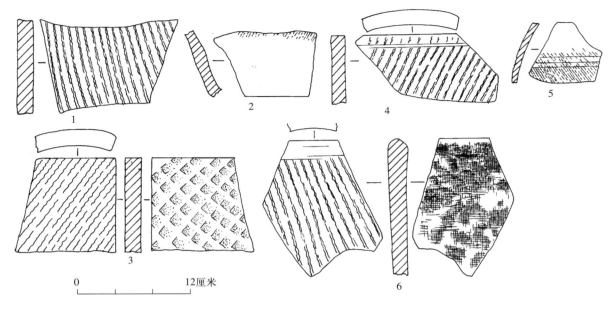

图二一二　赵家咀遗址采集标本

1、3、4、6.瓦片　2、5.陶片

压印纹。残长10.6、宽10、厚1.6厘米（图二一二，3）。时代为汉代。

标本赵家咀：4，瓦片。泥质红陶，拱形。表面饰绳纹。残长16、宽8、厚2厘米（图二一二，4）。时代为汉代。

标本赵家咀：5，陶片。泥质深灰陶。表面先饰绳纹，上有弦纹。残长8、宽7、厚0.8厘米（图二一二，5）。时代为汉代。

标本赵家咀：6，瓦片。泥质灰陶。拱形。正面饰整齐斜绳纹，背面有布纹。残长17、宽6、厚2厘米（图二一二，6）。时代为汉代。

第四节　武山县

一　概况

武山县位于天水市西部，东与甘谷县相接，西与定西市漳县接壤，南抵礼县、岷县，北靠陇西和通渭县。总面积2011平方千米。下辖13个镇2个乡。

地貌可分为三个单元，北部为黄土侵蚀堆积地貌；中部属渭河地堑谷，河流侵蚀冲击地貌；南部属秦岭褶皱断块山地，中低山地貌。最高点为天爷梁主峰，海拔3120米，最低点为东部洛门盆地，海拔1365米。

境内最大河流为渭河，干流自西向东从县东北部流过，流长48千米。其支流水系南部发达，较大支流有榜沙河、漳河、山丹河、大南河、聂河。北部多为季节性小河，较大支流有响河、何家沟等。

　　武山史前考古始于1947年裴文中先生短暂的考古调查，发现了石岭下、孟家庄、涧滩、赵家坪等遗址。并敏锐地指出石岭下遗址发现的彩陶有其特殊性，当发掘研究，后来严文明等提出了石岭下类型。由于时间紧，调查集中在渭河干流两岸较小的范围之内。1957年第一次文物普查，甘肃学者张学正、郭德勇等进行再次调查，发现了几十处遗址，文化属性包括仰韶文化、齐家文化、周代等，规模较大者有大坪头遗址、观儿下遗址、傅家门遗址、刘家墩遗址、西旱坪遗址等。1984年在鸳鸯镇的狼叫屲遗址发现了距今3.8万年的旧石器时代晚期的古人类化石，称为"武山人"。1991～1993年，中国社会科学院考古研究所甘青队前后五次发掘了傅家门遗址，收获颇丰，意义重大。

　　21世纪初，实施了全国第三次文物普查，基本摸清了古遗址分布情况及遗址属性（图二一三）。2017年秦文化与西戎文化项目组对渭河上游再次调查，尝试运用了一套新研发的GIS系统，对一些规模较大遗存丰富的遗址分为若干采集点，目的是进一步深入了解遗址中各时期

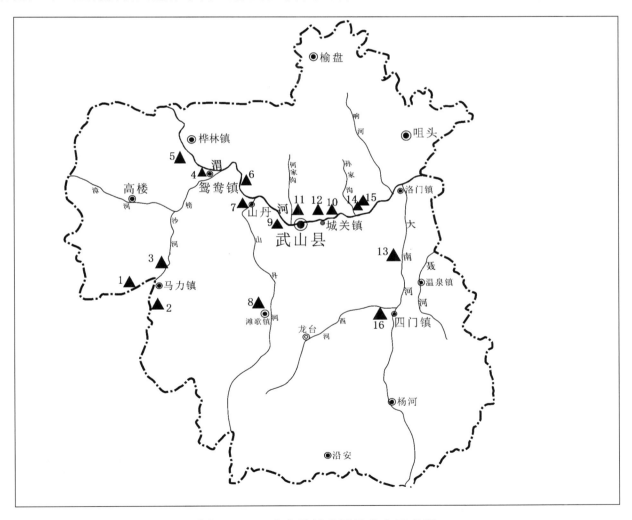

图二一三　武山县部分遗址分布示意图

1. 北堡遗址　2. 民武遗址　3. 王门墓地　4. 鸳鸯镇遗址　5. 塔子坪遗址　6. 东家坪遗址　7. 墩台下遗址　8. 马坪遗址　9. 石岭下遗址　10. 大坪头遗址　11. 杜家楞遗址　12. 令川墓地　13. 观儿下遗址　14. 刘坪遗址　15. 寺屲遗址　16. 南坪遗址

遗存的分布情况，为以后全面的聚落研究作充分的准备。同时，此次调查组整合了传统田野考古学、环境考古、历史地理等各方面的人员，全方位地展开研究。

二　遗址分述

1. 马力镇北堡遗址

北堡遗址位于马力镇北堡村西北，榜沙河支流龙川河北岸二级阶地上（图二一四）。东侧有小河汇入龙川河。遗址由于河流冲刷形成三角形，西北高东南低，地表现为菜地或荒地。南北长约800、东西宽300米，面积达24万平方米。遗址内有长约300、宽120米，面积3600平方米的长方形堡子，因此得名。

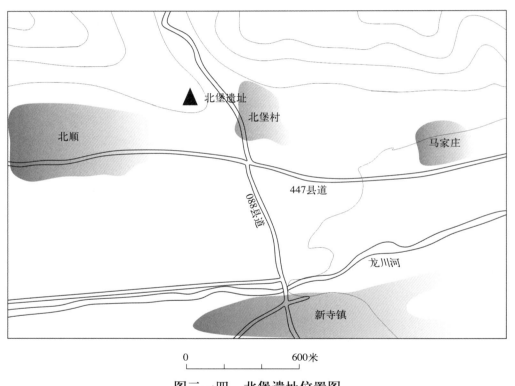

图二一四　北堡遗址位置图

20世纪60年代由张学正等首次发现，确认为仰韶、齐家文化遗址。二、三普进行了复查。2017年早期秦文化联合考古队又进行了调查，发现堆积丰富的文化层，地面可采集到大量的陶片等标本。采集的部分标本如下（图二一五～二一八；彩版七二、七三）。

标本北堡：1，罐口沿。夹砂红陶。口微敛，平沿，沿下饰粗绳纹。口径32、残高4.4、厚1厘米（图二一五，1；彩版七二，1）。时代为仰韶文化晚期。

标本北堡：2，缸口沿。夹砂灰陶。敛口，圆唇，平沿，沿内侧有一周凹槽。口径30、残高4.4、厚1.2厘米（图二一五，2；彩版七二，2）。时代为仰韶文化晚期。

标本北堡：3，盆口沿。夹砂红陶。侈口，窄平沿，斜方唇。素面。残宽约6、高4、厚0.6厘米（图二一五，3；彩版七二，3）。时代为马家窑文化时期。

标本北堡：4，盆口沿。泥质红陶。敛口，窄平沿，斜方唇。沿下有一道凹槽。素面。口径36、残高3、厚0.8厘米（图二一五，4；彩版七二，4）。时代为仰韶文化晚期。

标本北堡：5，陶片。泥质红陶。侈口，沿稍卷，圆唇。沿内侧饰黑彩弧边三角纹和条带纹。沿上有一穿，单面锥钻形成。残宽约8、高3、厚0.6厘米（图二一五，5；彩版七二，5）。时代为马家窑文化时期。

标本北堡：6，陶片。泥质红陶。饰黑彩平行条带纹。残宽约2.8、高3、厚0.6厘米（图二一五，6；彩版七二，6）。时代为马家窑文化时期。

标本北堡：7，陶纺轮。泥质灰陶。中部有穿，为两侧对钻形成。表面磨光。外径8.4、内径1.6、厚1.5厘米（图二一五，7；彩版七二，7）。时代为马家窑文化时期。

标本北堡：8，罐口沿。泥质褐陶。口微敛，窄平沿，尖圆唇。唇外一道凹槽。素面。残高约4、口径22、厚0.8厘米（图二一六，8；彩版七二，8）。时代为仰韶文化晚期。

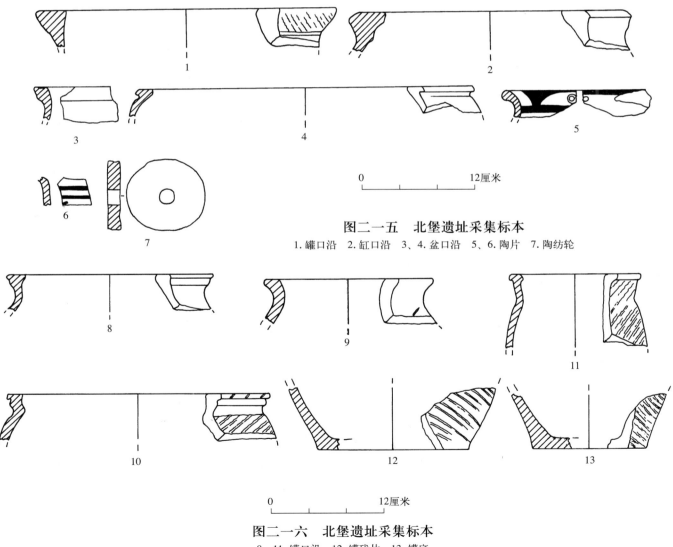

图二一五　北堡遗址采集标本
1.罐口沿　2.缸口沿　3、4.盆口沿　5、6.陶片　7.陶纺轮

图二一六　北堡遗址采集标本
8～11.罐口沿　12.罐残片　13.罐底

标本北堡：9，罐口沿。夹砂红陶。侈口，平沿，方唇，束颈。颈部抹光。口径18、残高5、厚1.6厘米（图二一六，9；彩版七三，1）。时代为仰韶文化晚期。

标本北堡：10，罐口沿。夹砂红陶。平沿，方唇。沿内侧凹陷，外侧一道细凹槽。唇端有压印纹。束颈。肩部饰绳纹。口径28、残高约5、厚1厘米（图二一六，10；彩版七三，2）。时代为仰韶文化晚期。

标本北堡：11，罐口沿。夹砂红陶。近"T"形沿，圆唇，斜直颈。颈、肩饰绳纹。口径14、残高约8、厚0.8厘米（图二一六，11；彩版七三，3）。时代为仰韶文化中期偏晚。

标本北堡：12，罐残片，下腹与底相连部。夹砂灰褐陶。斜腹，平底。饰斜绳纹。底径16、残高约6.6、厚1.2厘米（图二一六，12；彩版七三，4）。时代为仰韶文化晚期。

标本北堡：13，罐底。夹砂灰褐陶。斜腹，平底。饰斜向粗绳纹。底径12、残高6、厚1.4厘米（图二一六，13）。时代为仰韶文化晚期。

标本北堡：14，罐底。夹砂红褐陶。斜腹，平底。饰横向粗绳纹。底径16、残高4、厚1.6厘米（图二一七，14；彩版七三，5）。时代为仰韶文化晚期。

标本北堡：15，陶片，应为钵腹部残片。泥质红陶。饰黑彩弧线纹。残宽6.6、残高4、厚0.4厘米（图二一七，15；彩版七三，6）。时代为仰韶文化马家窑文化时期。

标本北堡：16，陶片，应为尖底瓶残片。泥质红陶。饰交错细绳纹。宽9、残高约9、厚1厘米（图二一七，16；彩版七三，7）。时代为仰韶文化时期。

标本北堡：17，罐口沿。夹砂灰陶。侈口，口沿截面"T"形，即铁轨式口沿。圆唇。重唇口，口微敛，斜折沿。磨光。口径约36、残高4、厚0.6厘米（图二一八，17）。时代为仰韶文化中期。

标本北堡：18，盆口沿。夹砂红陶。侈口，窄平沿，方唇。腹部饰多道平行弦纹。口径18、残高约4.4、厚0.6厘米（图二一八，18）。时代为仰韶文化时期。

标本北堡：19，陶片。泥质黄陶。应为尖底瓶残片。饰交错细绳纹。残宽8.8、残高7、厚0.8厘米（图二一八，19）。时代为仰韶文化时期。

标本北堡：20，陶片。夹砂红陶。表面饰交错粗绳纹。残宽约10、高10、厚0.8厘米（图二一八，20）。时代为仰韶文化时期。

标本北堡：21，尖底瓶口。泥质黄褐陶。重唇口，内口为直口，尖唇。素面，口内侧有横向抹痕。口径6.4、残高5、厚0.8厘米（图二一八，21；彩版七三，8）。时代为仰韶文化中期。

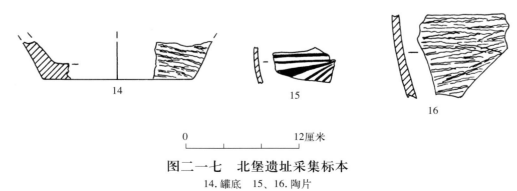

图二一七　北堡遗址采集标本

14. 罐底　15、16. 陶片

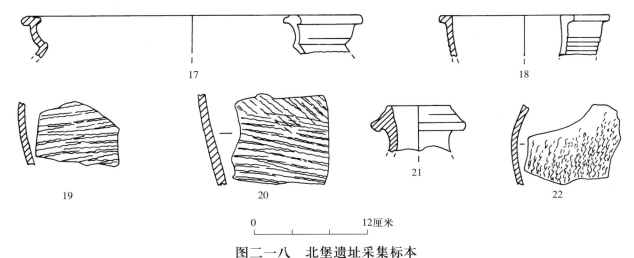

图二一八　北堡遗址采集标本

17. 罐口沿　18. 盆口沿　19、20、22. 陶片　21. 尖底瓶口

标本北堡：22，陶片。夹砂黄褐陶。饰粗绳纹。残宽10、残高8.8、厚0.6厘米（图二一八，22）。时代为齐家文化时期。

2. 马力镇民武遗址

民武遗址位于马力镇民武村东侧，地处榜沙河与其支流曾家河交汇处，榜沙河东岸，曾家河北岸（图二一九）。与东家坪遗址隔河相望。总面积约20万平方米。

三普时发现了仰韶中期庙底沟类型和马家窑文化遗存。此次调查又发现了战国时期的遗存。采集的部分标本如下（图二二〇、二二一；彩版七四）。

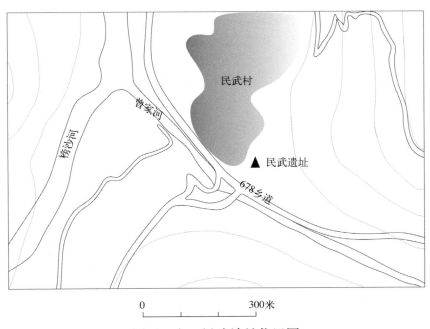

图二一九　民武遗址位置图

标本民武：1，罐肩部。泥质浅灰陶。宽溜肩。素面。宽8、残高5.5、壁厚0.7厘米（图二二〇，1；彩版七四，1）。时代为战国时期。

标本民武：2，陶片，应为肩腹相连部。泥质浅灰陶。表面部分素面，部分饰绳纹，间以凹弦纹。残长6.2、残高7.2、厚0.9厘米（图二二〇，2；彩版七四，2）。时代为战国时期。

标本民武：3，腹片。泥质灰陶。表面局部饰绳纹。宽5.7、残高7.2、厚0.6厘米（图二二〇，3；彩版七四，3）。时代为战国时期。

标本民武：4，陶片。泥质灰陶。饰绳纹。宽5.4、残高4.7、厚0.7厘米（图二二〇，4；彩版七四，4）。时代为战国时期。

标本民武：5，罐口沿。泥质红陶。侈口，沿内侧凹，圆唇上扬。素面。口径22、残高6、壁厚0.8厘米（图二二一，5；彩版七四，5）。时代为仰韶文化中期。

标本民武：6，罐口沿。夹砂红陶。口微敛，厚圆唇。沿内有一周凸棱，颈部两道平行凹槽。饰绳纹。口径20.4、残高4、壁厚0.8厘米（图二二一，6；彩版七四，6）。时代为仰韶文化中期。

标本民武：7，罐口沿。夹砂红陶。敛口、圆唇。口沿内有一周凹槽。沿下饰绳纹。口径30、残高4、壁厚1.4厘米（图二二一，7；彩版七四，7）。时代为仰韶文化中期。

标本民武：8，陶片。夹砂红陶。饰细绳纹。残宽9、高10、壁厚0.8厘米（图二二一，8）。时代为仰韶文化晚期。

标本民武：9，陶片。应为瓶腹部残片。泥质红陶。先饰细绳纹，后抹光呈平行条纹。残宽约6、高11.2、壁厚0.6厘米（图二二一，9；彩版七四，8）。时代为仰韶文化时期。

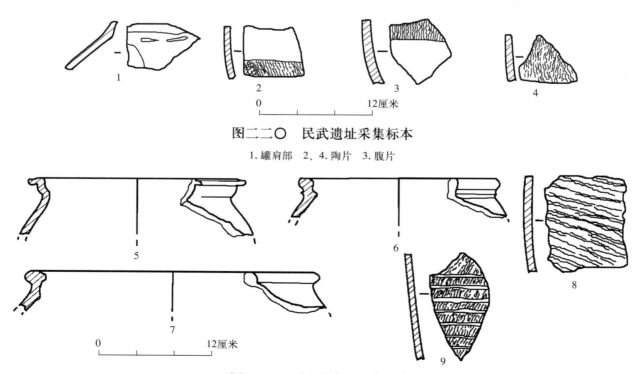

图二二〇　民武遗址采集标本
1.罐肩部　2、4.陶片　3.腹片

图二二一　民武遗址采集标本
5~7.罐口沿　8、9.陶片

3. 马力镇王门墓地

王门墓地位于马力镇王门村西北，榜沙河西岸二级阶地上，与河床高差约80米。地理坐标为东经104°42′，北纬34°42′（图二二二；彩版七五，1）。墓葬主要分布在山顶上，可见大量盗洞与密集的探孔。从采集到的标本判断，文化属性与甘谷毛家坪B组遗存、清水刘坪墓地等西戎文化非常相近，推测为一处戎人墓地，时代为战国时期。采集标本如下（图二二三）。

标本王门：1，罐。夹砂灰褐陶。侈口，圆唇，溜肩。素面。口径10、残高8、壁厚0.8厘米（图二二三，1）。时代为战国时期。

标本王门：2，罐底。夹砂红褐陶。斜腹，平底。表面饰斜绳纹。底径8、残高4、壁厚1厘米（图二二三，2）。时代为战国时期。

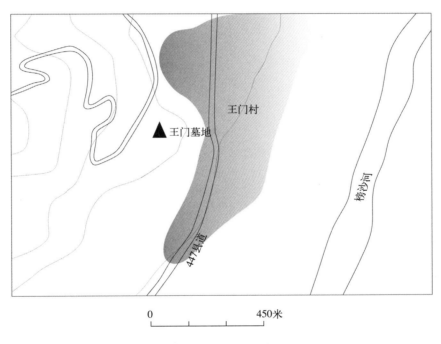

图二二二 王门墓地位置图

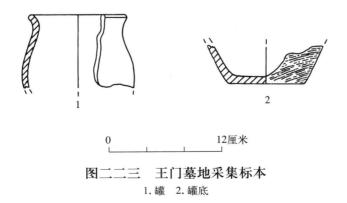

图二二三 王门墓地采集标本

1. 罐 2. 罐底

4. 马力镇东家坪遗址

东家坪遗址位于马力镇东家坪村，地处榜沙河与其支流曾家河交汇处，榜沙河东岸，曾家河南岸。地理坐标为北纬34°38′，东经104°41′（图二二四）。

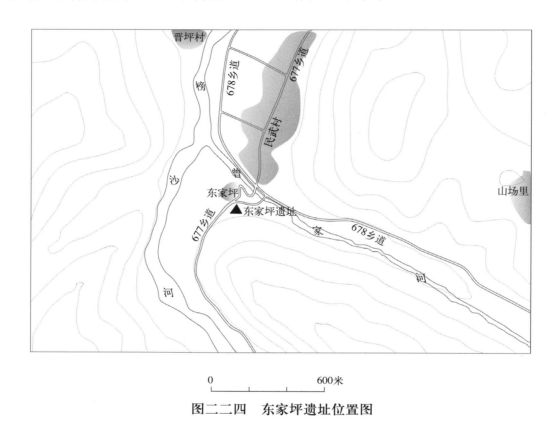

图二二四　东家坪遗址位置图

2017年秦文化与西戎文化项目组进行了调查，发现2处文化层断面，2座灰坑和1座白灰面房址。文化层长约5、厚约0.8米，包含有骨头、木炭和烧土，陶片以绳纹灰陶为主。灰坑记为H1和H2，H1打破H2。H2中包含有灰土、木炭、烧土和陶片，其中可辨器形有豆盘、铲足。白灰面厚约0.3厘米，长约3.5米。地面采集有史前陶片及绳纹灰陶，还有石器。部分标本如下（图二二五）。

标本东家坪：1，罐肩部。泥质黄陶。斜肩。宽8、残高约9、厚1厘米（图二二五，1）。时

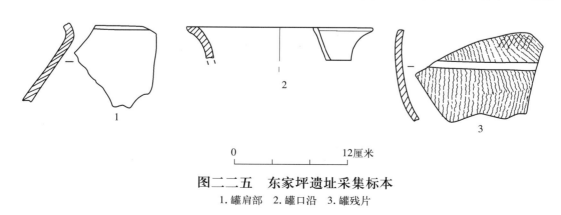

图二二五　东家坪遗址采集标本
1. 罐肩部　2. 罐口沿　3. 罐残片

代为齐家文化时期。

标本东家坪：2，罐口沿。夹砂灰陶。喇叭口，沿面及沿端有凹弦纹。口径20、残高3.6、壁厚0.8厘米（图二二五，2）。时代为东周时期。

标本东家坪：3，罐残片，罐腹部分。夹砂灰褐陶。表面饰绳纹，绳纹上抹成几道宽弦纹。宽12、残高10、厚0.7厘米（图二二五，3）。时代为东周时期。

5. 鸳鸯镇遗址

鸳鸯镇遗址位于鸳鸯镇西北，榜沙河的一、二级阶地之上，榜沙河与渭河的交汇处（图二二六；彩版七五，2）。一级阶地现为鸳鸯镇占据，古遗址多在二级阶地。面积大约30万平方米。

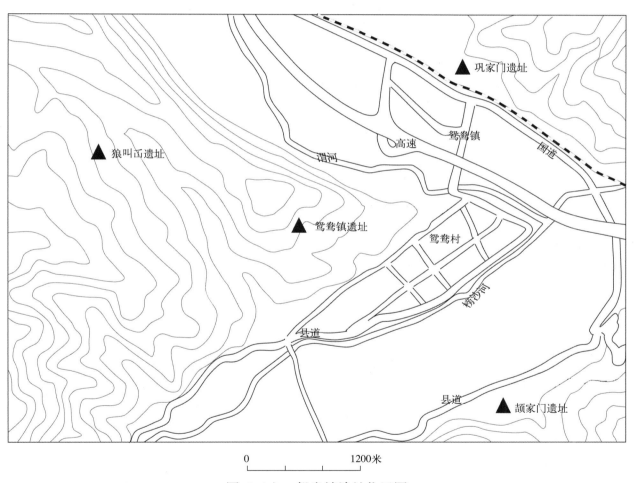

图二二六 鸳鸯镇遗址位置图

2017年项目组进行了调查，整个遗址大体呈扇形，西北高东南低，北临渭河，南侧有一条自然冲沟，中部有两条较短的冲沟，形成时间应该都较晚。以中部冲沟为界大体可分为东西两区，西区为居址区，东区为墓葬区，但两区非同一时间段来使用。从西区发现的文化层和灰坑，遗迹地表采集到的陶片来判断，齐家文化遗存分布较丰富，更早的史前文化遗存发现较少。东区则以墓葬为主，发现多处长方形盗洞且较为密集，在一处盗洞边发现一片辛店文化

（或寺洼文化）的陶罐口沿部分，地面也采集到寺洼文化的陶罐耳部，因此初步推断东区可能为一处青铜时代墓地。采集的部分标本如下（图二二七、二二八；彩版七六）。

标本鸳鸯镇：1，罐口沿。夹砂红陶。侈口，方唇。颈部饰绳纹。口径22.4、残高5.6、壁厚0.8～1.2厘米（图二二七，1；彩版七六，1）。时代为齐家文化时期。

标本鸳鸯镇：2，陶片。夹砂红陶。表面饰篮纹。宽8.8、残高5、壁厚0.6厘米（图二二七，2）。时代为齐家文化时期。

标本鸳鸯镇：3，罐底。夹砂红褐陶。斜腹，底部凹陷。饰绳纹。底径12、残高4、壁厚0.6～0.8厘米（图二二七，3）。时代为齐家文化时期。

标本鸳鸯镇：4，罐肩部。夹砂红陶，折肩。肩部素面，腹部饰篮纹。残宽4.4、残高8、壁厚0.4～1.4厘米（图二二七，4；彩版七六，2）。时代为齐家文化时期。

标本鸳鸯镇：5，陶片。夹砂红褐陶。饰粗绳纹。宽8、残高约10、壁厚0.6～1.2厘米（图二二七，5）。时代为齐家文化时期。

标本鸳鸯镇：6，陶片。夹砂红褐陶。饰横篮纹。宽6.6、残高约6、壁厚0.4厘米（图二二七，6）。时代为齐家文化时期。

标本鸳鸯镇：7，陶片。泥质橙黄陶。饰一道凹弦纹。宽5.4、残高7.2、壁厚0.6厘米（图二二七，7；彩版七六，3）。时代为齐家文化时期。

标本鸳鸯镇：8，罐残片。夹砂红陶。直口，方唇，高领，阔肩。饰绳纹，颈部一道抹光。口径16、残高7、壁厚0.4厘米（图二二七，8；彩版七六，4）。时代为齐家文化时期。

标本鸳鸯镇：9，罐残片。夹砂灰褐陶。直颈、斜肩。宽耳接于肩部，饰浅绳纹。宽5.4、残高4.2、壁厚0.6厘米（图二二七，9）。时代为齐家文化时期。

标本鸳鸯镇：10，罐口沿。泥质黑陶，敛口，尖圆唇，直腹。器表抹光。口径34.4、残高8、壁厚0.8～1.2厘米（图二二八，10；彩版七六，5）。时代为仰韶文化晚期。

标本鸳鸯镇：11，罐口沿。夹砂灰褐陶。直口，方唇。饰横向绳纹。口径34.8、残高5.2、

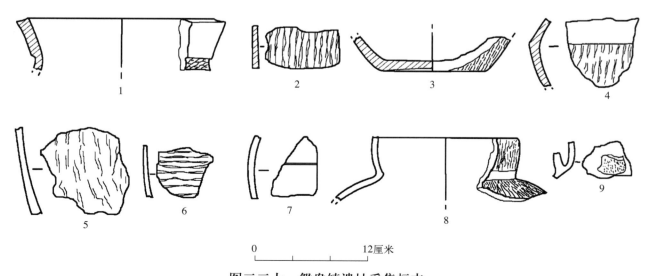

0　　　　　　　　12厘米

图二二七　鸳鸯镇遗址采集标本
1.罐口沿　2、5～7.陶片　3.罐底　4.罐肩部　8、9.罐残片

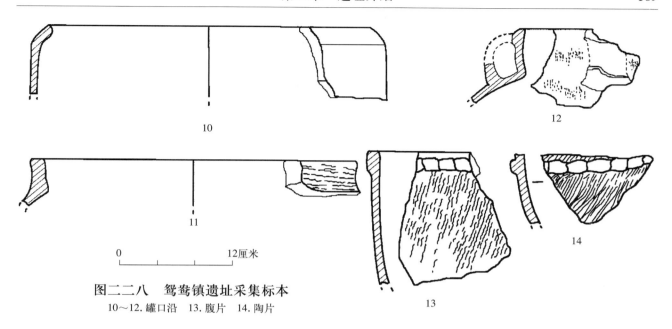

图二二八　鸳鸯镇遗址采集标本

10～12. 罐口沿　13. 腹片　14. 陶片

壁厚1厘米（图二二八，11；彩版七六，6）。时代为仰韶文化时期。

　　标本鸳鸯镇：12，罐口沿。夹砂红陶。直口，圆唇，肩部有耳。口径8、残高9、壁厚0.6～1厘米（图二二八，12；彩版七六，7）。时代为齐家文化时期。

　　标本鸳鸯镇：13，腹片。夹砂红陶。饰附加堆纹和绳纹。残宽11、残高13.4、壁厚0.8厘米（图二二八，13）。时代为仰韶文化晚期。

　　标本鸳鸯镇：14，陶片。泥质红陶。微弧。饰绳纹和附加堆纹。宽11、残高7、壁厚1厘米（图二二八，14；彩版七六，8）。时代为仰韶文化晚期。

6. 鸳鸯镇苟山村遗址

　　位于天水市武山县鸳鸯镇苟家山村北侧，漳河支流西岸二级阶地上。地理坐标为北纬34°47′，东经104°44′（图二二九；彩版七七，1）。其位置与狼叫凸遗址重合，为了区别狼叫凸旧石器遗址，三普时发现的齐家文化遗址命名为苟山村遗址。苟山村遗址东西长300、南北宽100米，面积约3万平方米，暴露有灰坑和白灰面居址等遗迹，齐家文化泥质或夹砂绳红陶片，纹饰多为绳纹。

　　1984年和1987年在狼叫凸遗址采集到原始人头骨化石、颈骨化石、肋骨化石以及打制的石球、尖状器等遗物标本。人头骨化石经测定属于旧石器时代晚期，是与河套人同时期的晚期智人，距今3.8万年，被命名为"武山人"。2013年公布为第七批全国重点文物保护单位。

　　2017年项目组又进行了调查，发现一处白灰面房址和一座灰坑H1。白灰面为双层，长约6米，双层白灰面两层间距约10厘米。灰坑H1，圜底，距地表约1米，剖面宽2.1、深1.8米，包含有木炭、红烧土和少量陶片，采集有土样。H1中采集的标本如下（图二三〇）。

　　标本苟山村：1，罐残片。下腹及底部。泥质红陶，下腹急收，小平底。腹部饰竖向刻划纹。底径4.4、残高约4.4、壁厚0.5～0.8厘米（图二三〇，1）。时代为齐家文化时期。

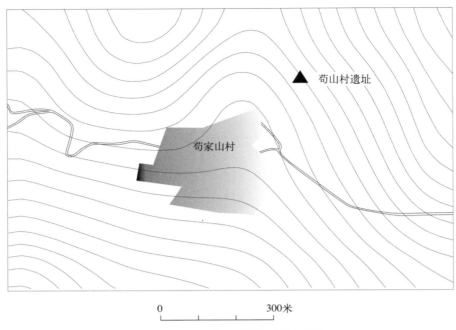

图二二九　苟山村遗址位置图

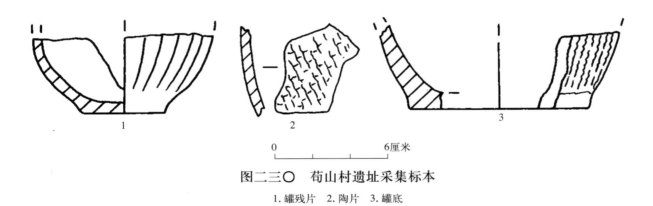

图二三〇　苟山村遗址采集标本
1. 罐残片　2. 陶片　3. 罐底

标本苟山村：2，陶片。夹砂红陶，有黑色烟炱。表面饰麦粒状绳纹。残长约5、宽3、壁厚0.6厘米（图二三〇，2）。时代为齐家文化时期。

标本苟山村：3，罐底。夹砂灰陶。弧腹，平底。下腹饰绳纹，有烟炱。底径9.6、残高约4.6厘米（图二三〇，3）。时代为齐家文化时期。

7. 鸳鸯镇新庄遗址

位于武山县鸳鸯镇丁家门村新庄西侧，榜沙河北岸台地上。东西长400、南北宽100米，总面积约4万平方米（图二三一）。

三普调查发现断面上暴露有灰坑和白灰面居址等遗迹，采集有泥质或夹砂陶片，纹饰有绳纹和篮纹等，属齐家文化遗存。2017年早期秦文化联合考古队又进行了调查，发现了东周时期的遗存。部分标本如下（图二三二；彩版七七，2～5）。

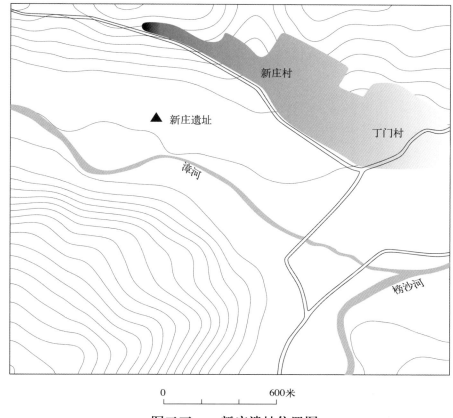

图二三一 新庄遗址位置图

标本新庄：1，盆残片。泥质灰陶。直口，方唇，沿面呈凹形，外低内高。肩、腹部饰浅绳纹。口径48、残高约13.2、壁厚0.7厘米（图二三二，1；彩版七七，2）。时代为东周时期。

标本新庄：2，罐残片。泥质灰陶。直口，重唇。宽圆肩外鼓。腹部饰竖绳纹。口径28、残高约15.2、壁厚1厘米（图二三二，2；彩版七七，3）。时代为东周时期。

标本新庄：3，盆残片。泥质灰陶。口微敛，平沿，方唇。腹部一道凸棱。口径41.4、残高约9、壁厚0.8厘米（图二三二，3；彩版七七，4）。时代为东周时期。

标本新庄：4，盆残片。泥质灰陶。直口，卷沿，圆唇。腹部一道凸棱。口径44、残高约10、壁厚0.9厘米（图二三二，4；彩版七七，5）。时代为东周时期。

8. 桦林乡塔子坪遗址

塔子坪遗址位于桦林乡高崖村以西约1千米的台地上，南侧有条小河沟。地理坐标为东经104°41'，北纬34°50'（图二三三；彩版七八，1）。地势北高南低，呈缓坡，东西两侧均为自然冲沟。东西长约300、南北长500米，面积约15万平方米。

2017年项目组进行了调查，在遗址断面上发现多处灰层、灰坑等，堆积较丰富，地面上采集彩陶、红陶片以及陶环等。经初步判断大部分为仰韶文化晚期遗物，另发现有多处盗洞，初步判断为汉墓。采集的部分标本如下（图二三四～二四一；彩版七八～八四）。

标本塔子坪：1，罐底。泥质红陶。斜腹，平底。表面饰绳纹。底径12、残高5.4、壁厚

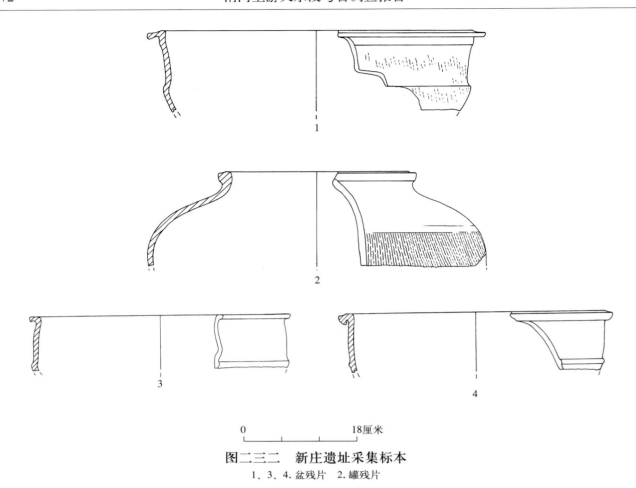

0 _____ 18厘米

图二三二　新庄遗址采集标本

1、3、4. 盆残片　2. 罐残片

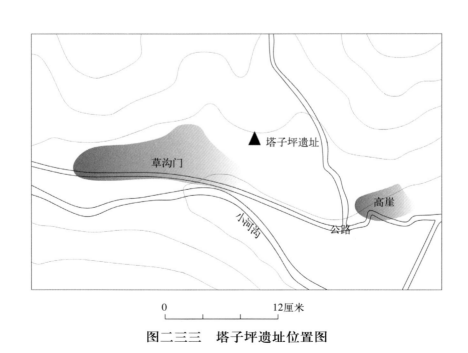

0 _____ 12厘米

图二三三　塔子坪遗址位置图

0.6~1厘米（图二三四，1；彩版七八，2）。时代为仰韶文化时期。

　　标本塔子坪：2，钵口沿。泥质黄褐陶。口微敛，圆唇。素面。口径26.8、残高4、壁厚0.6~1.2厘米（图二三四，2；彩版七八，3）。时代为仰韶文化时期。

　　标本塔子坪：3，彩陶片。泥质红陶。表面饰黑彩弧线纹。残宽2.4、高4、壁厚0.5厘米（图二三四，3；彩版七八，4）。时代为仰韶文化晚期。

　　标本塔子坪：4，腹片。泥质红陶。表面饰细绳纹。残宽约22、高16、壁厚1.2厘米（图二三四，4；彩版七八，5）。时代为仰韶文化时期。

　　标本塔子坪：5，盆残片。泥质红陶。侈口，宽平沿。素面。口径26、残高8、壁厚1~1.2厘米（图二三四，5；彩版七九，1）。时代为仰韶文化晚期。

　　标本塔子坪：6，彩陶片。泥质红陶。表面饰黑彩。残宽2.7、高3.7、壁厚0.6~1厘米（图二三四，6；彩版七九，2）。时代为仰韶文化时期。

　　标本塔子坪：7，罐口沿。夹砂红陶。侈口，窄沿，束颈。肩部饰绳纹。口径32、残高4.4、壁厚1~2厘米（图二三四，7；彩版七九，3）。时代为仰韶文化时期。

　　标本塔子坪：8，彩陶片。泥质红陶。表面饰黑彩圆点弧线纹。残宽7.2、高2.6、壁厚0.6~1.4厘米（图二三四，8；彩版七九，4）。时代为仰韶文化晚期。

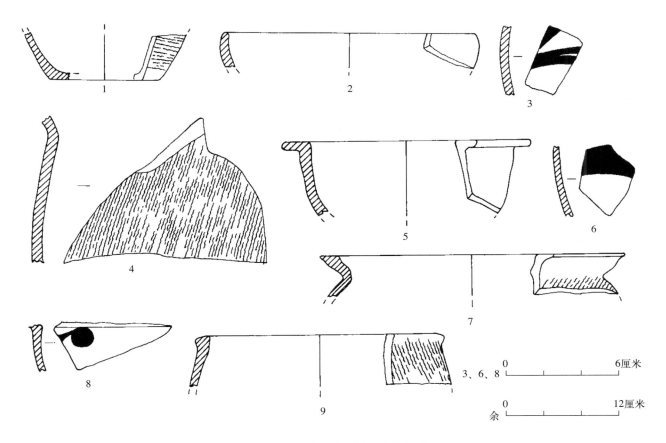

图二三四　塔子坪遗址采集标本
1.罐底　2.钵口沿　3、6、8.彩陶片　4.腹片　5.盆残片　7、9.罐口沿

　　标本塔子坪：9，罐口沿。夹砂红陶。口微敛，窄沿，尖圆唇。表面饰细绳纹。口径26、残高5.4、壁厚0.8～1.6厘米（图二三四，9；彩版七九，5）。时代为仰韶文化时期。

　　标本塔子坪：10，陶片。泥质红陶。表面饰交错细绳纹。残宽3.6、残高3.9、壁厚1.4厘米（图二三五，10；彩版七九，6）。时代为仰韶文化时期。

　　标本塔子坪：11，陶片。泥质红陶。表面饰绳纹。残宽4.8、高6.7、壁厚1.2厘米（图二三五，11；彩版七九，7）。时代为仰韶文化时期。

　　标本塔子坪：12，陶片。泥质红陶。表面饰绳纹。残宽5.5、残高5.4、壁厚0.8～1厘米（图二三五，12；彩版七九，8）。时代为仰韶文化时期。

　　标本塔子坪：13，陶片。夹砂灰陶。表面饰交错绳纹，上饰条状附加堆纹。残宽7、残高6.4、壁厚0.7～1.1厘米（图二三五，13；彩版八〇，1）。时代为仰韶文化时期。

　　标本塔子坪：14，陶片。泥质红陶。表面饰绳纹。残宽5.2、高5、壁厚0.8～1厘米（图

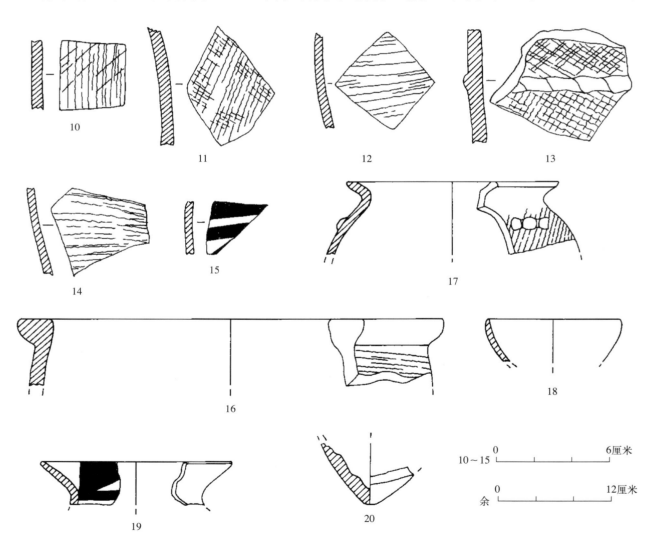

图二三五　塔子坪遗址采集标本

10～14.陶片　15.彩陶片　16、19.罐口沿　17.鬲残片　18.钵口沿　20.尖底瓶底

二三五，14；彩版八〇，2）。时代为仰韶文化时期。

标本塔子坪：15，彩陶片。泥质红陶。表面饰黑彩条带纹。残宽3.1、高3、壁厚0.4～0.6厘米（图二三五，15；彩版八〇，3）。时代为马家窑文化时期。

标本塔子坪：16，罐口沿。夹砂红陶。平沿，尖圆唇，口微侈。表面饰弦纹。口径约44、残高7、壁厚1.6～3.6厘米（图二三五，16；彩版八〇，4）。时代为仰韶文化晚期。

标本塔子坪：17，鬲残片。夹砂灰陶。侈口，斜沿，尖圆唇，束颈，溜肩。肩部饰绳纹，上饰附加堆纹。口径约22、残高8、壁厚1厘米（图二三五，17；彩版八〇，5）。时代为东周时期。

标本塔子坪：18，钵口沿。泥质红陶。口微敛。深腹，素面。口径约14、残高4.6、壁厚0.4～0.8厘米（图二三五，18；彩版八〇，6）。时代为仰韶文化晚期。

标本塔子坪：19，罐口沿。泥质红陶。侈口，尖圆唇，斜腹。口沿内侧饰黑彩。口径20、残高4.6、壁厚0.4～0.8厘米（图二三五，19）。时代为马家窑文化时期。

标本塔子坪：20，尖底瓶底。泥质红陶。圆锥状，剖面呈钝角，无实足跟。残宽10、高6.6、壁厚0.4～1.8厘米（图二三五，20；彩版八〇，7）。时代为仰韶文化晚期。

标本塔子坪：21，器耳。夹砂红褐陶。拱形宽扁耳，正面饰竖绳纹。残宽7.2、高12、壁厚1～2.2厘米（图二三六，21；彩版八〇，8）。时代为仰韶文化晚期。

标本塔子坪：22，罐底。泥质灰陶。斜腹，平底。表面饰交错绳纹。底径约28、高5、壁厚1.2～2.8厘米（图二三六，22；彩版八一，1）。时代为仰韶文化晚期。

标本塔子坪：23，罐底。夹砂红陶。斜腹，平底。腹部饰斜粗绳纹。底径约14、残高5.2、壁厚1.4～1.8厘米（图二三六，23；彩版八一，2）。时代为仰韶文化晚期。

标本塔子坪：24，钵口沿。泥质红陶。敛口，尖圆唇。素面。口径约28、残高5、壁厚0.4～0.8厘米（图二三六，24；彩版八一，3）。时代为仰韶文化时期。

标本塔子坪：25，罐残片。泥质红陶。腹部外扩，平底。素面。底径约14、残高7.2、壁厚

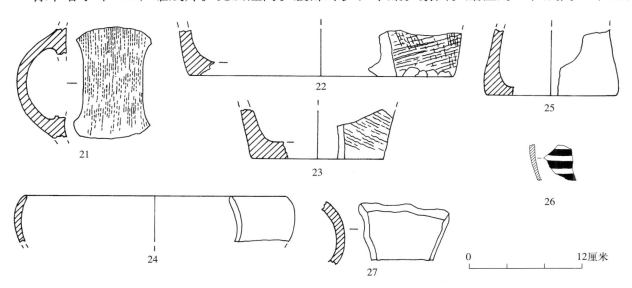

图二三六　塔子坪遗址采集标本

21. 器耳　22、23. 罐底　24. 钵口沿　25. 罐残片　26. 彩陶片　27. 陶片

1～1.6厘米（图二三六，25；彩版八一，4）。时代为仰韶文化时期。

　　标本塔子坪：26，彩陶片。泥质红陶。表面饰黑彩平行条纹。残宽3.1、高3.7、壁厚0.4～0.6厘米（图二三六，26；彩版八一，5）。时代为马家窑文化时期。

　　标本塔子坪：27，陶片，应为底座残片。泥质红陶。素面。残宽9.4、高6.2、壁厚1厘米（图二三六，27；彩版八一，6）。时代为仰韶文化时期。

　　标本塔子坪：28，圆形石器。打制而成，中间厚，边缘薄。直径约10，最厚处约3厘米（图二三七，28；彩版八一，7）。时代为仰韶文化时期。

　　标本塔子坪：29，陶纺轮。泥质灰陶。馒头状，中间有孔。边缘刻划一道圆圈，圈内饰绳纹。边缘呈齿状。外径约5.4、孔径0.6、高1.7厘米（图二三七，29；彩版八一，8）。时代为仰韶文化晚期。

　　标本塔子坪：30，陶环。泥质灰陶。圆形，截面呈弧边三角形。素面。外径约7.6、内径5、厚1厘米（图二三七，30；彩版八二，1）。时代为仰韶文化时期。

　　标本塔子坪：31，罐口沿。泥质红陶。侈口，斜沿，沿内侧饰黑彩圆点纹。口径约10、残

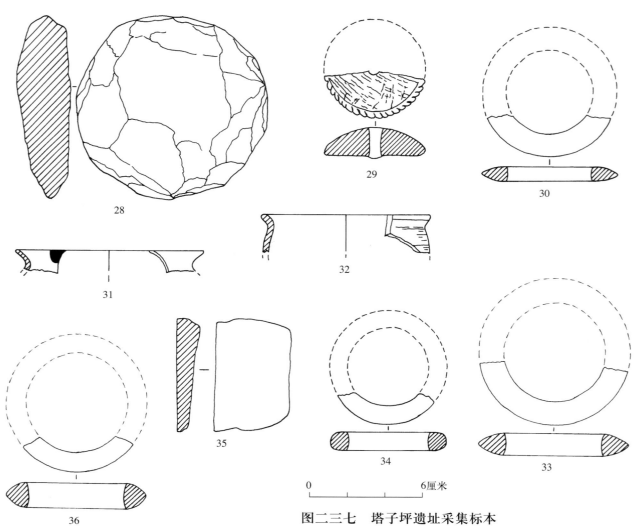

图二三七　塔子坪遗址采集标本

28.圆形石器　29.陶纺轮　30、33、34、36.陶环　31、32.罐口沿　35.石刀

高1、壁厚0.4厘米（图二三七，31；彩版八二，2）。时代为马家窑文化时期。

标本塔子坪：32，罐口沿。夹砂红陶。侈口，斜沿，圆唇。表面饰刻划纹。口径约9、残高2.1、壁厚0.5厘米（图二三七，32；彩版八二，3）。时代为仰韶文化时期。

标本塔子坪：33，陶环。泥质灰陶。圆形，截面呈弧边锐角三角形。素面。外径约7、内径4.4、厚0.8厘米（图二三七，33；彩版八二，4）。时代为仰韶文化时期。

标本塔子坪：34，陶环。泥质灰陶。圆形，截面近似圆形。素面。外径约6、直径4.2、厚1厘米（图二三七，34；彩版八二，5）。时代为仰韶文化时期。

标本塔子坪：35，石刀。青石质，残长约6、宽4、厚0.6～1.2厘米（图二三七，35；彩版八二，6）。时代为仰韶文化时期。

标本塔子坪：36，陶环。泥质灰陶。圆形，截面呈弧边三角形。素面。外径约7、内径5、厚1.2厘米（图二三七，36；彩版八二，7）。时代为仰韶文化时期。

标本塔子坪：37，陶片，应为尖底瓶腹部残片。泥质红陶。表面饰竖向线纹。残长约17、宽12、壁厚约1.2厘米（图二三八，37；彩版八二，8）。时代为仰韶文化时期。

标本塔子坪：38，钵口沿。夹砂红陶。口微敛，尖圆唇。素面。口径约23、残高5、壁厚0.8厘米（图二三八，38；彩版八三，1）。时代为仰韶文化时期。

标本塔子坪：39，罐底。夹砂红褐陶。斜腹，平底。素面。底径12、残高3.2、壁厚1～1.4厘米（图二三八，39；彩版八三，2）。时代为仰韶文化时期。

标本塔子坪：40，罐底。泥质红陶。斜腹急收，平底。底部饰绳纹。底径20、残高5、壁厚1～1.6厘米（图二三八，40；彩版八三，3）。时代为仰韶文化时期。

标本塔子坪：41，罐口沿。泥质红陶。口微敛，宽平沿，方唇。素面。残长约8、高4.8、壁厚0.8厘米（图二三八，41；彩版八三，4）。时代为仰韶文化晚期。

标本塔子坪：42，彩陶片。泥质黄褐陶。表面饰多道黑彩条带纹。残宽约5、高6、壁厚0.5厘米（图二三九，42；彩版八三，5）。时代为马家窑文化时期。

标本塔子坪：43，彩陶片。泥质红陶。表面饰黑彩条带纹。残长7.5、宽4.5、壁厚0.3～0.4

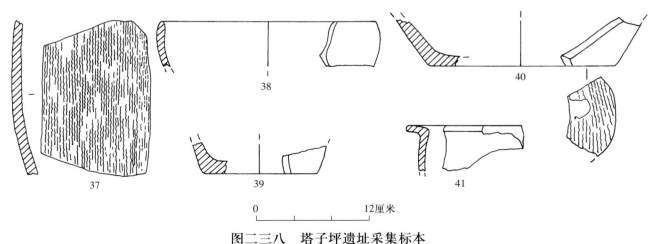

0　　　　　　　　12厘米

图二三八　塔子坪遗址采集标本
37.陶片　38.钵口沿　39、40.罐底　41.罐口沿

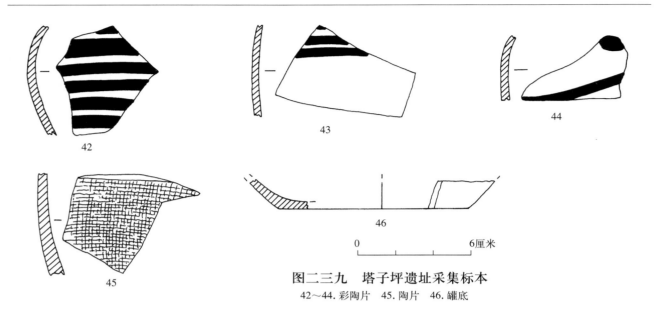

图二三九　塔子坪遗址采集标本

42~44.彩陶片　45.陶片　46.罐底

厘米（图二三九，43；彩版八三，6）。时代为马家窑文化时期。

标本塔子坪：44，彩陶片。泥质深红陶。表面饰黑彩条带圆点纹。残长5.3、宽3.5、壁厚0.3~0.5厘米（图二三九，44；彩版八三，7）。时代为马家窑文化时期。

标本塔子坪：45，陶片。泥质灰褐陶。表面饰交错绳纹。残长约6.7、宽5.5、壁厚0.5~0.8厘米（图二三九，45；彩版八三，8）。时代为仰韶文化时期。

标本塔子坪：46，罐底。泥质红陶。斜腹急收，平底。素面。底径约10、高1.6、壁厚0.8~2厘米（图二三九，46；彩版八四，1）。时代为仰韶文化时期。

标本塔子坪：47，盆口沿。泥质灰陶。口微敛，宽平沿，尖圆唇。素面。口径约38、残高5、壁厚1~1.4厘米（图二四〇，47）。时代为仰韶文化晚期。

标本塔子坪：48，罐口沿。夹砂灰陶。侈口，斜沿，圆唇，沿内侧有一道凹弦纹。肩部饰绳纹。口径约24、残高4、壁厚1~1.6厘米（图二四〇，48）。时代为仰韶文化晚期。

标本塔子坪：49，瓶口沿。泥质红陶。小口微敛，颈部饰多道凹弦纹。口径6、残高6、壁厚0.4~1.2厘米（图二四〇，49；彩版八四，2）。时代为仰韶文化时期。

标本塔子坪：50，钵口沿。泥质红陶。敛口，圆唇。唇外侧饰一道黑彩。口径约24、残高4、壁厚0.8~1厘米（图二四〇，50）。时代为仰韶文化晚期。

标本塔子坪：51，碗口沿。泥质红陶。口微敛，厚圆唇。斜腹。素面。口径约20、残高4.4、壁厚0.6~1.2厘米（图二四〇，51）。时代为仰韶文化晚期。

标本塔子坪：52，陶片。泥质灰陶。残宽7.2、高7.4、壁厚3厘米（图二四〇，52）。时代为仰韶文化时期。

塔子坪灰坑H1

H1开口距地表约2米，袋状，口部宽约1.5、底部宽2、深1.5米，填土为灰黄色，较致密，包含有陶片、炭粒等。年代应为仰韶文化晚期或马家窑文化时期。采集到若干标本，如下（图二四一，彩版八四，3~8）。

标本塔子坪H1:1，罐口沿。泥质红陶。敞口，宽斜沿，圆唇，沿面一圈突起。束颈。素面。口径约17、残高4、壁厚0.4～0.6厘米（图二四一，1；彩版八四，3）。时代为仰韶文化晚期。

标本塔子坪H1:2，罐底。泥质红陶。斜腹急收，平底。素面。底径约11、残高4.4、壁厚0.6～1厘米（图二四一，2；彩版八四，4）。时代为仰韶文化时期。

标本塔子坪H1:3，罐口沿。夹砂灰褐陶。口微侈，平沿，厚唇。肩部饰交错绳纹。口径约29、残高6、壁厚1.4～2.4厘米（图二四一，3；彩版八四，5）。时代为仰韶文化晚期。

标本塔子坪H1:4，彩陶片。泥质红陶。表面饰黑彩条纹。残宽3.6、高3.4、壁厚0.6厘米（图二四一，4；彩版八四，6）。时代为仰韶文化时期。

标本塔子坪H1:5，罐底。夹砂灰褐陶。斜腹，平底。腹部饰斜粗绳纹。底径约17、残高6.2、壁厚1.2～2.4厘米（图二四一，5；彩版八四，7）。时代为仰韶文化晚期。

标本塔子坪H1:6，陶片。夹砂灰褐陶。表面饰交错粗绳纹。残宽8.2、高9、壁厚1～1.4厘米（图二四一，6；彩版八四，8）。时代为仰韶文化时期。

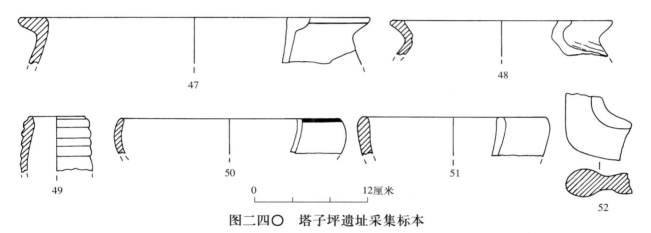

图二四〇　塔子坪遗址采集标本

47.盆口沿　48.罐口沿　49.瓶口沿　50.钵口沿　51.碗口沿　52.陶片

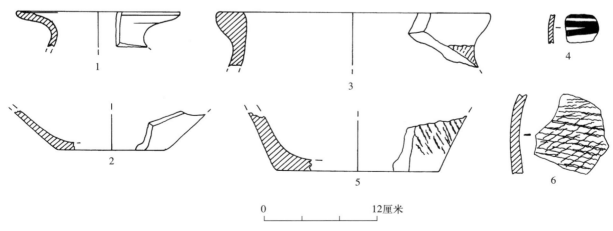

图二四一　塔子坪遗址 H1 采集标本

1、3.罐口沿　2、5.罐底　4.彩陶片　6.陶片

9. 咀头乡寨里儿遗址

寨里儿遗址位于咀头乡寨里儿村北侧，北高南低，呈坡状。北侧为一条渭河二级支流。地理坐标为北纬34°49′，东经105°01′（图二四二；彩版八五，1）。南北长约320、东西长约300米，总面积约10万平方米。

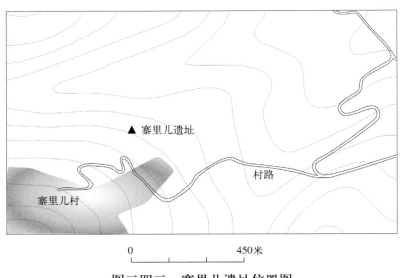

图二四二　寨里儿遗址位置图

三普时发现了白灰面房址和灰坑。地面可采集较多陶片，文化属性包括仰韶中期庙底沟类型、马家窑文化和齐家文化。2017年项目组又进行了调查，发现了丰富的文化层堆积，并采集到若干陶片和石器等，纹饰有绳纹、变形鱼纹、网格纹等。石器有单孔石刀、石斧等。采集的标本如下（图二四三～二四五；彩版八五，2～5）。

标本寨里儿：1，罐口沿。夹砂红褐陶。侈口，圆唇，窄沿，沿面有凹槽。口径20、残高约2.4、壁厚1厘米（图二四三，1）。时代为仰韶文化晚期。

标本寨里儿：2，罐残片。夹砂黄褐陶。侈口，窄斜沿，尖圆唇。直颈。颈部饰浅绳纹。口

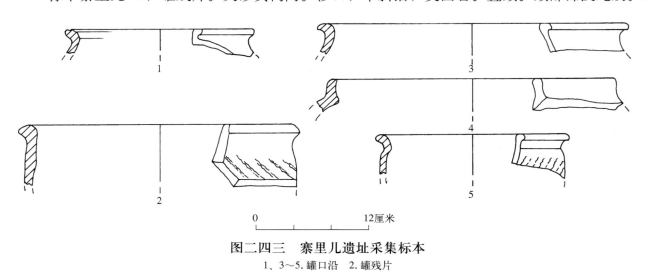

图二四三　寨里儿遗址采集标本

1、3～5.罐口沿　2.罐残片

径29、残高约6.4、壁厚1.3厘米（图二四三，2；彩版八五，2）。时代为仰韶文化晚期。

标本寨里儿：3，罐口沿。泥质灰褐陶。敛口，沿稍卷，束颈。素面。口径32、残高约3、壁厚1～1.2厘米（图二四三，3）。时代为仰韶文化晚期。

标本寨里儿：4，罐口沿。泥质黄褐陶。直口，圆唇，沿内侧呈凹面。口径30、残高约3.2、壁厚1～1.5厘米（图二四三，4）。时代为仰韶文化晚期。

标本寨里儿：5，罐口沿。夹砂红褐陶，侈口，圆唇，束颈。肩部饰绳纹。口径20、残高约4、壁厚0.7厘米（图二四三，5）。时代为仰韶文化晚期。

标本寨里儿：6，陶片。尖底瓶残片。泥质黄褐陶。表面饰线纹。残长10、宽6、厚0.8厘米（图二四四，6）。时代为仰韶文化时期。

标本寨里儿：7，陶片。泥质黄褐陶。表面饰平行弦纹和绳纹。残长约9、宽7、厚0.7厘米（图二四四，7）。时代为仰韶文化晚期。

标本寨里儿：8，陶片。尖底瓶残片。泥质红陶。表面饰细线纹。残长10、宽6、厚0.5～0.7厘米（图二四四，8；彩版八五，3）。时代为仰韶文化晚期。

标本寨里儿：9，钵口沿。夹砂深灰陶。表面饰绳纹，局部交叉，口沿抹光。残长约7、宽6、壁厚0.5厘米（图二四四，9；彩版八五，4）。时代不晚于仰韶文化早期。

标本寨里儿：10，彩陶片。泥质红陶，表面饰黑彩条带纹。残长约2.8、宽2、厚0.7厘米（图二四四，10；彩版八五，5）。时代为仰韶文化时期。

标本寨里儿：11，盆口沿。泥质红陶。敛口，斜沿，方唇。上腹外鼓。沿内侧饰黑彩三角纹。口径约28、残高4、壁厚0.6厘米（图二四五，11）。时代为马家窑文化时期。

标本寨里儿：12，罐口沿。夹砂红褐陶。侈口，窄平沿，沿内侧凹陷，溜肩。颈部一道凹槽，肩部饰绳纹。口径约36、残高6、壁厚1.3厘米（图二四五，12）。时代为仰韶文化晚期。

标本寨里儿：13，罐口沿。泥质灰陶。敛口，圆唇，唇外侧一道细凹槽。素面。口径约30、残高5、壁厚0.8～1厘米（图二四五，13；彩版八六，1）。时代为仰韶文化晚期。

标本寨里儿：14，罐口沿。夹砂红褐陶。口微侈，窄唇，唇外侧下切。表面饰有稀疏绳纹。口径约32、残高4、壁厚0.8厘米（图二四五，14；彩版八六，2）。时代为仰韶文化晚期。

标本寨里儿：15，罐口沿。夹砂红褐陶。敛口，外斜沿，圆唇。上腹靠沿处有两道凹槽。口径约28、残高5.6、壁厚0.8～1厘米（图二四五，15；彩版八六，3）。时代为仰韶文化晚期。

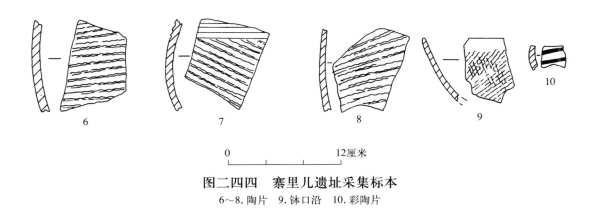

0　　　　　　　　　12厘米

图二四四　寨里儿遗址采集标本

6～8. 陶片　9. 钵口沿　10. 彩陶片

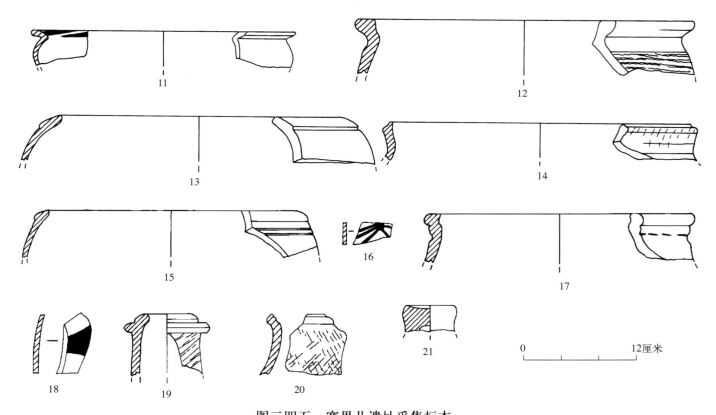

图二四五　寨里儿遗址采集标本

11. 盆口沿　12～15、17. 罐口沿　16、18. 彩陶片　19. 瓶口　20. 陶片　21. 盖纽

　　标本寨里儿：16，彩陶片，饰黑彩圆点射线纹。残长约4、宽2、厚0.5厘米（图二四五，16；彩版八六，4）。时代为仰韶文化晚期。

　　标本寨里儿：17，罐口沿。夹砂红褐陶。口微敛，窄沿，圆唇。颈部两道凹槽。口径约29、残高5.6、壁厚1.5厘米（图二四五，17；彩版八六，5）。时代为仰韶文化中期偏晚。

　　标本寨里儿：18，彩陶片。泥质红陶。饰黑彩弧边三角纹。残长约7、宽2.5、厚0.7厘米（图二四五，18；彩版八六，6）。时代为仰韶文化时期。

　　标本寨里儿：19，瓶口。应为尖底瓶。泥质黄褐陶。重唇口，微敛。颈部较直。颈部饰斜线纹。口径约5、残高7厘米（图二四五，19；彩版八六，7）。时代为仰韶文化中期。

　　标本寨里儿：20，陶片。器物颈部残片。表面饰交错绳纹。宽7、残高7.2、厚1厘米（图二四五，20；彩版八六，8）。时代为仰韶文化时期。

　　标本寨里儿：21，盖纽。泥质红陶。近圆柱体，顶部下凹。素面。残宽6、高3.2厘米（图二四五，21）。时代为仰韶文化时期。

10. 山丹镇墩台下遗址

　　墩台下遗址位于山丹乡山丹村西侧，渭河南岸二级阶地上，东南侧有当地称为南河的季节性小河汇入渭河（图二四六）。遗址西高东低，地势较为陡峭，高差达100米左右。三普时测得面积约7500平方米。

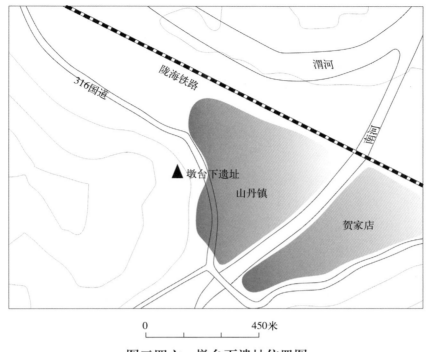

图二四六 墩台下遗址位置图

2017年早期秦与戎项目组再次进行调查，断面上发现较薄的文化层，一处灰坑，地面上采集到少量陶片，判断为齐家文化时期。采集标本如下（图二四七～二四八；彩版八七）。

标本墩台下：1，罐残片。夹砂红陶。侈口，束颈，圆肩。颈部有拱形宽扁耳，连接在唇部和肩部。耳跟与器身结合处抹泥加固，耳正面中间一道竖线刻划纹。肩部以下饰麻点状绳纹。口径约11、残高13、壁厚0.7厘米（图二四七，1；彩版八七，1）。时代为齐家文化时期。

标本墩台下：2，罐口沿。夹砂红陶。口微侈，尖唇，上腹较直。近口沿处饰一圈戳印纹。口径12、残高4、壁厚0.6厘米（图二四七，2；彩版八七，2）。时代为齐家文化时期。

标本墩台下：3，陶片。夹砂红陶。表面饰粗绳纹。残长约6.4、宽6、壁厚1厘米（图二四七，3；彩版八七，3）。时代为齐家文化时期。

标本墩台下：4，陶片，应为罐肩部残片。泥质红陶。溜肩。下半部分饰竖向篮纹。残长约8、宽5、壁厚0.6～0.8厘米（图二四七，4；彩版八七，4）。时代为齐家文化时期。

墩台下遗址灰坑H1

灰坑H1，开口距地表约3、宽约2、深0.50米，填土较致密，包含有炭渣、陶片、石器等，

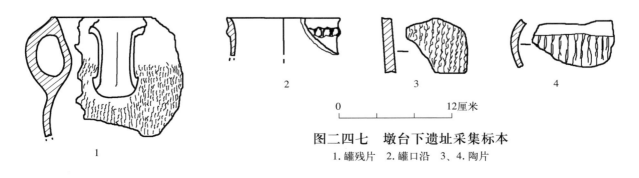

图二四七 墩台下遗址采集标本

1.罐残片 2.罐口沿 3、4.陶片

属齐家文化时期。包含标本如下（图二四八）。

标本墩台下H1：1，陶片，下腹部残片。夹砂红陶。表面饰篮纹。宽8、残高约7.8、壁厚0.7厘米（图二四八，1；彩版八七，5）。时代为齐家文化时期。

标本墩台下H1：2，石片或刮削器。青石质。应为打制石器的中间产物。有打击点，一面光滑，一面粗糙。残长约8.4、宽5.8、壁厚0.3～0.7厘米（图二四八，2；彩版八七，6）。

标本墩台下H1：3，罐底。泥质红陶。斜腹内收，平底。腹部部分饰篮纹，近底部素面。底径约11、高6.4、壁厚0.4～0.8厘米（图二四八，3；彩版八七，7）。时代为齐家文化时期。

标本墩台下H1：4，单孔石刀。褐色石质。近长方形，刃部呈三角，两面磨成。穿孔稍偏刃一侧，两面对钻形成。残长约7.5、宽4.5、厚1厘米（图二四八，4；彩版八七，8）。时代为齐家文化时期。

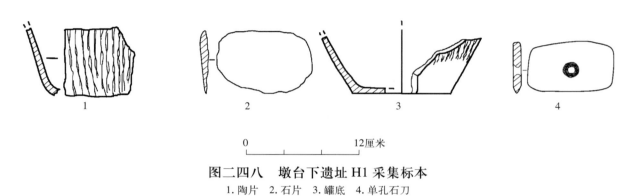

0　　　　　12厘米

图二四八　墩台下遗址 H1 采集标本

1.陶片　2.石片　3.罐底　4.单孔石刀

11. 滩歌镇马坪遗址

马坪遗址位于滩歌镇关庄村西北侧的台地上，因台地称马坪而得名。遗址地势西高东低，顶部为一平台，东侧台地较宽阔。总面积约2万平方米（图二四九）。三普时曾采集到马家窑文化时期和汉代的陶片。

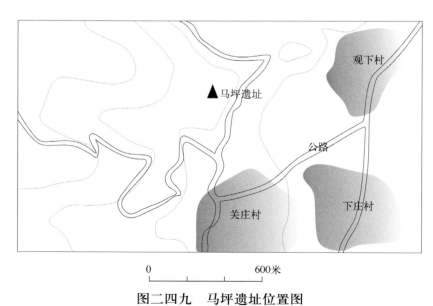

0　　　　　600米

图二四九　马坪遗址位置图

2017年项目组又进行了调查，在东侧采集到史前文化的陶片和陶拍，在顶部发现两座被破坏的墓葬，编号为M1和M2。M1为东西向，宽1.2米，长度不详。填土断面暴露处残留陶器，后清理出1件绳纹灰陶和1件夹砂红褐陶，旁边发现铁矛一件；M2东西残长约1.9、宽1.2、深1.9米。发现被扰乱的人骨，人骨头部有陶器碎片，以及马腿骨、马蹄，狗下颌骨等。初步判断马坪遗址为史前遗址和战国戎人墓地。采集标本如下（图二五○；彩版八八，1～3）。

标本马坪M1:1，罐。夹砂灰褐陶。侈口，尖圆唇。溜肩，鼓腹。口沿外侧有两个对称的鸡冠鋬。肩部以下饰竖向绳纹。口径约11、底径8、通高18、壁厚0.6厘米（图二五○，1；彩版八八，1）。时代为战国时期。

标本马坪M1:2，盆口沿。夹砂红褐陶。侈口，方唇，束颈。深腹，上腹稍外鼓，下腹内收。唇外侧一道凹槽，表面饰竖绳纹，颈部有抹光。口径18、残高12、壁厚0.6厘米（图二五○，2）。时代为战国时期。

标本马坪M2:1，罐。夹砂灰褐陶。侈口，方唇，长颈。上腹外鼓，平底。唇外侧一对鸡冠状鋬。素面。口径约12、通高17.8、底径8、壁厚0.6厘米（图二五○，3；彩版八八，2）。时代为战国时期。

标本马坪:采1，盆口沿。夹砂红褐陶。侈口，尖圆唇，斜直颈，折肩，深腹。肩部以下饰竖向绳纹，上腹部一道抹光痕。口径约20、残高12、壁厚0.6～0.8厘米（图二五○，4；彩版八八，3）。时代为战国时期。

标本马坪:采2，陶垫。泥质红陶。垫面为椭圆形凸面，背面有横穿，便于手拿。长约7.6、宽5.4、高5.6厘米（图二五○，5）。时代为仰韶文化时期。

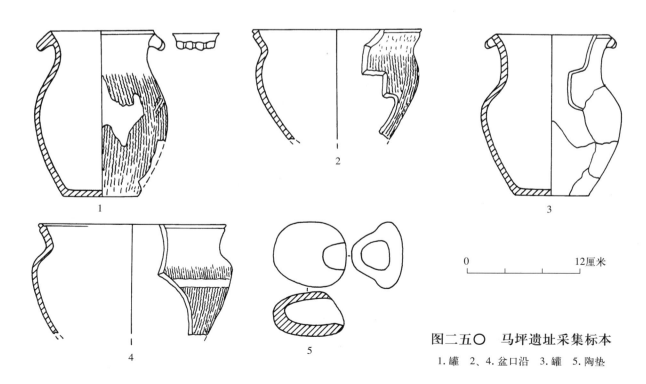

图二五○　马坪遗址采集标本
1.罐　2、4.盆口沿　3.罐　5.陶垫

12. 城关镇石岭下遗址

遗址位于城关镇石岭下村及西侧，大部分被村庄叠压。地理坐标为北纬34°43′，东经104°52′（图二五一）。村子西侧为干石沟，将遗址分为东、西两部分，东区海拔较高，西区较低，西区亦称西坪。西区史前文化堆积较为集中，东区有较晚的墓葬。遗址整体呈扇形，遗址东西长约700、南北长250米，面积约17万平方米。

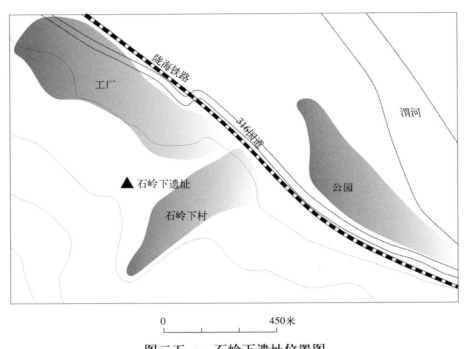

图二五一　石岭下遗址位置图

1947年裴文中先生首次发现并命名。甘肃省文物工作队曾在此调查、试掘，出土有彩陶碗、盆、罐和石器等，陶器纹饰主要有旋纹、变体鸟纹、鱼纹等。后有学者提出"石岭下类型"，是一种具有本地特色的文化遗存，一般认为是马家窑文化的早期阶段。

2017年项目组又进行了调查，发现多处史前文化堆积，并在东区台地上新发现了寺洼文化遗存。采集的部分标本如下（图二五二～二五六；彩版八九～九〇）。

标本石岭下：1，盆口沿。泥质灰陶。敛口，尖圆唇，宽平沿。素面。口径约32、残高6.8、壁厚0.8厘米（图二五二，1）。肩部有刻划痕。时代为仰韶文化晚期。

标本石岭下：2，彩陶片。泥质橘红陶。饰黑彩平行条带纹。残长约7、残宽4、厚0.6厘米（图二五二，2；彩版八九，1）。时代为仰韶文化晚期。

标本石岭下：3，罐口沿。夹砂灰陶。尖圆唇，侈口，窄平沿，沿下有一道凹槽。素面。口径约32、残高3、壁厚0.6厘米（图二五二，3；彩版八九，2）。时代为仰韶文化晚期。

标本石岭下：4，罐口沿。夹砂灰陶。直口，窄平沿，方唇，束颈。唇面有凹槽。素面。口径约14、残高3.4、壁厚0.6厘米（图二五二，4）。时代为仰韶文化晚期。

标本石岭下：5，钵残片。泥质红陶。口微敛，尖唇，斜腹内收。素面。口径约18、残高5、壁厚0.5厘米（图二五二，5；彩版八九，3）。时代为仰韶文化晚期。

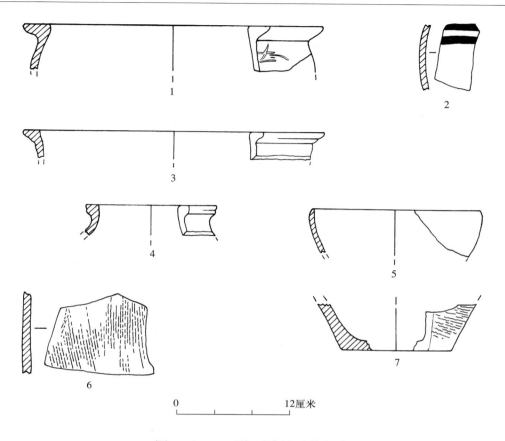

图二五二　石岭下遗址采集标本
1.盆口沿　2.彩陶片　3、4.罐口沿　5.钵残片　6.陶片　7.罐底

　　标本石岭下：6，陶片。应为尖底瓶残片。泥质红陶。饰细绳纹。宽11.6、残高9、壁厚1厘米（图二五二，6；彩版八九，4）。时代为仰韶文化时期。

　　标本石岭下：7，罐底。夹砂红陶。斜腹，平底。下腹部饰粗绳纹，近底部无纹饰。底径约12、残高5、壁厚1.3厘米（图二五二，7）。时代为仰韶文化晚期。

　　标本石岭下：8，罐口沿。泥质红陶。侈口，宽沿，尖圆唇，束颈，溜肩。口沿内侧饰黑彩弧形条纹。肩部饰多道黑彩平行条带纹。口径约29、残高7、壁厚0.8厘米（图二五三，8；彩版八九，5）。时代为马家窑文化早期。

　　标本石岭下：9，罐口沿。夹砂红陶。直口，窄平沿，方唇，颈部饰绳纹。口径约28、残高4、壁厚1.2厘米（图二五三，9；彩版八九，6）。时代为仰韶文化晚期。

　　标本石岭下：10，罐口沿。夹砂橙红色陶。敛口，宽平沿，圆唇，弧腹。素面。表面有光泽。口径约34、残高5.2、厚1厘米（图二五三，10；彩版八九，7）。时代为仰韶文化晚期。

　　标本石岭下：11，罐口沿。夹砂灰陶。敛口，厚圆唇。表面饰斜向绳纹。口径约24、残高3、壁厚0.8～1.1厘米（图二五三，11）。时代为仰韶文化晚期。

　　标本石岭下：12，罐残片。夹砂深灰陶。敛口，窄平沿，短圆唇。表面饰横向绳纹。口径约28、残高6、厚1厘米（图二五三，12；彩版八九，8）。时代为仰韶文化晚期。

　　标本石岭下：13，瓶残片。泥质红陶。侈口，方唇，长直颈。表面有光泽。口径约9.2、残

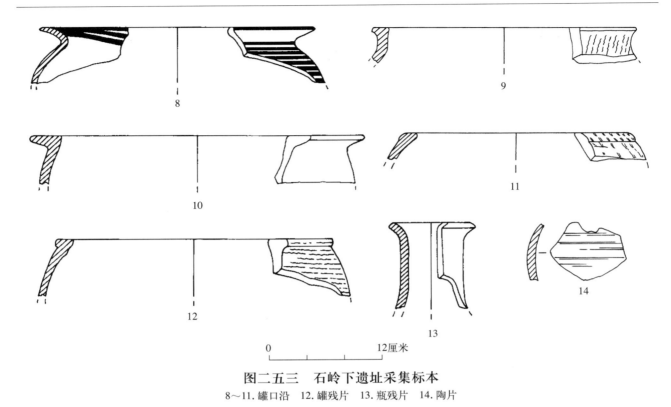

图二五三　石岭下遗址采集标本

8~11. 罐口沿　12. 罐残片　13. 瓶残片　14. 陶片

高7.5、残长6.5、厚0.7厘米（图二五三，13；彩版九〇，1）。时代为仰韶文化晚期。

　　标本石岭下：14，陶片。泥质灰陶。表面饰弦纹。宽7.8、残高6.4、壁厚0.7~1厘米（图二五三，14；彩版九〇，2）。时代为仰韶文化晚期。

　　标本石岭下：15，盆残片。泥质红陶。侈口，方唇，卷沿，鼓腹。表面敷黄色陶衣，唇上饰黑彩，肩部饰斜向黑彩条纹。口径约24、残高4.4、厚0.5厘米（图二五四，15；彩版九〇，3）。属石岭下类型，时代为马家窑文化早期。

　　标本石岭下：16，钵口沿。泥质橙红色陶。敛口，圆唇，弧腹。表面饰浅黑彩弧边三角纹和弧形条带纹。口径18、残高7、宽5.6、厚0.5~0.9厘米（图二五四，16；彩版九〇，4）。时代为马家窑文化石岭下类型阶段。

　　标本石岭下：17，盆口沿。泥质红陶。敛口，宽斜沿，圆唇，鼓腹。沿面饰多道竖向黑彩短条纹，肩部饰一道黑彩。口径约24、残高2.8、厚0.4~0.7厘米（图二五四，17；彩版九〇，5）。时代为仰韶文化晚期。

　　标本石岭下：18，盆口沿。泥质红陶。敞口，尖圆唇。口沿内侧边缘处饰黑彩垂帐纹。口径约24、残高5、厚0.2~0.8厘米（图二五四，18；彩版九〇，6）。时代为仰韶文化晚期。

　　标本石岭下：19，陶片，应为尖底瓶类残片。泥质红陶。表面饰线纹，局部有交错。残长7.8、宽6.8、厚0.6厘米（图二五四，19；彩版九〇，7）。时代为仰韶文化时期。

　　标本石岭下：20，陶片。泥质灰陶。表面饰整齐竖向细绳纹。残长6.1、宽5.2、厚0.5厘米（图二五四，20；彩版九〇，8）。时代为东周时期。

　　标本石岭下：21，豆。夹砂红褐陶。敞口。方唇。豆盘呈喇叭状，豆柄空心。口径约20、

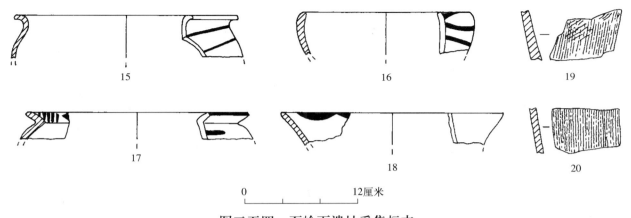

图二五四　石岭下遗址采集标本
15.盆残片　16.钵口沿　17、18.盆口沿　19、20.陶片

残高19.6、壁厚0.8～1厘米（图二五五，21；彩版九一，1）。可复原。属寺洼文化，时代为周代。

标本石岭下：22，盆残片。夹砂灰陶。盘形口沿，沿边内折，方唇，弧腹。沿内侧有一道凹槽。腹部饰两道弦纹。口径约26、残高6.5、厚0.5厘米（图二五六，22；彩版九一，2）。时代为仰韶文化晚期。

标本石岭下：23，陶片，应为罐类残片。夹砂红陶。表面饰有条状附加堆纹。宽8.6、残高9.2、厚0.7厘米（图二五六，23；彩版九一，3）。时代为仰韶文化晚期。

标本石岭下：24，彩陶片，应为罐或瓶的残片。泥质红陶。表面饰黑彩平行条带纹。宽3.6、残高约7、厚1厘米（图二五六，24；彩版九一，4）。时代为马家窑文化时期。

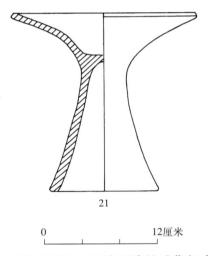

图二五五　石岭下遗址采集标本
21.豆

标本石岭下：25，罐残片。泥质褐陶。弧腹外鼓，近底处急收。平底。内外表面均呈土黄色。底径10.4、残高11.5、厚0.6～1厘米（图二五六，25；彩版九一，5）。时代为仰韶文化晚期。

标本石岭下：26，盆口沿。泥质红陶。敛口，宽沿稍卷，圆唇，鼓肩。沿面有黑彩圆点，肩部饰黑彩弧边三角纹。口径约24、残高3、厚0.6厘米（图二五六，26；彩版九一，6）。时代为仰韶文化晚期。

标本石岭下：27，罐底。夹砂深灰陶。斜腹，平底。表面施褐色陶衣。底径约8、残高4.8、厚0.8～1.1厘米（图二五六，27；彩版九一，7）。时代为仰韶文化晚期。

标本石岭下：28，罐底。夹砂红褐陶。斜腹，平底。表面饰交错绳纹。底径约16.4、残高6.4、厚1～1.8厘米（图二五六，28）。时代为仰韶文化晚期。

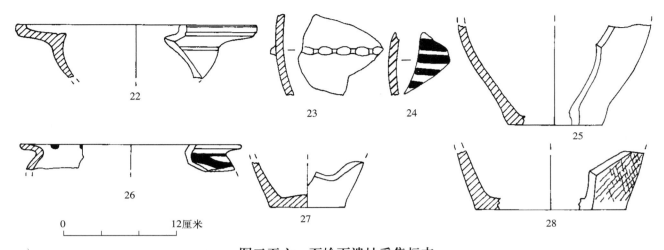

图二五六　石岭下遗址采集标本

22.盆残片　23.陶片　24.彩陶片　25.罐残片　26.盆口沿　27、28罐底

13. 城关镇大坪头遗址

大坪头遗址位于城关镇坪塬村南侧，距村庄约500米，渭河北岸一级阶地上（图二五七；彩版九二，1）。地理坐标为东经104° 57′，北纬34° 44′。遗址分布在平坦的顶上，北侧延伸至坪塬村，南侧边界较陡峭，西侧为自然冲沟，有季节性小河注入渭河。东西长约500、南北宽约200米。

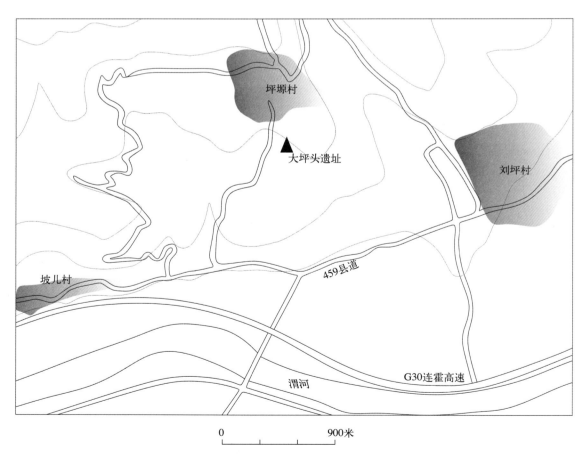

图二五七　大坪头遗址位置图

　　1957年张学正等首次发现，确认为仰韶、齐家文化的遗址，文化堆积1～2米。2003年被公布为省级文物保护单位。2017年项目组又进行了调查，发现多处灰坑、白灰面房址等遗迹。采集到大量陶片和少量的石器、玉料等，大部分时代为仰韶文化晚期或马家窑文化时期。部分标本如下（图二五八～二六〇；彩版九二～九四）。

　　标本大坪头：1，缸口沿。夹砂黄褐陶。口微侈，平沿，厚方唇。唇上饰压印纹，沿下饰绳纹，颈部有附加堆纹。口径约40.4、残高6.4、壁厚1.4厘米（图二五八，1；彩版九二，2）。时代为仰韶文化晚期。

　　标本大坪头：2，盆口沿。泥质红陶。口微敛，宽平沿，尖圆唇，弧腹。素面抹光。口径约31、残高4、厚0.6厘米（图二五八，2；彩版九二，3）。时代为马家窑文化时期。

　　标本大坪头：3，钵残片。泥质红陶。侈口，尖圆唇，深弧腹。素面抹光。口径约16、残高6、厚0.8厘米（图二五八，3）。时代为仰韶文化晚期。

　　标本大坪头：4，罐腹部。泥质黄褐陶。溜肩，鼓腹。素面。残宽10、高9、厚0.6厘米（图二五八，4）。时代为仰韶文化晚期。

　　标本大坪头：5，钵口沿。泥质红陶。敛口圆唇，浅腹。素面。口径约20、残高3、厚0.6厘米（图二五八，5）。时代为马家窑文化时期。

　　标本大坪头：6，罐口沿。泥质黄褐陶。侈口，沿稍卷，方唇，颈部较长。素面抹光。口径约18、残高3、厚0.4厘米（图二五八，6）。时代为马家窑文化时期。

　　标本大坪头：7，缸口沿。夹砂红褐陶。敛口，斜沿外低内高，尖圆唇，斜腹。上腹部先饰横向绳纹，上贴圆片状泥饼。残宽17、残高8、厚2.5厘米（图二五八，7；彩版九二，4）。时代为马家窑文化时期。

　　标本大坪头：8，彩陶片。泥质红陶。饰黑彩平行条带和交叉条带纹。残长约4.4、宽4、厚

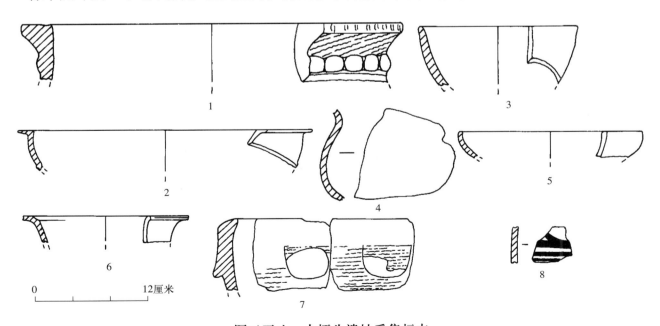

图二五八　大坪头遗址采集标本

1、7.缸口沿　2.盆口沿　3.钵残片　4.罐腹部　5.钵口沿　6.罐口沿　8.彩陶片

0.6厘米（图二五八，8；彩版九二，5）。时代为马家窑文化时期。

标本大坪头：9，罐口沿。夹砂黄褐陶。敛口，平沿，方唇。沿下贴泥条，上压印粗绳纹。口径约33、残高5.2、厚1～3厘米（图二五九，9；彩版九三，1）。时代为马家窑文化时期。

标本大坪头：10，盆残片。泥质黄褐陶。敛口，平沿，尖圆唇，腹部外鼓。素面抹光。口径约26、残高6.4、厚0.4厘米（图二五九，10；彩版九三，2）。时代为马家窑文化时期。

标本大坪头：11，罐口沿。夹砂灰陶。敛口，圆唇，窄沿外低内高，直腹稍外扩。沿外侧有一道凹弦纹。腹部饰绳纹。口径约18、残高6、厚0.8厘米（图二五九，11；彩版九三，3）。时代为马家窑文化时期。

标本大坪头：12，罐口沿。夹砂灰陶。敛口，宽平沿，厚圆唇。素面。口径约35、残高6、厚1.2～4厘米（图二五九，12；彩版九三，4）。时代为马家窑文化时期。

标本大坪头：13，钵口沿。泥质灰陶。口微敛，尖圆唇，弧腹较直。表面有多道慢轮修整时的细划痕。口径约28、残高4.4、厚0.4厘米（图二五九，13；彩版九三，5）。时代为马家窑文化时期。

标本大坪头：14，罐底。泥质红陶。斜腹，凹底。腹部饰横篮纹。底径约18、残高4、厚1厘米（图二五九，14；彩版九三，6）。时代为齐家文化时期。

标本大坪头：15，壶口沿。夹砂灰陶。侈口，沿微卷，圆唇，长直颈。素面抹光。口径约

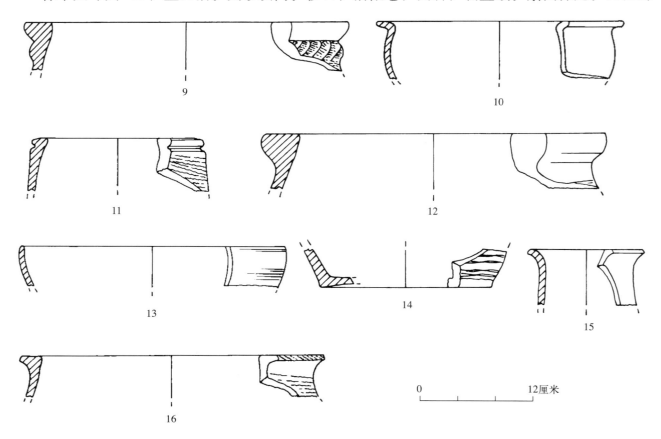

图二五九　大坪头遗址采集标本

9、11、12、16.罐口沿　10.盆残片　13.钵口沿　14.罐底　15.壶口沿

12、残高6、厚0.6厘米（图二五九，15；彩版九三，7）。时代为马家窑文化时期。

标本大坪头：16，罐口沿。夹砂灰褐陶。敛口，窄平沿。唇部饰斜向压印纹，肩部饰绳纹。口径约32、残高4.6、厚0.6厘米（图二五九，16；彩版九三，8）。时代为马家窑文化时期。

标本大坪头：17，罐口沿。夹砂红陶。敛口，窄平沿，厚方唇。腹部饰横向绳纹。口径约39、残高9、厚1.2厘米（图二六〇，17；彩版九四，1）。时代为马家窑文化时期。

标本大坪头：18，盆口沿。泥质红陶。敛口，平沿，圆唇。素面。残宽7、残高6、厚0.8厘米（图二六〇，18；彩版九四，2）。时代为仰韶文化时期。

标本大坪头：19，罐底。泥质红陶。斜腹，平底。素面。底径约12、残高3、厚0.8厘米（图二六〇，19；彩版九四，3）。时代为仰韶文化晚期。

标本大坪头：20，彩陶片，应为壶类颈肩相连处残片。泥质红陶。表面饰黑彩条带纹。残宽6、残高5.6、厚0.8厘米（图二六〇，20；彩版九四，4）。时代为马家窑文化时期。

标本大坪头：21，盆口沿。泥质红陶。敛口，宽平沿，尖圆唇。腹部外鼓。沿内侧边缘处饰黑彩，腹部饰条带纹。口径24、残高4、厚0.6厘米（图二六〇，21；彩版九四，5）。时代为仰韶文化晚期。

标本大坪头：22，盆残片。泥质深灰陶。侈口，卷沿，圆唇。深直腹。腹部饰横向篮纹。

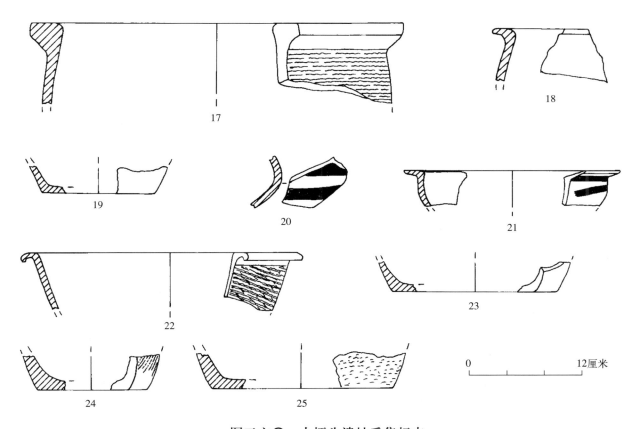

图二六〇　大坪头遗址采集标本

17. 罐口沿　18、21. 盆口沿　19、23～25. 罐底　20. 彩陶片　22. 盆残片

口径约30、残高6.6、厚0.6厘米（图二六〇，22；彩版九四，6）。时代为仰韶文化晚期。

标本大坪头：23，罐底。泥质红陶。弧腹，平底。底径约18、残高6.8、厚0.6厘米（图二六〇，23；彩版九四，7）。时代为仰韶文化时期。

标本大坪头：24，罐底。泥质灰陶。弧腹，平底。腹部饰绳纹。底径约12、残高4、厚1.4厘米（图二六〇，24；彩版九四，8）。时代为仰韶文化晚期。

标本大坪头：25，罐底。夹砂红陶。弧腹，平底。饰麻点状绳纹。底径约20、残高4、厚2厘米（图二六〇，25）。时代为仰韶文化晚期。

14. 城关镇杜家楞遗址

杜家楞遗址位于武山县城关镇下杜楞村南侧，渭河北岸一级阶地上，西侧为杜家楞河，向南注入渭河（图二六一）。遗址东西长约300、南北宽200米，文化层厚约1.5米。

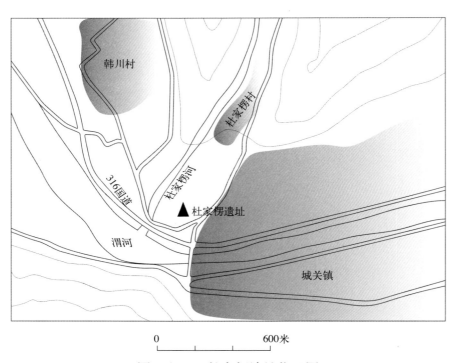

图二六一　杜家楞遗址位置图

20世纪60年代文物普查时首次发现，1963年公布为县级文物保护单位。1981年谢端琚等再次调查，曾在断面上发现灰坑、白灰面房址等遗迹，采集到的标本主要属齐家文化，另外发现一件西周时期的鬲足。2017年早期秦文化与西戎文化项目组又进行了调查，采集到仰韶文化晚期、齐家文化和周代的陶片。采集标本如下（图二六二）。

标本杜家楞：1，鬲口沿。夹砂灰陶。侈口，宽沿稍卷，沿边凸起，方唇。束颈。肩部饰绳纹，颈部抹光。口径约22、残高6、壁厚0.8厘米（图二六二，1）。时代为东周时期。

标本杜家楞：2，陶片。泥质灰陶。近圆形，表面有凸起的乳丁。直径约4.8、厚0.7厘米（图二六二，2）。时代为东周时期。

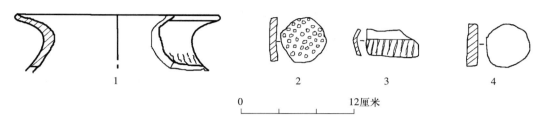

图二六二 杜家楞遗址采集标本
1. 高口沿 2～4. 陶片

标本杜家楞：3，陶片，应为器物肩腹相连部。泥质红陶。腹部饰竖向篮纹，肩部素面。宽4.9、残高2.5、壁厚0.6厘米（图二六二，3）。时代为齐家文化时期。

标本杜家楞：4，陶片，应为纺轮半成品。泥质灰陶。近似圆形，表面磨光，边缘有加工痕迹。直径约4.4、壁厚0.9厘米（图二六二，4）。时代为东周时期。

标本杜家楞：5，陶片。泥质红陶。表面饰线纹和平行条状附加堆纹。宽7、残高7.4、壁厚0.6～0.8厘米。时代为仰韶文化晚期。

15. 洛门镇观儿下遗址

观儿下遗址位于武山县洛门镇蓼阳村西侧，大南河西岸一级阶地上。地理坐标为东经105°01′，北纬34°40′（图二六三；彩版九五，1）。遗址西高东低，坡状，高差约10米。东西长约400、南北宽约300米，面积约12万平方米。南侧为自然冲沟。

1957年全国一普时张学正等首次发现，文化堆积丰富，文化层厚0.5～2.5米，包含仰韶文化和齐家文化遗存。1981年公布为省级文物保护单位。

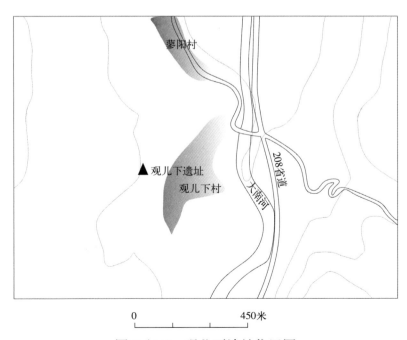

图二六三 观儿下遗址位置图

　　2017年早期秦文化项目组进行了调查，在遗址内道路旁断崖上发现多处灰层、灰坑及白灰面房址，其中编号为H4的灰坑剖面较为清晰，包含物较丰富。地面上采集到较多陶片，部分标本如下（图二六四～二六七；彩版九五～九七）。

　　标本观儿下：1，盆口沿。泥质红陶。敛口，宽沿稍卷，方唇，上腹外鼓。沿上饰黑彩，唇端饰黑彩，沿面上饰黑彩垂帐纹和条纹，腹部饰弧形条状纹。口径约28、残高5、壁厚0.6～1厘米（图二六四，1；彩版九五，2）。时代为仰韶文化晚期。

　　标本观儿下：2，陶片。泥质红陶。表面饰黑彩弧形条纹。残宽5.6、高4.4、壁厚0.6厘米（图二六四，2；彩版九五，3）。时代为仰韶文化晚期。

　　标本观儿下：3，陶片。泥质红陶。表面饰黑彩平行条带纹。残宽3.4、高4、壁厚0.6厘米（图二六四，3；彩版九五，4）。时代为仰韶文化晚期。

　　标本观儿下：4，器耳。泥质红陶。桥形宽扁耳。耳上饰竖向线纹。残宽2、高5.8、壁厚0.6厘米（图二六四，4；彩版九五，5）。时代为齐家文化时期。

　　标本观儿下：5，罐口沿。夹砂红陶。口微侈，窄沿，沿上有一道凹槽，方唇。表面饰凹弦纹。口径约32、残高3.4、壁厚0.4厘米（图二六五，5；彩版九六，1）。时代为仰韶文化晚期。

　　标本观儿下：6，盆口沿。泥质红陶。敛口，宽斜沿，沿上有两道凹槽，方唇。素面。口径约24、残高3.4、壁厚0.6厘米（图二六五，6；彩版九六，2）。时代为仰韶文化晚期。

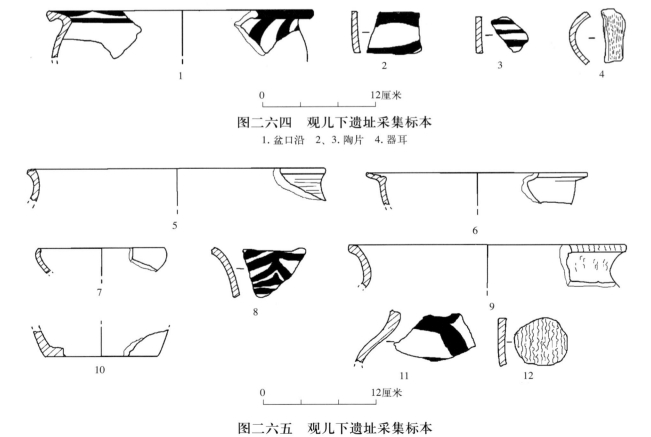

图二六四　观儿下遗址采集标本
1.盆口沿　2、3.陶片　4.器耳

图二六五　观儿下遗址采集标本
5.罐口沿　6.盆口沿　7.钵口沿　8、11.彩陶片　9.鬲口沿　10.罐底　12.陶片

标本观儿下：7，钵口沿。泥质红陶。敛口，尖圆唇，曲腹。口沿处有慢轮修整痕迹。口径约14、残高2.6、壁厚0.6厘米（图二六五，7；彩版九六，3）。时代为仰韶文化晚期。

标本观儿下：8，彩陶片。泥质红陶。表面饰黑彩弧形条带纹。残宽6.6、残高5.4、壁厚0.8厘米（图二六五，8；彩版九六，4）。时代为仰韶文化晚期。

标本观儿下：9，鬲口沿。夹砂深灰陶。侈口，窄沿，方唇。唇上饰绳纹，颈部绳纹抹光。口径约31、残高4.6、壁厚0.6～0.8厘米（图二六五，9）。时代为东周时期。

标本观儿下：10，罐底。泥质红陶。斜腹，平底。素面。底径约12、残高3、壁厚1～1.4厘米（图二六五，10；彩版九六，5）。时代为仰韶文化时期。

标本观儿下：11，彩陶片，应为罐类肩部残片。泥质红陶。溜肩，表面饰黑彩弧形条带纹。残宽8.8、残高5.6、壁厚0.6～1厘米（图二六五，11；彩版九六，6）。时代为仰韶文化晚期。

标本观儿下：12，陶片，应为纺轮半成品。圆形，由绳纹陶器加工而成。直径约6、厚0.8厘米（图二六五，12；彩版九六，7）。时代为仰韶文化时期。

标本观儿下：13，彩陶片。泥质红褐陶。表面饰黑彩条带纹。残宽3.4、高4、壁厚0.5～0.6厘米（图二六六，13；彩版九六，8）。时代为仰韶文化晚期。

标本观儿下：14，彩陶片。泥质红陶。表面饰黑彩宽条纹和弧线纹。残宽5.3、高3.5、壁厚0.3～0.4厘米（图二六六，14；彩版九七，1）。时代为仰韶文化时期。

标本观儿下：15，陶纺轮，残。泥质红褐陶。半圆形，中间有钻孔，由细绳纹陶片加工而成。外径约5、内径1.2、厚0.5厘米（图二六六，15；彩版九七，2）。时代为仰韶文化时期。

标本观儿下：16，罐残片。夹砂红陶。侈口，尖圆唇，窄平沿，鼓肩。表面饰窝状压印纹间以弦纹。口径约12、残高3、壁厚0.4～1厘米（图二六六，16；彩版九七，3）。时代为仰韶文化晚期。

标本观儿下：17，罐底。泥质红陶。弧腹，平底。腹部饰横向绳纹，近底部抹光。底径约12、残高6、壁厚0.8～1.4厘米（图二六六，17；彩版九七，4）。时代为仰韶文化时期。

标本观儿下：18，罐底。泥质红褐陶。斜腹，平底。素面。底径31.6、残高5.6、壁厚1～1.4

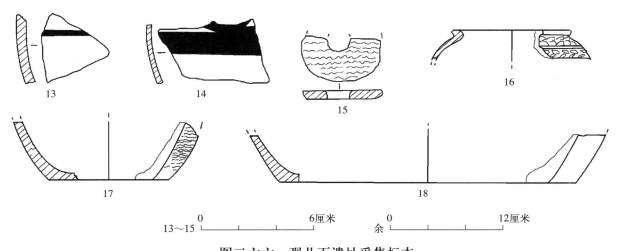

图二六六　观儿下遗址采集标本
13、14.彩陶片　15.陶纺轮　16.罐残片　17、18.罐底

厘米（图二六六，18；彩版九七，5）。时代为仰韶文化时期。

　　观儿下遗址灰坑H4

　　H1，开口距地表0.5米，袋状，口宽1.45、底宽2.25、深1.5米。填土为灰黄色，较致密。包含有陶片、骨头、木炭和红烧土。采集的标本如下。

　　标本观儿下H4：1，罐口沿。夹砂红褐陶。敛口，窄沿，圆唇，唇下有一道凹槽。表面饰横向绳纹。口径约24、残高4.4、壁厚0.6~2厘米（图二六七，1）。时代为仰韶文化晚期。

　　标本观儿下H4：2，盘口沿。泥质红陶。敞口，宽斜沿，圆唇。素面。口径约24、残高2.4、壁厚0.6厘米（图二六七，2；彩版九七，7）。时代为仰韶文化晚期。

　　标本观儿下H4：3，盆口沿。泥质灰陶。敛口，厚圆唇，弧腹。腹部饰有一道黑色条纹。沿外侧有慢轮修整痕迹。口径约22、残高4、壁厚0.8~1.2厘米（图二六七，3；彩版九七，6）。时代为仰韶文化晚期。

　　标本观儿下H4：4，陶片。泥质红褐陶。表面饰交错细绳纹。残宽5.8、残高7.4、壁厚0.8厘米（图二六七，4；彩版九七，8）。时代为仰韶文化早期。

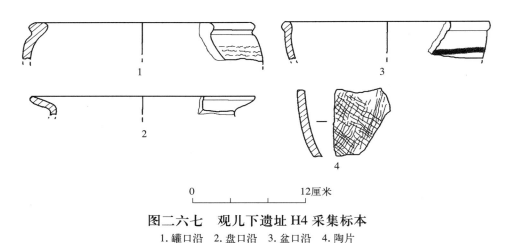

图二六七　观儿下遗址 H4 采集标本
1.罐口沿　2.盘口沿　3.盆口沿　4.陶片

16. 洛门镇刘坪遗址

　　刘坪遗址位于刘坪村北侧，渭河北岸一级阶地上。地理坐标为东经104°58′，北纬34°44′（图二六八）。遗址北高南低，西侧为自然冲沟（孙家沟），隔沟相对为大坪头遗址，东侧也为冲沟。东西约500、南北约300米，面积约15万平方米。

　　20世纪50年代张学正等在当时百泉镇北侧发现了齐家文化和周代的遗存，其位置就是现在的百泉村、王家庄、刘坪村北侧台地，后百泉镇划归洛门镇。2017年秦文化与西戎文化项目组进行了调查，现刘坪村仍有少数居民生活在遗址区，在村内断面上发现多处灰层、灰坑、白灰面房址等。地面散落较多的陶片，包括红陶、灰陶和少量彩陶。另据老乡介绍，在该遗址区内捡到过不少玉片。此次采集的标本如下（图二六九~二七一；彩版九八、九九）。

　　标本刘坪：1，鬲口沿。夹砂灰陶。侈口，斜沿，尖圆唇。束颈，颈下绳纹抹光。口径约16、残高4、壁厚0.8厘米（图二六九，1；彩版九八，1）。时代为春秋时期。

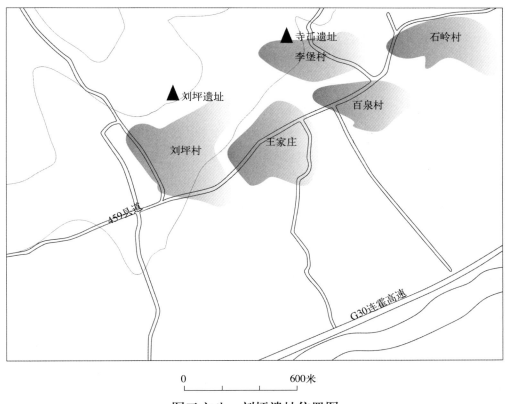

0　　　　　　　　600米

图二六八　刘坪遗址位置图

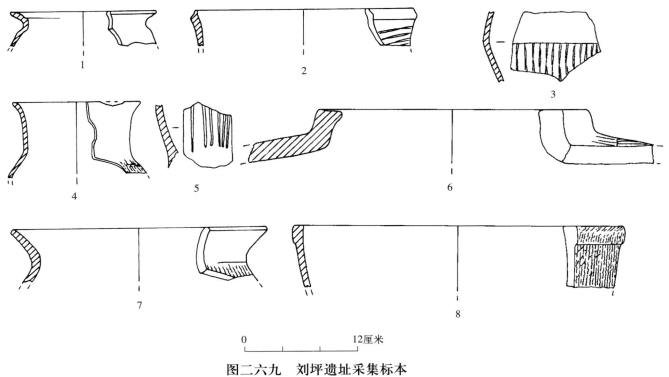

0　　　　　　　　12厘米

图二六九　刘坪遗址采集标本

1.鬲口沿　2.罐口沿　3、5.陶片　4.罐残片　6.器口　7.罐口沿　8.缸口沿

　　标本刘坪：2，罐口沿。口微侈，窄斜沿，尖唇。直颈。颈部饰横向篮纹。口径约24、残高4.2、壁厚0.8厘米（图二六九，2；彩版九八，2）。时代为齐家文化时期。

　　标本刘坪：3，陶片，应为罐类肩腹相连部残片。泥质红陶。折肩。肩部素面，腹部饰竖向篮纹。残长9.4、宽8、壁厚0.6厘米（图二六九，3；彩版九八，3）。时代为齐家文化时期。

　　标本刘坪：4，罐残片。泥质红陶。侈口，尖圆唇，长直颈。溜肩外鼓。肩部饰绳纹。口径约14、残高8、壁厚0.4厘米（图二六九，4；彩版九八，4）。时代为齐家文化时期。

　　标本刘坪：5，陶片。泥质红陶。表面饰篮纹。残长3.6、宽5.6厘米（图二六九，5；彩版九八，5）。时代为齐家文化时期。

　　标本刘坪：6，器口。夹砂红陶。敛口，直沿，方唇。肩部平阔。口径约30、残高6、壁厚2厘米（图二六九，6；彩版九八，6）。时代为齐家文化时期。

　　标本刘坪：7，罐口沿。泥质红陶。表面饰竖向双线刻划纹。口径27、残高6、壁厚0.8～1厘米（图二六九，7；彩版九八，7）。时代为齐家文化时期。

　　标本刘坪：8，缸口沿。夹砂红陶。口微侈，厚方唇，腹较直。表面饰竖向绳纹。口径约36、残高7、壁厚0.8厘米（图二六九，8；彩版九八，8）。时代为仰韶文化晚期。

　　标本刘坪：9，罐残片。泥质红陶。侈口，宽斜沿，方唇。长直颈。折肩。素面。宽约11、残高13、壁厚0.8厘米（图二七〇，9；彩版九九，1）。时代为齐家文化时期。

　　标本刘坪：10，罐残片。泥质红陶。长直颈，圆肩外鼓，颈肩相连处方折。表面抹光，施米黄色化妆土。口沿残缺。宽14、残高约15、壁厚0.6～0.8厘米（图二七〇，10；彩版九九，2）。时代为齐家文化时期。

　　标本刘坪：11，罐口沿。夹砂红褐陶。侈口，窄唇，唇面有一道凹槽。沿外侧加厚。口径约20、残高6、壁厚0.6厘米（图二七〇，11；彩版九九，3）。时代为齐家文化时期。

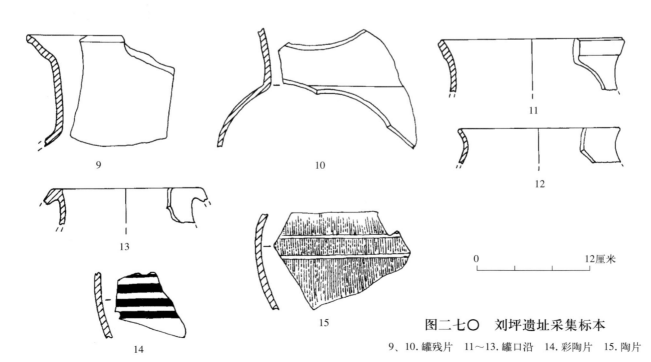

图二七〇　刘坪遗址采集标本

9、10. 罐残片　　11～13. 罐口沿　　14. 彩陶片　　15. 陶片

标本刘坪：12，罐口沿。夹砂红陶。侈口，尖圆唇。溜肩。素面。口径约18、残高4、壁厚0.4厘米（图二七〇，12）。时代为齐家文化时期。

标本刘坪：13，罐口沿。夹砂灰陶。侈口，残耳与口沿相连。口径约16、残高4、壁厚0.6厘米（图二七〇，13；彩版九九，4）。时代为齐家文化时期。

标本刘坪：14，彩陶片。泥质红陶。表面饰黑彩平行条带纹。残长7.4、宽7.2、壁厚0.6~0.8厘米（图二七〇，14；彩版九九，5）。时代为马家窑文化时期。

标本刘坪：15，陶片。应为器腹残片。夹砂红陶。微弧，表面先饰细绳纹，后抹光成平行弦纹。宽15.2、残高11.5、壁厚0.6厘米（图二七〇，15；彩版九九，6）。时代为齐家文化时期。

灰坑H2

H2筒形，开口距地表约1.5、宽约2.8、深约1.1米。填土为浅灰土，疏松，包含有陶片、炭渣和红烧土等。采集的部分标本如下。

标本刘坪H2：1，罐残片。泥质红陶。侈口，斜方唇，长颈，肩部外鼓。颈部素面，肩部以下饰竖向绳纹。口径约14、残高10、壁厚0.6厘米（图二七一，1；彩版九九，7）。时代为齐家文化时期。

标本刘坪H2：2，陶片。夹砂红陶。表面饰绳纹。残长约6、宽4、厚1厘米（图二七一，2）。时代为齐家文化时期。

标本刘坪H2：3，陶片。泥质红褐陶。饰横篮纹。宽3、残高约5、壁厚0.8~1厘米（图二七一，3；彩版九九，8）。时代为齐家文化时期。

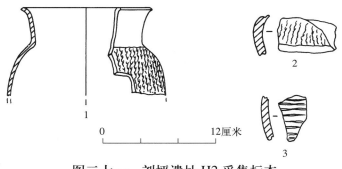

0　　　　　　　　　12厘米

图二七一　刘坪遗址 H2 采集标本

1.罐残片　2、3.陶片

17. 洛门镇寺匼遗址

位于洛门镇李堡村北侧，渭河北岸一级阶地上。地理坐标为东经105°58′，北纬34°44′（图二七二）。遗址北高南低，呈坡状，西界为自然冲沟，沟西为刘坪遗址，北界为一废弃砖厂，南侧多被现代村庄占据。东西长约300、南北宽约200米，面积约6万平方米。20世纪50年代首次发现，命名寺匼遗址，为周代遗址。1963年公布为县级文物保护单位。三普时又发现白灰面房址，采集到仰韶文化和齐家文化陶片。

2017年项目组再次进行调查，发现多处灰坑、白灰面房址等遗迹。其中一处白灰面房址，长约3米，白灰面厚约0.1~0.3厘米，中部下有红烧土坑，长约60、深约8厘米。采集有大量

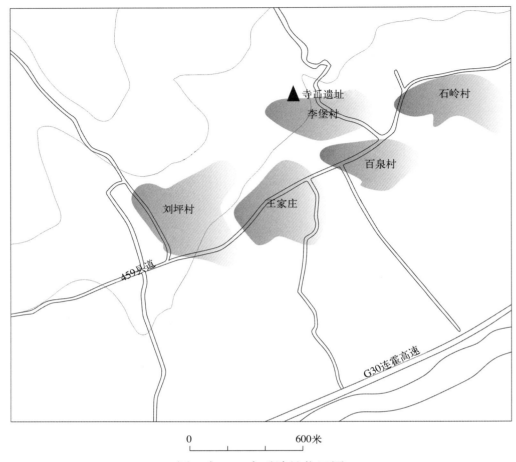

图二七二　寺峠遗址位置图

绳纹灰陶，包括鬲口沿、鬲足、豆盘等，还有石刀、陶环、玉玦等残件。部分标本如下（图二七三～二七七；彩版一〇〇～一〇二）。

标本寺峠：1，鬲足。夹砂灰陶。尖锥状空心足，足跟较矮。表面饰粗绳纹。残高5.4厘米（图二七三，1；彩版一〇〇，1）。时代为春秋时期。

标本寺峠：2，器口沿。泥质灰陶。素面。残宽9、高4、壁厚0.6～1.2厘米（图二七三，2；彩版一〇〇，2）。时代为东周时期。

标本寺峠：3，罐口沿。泥质灰陶。侈口，尖圆唇。表面饰绳纹后经抹光。宽10、残高约7、壁厚0.6～1厘米（图二七三，3；彩版一〇〇，3）。时代为东周时期。

标本寺峠：4，豆盘残片。夹砂深灰陶。直口，圆唇，折肩，斜深腹。素面。口径约18、残高5.2、壁厚0.4～1厘米（图二七三，4）。时代为春秋时期。

标本寺峠：5，鬲口沿。夹砂灰褐陶。敛口，宽斜沿，方唇，溜肩。沿面饰凹弦纹。肩部饰竖向绳纹，沿下抹光。口径22、残高7、壁厚0.6厘米（图二七三，5；彩版一〇〇，4）。时代为春秋时期。

标本寺峠：6，钵口沿。夹砂深灰陶。直口，圆唇，浅弧腹。表面有凹凸痕。口径约16、残高4.6、壁厚0.8厘米（图二七三，6；彩版一〇〇，5）。时代为东周时期。

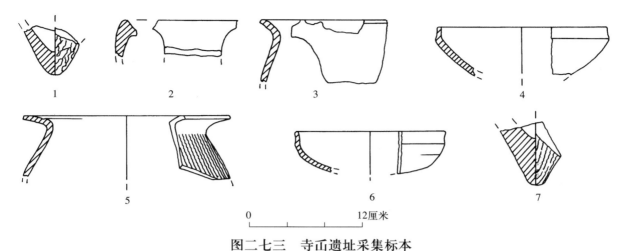

图二七三 寺洼遗址采集标本
1、7. 鬲足 2. 器口沿 3. 罐口沿 4. 豆盘残片 5. 鬲口沿 6. 钵口沿

标本寺洼：7，鬲足。夹砂红褐陶。圆锥状实心足，足跟较高，足底平整。表面饰绳纹。残高7厘米（图二七三，7；彩版一〇〇，6）。时代为东周时期。

标本寺洼：8，罐口沿。泥质灰陶。侈口，宽斜沿，方唇。素面。宽8、残高约6、壁厚0.8厘米（图二七四，8）。时代为东周时期。

标本寺洼：9，陶錾。夹砂灰褐陶。近耳状，顶端饰有压印纹。残宽约6、耳突出3.2、器壁厚0.7、錾厚1.5厘米（图二七四，9；彩版一〇〇，7）。时代为东周时期。

标本寺洼：10，陶片，应为罐类腹部残片。泥质深灰陶。表面饰绳纹，有刮痕。宽6、残高约10、壁厚0.6~0.8厘米（图二七四，10；彩版一〇〇，8）。时代为东周时期。

标本寺洼：11，陶片。泥质灰陶。表面部分饰绳纹，部分素面，绳纹与素面间以弦纹为界。宽4、残高5.6、壁厚0.8厘米（图二七四，11；彩版一〇一，1）。时代为东周时期。

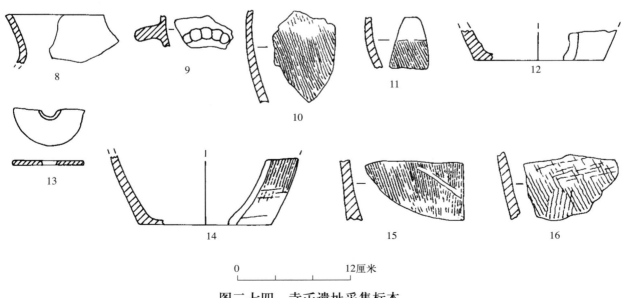

图二七四 寺洼遗址采集标本
8. 罐口沿 9. 陶錾 10、11、15、16. 陶片 12、14. 罐底 13. 陶纺轮

标本寺亩：12，罐底。泥质灰陶。斜腹，平底。素面。底径约13.6、残高3.2、壁厚1.8厘米（图二七四，12；彩版一〇一，2）。时代为东周时期。

标本寺亩：13，陶纺轮。泥质红陶。残为半圆形，两面磨平。中间穿孔，单面锥钻而成。外径约7、孔径1.5、厚0.4厘米（图二七四，13；彩版一〇一，3）。年代推测为东周时期。

标本寺亩：14，罐底。泥质深灰陶。弧腹，平底。腹部饰绳纹，近底部抹光。底径约14、残高11.2、壁厚1～1.4厘米（图二七四，14；彩版一〇一，4）。时代为东周时期。

标本寺亩：15，陶片，应为器腹部残片。夹砂深灰陶。表面饰绳纹，有刮痕。残宽10.4、高6、壁厚1～1.8厘米（图二七四，15；彩版一〇一，5）。时代为东周时期。

标本寺亩：16，陶片。夹砂深灰陶，表面饰交错绳纹。残长约10、宽7、厚1厘米（图二七四，16；彩版一〇一，6）。时代为东周时期。

标本寺亩：17，罐口沿。夹砂灰陶。侈口，斜高领，方唇，溜肩。表面饰绳纹，肩部有抹光痕迹。口径约27、残高9、壁厚0.8厘米（图二七五，17；彩版一〇一，7）。时代为战国时期。

标本寺亩：18，陶片。夹砂灰陶。表面饰麻点状绳纹，中间以弦纹为界，一侧有抹光痕迹。残宽约7、残高4、厚1厘米（图二七五，18）。时代为东周时期。

标本寺亩：19，陶片。泥质深灰陶。表面饰整齐竖绳纹。残宽6、残高6.4、壁厚0.8～1.2厘米（图二七五，19）。时代为东周时期。

标本寺亩：20，陶片。夹砂灰陶。表面饰交错绳纹。残宽约9.2、高6、厚1厘米（图二七五，20；彩版一〇一，8）。时代为东周时期。

标本寺亩：21，陶片。夹砂深灰陶。表面饰绳纹，成组分布。残宽约6、高6、壁厚1.2厘米（图二七五，21；彩版一〇二，1）。时代为东周时期。

标本寺亩：22，鬲口沿。夹砂灰陶。侈口，宽平沿，尖唇。肩部饰绳纹，口沿下抹光。口径约28、高6.4、壁厚0.6～1厘米（图二七五，22；彩版一〇二，2）。时代为春秋时期。

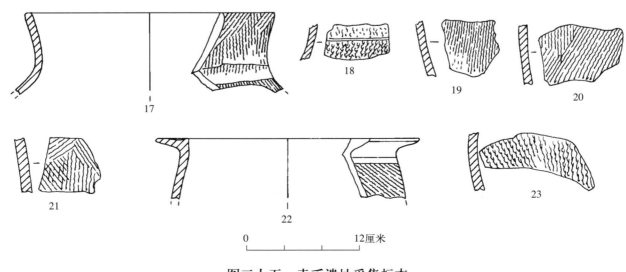

0　　　　　　12厘米

图二七五　寺亩遗址采集标本
17. 罐口沿　18～21、23. 陶片　22. 鬲口沿

　　标本寺屲：23，陶片。泥质深灰陶。表面饰粗绳纹。残宽12、高4、厚1厘米（图二七五，23）。时代为东周时期。

　　标本寺屲：24，陶片。夹砂深灰陶。表面饰整齐竖向绳纹。残宽约9.2、高9.2、壁厚0.8厘米（图二七六，24）。时代为东周时期。

　　标本寺屲：25，陶片。夹砂灰陶。表面饰交错绳纹。残长约8.8、宽5.6、壁厚0.8厘米（图二七六，25）。时代为东周时期。

　　标本寺屲：26，盆口沿。泥质灰陶。侈口，斜方唇，直腹。腹部饰斜绳纹，沿外侧抹光。残宽8、高5、壁厚0.6～1厘米（图二七六，26；彩版一〇二，3）。时代为东周时期。

　　标本寺屲：27，鬲口沿。泥质灰陶。侈口，宽平沿，沿上饰两道凹弦纹，尖圆唇。颈部抹光。残宽约9、高3、壁厚0.6厘米（图二七六，27）。时代为东周时期。

　　标本寺屲：28，陶片，应为罐上腹部残片。泥质深灰陶。表面饰交错绳纹，肩部有抹光痕迹。残宽约12、高14、壁厚1厘米（图二七六，28）。时代为东周时期。

　　标本寺屲：29，罐底。泥质灰陶。斜腹，平底。腹部饰绳纹，近底部分抹光。底径约10.8、残高6、壁厚0.8～1.4厘米（图二七六，29）。时代为东周时期。

　　标本寺屲：30，鬲口沿。夹砂深灰陶。侈口，尖圆唇，斜沿。沿内侧饰凹弦纹。沿下饰绳纹，经抹光。口径约28、高2.4、壁厚0.6～1.2厘米（图二七七，30；彩版一〇二，4）。时代为东周时期。

　　标本寺屲：31，鬲口沿。夹砂灰陶。侈口，尖圆唇，沿稍卷。溜肩，束颈。表面饰绳纹，沿下抹光。口径约20、残高5、壁厚0.6～0.8厘米（图二七七，31；彩版一〇二，5）。时代为春秋时期。

　　标本寺屲：32，陶片，应为盆肩部残片。泥质灰陶。表面饰三道凹弦纹与绳纹。残宽约9.2、高6、壁厚0.6厘米（图二七七，32；彩版一〇二，6）。时代为东周时期。

　　标本寺屲：33，盆残片。泥质灰陶。侈口，宽沿，方唇，深腹。上腹内收，下腹外鼓。

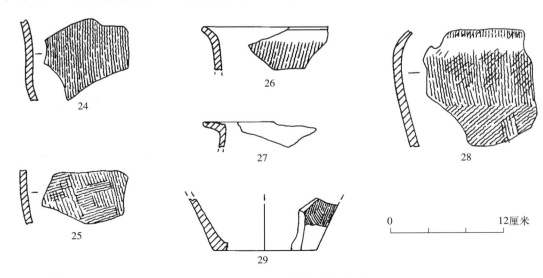

图二七六　寺屲遗址采集标本

24、25、28. 陶片　26. 盆口沿　27. 鬲口沿　29. 罐底

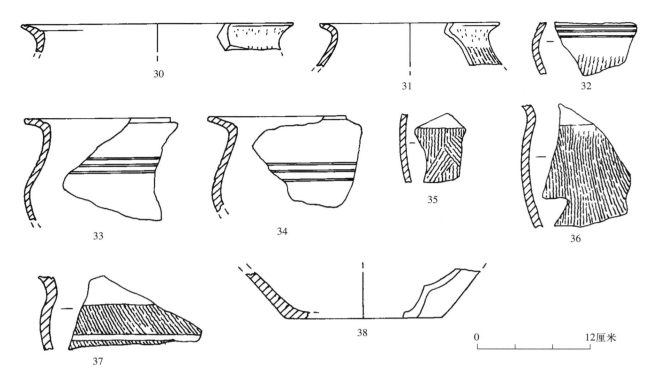

图二七七　寺亗遗址采集标本
30、31. 鬲口沿　32、35~37. 陶片　33. 盆残片　34. 盆口沿　38. 罐底

沿上饰两道弦纹，上腹饰三道弦纹。宽9、残高约11、壁厚0.6厘米（图二七七，33；彩版一○二，7）。时代为东周时期。

　　标本寺亗：34，盆口沿。泥质灰陶。侈口，宽斜沿，方唇。上腹内收，下腹外鼓。上腹饰三道凹弦纹。宽11、残高约10、壁厚0.6~1厘米（图二七七，34；彩版一○二，8）。时代为东周时期。

　　标本寺亗：35，陶片。夹砂灰陶。表面饰交错粗绳纹。残宽6、高8、壁厚0.8厘米（图二七七，35）。时代为东周时期。

　　标本寺亗：36，陶片，罐类腹部残片。泥质灰陶。表面下部饰绳纹，上部素面。残宽约10、高14、壁厚1厘米（图二七七，36）。时代为东周时期。

　　标本寺亗：37，陶片，应为罐肩腹部相连残片。泥质灰陶。腹部饰斜绳纹，绳纹上有抹光弦纹。宽14.6、残高8、壁厚1~1.6厘米（图二七七，37）。时代为东周时期。

　　标本寺亗：38，罐底。夹砂灰陶。斜腹，平底。素面。底径约16、残高5.2、壁厚0.8~1.2厘米（图二七七，38）。时代为东周时期。

18. 四门镇南坪遗址

　　位于四门镇南坪村东南，南河南岸一级阶地上。地理坐标为东经104°59′，北纬34°37′（图二七八；彩版一○三，1）。南靠山脚，西有西河北流汇入南河，东侧为自然冲沟。

　　三普时调查于此，发现了齐家文化遗存。2017年早期秦文化与西戎文化项目组又进行了调

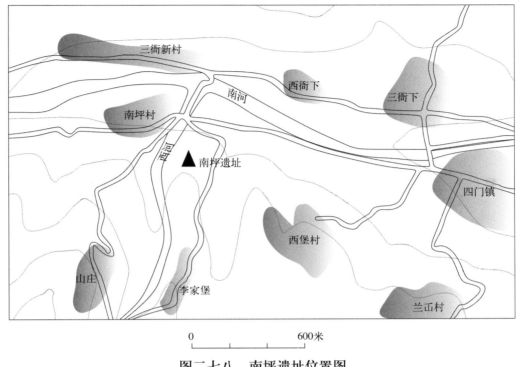

图二七八　南坪遗址位置图

查，发现遗址北侧已被砖厂占据，地埂断面上有灰层，地面散落一些陶片，属仰韶文化晚期和齐家文化，大部分区域已破坏殆尽。南侧地势较北侧高出2～3米，有取土留下的壕沟，断面上可见灰层达1～2米，夹杂较多灰陶绳纹陶片，为东周时期遗存。现存遗址区东西长约200、南北宽120米，面积约2.4万平方米。此次采集的标本如下（图二七九）。

标本南坪：1，罐口沿。夹砂灰褐陶。口微侈，圆唇，直筒腹。素面。口径约16、残高8、壁厚1厘米（图二七九，1）。时代为东周时期。

标本南坪：2，盆口沿。泥质红陶。敛口，宽平沿。素面。口径约24、残高3、壁厚0.6厘米（图二七九，2）。时代为仰韶文化晚期。

标本南坪：3，罐口沿。夹砂红陶。敛口，尖圆唇，斜平沿，沿外侧有一道凹弦纹，素面。口径约14、残高4、壁厚0.8厘米（图二七九，3）。时代为仰韶文化晚期。

标本南坪：4，鬲残片。夹砂灰陶。口微敛，宽斜沿，圆唇，折肩，弧腹。沿内侧有两道凹弦纹，肩以下饰竖向绳纹。口径约24、残高12、壁厚1厘米（图二七九，4）。时代为春秋时期。

标本南坪：5，陶片，应为鬲残片。夹砂灰陶。上部分抹光，下部分饰绳纹。宽7、残高约7.2、厚0.6～0.8厘米（图二七九，5）。时代为东周时期。

标本南坪：6，罐底。夹砂灰褐陶。深斜腹，平底。腹部表面饰粗绳纹。底径约11、残高11.2、壁厚1～2厘米（图二七九，6）。时代为东周时期。

标本南坪：7，陶片，应为罐类残片。夹砂灰陶。表面饰密集交错绳纹。残宽11.5、残高约8、壁厚1厘米（图二七九，7）。时代为东周时期。

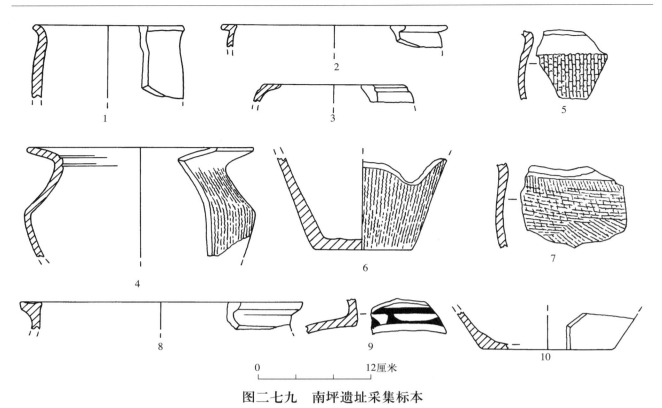

图二七九　南坪遗址采集标本

1、3、9.罐口沿　2.盆口沿　4.鬲残片　5、7.陶片　6、10.罐底　8.盆口沿

标本南坪：8，盆口沿。夹砂红陶。直口，方唇。素面。唇面一道凹槽。口径约30、残高2.8、壁厚3厘米（图二七九，8）。时代为仰韶文化晚期。

标本南坪：9，罐口沿。泥质黄褐陶。表面饰浅黑彩弧边三角纹和条带纹。宽8、残高3.8、壁厚1～1.2（图二七九，9）。时代为仰韶文化晚期。

标本南坪：10，罐底。泥质红陶。斜腹，平底。素面。底径约14、残高4、壁厚1～1.5厘米（图二七九，10）。时代为仰韶文化时期。

第五节　清水县

一　概况

清水县位于天水市东北部，南、北、西分别与麦积区、张家川回族自治县、秦安县接壤，东与宝鸡市相连。总面积2012平方千米。现辖6镇12乡。

地处陇山山地向梁卯沟壑过渡地带，东部为陇山土石山地，地形较陡峭。中、西部为黄土梁卯沟壑区。

境内水系为渭河水系。最大河流是渭河一级支流牛头河，其他河流都属牛头河的各级支流。南流向的较大支流有后川河、樊河、汤峪河、白驼河、秦亭河，北流向的较大支流有南道河、高桥河。

20世纪50年代就有学者关注到一些古遗址，比如清水县城附近的永清堡遗址、轩口窑遗址。2005年与2008年，早期秦文化联合考古队调查了东起秦亭镇、西至白驼乡、北至黄门镇、南至红堡镇的牛头河干、支流，以及后川河干支流、樊河和汤峪河上游。发现含仰韶中期遗存的遗址12处、仰韶晚期遗址24处，龙山早期遗址42处，龙山晚期遗址41处[1]（图二八〇、图二八一）。2011、2012年发掘了李崖遗址，为探讨嬴秦来源提供了重要的资料。近些年在有些遗址也采集到一些典型的彩陶、玉器等，比如金集镇出土了不少玉器，其中有少见的牙璋。但清水县境内史前遗址没有经过科学发掘，很多问题有待今后解决。

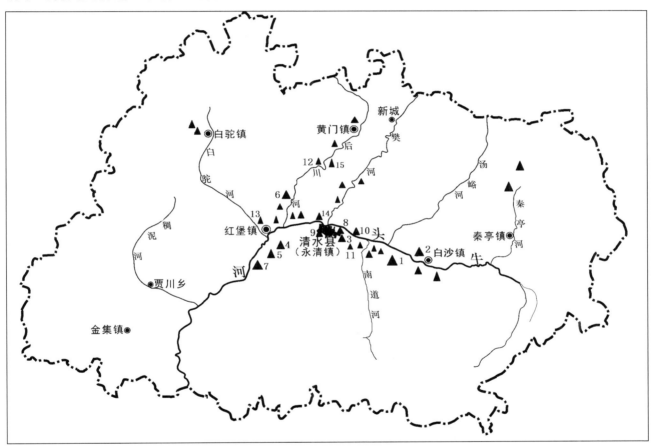

图二八〇 清水部分遗址分布示意图

1. 程家坪遗址 2. 窑庄遗址 3. 泰山庙塬遗址 4. 蔡湾遗址 5. 石沟塬遗址 6. 魏家峡口遗址 7. 潘河遗址 8. 祝英台塬遗址 9. 永清堡遗址 10. 柳湾遗址 11. 雍家塬遗址 12. 上成遗址 13. 安家塬遗址 14. 李崖遗址 15. 柳滩庄遗址

二 遗址分述

1. 白沙镇程家坪遗址
程家坪遗址位于清水县白沙镇程沟村东侧、马沟西侧，牛头河南岸一级阶地上。地理坐标

---

[1] 梁云、游富祥、侯红伟：《牛头河流域考古调查》，《中国国家博物馆馆刊》2010年第3期。

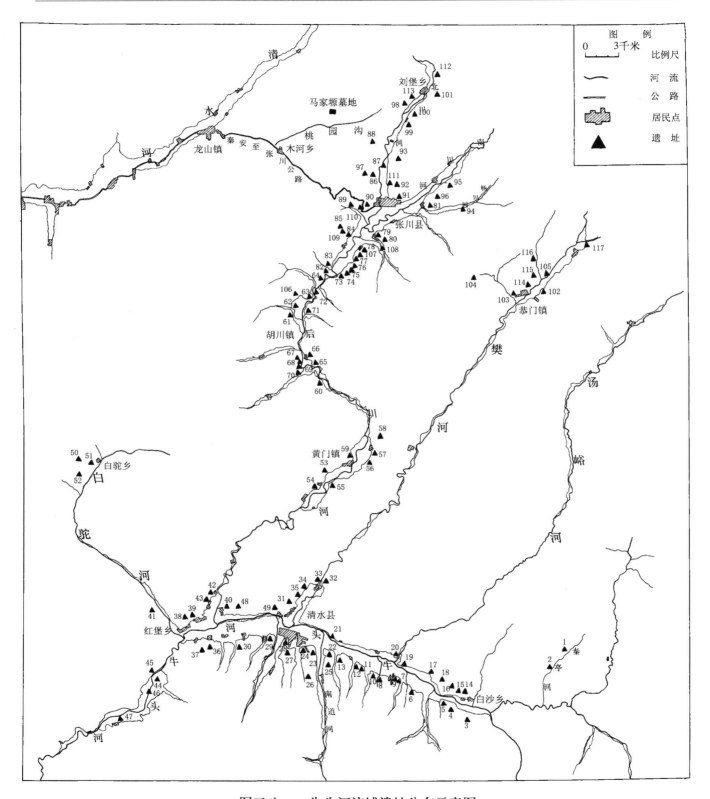

图二八一　牛头河流域遗址分布示意图

（图采自早期秦文化联合考古队《牛头河流域考古调查简报》，《中国历史文物》2010年第3期）

为北纬34°43′，东经106°13′，海拔1414～1437米（图二八二）。地势北低南高，较为平坦，面积约10万平方米，文化堆积丰富，文化层厚1～3米。1982年公布为县级文物保护单位。

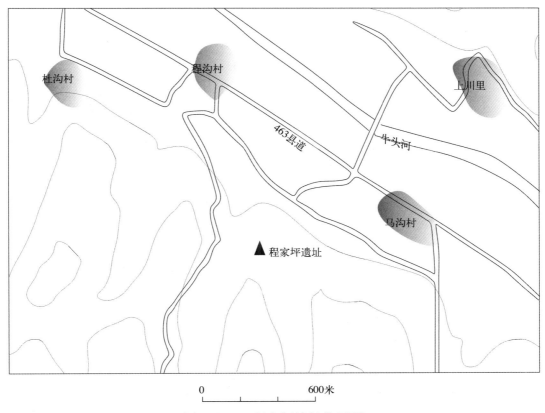

图二八二　程家坪遗址位置图

在遗址区的断面上暴露有墓葬及人骨、2座白灰面房址、1座陶窑。其中位于遗址中部路边的一座白灰面房址距地表深约1米，白灰面可见长度大约3.5、厚度约0.3米。陶窑底部宽度0.50、残存高度0.50米，窑壁可见红色烧土和青色烧土。采集到大量史前陶片，文化内涵以仰韶文化晚期遗存为主[1]。部分标本如下（图二八三、二八四）。

标本程家坪：1，壶口部残片。泥质红陶。侈口，平沿，尖唇。细颈。颈部有戳印纹。口径约10、残高5.6、壁厚0.5～0.8厘米（图二八三，1）。时代为仰韶文化晚期。

标本程家坪：2，罐口沿。夹砂红褐陶。口微敛，窄平沿，尖圆唇。唇端饰压印纹，颈部贴泥条并压印绳纹。口径约40、残高6.4、壁厚1～1.5厘米（图二八三，2）。时代为仰韶文化晚期。

标本程家坪：3，罐残片。夹砂红褐陶。侈口，窄斜沿，方唇。弧腹。腹部饰附加堆纹和绳纹。口径约20、残高8、壁厚1厘米（图二八三，3）。时代为仰韶文化晚期。

标本程家坪：4，缸残片。下腹连底残片。斜腹，平底。腹部饰杂乱粗绳纹。底径约26.4、

[1]　早期秦文化联合考古队：《牛头河流域考古调查简报》，《中国历史文物》2010年第3期。

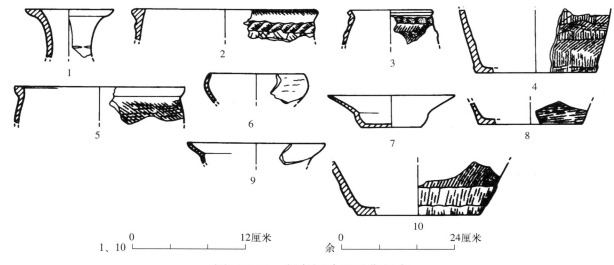

图二八三　程家坪遗址采集标本

1.壶口部残片　2、5.罐口沿　3、8.罐残片　4.缸残片　6.钵残片　7.盘口沿　9.盘残片　10.罐底

残高15、壁厚1~1.5厘米（图二八三，4）。时代为仰韶文化晚期。

标本程家坪：5，罐口沿。夹砂红陶。侈口，窄平沿，尖唇。肩部饰交错绳纹。口径约38、残高8、壁厚1厘米（图二八三，5）。时代为仰韶文化晚期。

标本程家坪：6，钵残片。泥质红陶。敛口，尖圆唇，曲腹。素面。口径约21、残高7、壁厚0.7厘米（图二八三，6）。时代为仰韶文化晚期。

标本程家坪：7，盘口沿。泥质红陶。敞口，宽斜沿，尖唇。浅弧腹。平底。素面。口径约27.2、底径12.4、高8厘米（图二八三，7）。时代为仰韶文化晚期。

标本程家坪：8，罐残片。夹砂黄褐陶。斜腹、平底。腹部饰横绳纹。底径约22、残高5、壁厚1~1.5厘米（图二八三，8）。时代为仰韶文化晚期。

标本程家坪：9，盘残片。泥质黄褐陶。敞口，宽斜沿，尖圆唇。弧腹。口径约30、残高4.9、壁厚0.8厘米（图二八三，9）。时代为仰韶文化晚期。

标本程家坪：10，罐底。夹砂红陶。斜腹、平底。表面有明显的横向接痕。饰竖向绳纹。底径约12.8、残高6厘米（图二八三，10）。时代为仰韶文化晚期。

标本程家坪：11，托盘。泥质红陶。侈口，斜方唇，浅斜腹，平底。表面饰绳纹。口径约42、底径35、高6.4、壁厚2.5厘米（图二八四，11）。时代为仰韶文化晚期。

标本程家坪：12，陶杯。泥质红陶，斜腹，厚平底。腹部有稀疏绳纹。底径约4.6、残高3.2、底厚1.2厘米（图二八四，12）。时代为仰韶文化时期。

标本程家坪：13，罐口沿。泥质红陶。侈口，高领，束颈，溜肩。颈部饰连珠状压印纹。宽10、残高约8、厚0.6~0.8厘米（图二八四，13）。时代为仰韶文化晚期。

标本程家坪：14，罐残片。夹砂红褐陶。侈口，尖唇，束颈，肩部外鼓。肩部饰交错绳纹和圆饼形附加堆纹。宽6、残高约10、厚0.5~0.8厘米（图二八四，14）。时代为仰韶文化晚期。

标本程家坪：15，尖底瓶底。泥质红陶。圆锥形，截面呈钝角三角形，无明显足跟。表面部分饰绳纹。残高约6.5、壁厚0.8~1.8厘米（图二八四，15）。时代为仰韶文化晚期。

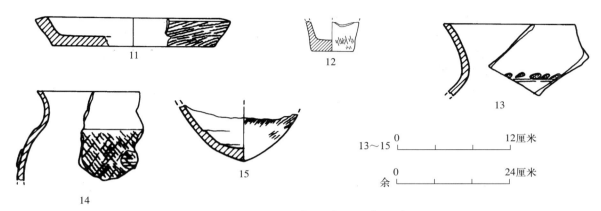

图二八四　程家坪遗址采集标本
11. 托盘　12. 陶杯　13. 罐口沿　14. 罐残片　15. 尖底瓶底

2. 白沙镇窑庄遗址

窑庄遗址位于白沙镇窑庄西北，总面积约4000平方米（图二八五）。文化堆积厚0.3～1.2米，断崖处暴露有白灰面房址和灰坑等遗迹，地表可见素面、篮纹、绳纹等红陶片。采集到的标本如下（图二八六）。

标本窑庄：1，罐残片。泥质红陶。溜肩稍外鼓。肩部以下饰竖向绳纹，颈部素面，界线明确。宽6、残高约9.6、厚1.2厘米（图二八六，1）。时代为齐家文化时期。

标本窑庄：2，罐耳。侈口，拱形宽扁耳。耳上端与口沿平齐，下端连于罐肩部。耳正面饰绳纹。耳宽5.2、残高约11、壁厚1～1.3厘米（图二八六，2）。时代为齐家文化时期。

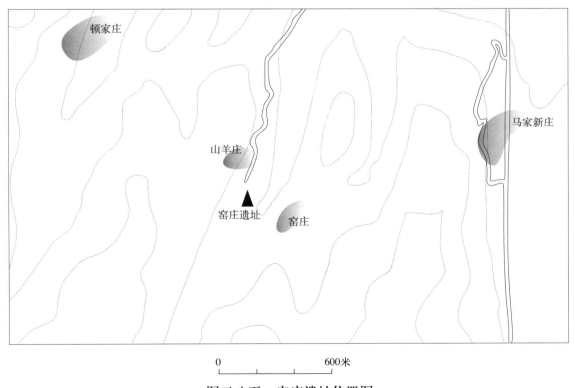

图二八五　窑庄遗址位置图

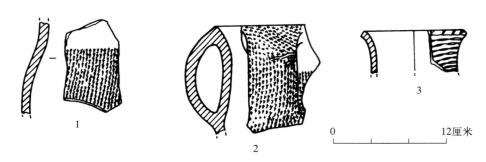

0   12厘米

图二八六 窑庄遗址采集标本
1. 罐残片   21. 罐耳   31. 罐口沿

标本窑庄：3，罐口沿。泥质红陶。侈口，斜方唇，直颈。唇端饰压印纹，颈部饰横篮纹。口径约11.2、残高4、壁厚0.7厘米（图二八六，3）。时代为齐家文化时期。

3. 红堡镇蔡湾遗址

蔡湾遗址位于红堡镇蔡湾村西南，牛头河南岸一级阶地上（图二八七）。遗址南高北低，西侧为大石沟，面积约9万平方米，文化层厚约1米。20世纪80年代首次发现，遗址断面暴露有灰坑、墓葬等遗迹。遗存年代以仰韶时期为主，少量齐家文化时期和周代。1982年公布为县级文物保护单位。

2005年早期秦文化联合考古队进行了详细调查，断崖面暴露多处文化层，文化堆积距地表约1、厚约1米，包含有大量红陶片，彩陶极少。年代主要为仰韶时期。采集的部分标本如下

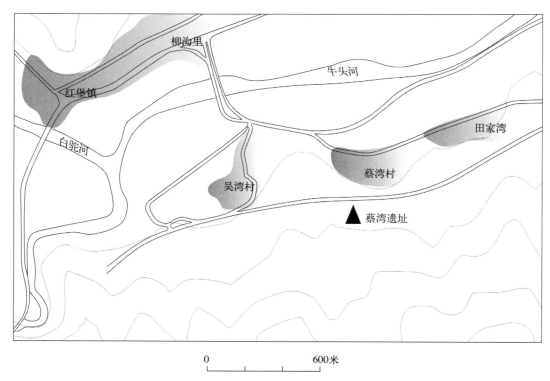

0   600米

图二八七 蔡湾遗址位置图

（图二八八）。

标本蔡湾：1，钵口沿。泥质红陶。敛口，尖圆唇，曲腹。素面。口径约24、残高6厘米（图二八八，1）。时代为仰韶文化晚期。

标本蔡湾：2，罐口沿。泥质黄褐陶。敛口，外斜沿，尖圆唇。口径约37、残高5厘米（图二八八，2）。时代为仰韶文化晚期。

标本蔡湾：3，尖底瓶口沿。泥质浅黄色陶。重唇口，内、外唇之间断面呈阶梯状。口沿上有抹痕。口径约5、残高6.3厘米（图二八八，3）。时代为仰韶文化中期。

标本蔡湾：4，罐口沿。夹砂红褐陶。敛口，窄平沿，圆唇。表面饰稀疏绳纹。口径约40、残高6.4（图二八八，4）。时代为仰韶文化晚期。

标本蔡湾：5，尖底瓶口沿。泥质黄陶。重唇口，呈三级阶梯状，内唇圆，外唇方且上扬。口径约4、残高2.8厘米（图二八八，5）。时代为仰韶文化中期。

标本蔡湾：6，尖底瓶口沿。泥质黄褐陶。重唇口，呈两级阶梯状，内唇圆，外唇方且上扬。口径约4、残高2.8厘米（图二八八，6）。时代为仰韶文化中期。

标本蔡湾：7，陶片。夹砂红褐陶。表面饰平行条状附加堆纹间以绳纹。残长约8、宽6厘米（图二八九，7）。时代为常山下层文化时期。

标本蔡湾：8，深腹罐口沿。夹粗砂灰陶。口微敛，平沿，尖圆唇，腹壁斜直。口沿内侧有一道浅凹槽，口沿外侧饰一周戳印纹，腹壁饰交错绳纹。口径约21、残高8厘米（图二八九，8）。时代为常山下层文化时期。

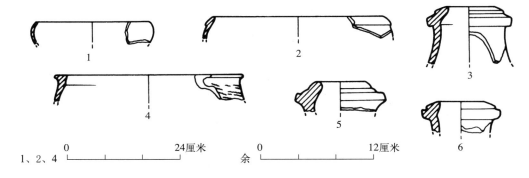

图二八八　蔡湾遗址采集标本
1.钵口沿　2、4.罐口沿　3、5、6.尖底瓶口沿

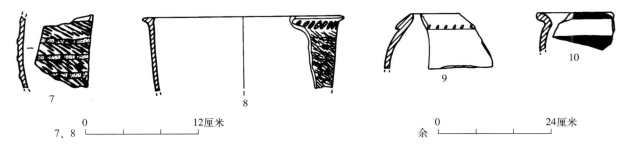

图二八九　蔡湾遗址采集标本
7.陶片　8.深腹罐口沿　9.罐口沿　10.盆口沿

1

2

图二九〇　清水县博物馆藏蔡湾
遗址出土齐家文化陶拍和陶鬲
1. 陶拍　2. 陶鬲

标本蔡湾：9，罐口沿。泥质灰陶。敛口，外斜沿，尖圆唇。上腹外鼓。沿外侧饰压印纹。宽14、残高约12厘米（图二八九，9）。时代为仰韶文化晚期。

标本蔡湾：10，盆口沿。泥质黄陶。侈口，斜沿，圆唇。唇端及腹部饰黑彩。宽12、残高约8厘米（图二八九，10）。时代为仰韶文化晚期。

除遗址采集的标本外，清水县博物馆藏蔡湾遗址出土的齐家文化陶拍和陶鬲。

陶拍，泥质黄褐陶，条形，中间有四组对三角纹，两端为菱形纹。长19、宽6、厚1.5厘米。陶鬲，口径14.5、高23厘米（图二九〇，1）。

陶鬲，夹砂红陶。侈口，斜沿，圆唇。束颈，弧腹，锥状足。三足表面泛黑，应为火烧痕迹。口径14.5、高23厘米（图二九〇，2）。

4. 红堡镇石沟塬遗址

石沟塬遗址位于红堡镇吴湾村东南，牛头河南岸一级阶地之上。地理坐标为北纬34°44′，东经106°04′（图二九一）。

遗址南高北低，呈缓坡状，东侧也为自然冲沟，西侧为大石

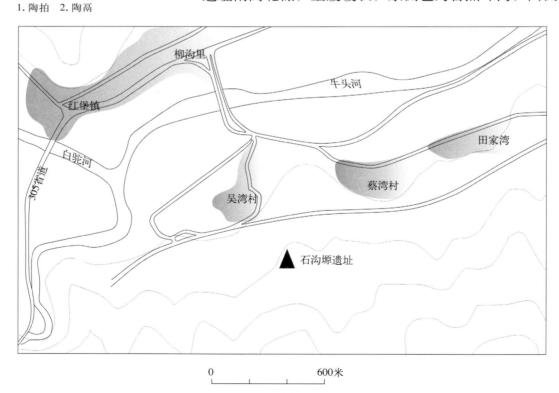

0　　　　　　600米

图二九一　石沟塬遗址位置图

沟，与蔡湾遗址隔沟相对。面积约5万平方米，文化层厚约1.5米。断面上暴露大量灰坑。地面上分布较多陶片，主要为仰韶文化和齐家文化遗存。2005年早期秦文化联合考古队及后来三普都曾调查过，2010年公布为县级文物保护单位。采集的部分标本如下（图二九二）。

标本石沟塬：1，罐口沿。夹砂红陶。侈口，方唇。颈部饰条状附加堆纹。口径约43、残高10.4厘米（图二九二，1）。时代为仰韶文化晚期。

标本石沟塬：2，罐残片。泥质红陶。侈口，方唇，斜沿，长颈。沿下饰稀疏绳纹。口径约14、残高10厘米（图二九二，2）。时代为齐家文化时期。

标本石沟塬：3，罐底。夹砂红褐陶。斜腹，平底。底径约14、残高4厘米（图二九二，3）。时代为齐家文化时期。

标本石沟塬：4，盆残片。泥质黄褐陶。敞口，窄沿，斜深腹。腹部饰绳纹。口径约40、残高12厘米（图二九二，4）。时代为齐家文化早期。

标本石沟塬：5，罐残片。夹砂红褐陶。侈口，斜沿，方唇。唇端饰压印纹。腹部饰刻划纹和绳纹。口径约14、残高6厘米（图二九二，5）。时代为齐家文化早期。

标本石沟塬：6，罐残片。泥质黄褐陶。斜腹内收，平底。腹部饰横向篮纹，近底部抹光。底径约14、残高7厘米（图二九二，6）。时代为齐家文化时期。

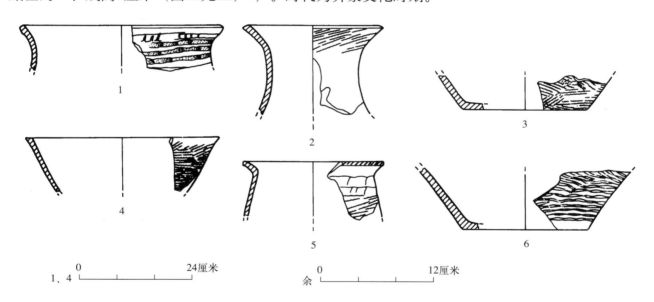

图二九二　石沟塬遗址采集标本
1.罐口沿　2、5、6.罐残片　3.罐底　4.盆残片

5. 红堡镇魏家峡口遗址

魏家峡口遗址位于红堡镇魏家峡口村西北，后川河西岸的一、二级阶地上。地理坐标为北纬34°46′、东经106°04′（图二九三）。遗址西高东低，面积约2万平方米。文化层厚0.5～1.5米。断崖上暴露有灰坑等遗迹。文化属性为史前遗址。2010年被公布为县级文物保护单位。

2005年早期秦文化联合考古队进行了调查，遗址东部多为史前时期的红陶片，西部采集到少量带绳纹的周代灰陶片。可辨器形有仰韶中期的红陶钵、彩陶盆、红褐陶罐等，部分标本如

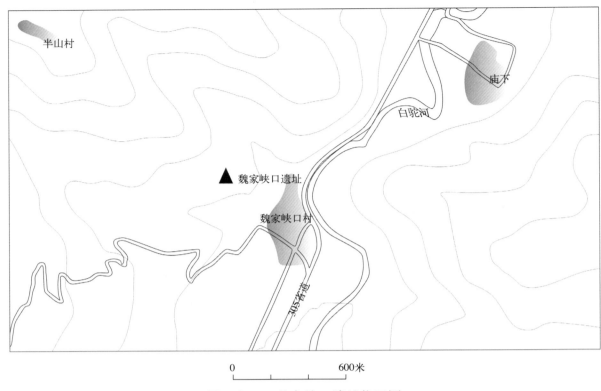

图二九三　魏家峡口遗址位置图

下（图二九四）。

标本魏家峡口：1，钵残片。泥质红陶。口微敛，尖唇，深腹。素面。口径约16、残高6厘米（图二九四，1）。时代为仰韶文化中期。

标本魏家峡口：2，盆口沿。泥质红陶。口微敛，圆唇，卷沿。唇端及腹部饰黑彩。口径约38、残高5厘米（图二九四，2）。时代为仰韶文化中期。

标本魏家峡口：3，罐口沿。夹砂红褐陶。口微敛，窄斜沿，圆唇。唇下一道凸棱。腹部饰稀疏绳纹。口径约29、残高6厘米（图二九四，3）。时代为仰韶文化中期。

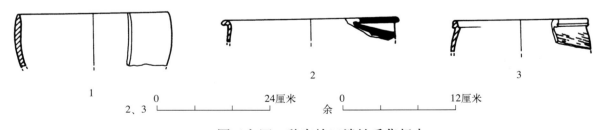

图二九四　魏家峡口遗址采集标本
1.钵残片　2.盆口沿　3.罐口沿

6. 红堡镇潘河遗址

潘河遗址位于红堡镇潘河村南，牛头河东岸一级阶地之上，潘家河与牛头河交汇处。地理坐标为北纬34°43′，东经106°02′（图二九五）。面积约2万平方米。

2005年调查时在断崖上发现了房址、灰坑等遗迹，地面上散见陶片。文化属性为仰韶文化

图二九五　潘河遗址位置图

和齐家文化。采集的部分标本如下（图二九六）。

标本潘河：1，钵口沿。泥质红陶。敛口，圆唇，浅腹。表面有刮削痕迹。口径20.6、残高7.1、壁厚0.2～0.6厘米（图二九六，1）。时代为仰韶文化晚期。

标本潘河：2，尖底瓶口。泥质红陶。重唇口。素面，外唇有压印而成的花边。口径8.4、残高4.7、壁厚0.9厘米（图二九六，2）。时代为仰韶文化中期。

标本潘河：3，缸口沿。夹砂红褐陶。敛口，平沿，尖唇。颈部饰交错绳纹。口径约41、残高7.2厘米（图二九六，3）。时代为仰韶文化晚期。

标本潘河：4，盆残片。泥质红陶。敛口，尖圆唇，折腹。表面饰黑彩弧边三角纹。宽4、残高5.2厘米（图二九六，4）。时代为仰韶文化晚期。

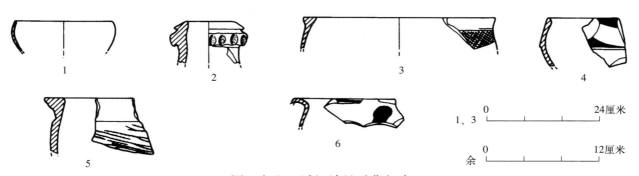

图二九六　潘河遗址采集标本
1.钵口沿　2.尖底瓶口　3.缸口沿　4.盆残片　5.罐口沿　6.盆口沿

标本潘河：5，罐口沿。夹砂黄褐陶。口微敛，宽平沿，尖唇。上腹较直，饰有绳纹。宽6、残高约7厘米（图二九六，5）。时代为仰韶文化晚期。

标本潘河：6，盆口沿。泥质红陶。敛口，卷沿，圆唇。表面有黑彩圆点纹。宽8、残高约3.2厘米（图二九六，6）。时代为仰韶文化时期。

7. 红堡镇安家坪遗址

安家坪遗址位于红堡镇安坪村及西侧，牛头河北岸一级阶地上，村子占据了部分遗址。地理坐标为北纬34°45′、东经106°04′（图二九七）。遗址规模较小，文化层厚约0.3～0.5米。1982年12月公布的县级重点文物保护碑，名为山顶崖遗址，为了方便记录和保护更名为安家坪遗址。

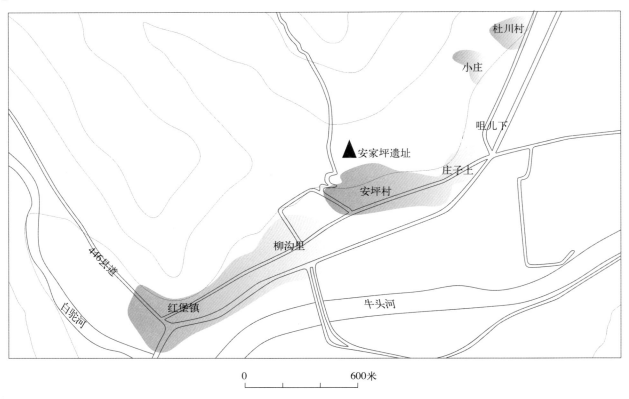

图二九七　安家坪遗址位置图

2015年早期秦文化联合考古队再次进行了调查，在村西侧断崖处发现了暴露的灰坑、灶址等，采集到一些仰韶中期和晚期的陶片。遗址东边断崖上发现一处被破坏的砖室墓，应为汉代或更晚，未见随葬品。采集的标本包括泥质红陶、彩陶、夹砂红陶等，时代为仰韶文化中、晚期。部分标本如下（图二九八）。

标本安家坪：1，尖底瓶口沿。泥质红陶，重唇口，内唇圆，外唇方。瓶颈部饰交错线纹。口径约8、残高6厘米（图二九八，1）。时代为仰韶文化中期。

标本安家坪：2，钵残片。泥质红陶。敛口，尖圆唇，弧腹急收。素面。宽6、残高约6厘米（图二九八，2）。时代为仰韶文化中期。

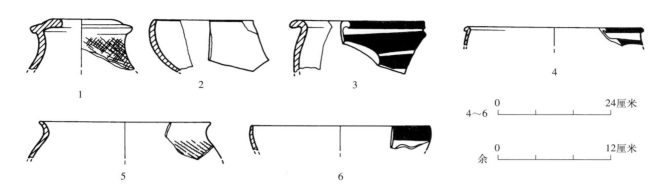

图二九八　安家坪遗址采集标本
1.尖底瓶口沿　2.钵残片　3、4.盆口沿　5.罐口沿　6.钵口沿

标本安家坪：3，盆口沿。泥质红陶。敛口，卷沿，圆唇。唇部及上腹饰黑彩条带纹。宽9.2、残高约5.6厘米（图二九八，3）。时代为仰韶文化中期。

标本安家坪：4，盆口沿。泥质红陶。敛口，卷沿，圆唇。唇部及腹部饰黑彩。口径约38.4、残高4厘米（图二九八，4）。时代为仰韶文化中期。

标本安家坪：5，罐口沿。夹砂红陶。侈口，斜沿，尖圆唇。上腹外鼓。腹部饰绳纹，沿下抹光。口径约36.8、残高8.8厘米（图二九八，5）。时代为仰韶文化晚期。

标本安家坪：6，钵口沿。泥质橙红色陶。直口，尖圆唇，斜腹。唇下饰一周宽带黑彩。残宽8.8、残高5.4、壁厚0.6厘米（图二九八，6）。时代为仰韶文化早期。

8. 永清镇泰山庙塬遗址

位于永清镇东关村南侧，牛头河南岸一级台地上，因小地名为泰山庙塬命名。东、西两侧为水篆殿和沙鱼沟，西侧约500米有季节性小河向北注入牛头河。地理坐标为东经34°44′，北纬106°09′（图二九九）。

遗址地形平坦开阔，略呈东北高、西南低，海拔1406～1424米，总面积约10万平方米。1981年中国社科院谢端琚等首次发现并调查了此遗址，发现了灰坑、红烧土坑等遗迹，并采集了一些标本[1]（图三〇〇）。其中一件彩陶罐较完整，纹饰具有半山晚期至马厂早期的特点，口径10.5、底径11、高20.5厘米，现藏于清水县博物馆（图三〇一（图片采自《轩辕故里——清水文物遗珍》和张朋川《中国彩陶图谱》））。1982年公布为县级文物保护单位。

2005年早期秦文化联合考古队再次调查，发现遗址区断面的文化层厚约0.5、长约300米。陶窑一座，窑内红烧土堆积厚约1.5米，烧土上有一厚约1.5厘米、长约70厘米的烧烤硬面。采集到大量史前陶片，以仰韶文化和齐家文化为主[2]，部分标本如下（图三〇二、三〇三）。

标本泰山庙塬：1，罐残片。夹砂红褐陶。侈口，斜沿，方唇。表面饰平行条状间圆饼状附加堆纹。宽10、残高约9、壁厚1.2厘米（图三〇二，1）。时代为常山下层文化时期。

[1] 中国社会科学院考古研究所甘肃工作队：《甘肃天水地区考古调查纪要》，《考古》1983年第12期。
[2] 早期秦文化联合考古队：《牛头河流域考古调查简报》，《中国历史文物》2010年第3期。

图二九九　泰山庙塬遗址位置图

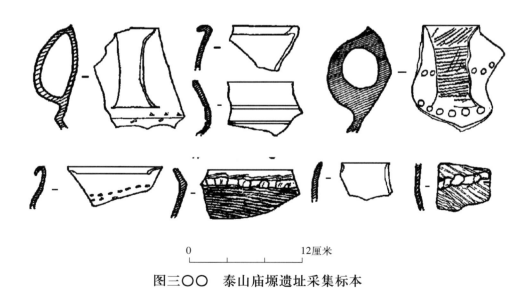

图三〇〇　泰山庙塬遗址采集标本

（图片采自谢端琚《甘肃天水考古调查纪要》，《考古》1983年第12期）

　　标本泰山庙塬：2，高领罐残片。泥质红褐陶。敞口，斜沿，方唇，长束颈，斜肩。颈部
靠口沿处饰有横篮纹，唇部压饰平行斜向绳纹。口径约16、残高11、壁厚0.3～0.4厘米（图

三〇二，2）。时代为齐家文化时期。

标本泰山庙塬：3，罐残片。泥质红陶。敞口，尖圆唇。束颈，溜肩。近口沿处饰横向篮纹，颈部有抹光痕迹。口径约15、残高8、壁厚0.7厘米（图三〇二，3）。时代为齐家文化时期。

标本泰山庙塬：4，罐口沿。夹砂红褐陶。侈口，方唇，直颈。唇外加

图三〇一　清水县博物馆藏泰山庙塬出土彩陶罐
（图片采自《轩辕故里——清水文物遗珍》和张朋川《中国彩陶图谱》）

厚，表面饰绳纹。口径约24、残高5.6、壁厚1厘米（图三〇二，4）。时代为仰韶文化晚期。

标本泰山庙塬：5，罐口沿。夹砂灰褐陶。口微敛，圆唇。沿内侧一圈凹槽，外侧一道凸棱。素面。宽7.8、残高约4.6、壁厚0.8～1.2厘米（图三〇二，5）。时代为仰韶文化晚期。

标本泰山庙塬：6，罐口沿。夹砂红褐陶。侈口，圆唇。颈部饰条状附加堆纹和压印绳纹。口径约9.4、残高3.6、壁厚0.6厘米（图三〇二，6）。时代为仰韶文化晚期。

标本泰山庙塬：7，罐残片。夹砂红陶。直口，尖唇，肩部外鼓。肩部饰横绳纹。口径约13、残高5.2、壁厚0.4厘米（图三〇二，7）。时代为仰韶文化晚期。

标本泰山庙塬：8，盆残片。泥质红陶。侈口，尖圆唇，束颈。肩部稍外鼓，弧腹内收。表面饰竖向绳纹，颈部有抹光。口径约20、残高10、壁厚0.7厘米（图三〇二，8）。时代为仰韶文化晚期。

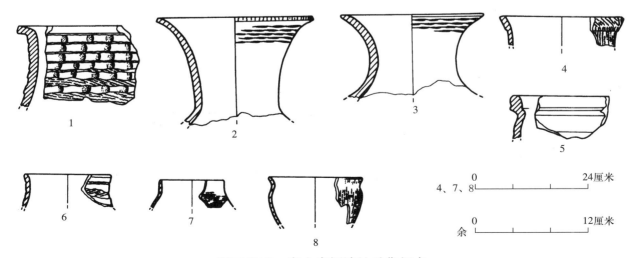

图三〇二　泰山庙塬遗址采集标本
1、3、7.罐残片　2.高领罐残片　4、5、6.罐口沿　8.盆残片

标本泰山庙塬：9，陶纺轮。泥质红陶。圆形，中间有穿孔。由弧面陶片加工而成，穿孔为双面锥钻形成。边缘有残损。直径约7、厚1.4、孔径约0.6厘米（图三〇三，9）。时代为仰韶文化时期。

标本泰山庙塬：10，器耳。泥质红陶。拱形宽扁耳。耳及器身均饰篮纹。耳宽3.2、残高12厘米（图三〇三，10）。时代为齐家文化时期。

标本泰山庙塬：11，罐口。细泥橙红陶。侈口，尖圆唇，溜肩。肩部饰一周戳点纹。残高6、壁厚0.4厘米（图三〇三，11）。时代为齐家文化早期或常山下层时期。

标本泰山庙塬：12，盆口沿。泥质红陶。口微侈，卷沿，厚圆唇。唇部及肩部饰黑彩。宽5、残高3.8、壁厚0.5厘米（图三〇三，12）。时代为仰韶文化中期。

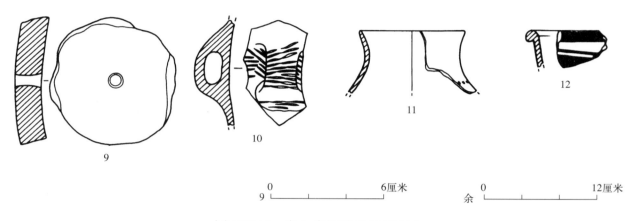

图三〇三　泰山庙塬遗址采集标本
9.陶纺轮　10.器耳　11.罐口　12.盆口沿

9. 永清镇东山遗址

位于清水县城关镇，南道河东岸、马家沟西侧、牛头河南岸塬顶。遗址北临牛头河早期河床，南以张家庄村为界，地形北低南高，海拔1467～1504米。南北长约500、东西宽约300米，总面积约15万平方米（图三〇四）。

2005年早期秦文化联合考古队进行了调查，发现的文化层堆积厚1～2米，在断面上采集到满施附加堆纹的大红陶罐残片。遗址文化内涵单纯，为齐家文化时期遗存[1]。调查时采集了若干标本，可辨器形包括敛口罐、穿孔石刀等。部分标本如下（图三〇五）。

标本东山：1，瓮口沿。夹砂红褐陶。口微敛，窄平沿，上腹外鼓。唇上饰压印纹，上腹饰绳纹。口径约32、残高7、壁厚1.5～2厘米（图三〇五，1）。时代为齐家文化早期。

标本东山：2，罐残片。夹砂红褐陶。侈口，斜沿，尖圆唇，弧腹外鼓。腹部饰多道平行条状附加堆纹和绳纹。口径约16、残高12.8、壁厚1厘米（图三〇五，2）。时代为齐家文化早期。

标本东山：3，罐口沿。夹砂黄褐陶。口微侈，圆唇，筒状腹。表面饰密集附加堆纹。口径约28、残高7、壁厚1厘米（图三〇五，3）。时代为齐家文化早期。

[1]　早期秦文化联合考古队：《牛头河流域考古调查简报》，《中国历史文物》2010年第3期。

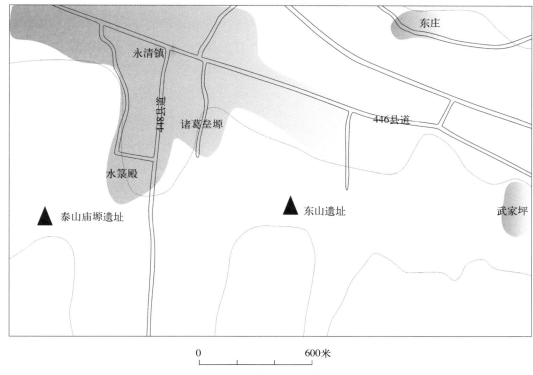

图三〇四　东山遗址位置图

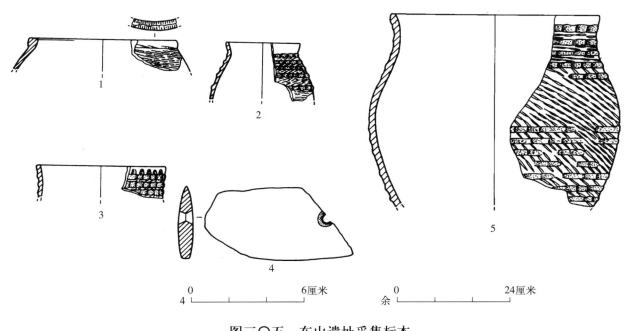

图三〇五　东山遗址采集标本

1.瓮口沿　2.罐残片　3.罐口沿　4.石刀　5.缸残片

　　标本东山：4，石刀。残，青石质，刃部尖锐，两面磨成。中间有孔，双面锥钻形成。残长约8、宽4、最厚0.8厘米（图三〇五，4）。时代为齐家文化时期。

　　标本东山：5，缸残片。夹砂橙黄色陶。侈口，圆唇，溜肩，弧腹外鼓。表面先饰绳纹，颈、腹部加饰平行条状附加堆纹。口沿外侧抹光。口径约41、残高39、壁厚1.5厘米（图三〇五，5）。时代为齐家文化早期。

10. 永清镇祝英台塬遗址

祝英台塬遗址位于清水县永清镇东南沙鱼沟村东侧，牛头河南岸一级阶地上。总面积17.5万平方米。文化层厚约0.5～2米（图三〇六）。

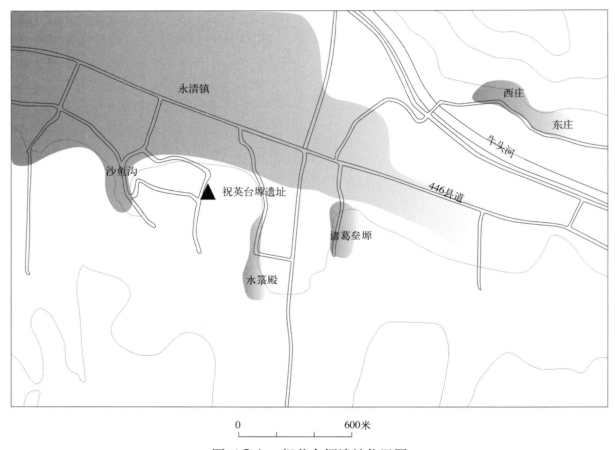

图三〇六 祝英台塬遗址位置图

早期发现了仰韶文化、齐家文化和周代的遗存。1989年公布为县级文物保护单位。2005年早期秦文化联合考古队调查时，不仅采集到史前时期和周代的陶片，而且在清水县博物馆看到了出土于此遗址的齐家文化大耳罐以及西周时期的灰陶器。后来李崖遗址发掘后，认为那些陶器属于秦人早期的遗存。采集的部分标本如下（图三〇七）。

标本祝英台塬：1，罐残片。夹砂红陶。口微侈，口沿向内弯，斜腹。沿外侧饰附加堆纹，腹部饰多道平行凹弦纹。宽6、残高约6.8、厚0.7～1厘米（图三〇七，1）。时代为仰韶文化晚期。

标本祝英台塬：2，盆口沿。泥质红陶。侈口，卷沿，圆唇，斜腹。表面饰黑彩。残宽约10、高4、壁厚0.7厘米（图三〇七，2）。时代为仰韶文化晚期。

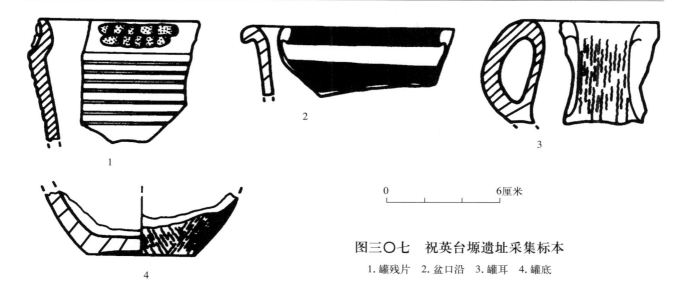

图三〇七　祝英台塬遗址采集标本
1. 罐残片　2. 盆口沿　3. 罐耳　4. 罐底

标本祝英台塬：3，罐耳。泥质黄褐陶。拱形宽扁耳，耳上端与口沿平齐。耳上饰竖向绳纹。残高约6厘米（图三〇七，3）。时代为齐家文化时期。

标本祝英台塬：4，罐底。夹砂灰褐陶。弧腹，凹底。腹部饰绳纹。底径约5.8、残高3.8、壁厚2厘米（图三〇七，4）。时代为齐家文化时期。

11. 永清镇永清堡遗址

永清堡遗址位于清水县永清镇（县城所在）南，牛头河南岸一级阶地之上，西侧小河与牛头河交汇之处，与小塬遗址隔河相对（图三〇八）。地理坐标为北纬34°45′，东经106°07′，海拔1414米。遗址因其上有座堡子名为永清堡而得名，现北侧为清水县第一中学所在。1955年，堡子内的县立中学取土时发现了陶鬲、罐、纺轮等遗物，随后全国一普对遗址进行全面调查，认定为仰韶文化和周代遗址。1960年公布遗址总面积约50万平方米[1]。1981年公布为省级文物保护单位。

2005年调查时，发现台地东部南北向断面上暴露有文化层、灰坑，内含有大量的红陶片，堆积厚约1米有余，南北分布有红烧土堆积，并有草拌泥烧结的管道，外径10、壁厚1.5厘米，长50余米。还发现一座窑址，废弃堆积厚约1.5米。采集了大量标本，大部分属仰韶文化晚期，少量齐家文化和周代遗存。部分标本如下（图三〇九～三一〇）。

标本永清堡：1，罐残片。夹砂黄褐陶。斜腹，平底。腹部饰横向篮纹，且有大块黑斑。罐底内侧有细绳纹。底径12、残高11.5、壁厚0.7厘米（图三〇九，1）。时代为齐家文化时期。

标本永清堡：2，罐底。夹砂灰褐陶。斜腹，平底。腹部饰绳纹。底径约18、残高4、壁厚1厘米（图三〇九，2）。时代为齐家文化时期。

标本永清堡：3，托盘。夹砂黄褐陶。敛口，平沿内折，尖圆唇，浅腹。素面抹光。口径约30、沿宽1.8、残高5.6、壁厚0.8厘米（图三〇九，3）。时代为仰韶文化晚期。

---

[1]　甘肃省博物馆：《甘肃古文化遗存》，《考古学报》1960年第2期。

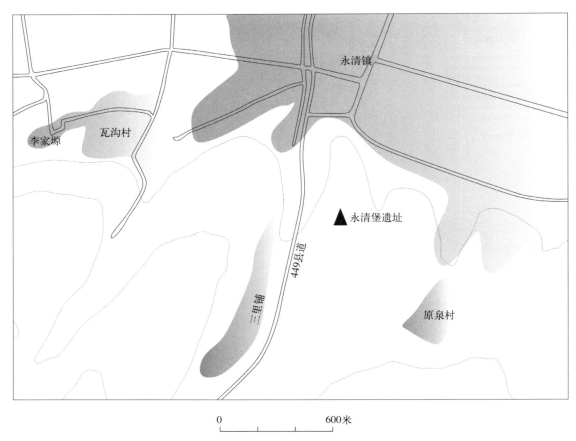

图三〇八　永清堡遗址位置图

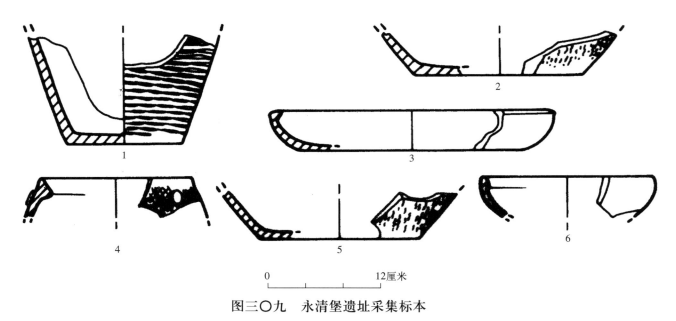

图三〇九　永清堡遗址采集标本

1. 罐残片　2、5. 罐底　3. 托盘　4. 罐口沿　6. 钵残片

　　标本永清堡：4，罐口沿。夹砂红陶。敛口，斜平沿内折，截面略呈三角形，尖圆唇。外壁先施交错线纹，口沿外侧有一圆饼状贴塑。口径16、残高4.2厘米（图三〇九，4）。时代为仰

韶文化晚期。

标本永清堡：5，罐底。泥质红陶。斜腹，平底。底径约16.8、残高6、壁厚1厘米（图三〇九，5）。时代为齐家文化时期。

标本永清堡：6，钵残片。泥质黄褐陶。敛口，圆唇内折。斜腹。口径约18、残高4厘米（图三〇九，6）。时代为仰韶文化晚期。

标本永清堡：7，缸口沿。夹砂黄褐陶。敛口，窄沿，方唇。口径约33.6、残高5、壁厚1.5～2厘米（图三一〇，7）。时代为仰韶文化晚期。

标本永清堡：8，罐口沿。泥质深灰陶。敛口，内折沿，圆唇，斜直腹。宽11、残高约8、厚1～1.5厘米（图三一〇，8）。时代为仰韶文化晚期。

标本永清堡：9，罐口沿。泥质深灰陶。敛口，尖唇，宽平沿。饰绳纹。口径约36、残高4厘米（图三一〇，9）。时代为仰韶文化晚期。

标本永清堡：10，罐残片。夹砂红褐陶。侈口，圆唇，溜肩。表面饰密集附加堆纹和绳纹。口径约17、残高8厘米（图三一〇，10）。时代为常山下层文化时期。

标本永清堡：11，罐残片。夹砂红褐陶。侈口，圆唇，束颈，溜肩。表面饰多道条状平行附加堆纹。口径约16、残高8、壁厚0.8厘米（图三一〇，11）。时代为常山下层文化时期。

标本永清堡：12，罐口沿。夹砂红褐陶。侈口，方唇。表面饰密集附加堆纹。口径约18.4、残高4.5厘米（图三一〇，12）。时代为常山下层文化时期。

标本永清堡：13，器足。泥质红陶。圆锥形，中空，根部圆滑。残高约6厘米（图三一〇，13）。时代为齐家文化时期。

标本永清堡：14，罐肩部。泥质红陶。肩、腹相连处呈折角。肩部素面，腹部饰斜篮纹。

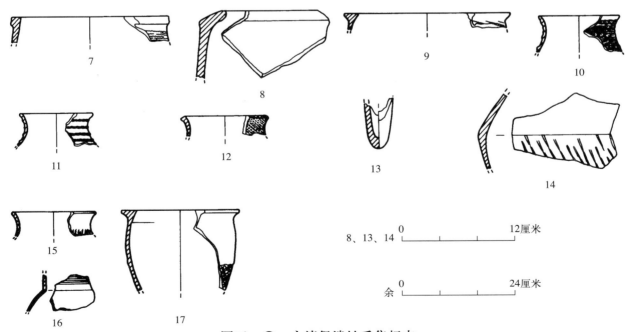

图三一〇　永清堡遗址采集标本

7.缸口沿　8、9、12、15.罐口沿　10、11、17.罐残片　13.器足　14.罐肩部　16.壶残片

残长12、宽9厘米（图三一〇，14）。时代为齐家文化时期。

标本永清堡：15，罐口沿。夹砂红褐陶。侈口，方唇。口径约18、残高6.4厘米（图三一〇，15）。肩部饰绳纹。时代为齐家文化时期。

标本永清堡：16，壶残片。泥质红陶。直颈，溜肩。颈部饰黑彩平行条纹。宽10、残高约8厘米（图三一〇，16）。时代为仰韶文化晚期。

标本永清堡：17，罐残片。泥质红陶。敛口，宽平沿，方唇，弧腹。上腹素面，下腹饰交错绳纹。口径约26、残高18.4厘米（图三一〇，17）。时代为仰韶文化晚期。

标本永清堡：18，盆口沿。泥质红陶。敛口，卷沿，圆唇。唇部施黑彩，腹部饰黑彩叶形纹。口径约28、残高5厘米（图三一一，18）。时代为仰韶文化晚期。

标本永清堡：19，瓶口沿。泥质红陶。喇叭口，平沿，细颈。口径约16、残高8厘米（图三一一，19）。时代为仰韶文化晚期。

标本永清堡：20，盆口沿。泥质灰陶。敛口，宽平沿。素面。口径约33、残高3厘米（图三一一，20）。时代为仰韶文化晚期。

标本永清堡：21，盆口沿。泥质灰陶。敛口，宽平沿，圆唇。素面。口径约43.2、残高4厘米（图三一一，21）。时代为仰韶文化晚期。

标本永清堡：22，瓶口沿。泥质红陶。侈口，平沿，圆唇。细颈。素面。口径约12、残高3厘米（图三一一，22）。时代为仰韶文化晚期。

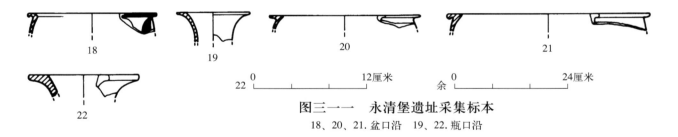

图三一一　永清堡遗址采集标本
18、20、21. 盆口沿　19、22. 瓶口沿

遗址上采集的标本以外，清水县博物馆还藏有几件齐家文化完整器（图三一二），出土于永清堡遗址。

标本清水县博：1，双大耳罐。侈口，束腰，折腹。素面。口径9、底径5、高14厘米（图三一二，1）。

标本清水县博：2，折腹罐。口微侈，长斜肩，折腹。颈部饰圆形泥饼，肩、腹部饰横向细绳纹。肩腹连接处有压印纹。口径11.3、底径13、高25厘米（图三一二，2）。

标本清水县博：3，陶鬲。侈口，方唇。深腹，袋足。唇部压印绳纹，颈部抹光，颈部以下满饰粗绳纹。口径16.5、高34厘米（图三一二，3）。

12. 永清镇柳湾遗址

柳湾遗址位于永清镇柳湾村东北，牛头河北岸二级阶地上。遗址北高南低，东侧为石沟河汇入牛头河（图三一三）。面积约45000平方米。

图三一二 清水县博物馆藏永清堡遗址出土器物
1. 双大耳罐 2. 折腹罐 3. 陶鬲 （图片采自《轩辕故里——清水文物遗珍》）

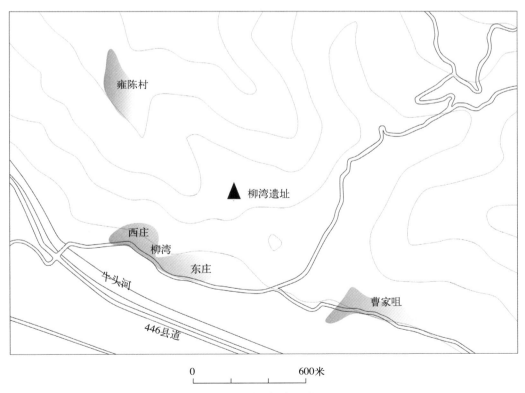

图三一三 柳湾遗址位置图

　　2005年早期秦文化联合考古队及全国三普都曾调查过，发现了仰韶中、晚期及齐家文化遗存，以仰韶文化晚期为主。采集的部分标本如下（图三一四）。

　　标本柳湾：1，缸口沿。泥质红陶。敛口，外斜沿，尖圆唇。素面。口径约42、残高4厘米（图三一四，1）。时代为仰韶文化晚期。

　　标本柳湾：2，盆口沿。泥质红陶。侈口，斜折沿，圆唇。唇部及腹部饰黑彩纹。口径约25、残高5厘米（图三一四，2）。时代为仰韶文化晚期。

　　标本柳湾：3，缸口沿。夹砂黄褐陶。敛口，外斜沿，尖圆唇。沿下一道凹槽。素面。口径约34、残高6厘米（图三一四，3）。时代为仰韶文化晚期。

　　标本柳湾：4，罐口沿。泥质灰陶。敛口，外斜沿，尖圆唇。沿下一道凹槽。素面。口径约27、残高4厘米（图三一四，4）。时代为仰韶文化晚期。

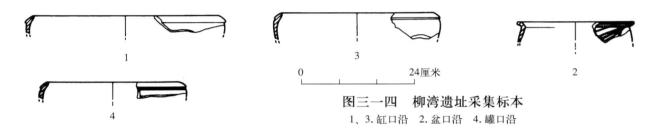

图三一四　柳湾遗址采集标本

1、3.缸口沿　2.盆口沿　4.罐口沿

13. 永清镇雍家塬遗址

　　雍家塬遗址位于永清镇窑庄村南，东、西两侧都为自然冲沟，西侧有一条季节性河北流入牛头河。遗址南高北低，面积约8万平方米（图三一五）。断崖上暴露有白灰面房址、灰坑等遗

图三一五　雍家塬遗址位置图

迹，文化属性为常山下层文化和齐家文化。

2005年早期秦文化联合考古队进行了调查，采集了一些标本。部分标本如下（图三一六）。

标本雍家塬：1，罐口沿。泥质黄褐陶。侈口，尖圆唇，长颈。表面饰稀疏绳纹。口径约30.5、残高9厘米（图三一六，1）。时代为齐家文化时期。

标本雍家塬：2，罐耳，残。泥质红陶。拱形宽扁耳，耳上端与口沿平齐。表面贴一小圆饼。耳宽2.4、残高4、厚0.8厘米（图三一六，2）。时代为齐家文化时期。

标本雍家塬：3，罐口沿。夹细砂橙黄色陶。侈口，斜沿，高领。通体饰斜向篮纹，篮纹表面再饰多道附加堆纹，唇部饰斜向压印纹。口径13.2、残高6.8、壁厚0.6～0.9厘米（图三一六，3）。时代为常山下层文化时期。

标本雍家塬：4，罐口沿。夹砂红褐陶。口微侈，方唇，直颈。表面饰附加堆纹和绳纹。口径约33.6、残高8厘米（图三一六，4）。时代为常山下层文化时期。

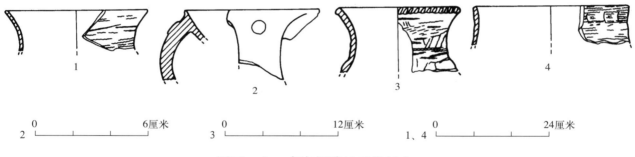

图三一六　雍家塬遗址采集标本
1、3、4.罐口沿　2.罐耳

14. 永清镇李崖遗址

位于永清镇李崖村北侧，牛头河北岸的一、二级阶地上，樊河与牛头河交汇处（图三一七）。遗址背山临河，地形平坦开阔，西北高、东南低，临河的一级阶地为核心区，南侧部分被仪坊村、李崖村，西侧部分被白土崖村和"赵充国"墓区。海拔1370～1424米，总面积约100万平方米。2013年公布为全国重点文物保护单位。

20世纪80年代学者就已经认识到这个遗址的重要性，2005年牛头河流域调查时确定此遗址为区域内面积最大、遗存最丰富的周代遗址[1]。2011、2012年修建天平高速之际进行了发掘，发现了北魏时期的城址和西周时期的秦文化遗存[2]。同时也发现了齐家文化地层和少量遗存，被周代文化层叠压。调查期间在清水县博物馆也发现了商周时期及齐家文化的器物。近些年学者对李崖遗址的研究和认识陆续有发表，以西北大学梁云教授的研究较为全面和深入。

李崖遗址除了丰富的周代遗存外，还有少量的齐家文化遗存。清水县博物馆藏有1件齐家文化红陶双耳罐，口沿稍残，出土于李崖遗址。侈口，圆唇，束颈，弧腹。腹中部有两个对称

[1]　早期秦文化联合考古队：《牛头河流域考古调查简报》，《中国历史文物》2010年第3期。

[2]　早期秦文化与西戎文化联合考古队、清水县文化局、清水县博物馆：《甘肃清水李崖遗址周代墓葬发掘简报》，《国际视野下的秦始皇帝陵及秦俑学研究学术研讨会论文集》，西安地图出版社，2021年。

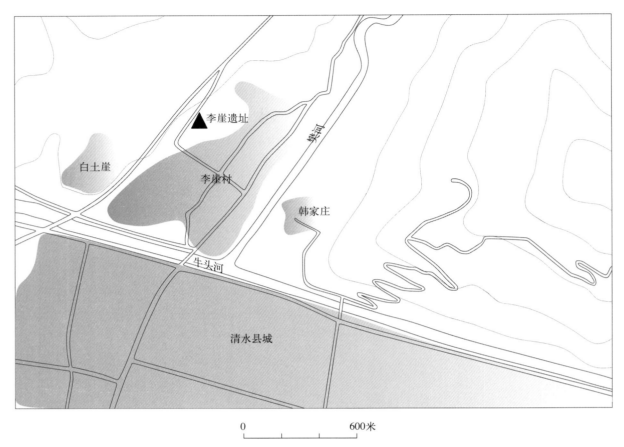

图三一七　李崖遗址位置图

0　　　　　　600米

图三一八　李崖遗址采集标本
1. 红陶罐　（图片采自《轩辕故里——清水文物遗珍》）

的拱形宽扁耳。下腹饰竖向篮纹，上腹素面。口径约13.3、底径8.2、高28厘米（图三一八，图片采自《轩辕故里——清水文物遗珍》）。

15. 永清镇小塬遗址

小塬遗址位于永清镇五里铺村东侧，牛头河支流东岸一级阶地上（图三一九）。东临后峪沟，西为西干沟。南北长约500、东西约250米，面积约12.5万平方米。三普资料记录小塬遗址在仪坊村，位于牛头河北岸，与早期调查简报的描述不一致，而仪坊村现为李崖遗址的范围之内。

1956年首次发现，1981年中国社会科学院考古研究所甘肃工作队谢端琚等对小塬遗址进行了调查，发现了丰富的遗迹并采集了标本（图三二〇）。1982年公布为县级文物保护单位。

遗址断面上暴露有灰坑、灶址、红烧土等遗

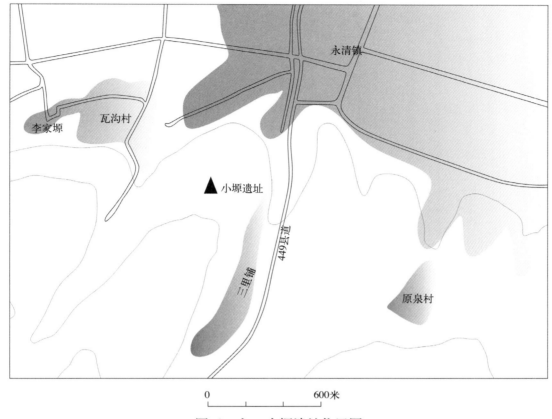

图三一九　小堼遗址位置图

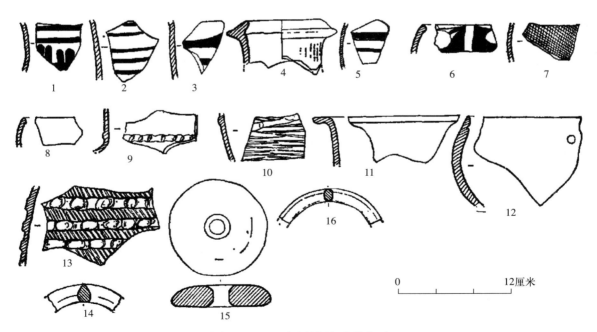

图三二〇　小堼遗址采集标本

1、2.彩陶壶颈部　3.盆　4.重唇口尖底瓶　5、6、8、12.钵　7、11.罐残片　9.小口瓶　10.高领双耳罐　13.陶片　14、16.陶环 15.纺轮　（图片采自《甘肃天水地区考古调查纪要》《考古》1983年第12期）

迹，采集有仰韶文化早、中晚期以及马家窑文化、齐家文化的陶片。可辨器形有钵、盆、罐、瓮、鬲等。彩陶也占有一部分，纹饰有变体鱼纹、圆点纹、平行条纹、弧边三角纹等[1]。从标本可以看出，此遗址经历了很长时期，且规模较大，是清水县城周围最大的一处史前遗址。

16. 黄门镇上成遗址

上成遗址位于黄门镇上成村及北侧，后川河西岸一级阶地上（图三二一）。遗址西高东低，东西约150、南北200米，面积约3万平方米。

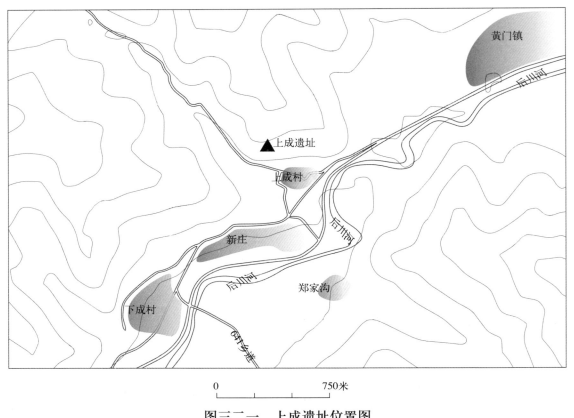

图三二一　上成遗址位置图

2005年早期秦文化联合考古队进行了调查，发现了仰韶文化、常山下层文化周代及汉代等遗存。部分标本如下（图三二二）。

标本上成：1，罐残片。夹砂黄褐陶。口微敛，圆折沿。溜肩。沿外侧有一道凸棱。肩部饰横向绳纹。口径约18、残高6厘米（图三二二，1）。时代为仰韶文化中期。

标本上成：2，罐口沿。泥质橙红色陶。敛口，斜平沿，圆唇，浅腹。口沿内侧有一道凹弦纹，外侧一道凸弦纹，素面。口径28、残高5、壁厚1厘米（图三二二，2）。时代为仰韶文化中期。

标本上成：3，钵口沿。泥质红陶。口微敛，尖唇。素面。口径约32、残高6.4厘米（图

---

[1]　中国社会科学院考古研究所甘肃工作队：《甘肃天水地区考古调查纪要》，《考古》1983年第12期。

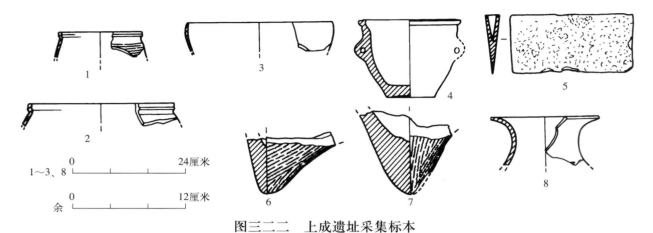

图三二二　上成遗址采集标本
1.罐残片　2.罐口沿　3.钵口沿　4.双耳罐　5.铁锸　6、7.鬲足　8.罐口沿

三二二，3）。时代为仰韶文化中期。

标本上成：4，双耳罐。泥质黄褐陶。侈口，窄沿，尖圆唇，唇面上一道凹槽。弧腹，平底。腹部有双耳。口径约11、底径5.2、高9厘米（图三二二，4）。时代为仰韶文化中期。

标本上成：5，铁锸。正面呈长方形，侧面为三角形。上半部中空。长13.2、宽6.4、厚1.2厘米（图三二二，5）。时代为汉代。

标本上成：6，鬲足。夹砂灰陶。实锥形，裆部一侧成弧状。表面饰斜向绳纹。残高约6厘米（图三二二，6）。时代为东周时期。

标本上成：7，鬲足。夹砂灰陶。近似圆锥形，截面角为锐角。表面饰绳纹。残高约9厘米（图三二二，7）。时代为东周时期。

标本上成：8，罐口沿。泥质红陶。侈口，方唇，束颈。近肩部饰戳点纹。口径约23.2、残高11厘米（图三二二，8）。时代为常山下层文化。

17. 黄门镇柳滩庄遗址

柳滩庄遗址位于黄门镇峡口村柳滩庄东侧，后川河东岸一级阶地上。北侧为自然冲沟，有季节性小河汇入后川河（图三二三）。

全国三普时在一处断崖上发现券顶砖室墓数座，曾出土有青铜器有钫、壶等器物，地表散见素面或绳纹灰陶片。定为柳滩墓群，属汉代，未提及史前文化遗存。2005年早期秦文化联合考古队再次调查，发现了一些史前文化和周代的陶片。采集的部分标本如下（图三二四）。

标本柳滩庄：1，缸口沿。泥质红陶。敛口，尖唇，窄沿，沿内侧凸起。沿下饰绳纹。口径约48、残高5厘米（图三二四，1）。时代为仰韶文化中期。

标本柳滩庄：2，瓶口沿。重唇口，微敛。细颈。素面。口径约6、残高3.2厘米（图三二四，2）。时代为仰韶文化中期。

标本柳滩庄：3，罐残片。夹砂灰陶。侈口，斜沿，方唇。溜肩。表面饰绳纹。口径约17、残高8.4厘米（图三二四，3）。时代为周代。

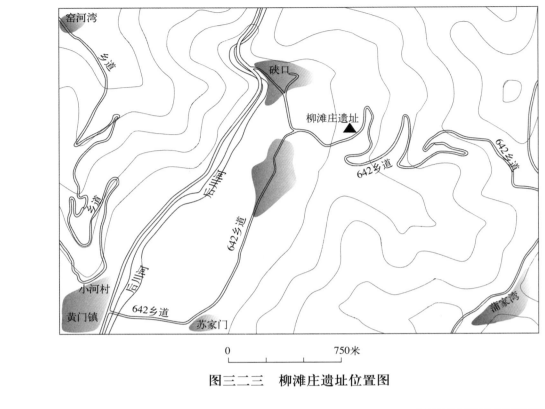

图三二三　柳滩庄遗址位置图

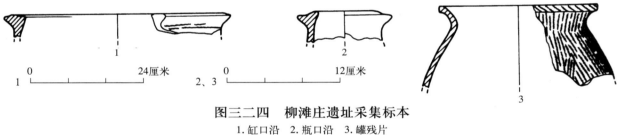

图三二四　柳滩庄遗址采集标本
1. 缸口沿　2. 瓶口沿　3. 罐残片

第六节　秦安县

一　概况

秦安县位于天水市北部，东接清水县和张家川回族自治县，南邻麦积区，西连甘谷县、定西通渭县，北靠庄浪县、静宁县。总面积1601.13平方千米。下辖17个乡镇。

县境地貌属陇中黄土高原梁峁沟壑区，山多川少，梁峁起伏，沟壑纵横。渭河的一级支流葫芦河由北向南贯穿全境，与其各级支流构成境内水系。葫芦河的较大支流有清水河、显亲河、西小河、南清水河等。

秦安县内史前文化遗址主要集中在葫芦河干流两岸以及清水河两岸（图三二五）。1958年在县城北杨家沟修筑拦洪坝时发现了几座白灰面房址和一些其他遗迹。同年，在清水河流域首

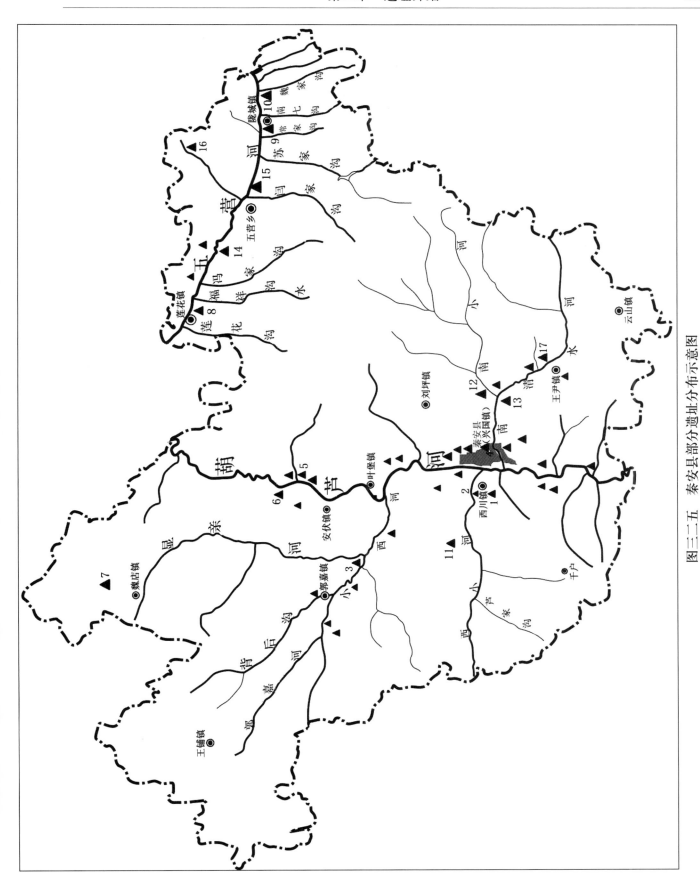

图二二五　秦安县部分遗址分布示意图

1. 高客坪遗址　2. 雏家川遗址　3. 寺咀坪遗址　4. 堡子坪遗址　5. 阳山坪遗址　6. 崖背里遗址　7. 孙家庄遗址　8. 田家寺遗址　9. 南山遗址　10. 山王村遗址　11. 高家庙遗址　12. 孙蔡村遗址　13. 康坡遗址　14. 雁掌坪遗址　15. 大地湾遗址　16. 王家阴洼遗址　17. 张底遗址

次发现了著名的大地湾遗址，1978～1984年连续发掘了7年，1995年又进行了补充发掘。1981年在发掘大地湾遗址时，在王家阴洼遗址进行了发掘[1]。大地湾发掘期间，甘肃省文物考古研究所与秦安博物馆对其他古遗址进行了调查，发现的面积较大、文化特征明显的有陇城镇南山、张湾、山王家，五营乡王家阴洼、张塬、罗湾、雁掌坪，莲花镇城北山，郭嘉镇寺咀坪、郭嘉，魏店镇孙庄、高庙，安伏镇伏湾，兴国镇堡子坪等遗址。1990年北京大学考古系对葫芦河中部水系进行了一个月的综合考察，目的是为了探索古文化孕育、产生和发展的环境背景。调查到秦安境内的有西川镇高窑坪遗址、雒家川遗址、郭嘉镇寺嘴坪遗址等[2]。后又经过了第三次文物普查，对已发现的旧遗址进行复查，同时也新发现了一些遗址。此次调查主要是对部分进行复查，采集标本，对遗址整体面貌利用航拍作进一步的了解。

二　遗址分述

1. 西川镇高窑坪遗址

高窑坪遗址位于西川镇王家牌楼村北，葫芦河西岸一级阶地上（图三二六）。地理坐标为北纬34°51′，东经105°37′。海拔1250～1300米。

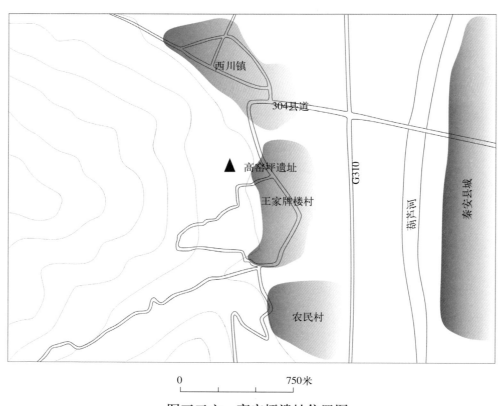

图三二六　高窑坪遗址位置图

[1]　甘肃省博物馆大地湾发掘小组：《甘肃秦安王家阴洼仰韶文化遗址的发掘》，《考古与文物》1984年第2期。
[2]　北京大学考古系、甘肃省文物考古研究所：《甘肃省葫芦河流域考古调查》，《考古》1992年第11期。

20世纪80年代全国第二次文物普查时已经辟为梯田，面积仅余800多平方米。遗址原貌应为陡坡，西高东低，现已开发占用，遗址所剩无几。1990年北京大学等对葫芦河流域调查时进行了复查，在断崖上发现了少量的遗迹现象，采集了一些标本，并判定遗址属仰韶文化晚期到齐家文化时期[1]。采集的部分标本如下（图三二七）。

标本高窑坪：1，钵口沿。泥质灰陶。敛口，圆唇，弧腹内收。口径约24、残高5厘米（图三二七，1）。时代为仰韶文化晚期。

标本高窑坪：2，罐口沿。夹砂红陶。侈口，唇部饰压印纹，肩部饰绳纹。宽6、残高约6厘米（图三二七，2）。时代为仰韶文化晚期。

标本高窑坪：3，罐底。泥质橙黄陶。斜腹，平底。腹部饰篮纹，近底部抹光。底径约19、残高8厘米（图三二七，3）。时代为齐家文化时期。

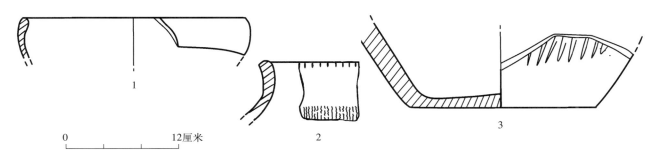

0 ———— 12厘米

图三二七　高窑坪遗址采集标本
1.钵口沿　2.罐口沿　3.罐底

2. 西川镇雒家川遗址

雒家川遗址位于西川镇雒川村北，西小河南岸一级阶地之上（图三二八）。文化层最厚处达3米，最下层为仰韶文化层，最上层有汉代遗存。仰韶文化层呈灰黑色，包含大量炭渣、红烧土和陶片。还发现了陶窑、灰坑。1989年公布为县级文物保护单位。1990年调查采集了一些标本，时代均为仰韶文化晚期，部分如下（图三二九（此图由《甘肃省葫芦河流域考古调查》插图重新绘制））。

标本雒家川：1，钵残片。泥质红陶。敛口，圆唇。素面。口径约26、残高约6厘米（图三二九，1）。

标本雒家川：2，钵残片。泥质橙黄陶，色泽不匀。敛口，口沿外一周浅凹槽。口径约21、残高5厘米（图三二九，2）。

标本雒家川：3，钵残片。泥质黄褐陶。敛口，尖唇。口径约23.5、残高4厘米（图三二九，3）。

标本雒家川：4，钵残片。泥质红陶，表皮黄白色，敛口，尖唇，唇外侧一周凹槽。口径约22、残高5厘米（图三二九，4）。

标本雒家川：5，瓶口沿。泥质橙黄陶。侈口，平沿，圆唇。口径约12、残高4厘米（图三二九，5）。

[1]　北京大学考古系、甘肃省文物考古研究所：《甘肃省葫芦河流域考古调查》，《考古》1992年第11期。

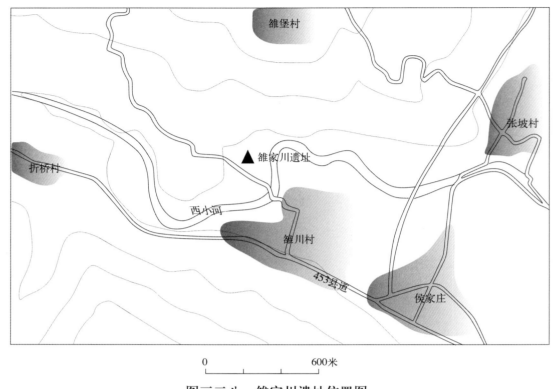

图三二八　雏家川遗址位置图

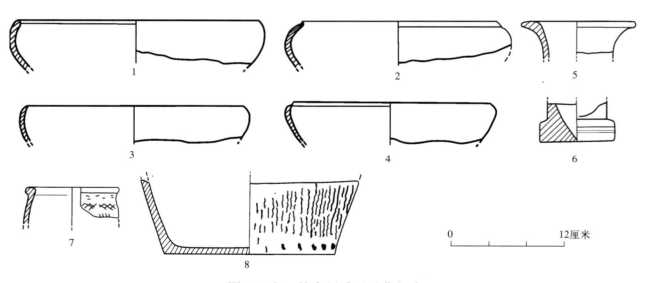

图三二九　雏家川遗址采集标本

1～4.钵残片　5.瓶口沿　6.杯残片　7.罐口沿　8.罐底　（此图由《甘肃省葫芦河流域考古调查》《考古》1992年第11期插图重新绘制）

　　标本雏家川：6，杯残片。夹砂红褐陶，内壁焦黑。呈凸字形，底座饰三周凹弦纹。底径8、残高4厘米（图三二九，6）。

　　标本雏家川：7，罐口沿。夹砂黑褐陶，器表有烟炱，腹部饰压印菱格纹和细绳纹。口径约10、残高3.5厘米（图三二九，7）。

　　标本雏家川：8，罐底。泥质橙黄陶，表面饰浅绳纹和压印纹。底径18厘米（图三二九，8）。

3. 郭嘉镇寺咀坪遗址

寺咀坪遗址位于郭嘉镇寺咀村北侧，郭嘉河北岸二级阶地上，显亲河与郭嘉河的交汇处。遗址呈不规则三角形，缓坡地形，较平坦。总面积30多万平方米（图三三〇；彩版一〇三，2）。

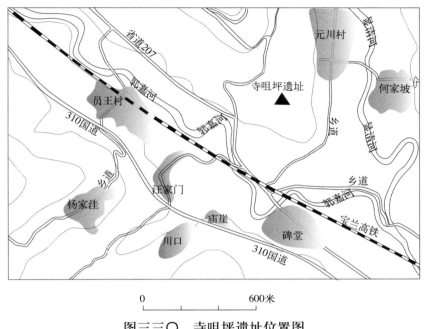

0　　　　　600米

图三三〇　寺咀坪遗址位置图

20世纪50年代首次发现，1978～1980年甘肃省文物考古研究所曾做了调查，采集了大量标本，包括几件完整器，其中一件人头形器口瓶藏于秦安县博物馆（图三三五）。1989年公布为县级文物保护单位，2011年公布为省级文物保护单位。1990年北京大学等调查时在断崖上发现了文化层，厚约1～1.5米，还有墓葬和大量的陶片。2019年3月依托成纪之星人才项目，天水市文物考古研究所组织人员又对此遗址进行了调查，搞清了遗址的范围，并通过航拍了解了遗址的周围环境，同时采集了若干标本。

1990年采集了一些标本，部分标本如（图三三一～三三三），可辨器形有钵、罐、瓶、碗等，年代属仰韶文化中、晚期[1]。其中几件描述如下。

陶釜　夹砂红陶，侈口，平沿，折腹，圜底。折腹处有一周向上翘起的凸棱。素面磨光。口径17、高9.6厘米（图三三一，1）。

陶瓶　泥质红陶，杯形口外侈，圆唇，细长颈，鼓腹下垂，平底。腹部刻划交叉线纹。口径6、底径10、高25.2厘米（图三三一，2）。时代为仰韶文化晚期。

陶钵　泥质红陶。敛口，内沿有三角形凸棱，下腹斜收，底部微凹。素面抹光。口径23.2、底径11、高10厘米（图三三一，3）。时代为仰韶文化晚期。

尖底瓶　橙黄色泥质陶，侈口，平沿，细长颈，宽圆肩，斜腹，尖底。腹部有双耳。上腹部饰交叉线纹。口径7、高40.5厘米（图三三二，4）。

---

[1]　北京大学考古系、甘肃省文物考古研究所：《甘肃省葫芦河流域考古调查》，《考古》1992年第11期。

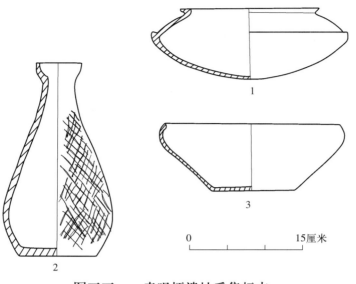

图三三一　寺咀坪遗址采集标本
1. 陶釜　2. 陶瓶　3. 陶钵

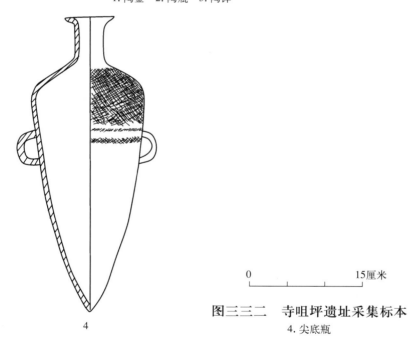

图三三二　寺咀坪遗址采集标本
4. 尖底瓶

人头形器口瓶　橙黄色泥质陶。侈口略残，人头形。人面额头有一排突起的短发，双眼微圆孔，外加突起的眼眶。高鼻梁，嘴部凹陷，两耳有耳孔。细颈，上腹外鼓，平底。口径6.5、底径9、高26.5厘米（图三三三）。

4. 兴国镇堡子坪遗址

堡子坪遗址位于兴国镇凤山村凤山顶上，因上有堡子而得名。现遗址位置东临秦安县城，南侧为凤山景区，西北侧有一明清堡子。南北长、东西窄，总面积约4万平方米（图三三四）。

1978～1980年期间调查到此遗址，发现了较晚于常山下层的遗存，暂时定为"堡子坪类

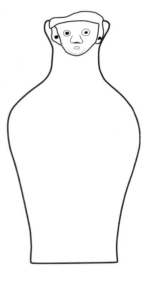

图三三三　秦安县博物馆藏寺咀坪遗址出土器物

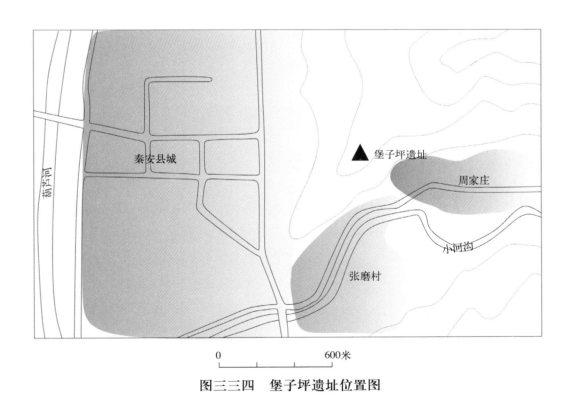

图三三四　堡子坪遗址位置图

型"[1]。2002年甘肃省文物考古研究所进行了试掘，出土了石铲、玉凿、玉钺、圜底陶瓶、羊形陶哨等。2005年公布为县级文物保护单位。2019年调查时在凤山公园断壁上发现灰层，临县城

[1]　甘肃省文物考古研究所、秦安县博物馆：《甘肃秦安考古调查纪略》，《文物》2014年第6期。

一侧发现了白灰面房址，采集了少量陶片。经过几次调查，可以确定为齐家文化时期的遗址。部分标本如下（图三三五（图片由《甘谷秦安考古调查纪略》中图四绘制））。

　　石铲　灰绿色生物灰岩。长方形片状，顶部略弧，直刃，上部一侧开有一大一小两孔，打磨精细。长14.6、宽12、厚0.6厘米（图三三五，1）。

　　玉凿　墨绿色蛇纹岩。长条形扁平体，圆顶，斜弧单面刃。长14.4、宽1.1～1.8、厚0.5厘米（图三三五，2）。

　　石刀　红褐色变质砂岩。长方形片状，直背，直刃圆角。两个穿孔。长19、宽9.8、厚0.8、孔径0.7～0.8厘米（图三三五，3）。

　　玉铲　灰白色变质石英岩。微透明。近顶部有一双面钻孔。长24、宽8.5、厚1.8、孔径0.6

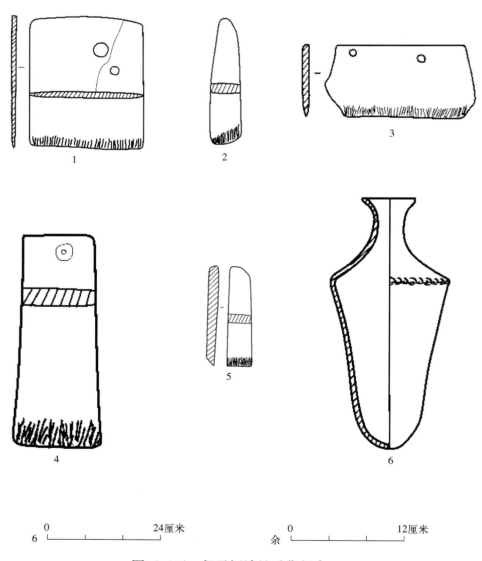

图三三五　堡子坪遗址采集标本

1. 石铲　2. 玉凿　3. 石刀　4. 玉铲　5. 石凿　6. 圜底陶瓶（图片由《甘谷秦安考古调查纪略》中图四绘制）

厘米（图三三五，4）。

　　石凿　灰绿色泥质岩，长条形扁平体，单面刃较锋利。顶部有打击疤痕。长11、宽2.6、厚1厘米（图三三五，5）。

　　圜底陶瓶　侈口，圆唇，口、肩已残。高颈、折肩，斜直腹，圜底。颈、腹部饰篮纹，底部饰交错绳纹。口径11、高56厘米（图三三五，6）。

　　羊形陶哨　泥质红陶，外施白色陶衣。鼻有两孔，尾部有一孔。高3.5厘米（图三三六）。

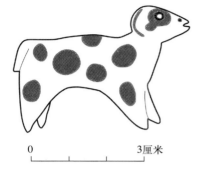

图三三六　秦安县博物馆藏羊形陶哨
（根据张朋川《中国彩陶图谱》绘制）

5. 安伏镇阳山坪遗址

　　阳山坪遗址位于安伏镇沟门村北，葫芦河东岸二级阶地上（图三三七）。20世纪50年代已经发现，1963年公布为县级文物保护单位。沟门村被刘家沟分为南北两处，北侧为阳山坪，南侧为阴山坪。刘家沟内有季节性小河汇入葫芦河。阴山坪也发现古代灰层和陶片。阳山坪遗址总面积约1.2万平方米，文化层最厚处达1米。

　　2019年调查时一村民捐赠两件陶器，基本完整，也采集了一些陶片标本（图三三八），皆为齐家文化时期。

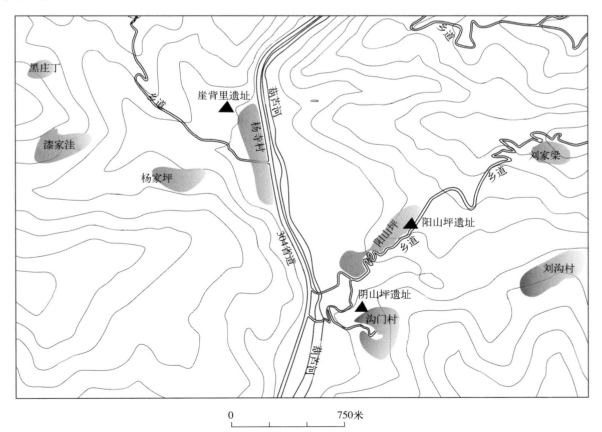

图三三七　阳山坪、崖背里遗址位置图

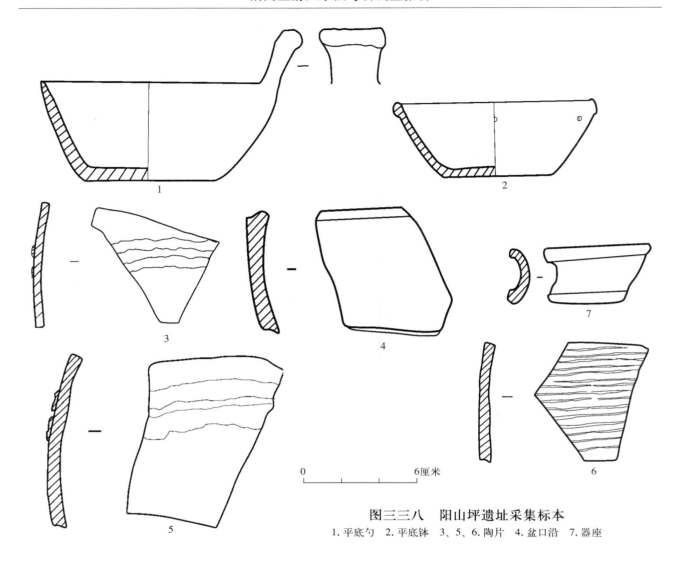

图三三八　阳山坪遗址采集标本
1.平底勺　2.平底钵　3、5、6.陶片　4.盆口沿　7.器座

　　标本阳山坪：1，平底勺。泥质红陶，侈口，尖唇，斜壁，平底。一侧有扁平把。素面。口径11.7、底径7、高5.5厘米（图三三八，1）。

　　标本阳山坪：2，平底钵。泥质红陶。侈口，弧壁，平底。口沿上有对称的四个凸饰。沿下有六个穿孔，呈正六边形分布。口径约11、底径6、高4.2厘米（图三三八，2）。

　　标本阳山坪：3，陶片，罐腹残片。泥质红陶，表面红褐色。表面先饰细篮纹，后加条状附加堆纹。宽约6.8、高6.4、厚0.5厘米（图三三八，3）。

　　标本阳山坪：4，盆口沿。泥质红褐陶。敛口，口沿外侧有窄台面。素面。宽8、高7.5、厚0.8～1厘米（图三三八，4）。

　　标本阳山坪：5，陶片，罐残片。泥质红陶。表面饰横向细篮纹，上贴条状附加堆纹。高9.3、厚0.5厘米（图三三八，5）。

　　标本阳山坪：6，陶片。泥质红陶。表面饰篮纹。长约6.8、宽5、厚0.6厘米（图三三八，6）。

　　标本阳山坪：7，器座。泥质黑褐陶。圆形环状，截面呈"U"形。残长5.8、高3厘米（图三三八，7）。

6. 安伏镇崖背里遗址

崖背里遗址位于安伏镇杨寺村北侧，葫芦河西岸二级阶地之上（见图三三七）。新修天平高速公路从此遗址通过，部分遗址被破坏，现存面积大约8000平方米，文化层厚约2米。

20世纪50年代发现，1963年公布为县级文物保护单位。全国三普时重新调查，发现了多处遗迹，并采集到仰韶文化时期的重唇口瓶口沿，绳纹红陶片，齐家文化陶片和青铜时代柱状鬲足等遗存。

2019年天水市成纪之星项目组又做了调查，在村子搬迁后的废墟北侧发现了一段白灰面房址，长达4米多，白灰面厚约10厘米，质地坚硬。还发现一座小型土坑墓，葬有未成年人骨一具，无任何随葬品。地面上采集到若干陶片。同年，甘肃省文物考古研究所对此遗址进行抢救性发掘（发掘成果待公布）。

7. 魏店镇孙家庄遗址

孙家庄遗址位于魏店镇孙家庄西北，南部临沟，背靠山。面积约1万平方米（图三三九）。

1978~1980年甘肃省文物考古研究所调查时首次发现，并采集了仰韶文化庙底沟时期的彩陶盆、石耜等[1]（图三四〇）。全国三普时再次调查，采集到齐家文化陶片。

标本孙家庄：1，彩陶盆。细泥红陶，侈口，卷沿，曲腹下收，小平底。腹上部施浅褐色

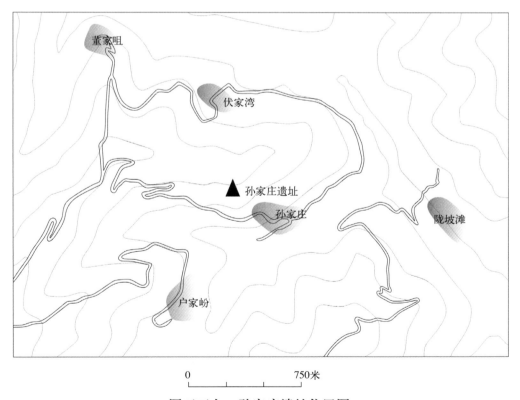

图三三九　孙家庄遗址位置图

---

[1]　甘肃省文物考古研究所、秦安县博物馆：《甘肃秦安考古调查纪略》，《文物》2014年第6期。

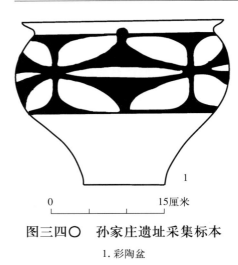

图三四〇 孙家庄遗址采集标本
1. 彩陶盆

陶衣，上绘黑彩弧形三角纹和圆点组成的连续纹饰。口径26.5、底径11、高22.5厘米（图三四〇，1）。时代为仰韶文化中期庙底沟类型。

8. 莲花镇田家寺遗址

田家寺遗址位于莲花镇上河村西，清水河南岸二级阶地上，因田家寺旧址在此而得名（图三四一；彩版一〇四，1）。

遗址北侧为一条冲沟，有季节性河流由南向北注入清水河。沟北侧为新建的田家寺。遗址上有304省道蜿蜒而上，暴露出大面积断面。断面上可见多处灰坑遗迹，文化层厚约1～2米。地面陶片也比较丰富。总面积约8万平方米。2009年公布为县级文物保护单位。2019年我们重新做了调查，采集了若干标本。1970年曾出土过一件完整的彩陶壶（图三四二），

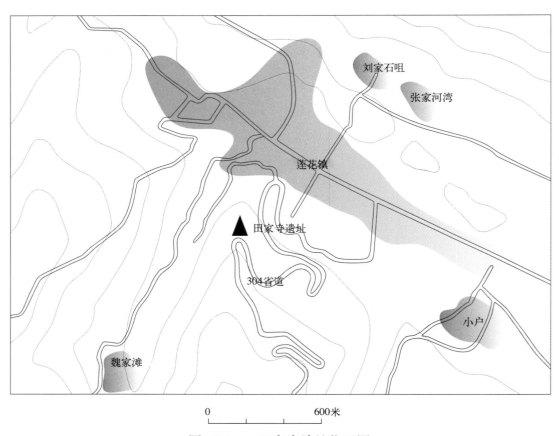

图三四一 田家寺遗址位置图

标本田家寺：1，彩陶壶。泥质红陶，侈口，长颈，腹部外鼓。颈部饰黑彩平行条带纹，腹部饰羽状纹和垂幛纹。口径9.3、高15厘米。

9. 陇城镇南山遗址

南山遗址位于陇城镇西南，清水河南岸一级阶地上（图三四三）。东侧为一冲沟，沟内有季节性河流注入清水河，陇城镇即在此河流出沟的冲积扇上。

遗址南不远的上袁家村发现过规模较大的秦汉墓葬。南山遗址地形为大缓坡，南高北低，总面积超过10万平方米。遗址西约900米处有一座清代堡子，称常平堡。1978～1980年发掘大地湾期间曾调查到，发现了大地湾二期（仰韶文化早期）的标本，其中两件标本如下（图三四四）。

标本南山：1，彩陶钵。细泥红陶。口微敛，圆唇，浅腹，圆底。口沿处有一圈窄黑彩，表面磨光。口径34.3、高10.5厘米（图三四四，1）。

```
0              9厘米
```

图三四二　田家寺遗址采集标本

1. 彩陶壶　（据张朋川《中国彩陶图谱》绘制）

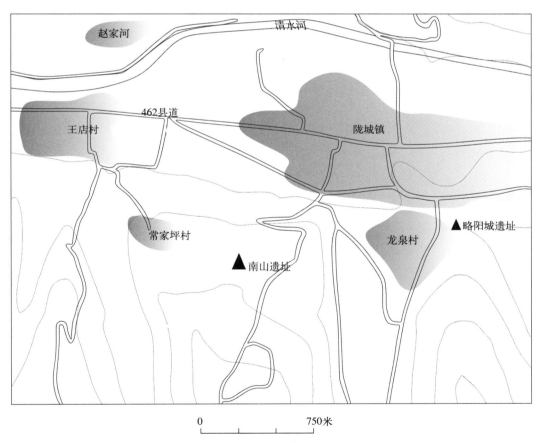

```
0              750米
```

图三四三　南山遗址位置图

标本南山：2，玉铲。墨绿色蛇纹岩。长舌形，圆弧刃。表面打磨精细，顶部靠边有一孔。长26.4、宽6～8、孔径0.8厘米（图三四四，2）。

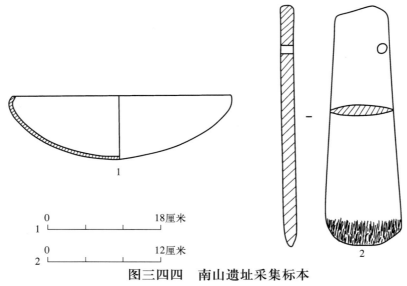

图三四四　南山遗址采集标本

1. 彩陶钵　2. 玉铲　　（据《甘肃秦安考古调查记略》，《文物》2014年第6期绘制）

10. 陇城镇山王村遗址

山王村遗址位于陇城镇山王村西，清水河南岸二级阶地上。东西两侧为自然冲沟，北侧为张堡遗址。东西长约400、南北宽约200米，面积约6万平方米（图三四五）。

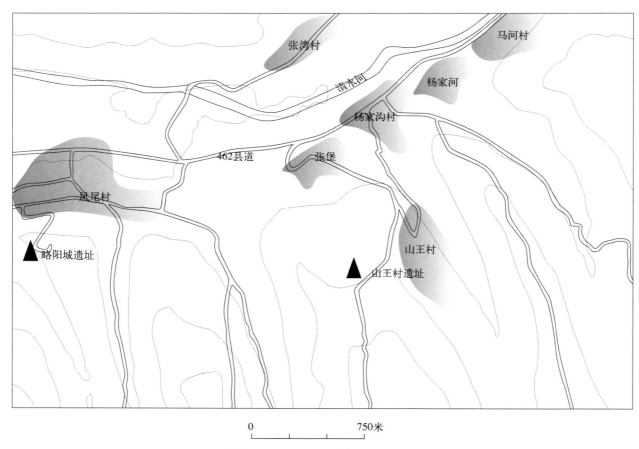

图三四五　山王村遗址位置图

1978～1980年大地湾发掘组调查时发现，并采集了标本，其中有较完整的彩陶器（图三四六）。

标本山王村：1，彩陶罐。橙黄色细泥陶。侈口，短颈，鼓腹，平底。肩、腹部饰由弧边三角纹和圆圈纹组成的连续图案。口径15.5、底径12.8、高29厘米。时代为仰韶文化晚期。

11. 王窑乡高家庙遗址

高家庙遗址位于王窑乡高庙村西北，东侧为自然冲沟，有季节性河流。规模较小，面积约2000平方米（图三四七）。

0　　　　　　18厘米

图三四六　山王村遗址采集标本

1. 彩陶罐 （据《甘肃秦安考古调查记略》，《文物》2014年第6期绘制）

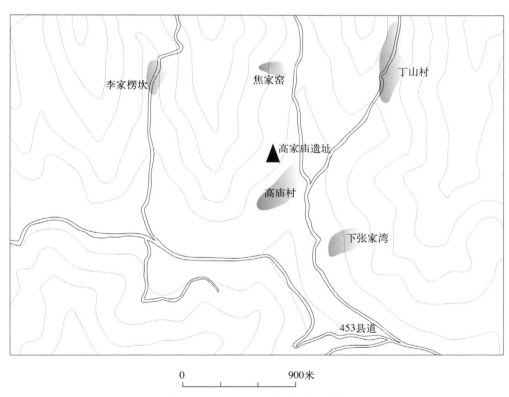

0　　　　　　900米

图三四七　高家庙遗址位置图

1978～1980年甘肃省文物考古研究所曾做过调查，发现灰坑等遗迹，采集到泥质红陶壶口沿残片，夹砂红陶等，纹饰有绳纹、附加堆纹。1989年公布为县级文物保护单位。采集到一件较为完整的彩陶壶（图三四八）。

标本高家庙：1，细颈彩陶壶。橙黄色细泥陶。侈口，口部略残，平沿，细颈，鼓腹，平底。肩部黑彩绘制圆弧纹和变形鸟纹。口径约15、底径12、高31厘米（图三四八，1）。时代为仰韶文化晚期。

图三四八　高家庙遗址采集标本

1.细颈彩陶壶　（据《甘肃秦安考古调查记略》，《文物》2014年第6期绘制）

仰韶文化晚期。

12. 兴国镇孙蔡村遗址

孙蔡村遗址位于兴国镇孙蔡村北部，在南小河一级支流北岸一级阶地之上，西侧为一条季节性小河（图三四九）。遗址北高南低，规模较小。东西约200、南北约100米，面积约2万平方米。

20世纪50年代首次发现，1963年公布为县级文物保护单位。早期就发现了仰韶文化和齐家文化的遗存，后两次文物普查有过调查。2019年成纪之星项目组又做了调查，在遗址西侧沟边的断崖上发现了白灰面房址、窑址和灰坑，还有连续的文化层厚约1～2米。采集的标本如下（图三五〇、三五一）。

标本孙蔡村：1，陶片，器物腹部残片。夹砂黄褐陶，夹细砂。表面先饰斜绳纹，上敷附加泥条。长约10.6、宽10、厚0.6厘米（图三五〇，1）。时代为仰韶文化晚期。

标本孙蔡村：2，罐口沿。夹砂红陶。口微侈，平沿，斜方唇。表面饰绳纹和附加堆纹。口径约20、沿宽2.3厘米（图三五〇，2）。时代为仰韶文化晚期。

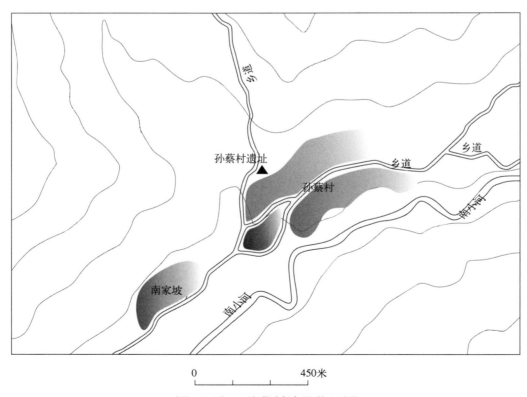

图三四九　孙蔡村遗址位置图

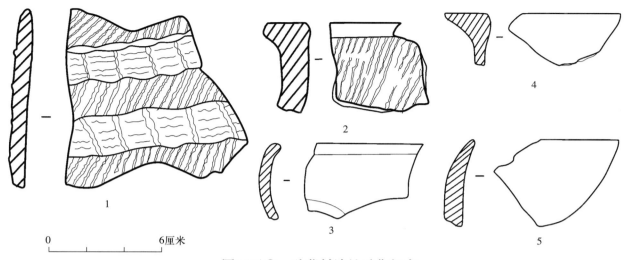

图三五〇　孙蔡村遗址采集标本

1. 陶片　2. 罐口沿　3、5. 钵口沿　4. 瓶口沿

标本孙蔡村：3，钵口沿，细泥黄褐陶。敛口，圆唇，沿内侧凸起。素面。口径约24、壁厚约0.6厘米（图三五〇，3）。时代为仰韶文化晚期。

标本孙蔡村：4，瓶口沿。泥质黄褐陶。口微侈，平沿，圆唇。口径约12、沿宽1.9厘米（图三五〇，4）。时代为仰韶文化晚期。

标本孙蔡村：5，钵口沿。泥质红陶。侈口，尖唇。素面。口径约24、厚约0.7厘米（图三五〇，5）。时代为仰韶文化晚期。

标本孙蔡村：6，钵口沿。泥质红陶。敛口，沿外有棱。弧腹。壁厚约0.5厘米（图三五一，

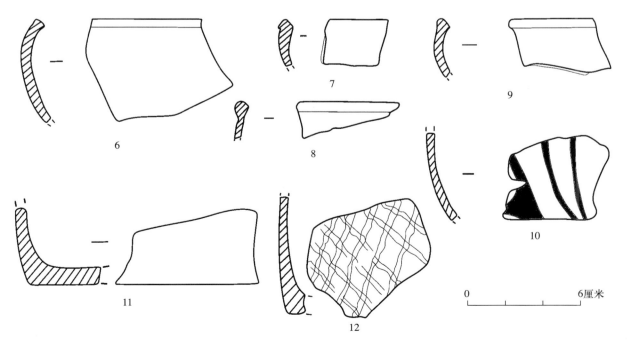

图三五一　孙蔡村遗址采集标本

6、7、9. 钵口沿　8. 器口沿　10. 罐腹残片　11. 器底残片　12. 尖底瓶底残片

6）。时代为仰韶文化晚期。

标本孙蔡村：7，钵口沿。细泥黄陶。口微敛，圆唇。表面敷白色陶衣。口径约20、壁厚0.3～0.7厘米（图三五一，7）。时代为仰韶文化晚期。

标本孙蔡村：8，器物口沿。泥质灰陶。口微敛，窄沿，圆唇。沿内、外凹陷。素面。壁厚0.3厘米（图三五一，8）。时代为仰韶文化晚期。

标本孙蔡村：9，钵口沿，细泥红陶。敛口，斜沿，尖唇。唇内侧突起。口径约22、壁厚约0.5厘米（图三五一，9）。时代为仰韶文化晚期。

标本孙蔡村：10，罐腹残片。泥质红陶。表面饰黑彩弧线纹。残高约5厘米（图三五一，10）。时代为仰韶文化晚期。

标本孙蔡村：11，器底残片。泥质红陶。斜壁、平底。素面。高4.5、壁厚0.7～1.6厘米（图三五一，11）。时代为齐家文化时期。

标本孙蔡村：12，尖底瓶底残片。泥质橙黄陶。内侧可见明显的泥条盘筑痕迹。表面饰交错细绳纹。长约6.5、宽6、厚0.6～1.2厘米（图三五一，12）。时代为仰韶文化晚期。

13. 五营镇雁掌坪遗址

雁掌坪遗址位于五营镇焦沟村西，清水河南岸的一级阶地上，焦沟有条季节性河流注入清水河（图三五二；彩版一〇四，2）。

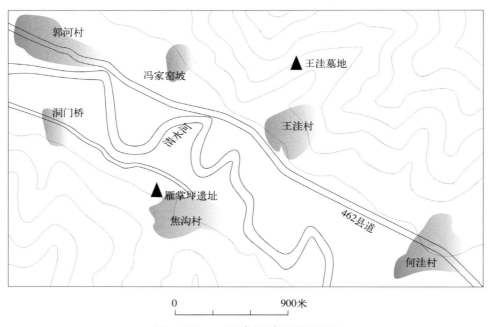

图三五二　雁掌坪遗址位置图

遗址所处台上被清水河连续大弯切割成形似雁掌的地形，雁掌坪由此而名。东南方向约5千米即为著名的大地湾遗址。现临河处高出河道3～4米，应为早期河床，未发现遗迹。距河约400～500处是遗址核心区，发现大量遗迹级遗物。遗址南北长约500、东西宽约200米，面积约10万平方米，文物普查时地表及断崖上采集有红陶盆残片、泥质及夹砂红陶罐残片，纹饰有绳纹，附加堆纹等，以及石斧、石刀、有孔石斧，陶刀、纺轮等生产用具。1978～1980年发掘大地湾时又调查了此遗址，采集到陶屋模型、彩陶壶等（图三五三）。1989年公布为县级文物保护单位。2008年甘肃省文物考古研究所对该遗址南部进行了局部的发掘，出土有石斧、石刀、带孔石斧、陶刀等遗物（资料未发表）。

2019年成纪之星项目组再次进行了调查，航拍了遗址全貌，并采集了若干标本，部分标本如下（图三五四、三五五）。

标本雁掌坪：1，罐口沿。夹砂红陶。侈口，斜沿，圆唇。颈部贴圆形泥饼，饰竖绳纹。口径约30、壁厚0.9厘米（图三五四，1）。时代为仰韶文化晚期。

标本雁掌坪：2，罐口沿。泥质黄褐陶。敛口，外斜沿，圆唇。素面。口径约23、壁厚0.5厘米（图三五四，2）。时代为仰韶文化晚期。

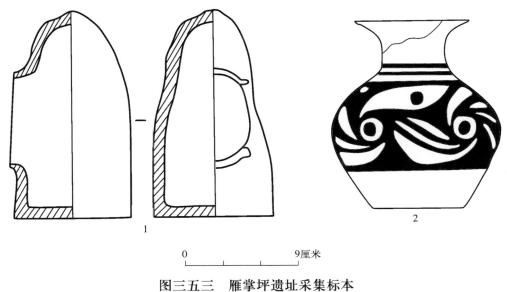

0　　　　　　　9厘米

图三五三　雁掌坪遗址采集标本

1.陶屋模型　2.彩陶壶

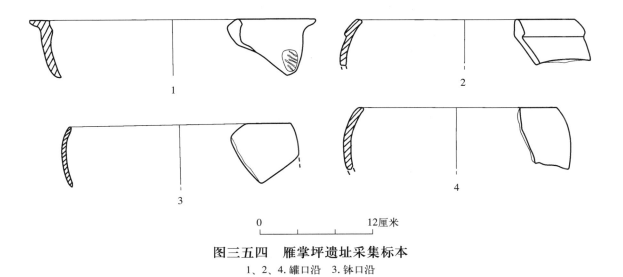

0　　　　　　　12厘米

图三五四　雁掌坪遗址采集标本

1、2、4.罐口沿　3.钵口沿

标本雁掌坪：3，钵口沿。泥质黄褐陶。敛口，尖圆唇。鼓肩，斜腹。素面。口径约23.6、残高6.4厘米（图三五四，3）。时代为仰韶文化晚期。

标本雁掌坪：4，罐口沿。夹砂红褐陶。敛口，圆唇。表面饰竖绳纹，口沿外侧抹光。口径约21、残高7厘米（图三五四，4）。时代为仰韶文化晚期。

标本雁掌坪：5，瓶口沿。泥质黄褐陶。侈口，窄平沿，圆唇。宽8.4、残高5.4厘米（图三五五，5）。时代为仰韶文化晚期。

标本雁掌坪：6，钵口沿。泥质红褐陶。敛口，圆唇。表面施白色陶衣。宽5.4、残高6.8厘米（图三五五，6）。时代为仰韶文化晚期。

标本雁掌坪：7，罐口沿。夹砂红陶。侈口，斜沿，方唇。沿内侧一道凹槽。颈部饰附加堆纹，肩部竖绳纹。口径27、壁厚0.9厘米（图三五五，7）。时代为仰韶文化晚期。

标本雁掌坪：8，盆口沿。泥质黄褐陶。侈口，平沿，斜方唇。肩部饰附加堆纹。残宽6.4、沿宽2、壁厚0.7厘米（图三五五，8）。时代为仰韶文化晚期。

标本雁掌坪：9，罐口沿。泥质红陶。直口，花边口沿。沿外侧有压印绳纹，肩部饰斜绳纹。口径约26.4、壁厚0.8厘米（图三五五，9）。时代为仰韶文化晚期。

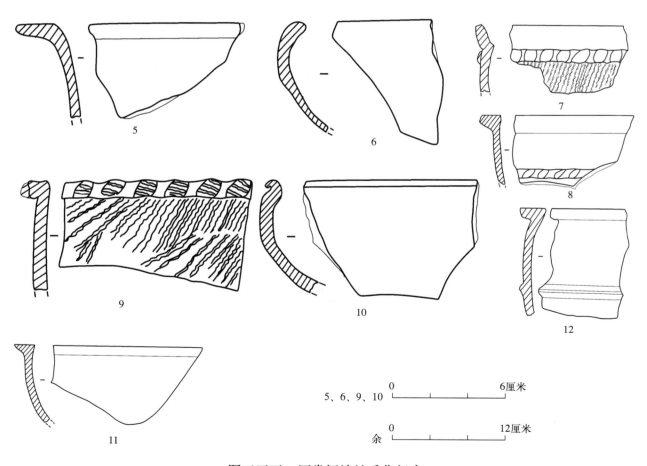

5、6、9、10 0────6厘米

余 0────12厘米

图三五五　雁掌坪遗址采集标本
5.瓶口沿　6.钵口沿　7、9.罐口沿　8.盆口沿　10.钵残片　11、12.盆残片

标本雁掌坪：10，钵残片。泥质黄褐陶，薄卷沿。鼓肩，斜腹。素面。残高约6厘米（图三五五，10）。时代为仰韶文化晚期。

标本雁掌坪：11，盆残片。泥质红陶。侈口，平沿，尖圆唇。素面。口径约34、壁厚0.7厘米（图三五五，11）。时代为仰韶文化晚期。

标本雁掌坪：12，盆残片。泥质黄褐陶。敛口，平沿，斜方唇。腹部有附加堆纹。口径约19.6、壁厚0.8厘米（图三五五，12）。时代为仰韶文化晚期。

第七节　张家川回族自治县

一　概况

张家川回族自治县位于天水市东北部。东接陕西省陇县，西连秦安县，南临清水县，北与平凉市庄浪县、华亭县接壤。总面积约1311平方千米。下辖10镇5乡。

县境地貌属黄土丘陵沟壑区，东北高、西南低。最高点2593、最低点1542米，平均海拔2011.4米。

境内水系为渭河水系网，为牛头河及葫芦河的各级支流。多为南北流向，汇入牛头河。少为东西流向，汇入葫芦河。南北流向者有后川河、樊河、汤峪河、马鹿河等，东西流向者有清水河、南河等。

相比天水其他县区，张家川县考古工作起步稍晚。20世纪80年代之前，由于交通不便，专业人员缺乏，几乎没有考古调查或发掘。1987年由甘肃省博物馆、天水市文化局协助，县文化局、文化馆组织人员进行了田野考古调查，先后发现古遗址120处。含仰韶文化遗存的遗址25处，含齐家文化遗存的遗址16处，还有其他时代的遗址。仰韶文化的典型遗址有苗圃园、圪垯川遗址、店子遗址、堡山遗址等，齐家文化遗址有碉堡梁遗址、南山遗址、西梁子遗址、上川遗址等。为了配合第三次全国文物普查，2008年8月24日至9月6日，早期秦文化联合考古队调查张川县西部清水河及其支流区域，共发现各类遗址32处（图三五六）。

二　遗址分述

1. 胡川镇韩峡遗址

韩峡遗址位于胡川镇韩家峡村东北，后川河西岸一级阶地上，南侧一条小河汇入后川河。遗址北高南低，面积约9000平方米。地理坐标为北纬34°57′，东经106°41′（图三五七）。

2005年调查发现过灰层和窑址。遗存性质为仰韶文化晚期、常山下层类型和齐家文化。部分标本如下（图三五八）。

标本韩峡：1，罐口沿。夹粗砂红褐陶。"T"字形口沿，敛口，宽平沿，厚方唇，腹部略外鼓。唇部饰交错绳纹，口沿下有一圈粗泥条状的附加堆纹，上有粗绳纹的压印纹。残宽11.6、

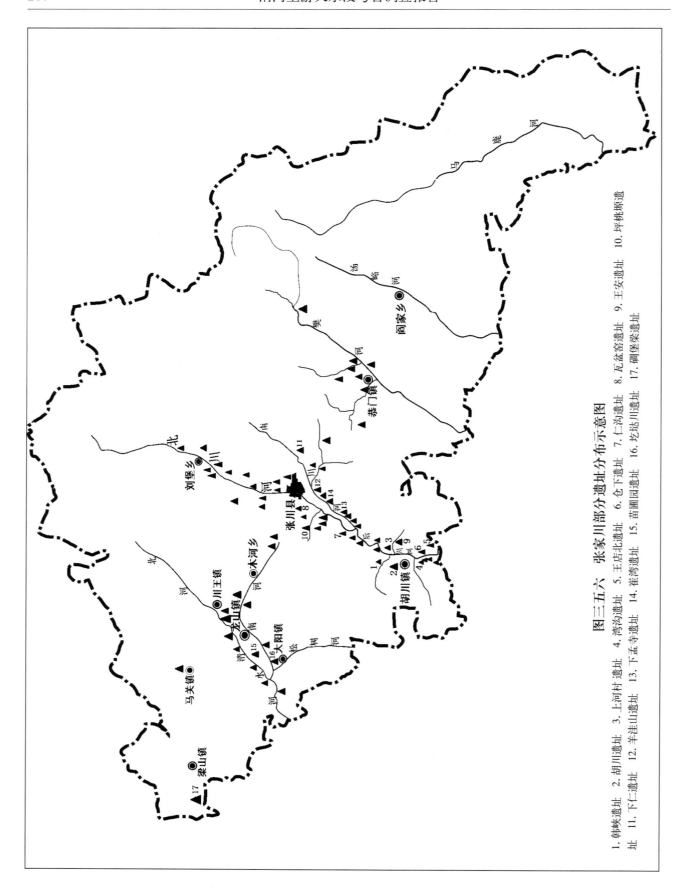

图三五六　张家川部分遗址分布示意图

1. 韩峡遗址　2. 胡川遗址　3. 上河村遗址　4. 湾沟遗址　5. 王店北遗址　6. 仓下遗址　7. 仁沟遗址　8. 瓦盆窑遗址　9. 王安遗址　10. 坪桃嘴遗址　11. 下仁遗址　12. 羊洼山遗址　13. 下孟寺遗址　14. 崔湾遗址　15. 苗圃园遗址　16. 圪垯川遗址　17. 碉堡梁遗址

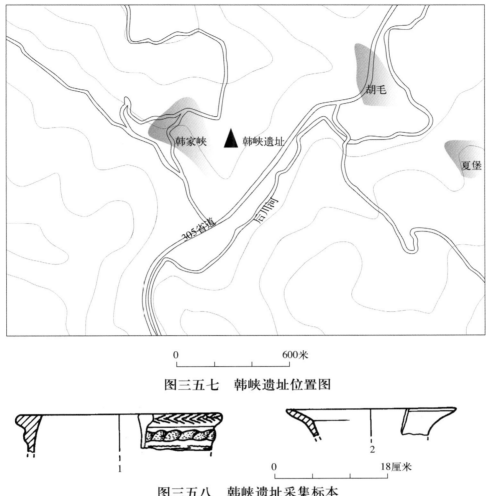

图三五七　韩峡遗址位置图

图三五八　韩峡遗址采集标本
1. 罐口沿　2. 盆口沿

残高6.1、壁厚0.8～2.2厘米（图三五八，1）。时代为仰韶文化晚期。

标本韩峡：2，盆口沿。夹砂红陶。敞口，宽斜平沿，圆唇。素面。口径约27、残高6、壁厚0.5～0.9厘米（图三五八，2）。时代为仰韶文化晚期。

2. 胡川镇胡川遗址

胡川遗址位于胡川镇胡川村西侧，后川河西岸一级阶地上（图三五九）。地理坐标为东经34°56′，北纬106°8′。南侧大沟有季节性小河注入后川河。遗址西高东低，面积约10000平方米，文化层厚约1米。断面上有白灰面房子、灰坑、灰层等。文化属性为齐家文化。

2005年早期秦文化联合考古队进行了调查，并采集了若干标本。可辨器形有鬲、罐等。部分标本如下（图三六○）。

标本胡川：1，罐底。夹砂红陶。斜腹，平底。腹部饰绳纹，近底部抹光。底径约11.4、残高4、壁厚0.7厘米（图三六○，1）。时代为齐家文化时期。

标本胡川：2，鬲足。夹砂红褐色陶。锥状空心足，足跟部残缺。表面饰斜绳纹。残高约

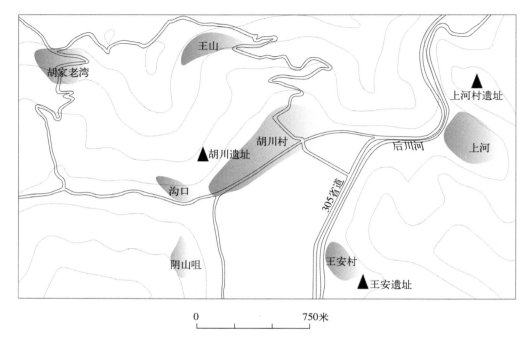

图三五九　胡川遗址位置图

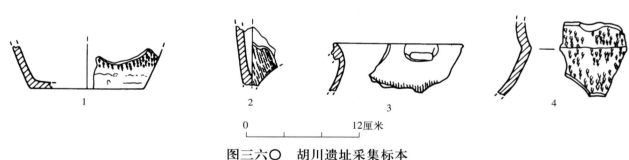

图三六〇　胡川遗址采集标本

1. 罐底　2. 高足　3. 器口沿　4. 罐残片

6.4、壁厚0.7~1厘米（图三六〇，2）。时代为齐家文化时期。

　　标本胡川：3，器口沿。夹砂红褐陶。侈口，斜沿，尖圆唇。沿下有扁体錾。肩部饰绳纹。宽8、残高约5、壁厚0.6厘米（图三六〇，3）。时代为齐家文化时期。

　　标本胡川：4，罐残片。肩颈相连部。颈部稍外鼓，斜肩。表面饰麻点状绳纹。宽7.2、残高8、壁厚1厘米（图三六〇，4）。时代为齐家文化时期。

3. 胡川镇上河村遗址

　　上河村遗址位于胡川镇上河村北侧，后川河东岸一级阶地上（图三六一）。遗址东高西低，东西长约400、南北宽约200米，面积8万平方米。断面上暴露有白灰面房址、灰坑等。地面采集有篮纹、刻划纹、绳纹等红陶片。性质属齐家文化。采集的标本如下（图三六二）。

　　标本上河村：1，罐残片。泥质红陶。斜腹较直，平底。腹部饰竖向绳纹，近底部抹光。底径约15、残高6厘米（图三六二，1）。时代为齐家文化时期。

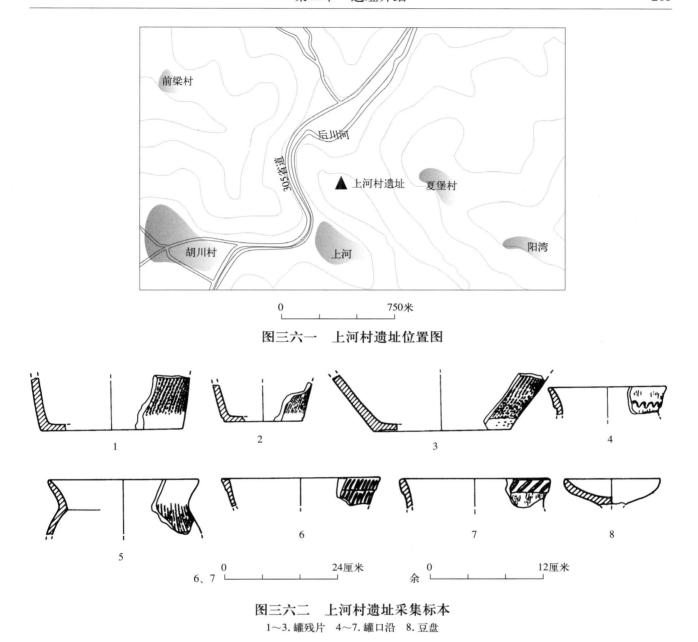

图三六一　上河村遗址位置图

图三六二　上河村遗址采集标本

1～3.罐残片　4～7.罐口沿　8.豆盘

标本上河村：2，罐残片。夹砂黄褐陶。斜腹，平底。腹部饰绳纹，近底部抹光。底径约9、残高4厘米（图三六二，2）。时代为齐家文化时期。

标本上河村：3，罐残片。夹砂红褐陶。斜腹急收，凹底。腹部饰绳纹，近底处抹光。底径约15、残高6厘米（图三六二，3）。时代为齐家文化时期。

标本上河村：4，罐口沿。夹砂红褐陶。侈口，斜沿，尖圆唇。沿外侧饰波浪形附加堆纹和绳纹。口径约13、残高3厘米（图三六二，4）。时代为齐家文化时期。

标本上河村：5，罐口沿。夹砂灰陶。侈口，斜沿，尖圆唇。束颈，溜肩。肩部饰绳纹，沿外侧抹光。口径约16、残高6厘米（图三六二，5）。时代为齐家文化时期。

标本上河村：6，罐口沿。夹砂红褐陶。敞口，窄唇。沿外侧加厚，上饰压印纹。口径约

34、残高5厘米（图三六二，6）。时代为齐家文化时期。

标本上河村：7，罐口沿。夹砂红陶。侈口，方唇。沿外侧加厚，上饰压印绳纹。口径约32、残高6厘米（图三六二，7）。时代为齐家文化时期。

标本上河村：8，豆盘。泥质红陶。侈口，尖唇。浅弧腹。口径约10、残高2.4厘米（图三六二，8）。时代为齐家文化时期。

4. 胡川镇湾沟遗址

湾沟遗址位于胡川镇前咀村西侧，后川河西岸二级阶地上（图三六三）。遗址规模较小，面积约2万平方米。断崖上暴露有灰坑、墓葬、窑址等遗迹。地面上分布的陶片主要为素面红陶，刻划纹和篮纹较少。文化属性为齐家文化。

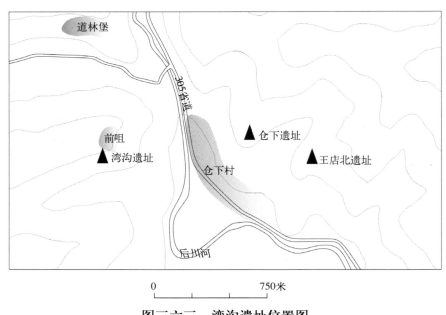

图三六三　湾沟遗址位置图

2012年公布为县级文物保护单位。采集的标本如下（图三六四）。

标本湾沟：1，壶残片。泥质红陶。侈口，方唇。颈部内收。口径约11.6、残高6.4厘米（图三六四，1）。时代为齐家文化时期。

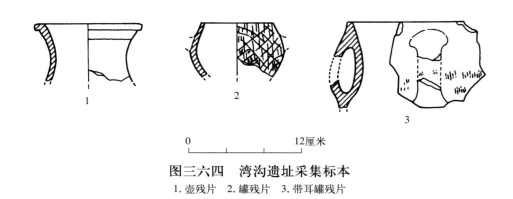

图三六四　湾沟遗址采集标本

1. 壶残片　2. 罐残片　3. 带耳罐残片

标本湾沟：2，罐残片。泥质黄褐陶。敛口，方唇。腹部外鼓。有缺耳痕迹。表面饰交错刻划纹。口径约8、残高6厘米（图三六四，2）。时代为齐家文化时期。

标本湾沟：3，带耳罐残片。泥质红陶。侈口，颈部内收。颈部有拱形宽扁耳，残。颈部饰稀疏绳纹。宽10、残高约10厘米（图三六四，3）。时代为齐家文化时期。

5. 胡川镇王店北遗址

王店北遗址位于胡川镇王店村北侧，后川河南岸二级阶地上（见图三六三）。面积约1万平方米。遗址北高南低，断面上发现有陶窑、灰层，还有汉代砖墓。史前遗存为常山下层文化。采集的标本可辨器形有敞口罐、壶等。部分标本如下（图三六五）。

标本王店北：1，罐口沿。泥质红陶。敞口，方唇，细颈。唇端一周凹槽。素面。口径约25、残高5厘米（图三六五，1）。时代为齐家文化时期。

标本王店北：2，罐残片。夹砂黄褐陶。弧状，表面饰有平行条索状附加堆纹。宽11、残高约6.4厘米（图三六五，2）。时代为常山下层文化时期。

标本王店北：3，壶口沿。泥质红陶。侈口，尖唇，束颈。外壁磨光，肩部有一周戳点纹。口径约10、残高8.5、壁厚0.3厘米（图三六五，3）。时代为常山下层文化时期。

标本王店北：4，罐口沿。夹砂橙黄色陶。侈口，方唇，腹微鼓。唇外侧有一周波浪状压印窝纹，外壁密饰16道窄带波浪状附加堆纹。口径约40、残高20、壁厚0.9厘米（图三六五，4）。时代为常山下层文化时期。

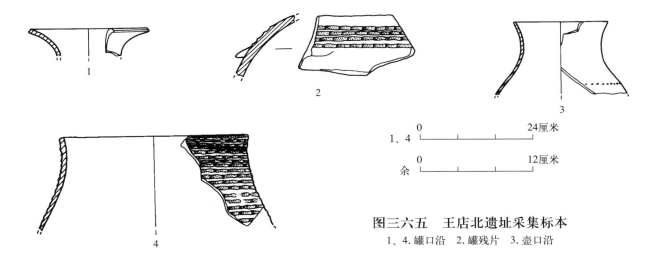

图三六五　王店北遗址采集标本
1、4.罐口沿　2.罐残片　3.壶口沿

6. 胡川镇仓下遗址

仓下遗址位于胡川镇仓下村东侧，后川河东岸二级阶地之上（见图三六三）。遗址东高西低，面积约45000平方米。断崖上暴露有白灰面房址、陶窑、灰坑等。文化属性为常山下层、齐家文化。2012年公布为县级文物保护单位。

2005年调查时采集了一些标本，其中部分标本如下（图三六六）。

标本仓下：1，盘残片。泥质红陶。侈口，圆唇，浅腹内收。平底。口径约16、底径11.2、

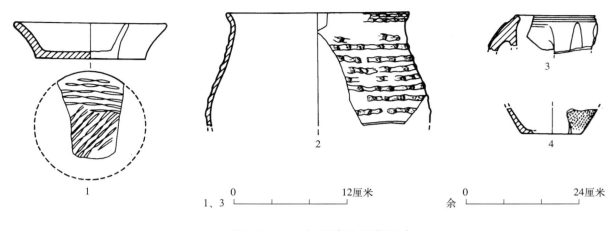

图三六六　仓下遗址采集标本
1. 盘残片　2. 罐口沿　3. 大耳罐残片　4. 罐残片

高3.6厘米（图三六六，1）。时代为齐家文化时期。

标本仓下：2，罐口沿。泥质橙红陶。侈口，圆唇，深腹外鼓。唇上压印锯齿状花边，口沿外侧附加泥条，器身先施斜向篮纹，再施多道横附加堆纹。口径约38.4、残高24.8、壁厚0.9厘米（图三六六，2）。时代为常山下层文化时期。

标本仓下：3，大耳罐残片。泥质红陶。敛口，方唇。肩部有宽扁耳。唇外侧有几道细凹槽。宽7.6、残高约4厘米（图三六六，3）。时代为齐家文化时期。

标本仓下：4，罐残片。夹砂黄褐陶。斜腹，平底。腹部饰点状绳纹。底径约12、残高5.2厘米（图三六六，4）。时代为常山下层文化时期。

7. 胡川镇王安遗址

王安遗址位于胡川镇王安村南，后川河东岸一级阶地上（图三六七）。东西约200、南北150米，面积约3万平方米。断面上有白灰面房址、陶窑或灶址。发现一段连续文化层，长约10、堆积厚1~1.5米。采集到红褐色绳纹夹砂陶片，器形有鬲、鬲等，属齐家文化遗存。标本如下（图三六八）。

标本王安：1，鬲裆。夹砂红褐陶。裆内隔呈三角弧形。饰成组绳纹。残宽8、残高7厘米（图三六八，1）。

标本王安：2，鬲裆。夹砂红褐色陶。袋足，裆内隔宽而平缓。饰不规则粗绳纹。残宽8.5、残高7.2厘米（图三六八，2）。

8. 张川镇仁沟遗址

仁沟遗址位于张川镇仁沟村西侧，后川河西岸二级阶地上（图三六九）。遗址西高东低，规模较小，面积约6000平方米。断面上发现了灰层、灰坑、白灰面房址等。地面可见素面、绳纹、篮纹等红陶片。文化性质为齐家文化。

2005年调查时采集到若干标本，器形明确的如下（图三七〇）。

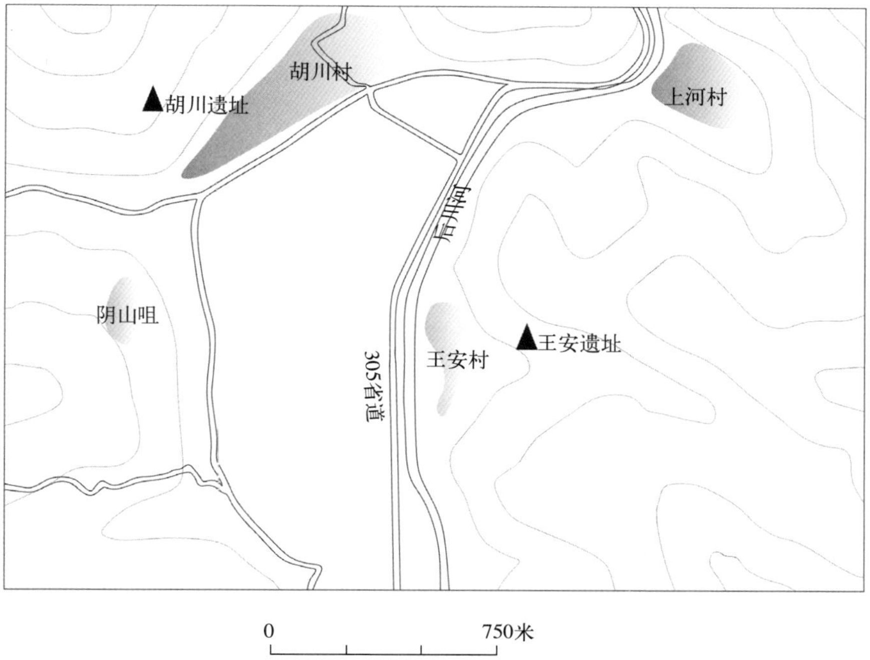

图三六七　王安遗址位置图

标本仁沟：1，大耳罐残片。泥质红陶，侈口，尖圆唇，高领，圆鼓肩。宽桥耳。肩部饰绳纹。口径约12、高13厘米（图三七〇，1）。时代为齐家文化时期。

标本仁沟：2，罐残件。夹砂红陶，侈口，尖圆唇，束颈，圆肩。领部饰横篮纹，肩部饰绳纹。口径约24、高12厘米（图三七〇，2）。时代为齐家文化时期。

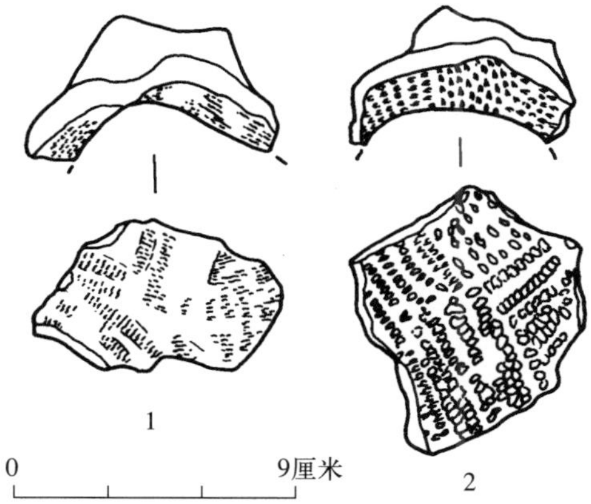

图三六八　王安遗址采集标本

1、2. 罤衜

9. 张川镇瓦盆窑遗址

瓦盆窑遗址位于张川镇西关村西，北川河西岸的二级阶地上（图三七一）。遗址规模较大，东西约500、南北约400米，面积为20万平方米，文化堆积厚约0.7～2米。断崖上暴露处丰富的文化层及灰坑、墓葬等遗迹。地面也分布大量的陶片，包括仰韶中期、晚期，常山下层以及齐家文化，说明遗址延续时间较长。

2012年公布为县级文物保护单位。2005年早期秦文化联合考古队进行了调查，采集的部分标本如下（图三七二）。

标本瓦盆窑：1，钵口沿。泥质橙黄色陶。口微敛，尖唇，深弧腹。口沿下有素面粗泥条装饰，腹部饰竖向绳纹。残宽18.4、残高9.5、壁厚0.7厘米（图三七二，1）。时代为常山下层文化时期。

标本瓦盆窑：2，盆口沿。泥质深灰陶。敛口，圆唇。口沿外一圈凹弦纹。口径约36、残高5厘米（图三七二，2）。时代为仰韶文化晚期。

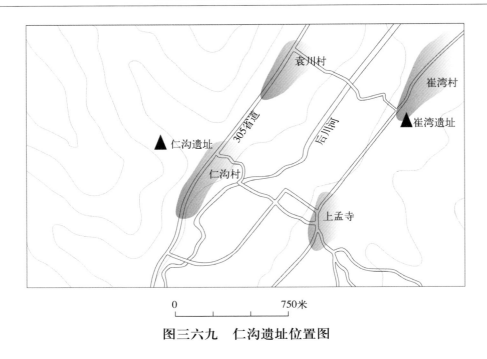

图三六九　仁沟遗址位置图

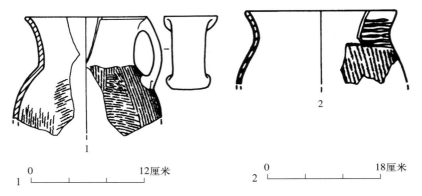

图三七〇　仁沟遗址采集标本

1. 大耳罐残片　2. 罐残片

标本瓦盆窑：3，尖底瓶口。泥质灰褐陶。平唇口。素面。残宽5.6、残高2.7、壁厚0.7厘米（图三七二，3）。时代为仰韶文化晚期。

标本瓦盆窑：4，尖底瓶口。夹砂红陶。退化的重唇口，口沿周边有一周凸棱。颈部以下饰弦纹。残宽5、残高4、壁厚0.7～1.6厘米（图三七二，4）。时代为仰韶文化晚期。

标本瓦盆窑：5，尖底瓶口。泥质黄陶。重唇口，外唇上扬，唇内侧有凹槽。口径约5、残高5.6厘米（图三七二，5）。时代为仰韶文化晚期。

标本瓦盆窑：6，盆口沿。泥质红陶。侈口，斜沿，圆唇。口沿及腹部饰黑彩。宽7.2、残高约4.4厘米（图三七二，6）。时代为仰韶文化晚期。

10. 张川镇坪桃塬遗址

位于天水市张家川回族自治县张川镇上川村西北，北川河西岸二级阶地上。南侧为下马

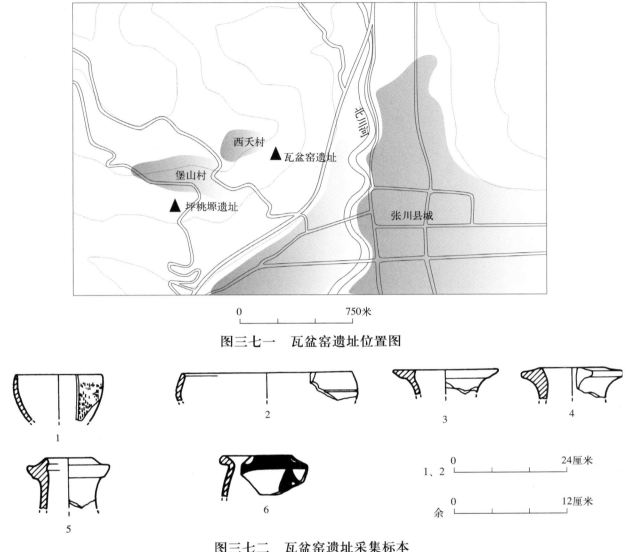

图三七一 瓦盆窑遗址位置图

图三七二 瓦盆窑遗址采集标本
1.钵口沿 2、6.盆口沿 3、4、5.尖底瓶口

沟，有季节性河流注入北川河（见图三七一）。遗址位于山体南侧的缓坡上，地形南低北高，地势开阔。左右南北长约500、东西宽约400米，面积约20万平方米，文化堆积厚0.5～2米，海拔1700～1750米。

全国第三次文物普查时发现断面暴露有灰坑、窑址、墓葬等遗迹，采集有尖底瓶口沿线纹红陶片、罐口沿、盆口沿，常山时期的篮纹红陶片。东侧台地上采集有人骨及西周时期的瓢口沿，凹圜底罐的底部，鬲足等。还以少量汉代绳纹残瓦。1988年公布为县级文物保护单位。

2008年早期秦文化联合考古队又进行调查，发现一段文化层，长200～300、厚0.7～2米，在下马沟畔的台地断面发现3座陶窑。在遗址区中南部采集到大量的仰韶时期红陶片。部分标本如下（图三七三、三七四）。

标本坪桃塬：1，钵口沿。泥质红陶。敛口，圆唇。下腹急收。唇外侧饰一道黑彩。宽5、残高约6厘米（图三七三，1）。时代为仰韶文化中期。

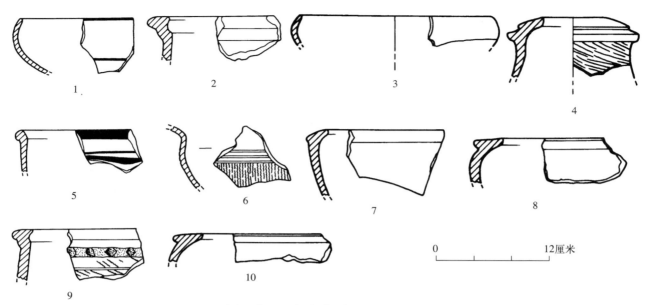

图三七三　坪桃塬遗址采集标本
1、3.钵口沿　2、9.罐口沿　4.尖底瓶口沿　5、8、10.盆口沿　6.陶片　7.盆残片

标本坪桃塬：2，罐口沿。夹粗砂红陶。直口，平沿，圆唇，短颈。沿内侧一道深凹槽。宽6.4、残高4.8厘米（图三七三，2）。时代为仰韶文化中期。

标本坪桃塬：3，钵口沿。泥质红陶。敛口。上腹外鼓，下腹急收。素面。口径约20、残高5厘米（图三七三，3）。时代为仰韶文化晚期。

标本坪桃塬：4，尖底瓶口沿。泥质红陶。重唇口，内唇扁平，敛口，口内侧有深凹槽。口沿上有慢轮修整痕迹，颈部饰斜细绳纹，上施白彩。宽6.8、残高6.4厘米（图三七三，4）。时代为仰韶文化晚期。

标本坪桃塬：5，盆口沿。泥质红陶。侈口，卷沿，圆唇。口沿上有一道黑彩，腹部亦有两道黑彩。宽5、残高4.6厘米（图三七三，5）。时代为仰韶文化中期。

标本坪桃塬：6，陶片。夹砂灰陶。侈口，弧腹下收。肩、腹部饰弦纹和竖绳纹。宽8、残高6.4厘米（图三七三，6）。时代为东周时期。

标本坪桃塬：7，盆残片。泥质深灰陶。敛口，外斜沿，圆唇。斜腹。素面。宽10、残高约7.2厘米（图三七三，7）。时代为仰韶文化晚期。

标本坪桃塬：8，盆口沿。泥质深灰陶。敛口，宽平沿，圆唇。上腹外鼓。素面。宽8、残高约5厘米（图三七三，8）。时代为仰韶文化晚期。

标本坪桃塬：9，罐口沿。夹砂红陶。口微敛，平沿，圆唇。沿内侧一道凹槽，外侧一道凸弦纹，其下为粗绳纹。宽7.6、残高5.5厘米（图三七三，9）。时代为仰韶文化中期。

标本坪桃塬：10，盆口沿。夹细砂红陶。敛口，宽平沿，圆唇。素面。宽10、残高3厘米（图三七三，10）。时代为仰韶文化晚期。

标本坪桃塬：11，罐口沿。夹砂红褐陶。直口，台阶状口沿，直腹。上腹饰绳纹。宽8、残高约10厘米（图三七四，11）。时代为常山下层文化时期。

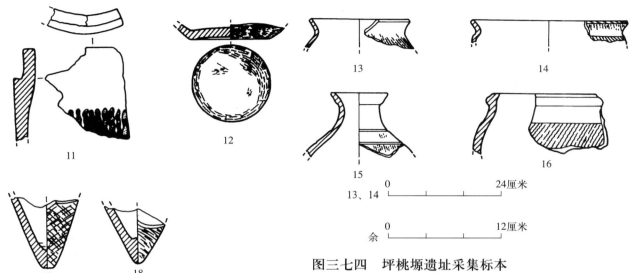

图三七四　坪桃塬遗址采集标本
11.罐口沿　12.罐底　13、14.鬲残片　15.壶残片　16.盆口沿　17、18.锥足

标本坪桃塬：12，罐底。夹砂红陶。斜腹，凹底。下腹饰横篮纹，底部外侧边缘饰绳纹。底径约8、残高2厘米（图三七四，12）。时代为常山下层文化时期。

标本坪桃塬：13，鬲残片。夹砂灰陶。侈口，斜沿，方唇。束颈，溜肩。肩部饰竖绳纹，沿下抹光。口径约21、残高6厘米（图三七四，13）。时代为东周时期。

标本坪桃塬：14，鬲残片。夹砂灰陶。侈口，斜沿，方唇。肩部稍鼓。唇部饰压印纹，肩部饰绳纹，沿下抹光。口径约33.6、残高5厘米（图三七四，14）。时代为东周时期。

标本坪桃塬：15，壶残片。泥质灰陶。侈口，斜沿，尖圆唇。细颈。溜肩。肩部饰两道凹弦纹，上腹饰绳纹。口径约6、残高7厘米（图三七四，15）。时代为汉代。

标本坪桃塬：16，盆口沿。泥质灰陶。敛口，窄斜沿，圆唇。唇外侧有凸棱，束颈，肩外鼓。肩部饰整齐绳纹。宽8、残高约6.4厘米（图三七四，16）。时代为汉代。

标本坪桃塬：17，锥足。夹砂红陶。圆锥状，尖部截面角约45°。跟部平缓。表面饰交错绳纹。残高约7.2厘米（图三七四，17）。时代为齐家文化时期。

标本坪桃塬：18，锥足。泥质红陶。圆锥状，尖部截面角约60°。跟部尖圆。残高6.4厘米（图三七四，18）。时代为齐家文化时期。

11. 张川镇下仁遗址

下仁遗址位于张川镇下仁村东，南川河东岸二级阶地上（图三七五）。遗址东高西低，东西长约500、南北宽约200米，面积10万平方米，文化层厚约0.2～1.5米。

2005年早期秦文化联合考古队曾调查，遗址断面上发现暴露的灰坑、墓葬等一些遗迹。地面上散见的陶片以仰韶时期红陶为主，也有战国、汉代的陶片及瓦片。2012年公布为县级文物保护单位。采集的部分标本如下（图三七六）。

标本下仁：1，罐口沿。夹砂红褐陶。口微敛，窄平沿，方唇。沿内有浅凹槽。腹部饰绳纹，并有圆饼状饰。口径约27、残高6厘米（图三七六，1）。时代为仰韶文化晚期。

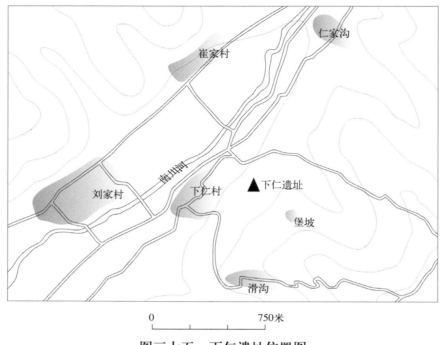

图三七五　下仁遗址位置图

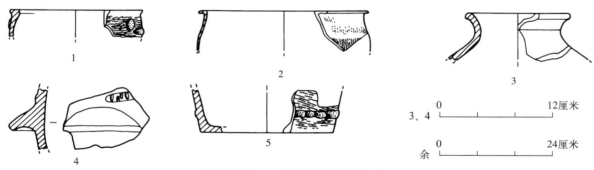

图三七六　下仁遗址采集标本

1.罐口沿　2.盆残片　3、5.罐残片　4.器鋬

标本下仁：2，盆残片。泥质灰陶。敛口，平沿，尖圆唇。颈部内收，腹部稍外鼓。表面饰绳纹，肩部抹光。口径约37、残高9.6厘米（图三七六，2）。时代为东周时期。

标本下仁：3，罐残片。泥质灰陶。侈口，圆唇。束颈，溜肩。颈部一道弦纹。口径约11、残高5.2厘米（图三七六，3）。时代为汉代。

标本下仁：4，器鋬。夹砂红陶。月牙形鋬，下部凹进。宽9.6、残高约6.4厘米（图三七六，4）。时代应为战国时期。

标本下仁：5，罐残片。夹砂红褐陶。斜腹、平底。腹部饰绳纹和条状附加堆纹。底径约29、残高9.6厘米（图三七六，5）。时代为仰韶文化晚期。

12. 张川镇羊洼山遗址

羊洼山遗址位于张川镇瓦泉村东，南川河东岸一级阶地上，南侧为瓦泉沟（图三七七）。

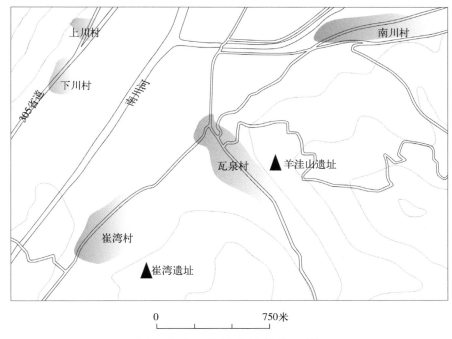

图三七七　羊洼山遗址位置图

遗址东高西低，呈坡状。东西约100、南北200米，面积约2万平方米。2012年公布为县级文物保护单位。

2005年早期秦文化联合考古队进行了调查，在断面上发现了文化层和白灰面房址，地面上散见多为红陶片，以篮纹和素面为多，可判断为齐家文化。采集的部分标本如下（图三七八）。

标本羊洼山：1，罐底。夹砂红陶。斜腹，平底。腹部饰绳纹，近底部抹光。底部有绳纹。底径约7.6、残高2.4厘米（图三七八，1）。时代为齐家文化时期。

标本羊洼山：2，罐口沿。夹砂红陶。侈口，尖圆唇。口沿外侧一周加厚，上饰压印指窝纹。腹部饰竖向绳纹。口径约14、残高5.2厘米（图三七八，2）。时代为齐家文化时期。

标本羊洼山：3，罐残片。泥质红陶。斜腹，平底。腹部饰竖向篮纹。底径约16、残高10.4厘米（图三七八，3）。时代为齐家文化时期。

标本羊洼山：4，器耳残片。泥质红陶。拱形宽扁耳。耳上部饰绳纹。宽4.8、残高6厘米（图三七八，4）。时代为齐家文化时期。

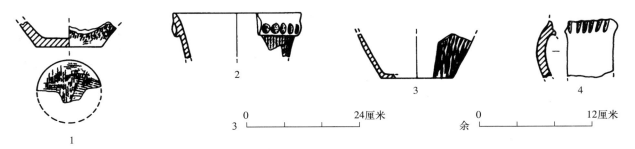

图三七八　羊洼山遗址采集标本
1.罐底　2.罐口沿　3.罐残片　4.器耳残片

13. 张川镇下孟寺遗址

下孟寺遗址位于张川镇孟寺村南，后川河东岸二级阶地上（图三七九）。遗址北侧为陡坡，顶上较平坦。南北约400、东西约150米，面积约6万平方米。2012年公布为县级文物保护单位。

遗址断面上发现数段文化层，还暴露有陶窑、白灰面房子、墓葬等遗迹。地面上可见陶片多为素面红陶，篮纹红陶，皆为齐家文化陶片，由此判断是一处单纯的齐家文化遗址。采集部分的标本如下（图三八〇），年代均为齐家文化时期。

标本下孟寺：1，罐口沿。泥质红陶。侈口，圆唇。束颈，肩部外鼓。素面。口径约24、残高7厘米（图三八〇，1）。

标本下孟寺：2，罐残片。泥质红陶。表面部分饰篮纹，部分素面，且界线分明。宽11.6、残高10厘米（图三八〇，2）。

标本下孟寺：3，罐底。夹砂红褐陶。斜腹，底稍凹。腹部和底部均饰篮纹。底径约16、残高5厘米（图三八〇，3）。

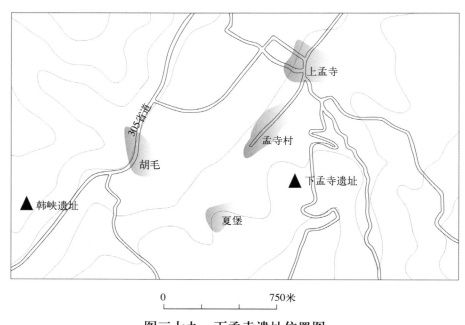

图三七九　下孟寺遗址位置图

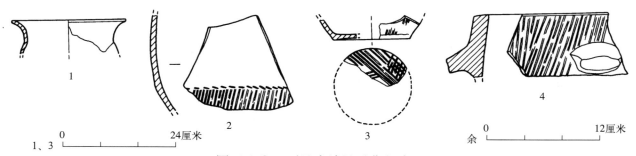

图三八〇　下孟寺遗址采集标本

1. 罐口沿　2. 罐残片　3. 罐底　4. 陶片

标本下孟寺：4，陶片，应为器物上腹部。泥质黄褐陶。器壁有一鋬，近似椭圆形，残。表面饰竖向篮纹。宽12、残高约7厘米（图三八○，4）。

14. 张川镇崔湾遗址

崔湾遗址位于张川镇崔湾村东南，后川河东岸一级阶地上（图三八一）。遗址东高西低，东西约200、南北约300米，面积约6万平方米，文化堆积厚1～2米。地面采集有仰韶文化红陶、常山下层夹砂红褐陶以及战国汉代的灰陶河瓦片。2012年公布为县级文物保护单位。标本如下（图三八二）。

标本崔湾：1，钵残片。红陶，弧壁，尖圆唇，口径约25、残高6厘米（图三八二，1）。时代为仰韶文化晚期。

标本崔湾：2，罐口沿。夹砂红褐陶，直口，窄沿，圆唇。沿部饰横三角纹和压印纹。口径约32、残高8厘米（图三八二，2）。时代为仰韶文化晚期。

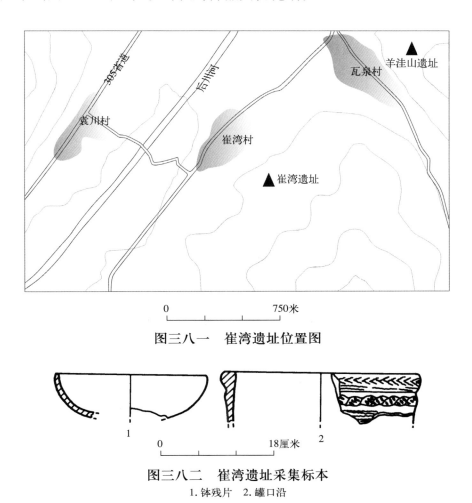

图三八一　崔湾遗址位置图

图三八二　崔湾遗址采集标本
1.钵残片　2.罐口沿

15. 龙山镇苗圃园遗址

苗圃园遗址位于龙山镇西川村苗圃园内，清水河南岸一级阶地上。遗址地势平坦，面积约15000平方米（图三八三）。

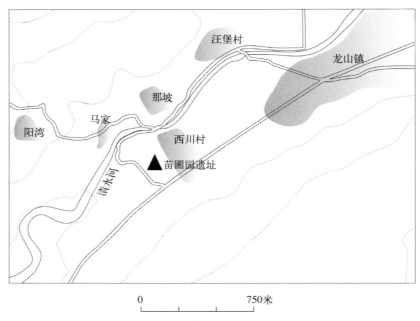

图三八三　苗圃园遗址位置图

断面上暴露有灰坑、红烧土等遗迹，文化层厚1.5～2.2米。20世纪80年代群众取土时发现30多件完整陶器，多为夹砂红陶，少量彩陶。器形有葫芦瓶、盆、钵、深腹罐、石斧等。1987年调查时采集的标本有葫芦瓶、钵、细颈壶、彩陶盆、罐、尖底瓶等[1]。张川县博物馆藏有此遗址出土的仰韶文化晚期尖底瓶和早期的葫芦瓶（图三八六）。已发表的标本列举如下。

标本苗圃园：1～6，葫芦瓶，共6件。均为细泥红陶，葫芦形。口部多数较小，个别稍大。头部呈椭圆形，下腹部鼓出后急收。平底。高度多在20厘米左右（图三八四，1～3）。时代为仰韶文化早期，属半坡类型[2]。

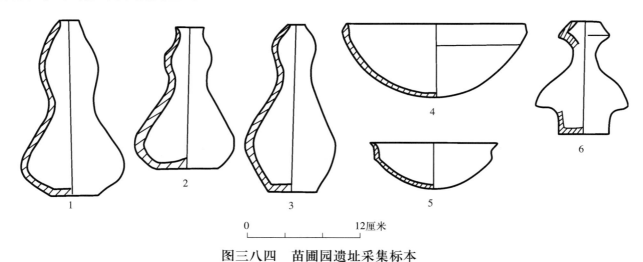

图三八四　苗圃园遗址采集标本

1～3.葫芦瓶　4、5.陶钵　6.细颈壶　（《甘肃张家川县原始文化遗址调查》，《考古》1991年第12期）

---

[1]　张川县文化局、文化馆：《甘肃张家川县原始文化遗址调查》，《考古》1991年第12期。

[2]　文中图四一三、四一四均采自《甘肃张家川县原始文化遗址调查》，《考古》1991年第12期。

标本苗圃园：7～11，钵，共5件。细泥红陶，敛口4件，侈口1件，尖圆唇。圜底（图三八四，4、5）。时代为仰韶文化早期。

标本苗圃园：12，细颈壶，1件。泥质红陶，口小，头部较大，细颈较长，腹部圆缓外凸，高平底。口径2.4、底径5.6、高12厘米（图三八四，6）。

标本苗圃园：12～16，罐，5件。夹砂红陶。侈口，唇较厚且中部有凹槽，下腹鼓出急收。平底。腹部饰斜绳纹、弦纹或素面。时代为仰韶文化早期（图三八五，1、2）。

标本苗圃园：17，带盖罐，1件。盖为浅钵形，细泥红陶，有黑彩。罐身为夹砂红陶，侈口，唇微卷中部有浅凹槽。下腹下垂内收。平底。上腹部饰弦纹（图三八五，3）。时代为仰韶文化早期。

标本苗圃园：18，尖底瓶，1件。泥质红陶。底部截面角呈锐角，有实心长尖。腹部饰斜细绳纹（图三八五，4）。时代为仰韶文化早期。

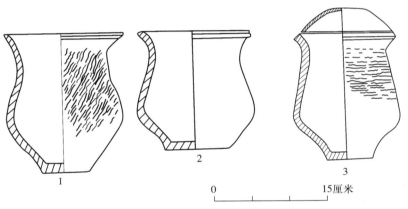

0   15厘米

图三八五 苗圃园遗址采集标本
1、2.罐 3.带盖罐 4.尖底瓶

16. 大阳镇圪垯川遗址

圪垯川遗址位于大阳镇西沟村西南，南河南岸一级阶地上（图三八七）。南河（清水河上游）与太原河（松树河下游）的交汇之处。遗址现存面积60万平方米，文化层厚约3米。

1987年张家川县文化局做了调查，遗址断崖上发现大量的灰坑、红烧土、白灰面等遗迹，地面也见大量彩陶、红陶。文化属性有仰韶文化、齐家文化等，确定为仰韶文化遗址。1988年公布为县级文物保护单位。2008年早期秦文化联合考古队再次调查。2020～2021年甘肃省文物考古研究所进行了抢救性发掘，清理了从仰韶文化早期至明清时期的各类遗存，尤

1   2

图三八六 苗圃园遗址采集标本
1.尖底瓶 2.葫芦瓶

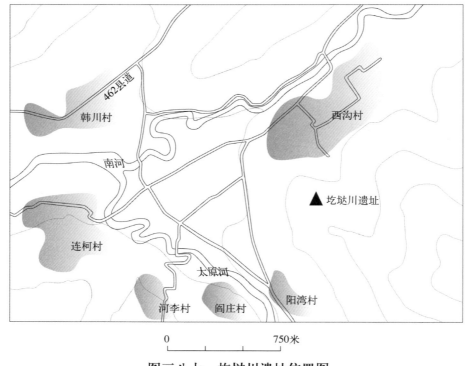

图三八七　圪垯川遗址位置图

其以仰韶时期遗存最为丰富，为研究陇东地区史前聚落提供了重要资料。1987年采集的部分标本列举如下。

标本圪垯川：1、2，彩陶盆，2件。细泥红陶。侈口，圆卷唇或刃状唇，鼓腹。饰黑彩圆点弧三角纹。时代为仰韶文化早期（图三八八，1、2）。

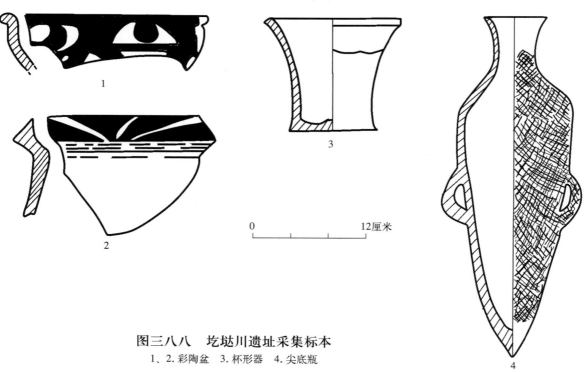

图三八八　圪垯川遗址采集标本

1、2.彩陶盆　3.杯形器　4.尖底瓶

标本圪垯川：3，杯形器，1件。细泥红陶。敞口，窄平沿，腹部内弧。平底。器表除底部外，施黑色陶衣。口径14.5、底径8.5、高11.5厘米（图三八八，3）。时代为仰韶文化晚期。

标本圪垯川：4，尖底瓶。泥质橙黄陶。喇叭口，细颈，溜肩，下腹有双桥耳。器表饰交错或斜绳纹。口径6.5、高38厘米（图三八八，4）。时代为仰韶文化晚期。

标本圪垯川：5～7，钵，3件。细泥红陶。侈口，尖圆唇，圜底。1件口沿处绘有黑彩宽带纹，其上有刻划符号。时代为仰韶文化早期（图三八九，1～3）。

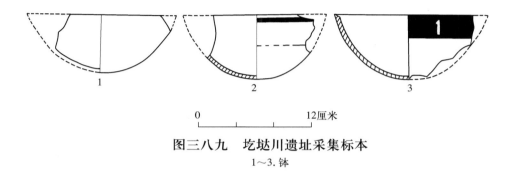

图三八九　圪垯川遗址采集标本

1～3. 钵

17. 梁山镇碉堡梁遗址

碉堡梁遗址位于梁山镇杨渠村西南，因梁顶有座碉堡而得名。遗址分布于碉堡周围坡状梯田之上（图三九〇）。面积约5万平方米，文化层厚度1～5米。1987年张家川县文化局进行了首次调查，确定为齐家文化遗址。1993年公布为省级文物保护单位。

图三九〇　碉堡梁遗址位置图

　　1987年县文化局调查时，在当地群众家里一次性收回陶器35件。2008年早期秦文化联合考古队复查了此遗址，采集了一些标本，文化属性为常山下层、齐家文化。遗址断崖上暴露出灰坑、红烧土、窑址、墓葬等遗迹，并包含有大量篮纹、夹砂红陶和少量彩陶片。1987年收集的部分陶器标本举例如下（图三九一）。

　　标本碉堡梁：1，双耳罐，侈口，下腹外鼓，两侧有大耳。肩部多饰戳划纹。有些饰篮纹（图三九一，1）。

　　标本碉堡梁：2，单耳罐。侈口，一侧与耳，鼓腹，平底。肩部饰两道锥刺纹（图三九一，2）。

　　标本碉堡梁：3，无耳罐。侈口，宽肩或溜肩，腹部外鼓，平底（图三九一，3）。

　　标本碉堡梁：4，无耳罐。侈口，宽肩或溜肩，腹部外鼓，平底（图三九一，4）。

　　以上标本简报中定为齐家文化，据近年来考古发掘可知，定为常山下层文化更为恰当。

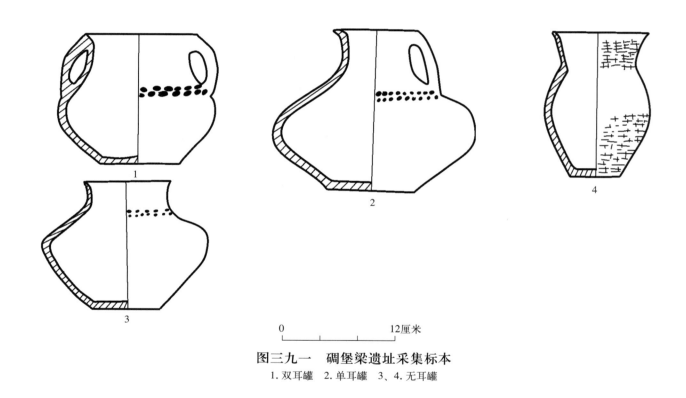

0　　　　　　　　12厘米

图三九一　碉堡梁遗址采集标本

1. 双耳罐　2. 单耳罐　3、4. 无耳罐

18. 木河乡店子遗址

　　店子遗址位于木河乡店子村东，下庞村西，南河北岸一级阶地上（图三九二）。遗址北高南低，总面积约为26000平方米，文化堆积厚约1～5米。1987年张家川县文化局首次调查，采集到绳纹、堆纹红陶罐、缸、鬲残片以及石凿、石斧等，为仰韶文化和齐家文化遗址。1988年被公布为县级文物保护单位。

　　张川县博物馆现藏有1件完整的彩陶盆，时代为仰韶文化中期（图三九三）。

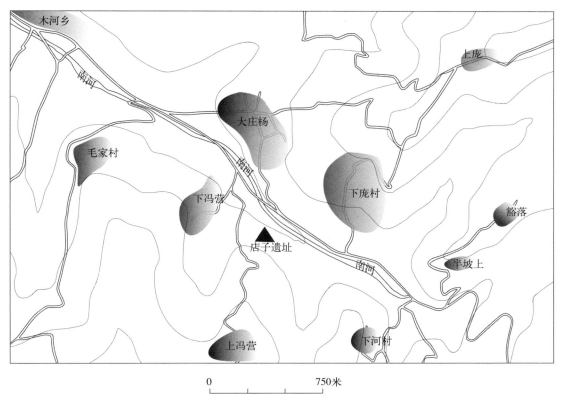

图三九二　店子遗址位置图

1

图三九三　张川县博物馆现藏店子遗址出土器物
1. 彩陶盆

第三章　天水地区史前聚落分布特点及相关问题

第一节　聚落考古简述

张忠培在中国考古学会第十六次学术年会上提出：渭河流域孕育的远古文化和最初的文明，是中华远古文化的主根，是中华文明形成时期的满天星斗中的一颗亮星[1]。这是中国考古学百年来工作的客观认识，没有丝毫的个人情结。人们习称黄河是中华文化的母亲河，但这位母亲喜怒无常，有时会带给人类很多灾难，让人望而生畏。而渭河则要温顺的多，和风细雨般滋润着我们的祖先几千年，是真正的母亲河。可以说，渭河是中华文化与文明的第一母亲河一点不为过。

自考古学出现以来，渭河流域就是众多学者关注的重点区域。20世纪20年代瑞典学者安特生就是沿渭河一路向西，寻找彩陶源头。安氏此次西部调查，渭河流域只是匆匆一瞥，很多遗址擦肩而过；裴文中先生之西行才算是拉开了渭河流域考古的帷幕。最初的调查可以说是怀揣爱国情怀，本着一个单纯的目的——追寻彩陶文化的源头，来到了大西北。对新石器时代遗址上发现的遗存（主要为陶片）分为两个文化系统，即彩陶文化系统和中国文化系统，可见当时安特生之"彩陶西来说"暂时被接受了。彩陶文化，当时指仰韶文化的源头问题一直困扰学者多年，直到20世纪60年代中期至70年代末，发现了早于仰韶文化的磁山文化、裴李岗文化和老官台文化。在这些前仰韶文化中也存在少量的彩陶，因此一般认为它们是仰韶文化的前身，即为彩陶文化的源头，否定了安氏之"彩陶西来说"。

可以看出，中国史前考古学最初的关注点在一类特殊的遗物上，以遗物特征来说明遗址性质。而在20世纪40年代的北美，考古学家已经注意到文化与自然环境之间的关系，并受文化人类学的影响，开始有聚落考古的思想。中国聚落考古的尝试性研究始于20世纪50年代中叶西安半坡遗址的发掘，发掘者借鉴了前苏联的工作方法对遗址进行全面揭露，展示了一处较为完整的史前生活场景，标志着中国新石器时代聚落考古的开端。这种模式延续并发展了30多年，到80年代中期以后张光直等学者介绍了西方聚落考古的方法，研究的对象从单一的聚落拓展至聚落群、区域聚落、聚落的环境等，形成了由点至面多层次、多视角的方法体系。同时随着环境考古学的兴起，一些探索由环境变化引起史前聚落变迁的研究取得了初步的成果，如葫芦河流域气候的演变与新石器时代聚落的关系等。90年代末刘莉等依据调查资料，按小地理区将黄河中下游龙山时期聚落遗址作了分区，并将每区的遗址按一定面积分级，区分为简单酋邦和复杂酋邦，最终讨论从酋邦到早期国家发展的情况和特点[2]。这种研究的基础便是调查材料的准确

[1]　张忠培：《渭河流域在中国文明形成与发展中的地位》，《中国国家博物馆馆刊》2014年第11期。
[2]　刘莉：《龙山文化的酋邦和聚落形态》，《华夏考古》1998年第1期。

性，而新石器时代考古调查往往缺乏这点，对遗址面积的计算很难达到准确。鉴于此，中美联合考古队在日照两城地区进行了拉网式调查，取得了一定的成果[1]。但是拉网式调查需要大量人力和时间，面对面积大、遗址密集的区域难以实现。因此，在20世纪各种技术手段还比较落后的情况下这种研究仅仅是尝试性的，难以普及。

对于聚落考古学研究的内容，张光直、严文明和张忠培三位先生相继提出了自己的看法，包括单个聚落形态和内部结构的研究、聚落分布和聚落之间关系的研究、聚落形态历史演变的研究、聚落与生态环境的关系等[2]。针对不同的研究内容使用的方法也不同，比如研究单个聚落的形态及内部结构，那就必须要经过大面积的发掘。聚落分布、聚落之间的关系、聚落与环境等问题则要依赖其他的一些方法，其中区域性系统调查是近些年来运用最多的方法。21世纪以来，随着科技手段运用日趋成熟，特别是地理信息系统（GIS）的全面应用，使得区域性系统调查如虎添翼，成功的研究案例越来越多。比如张海对中原地区新石器时代晚期的聚落考古研究[3]、刘建国对山西、河南等地史前至周代聚落分布的研究[4]、滕铭予对赤峰地区史前至战国时期的遗址研究[5]等。截至目前，区域性系统调查方法仍是聚落考古研究行之有效的主要方法之一。

第二节　天水地区聚落调查及发掘资料基础

本报告第一章中已经介绍了渭河上游考古调查的历史和一些收获，调查方式归纳起来可以分为两种：一种是有明确学术目的的考古调查，另一种是文物资源的普查。有明确学术目的的调查往往调查人员为专业学者，对遗址性质的判断和遗存的认识更为准确，但一般限于人力和时间，对调查区域和遗址选择性较大，调查区域往往是交通便利的河流两岸，调查的遗址也往往是地理位置优越者。而文物资源的普查一般由地方文化或文物行政部门组织，参与人员的专业性与当地文物工作的水平有关。特别是县区级单位专业人员很少，而且专业水平参差不齐。调查的对象范围广，从史前到近代的各类遗迹都在普查之中，难免对遗址的文化性质及年代判断失误。因此，两种调查方式区别较大，在分析调查资料时，必须要注意到这点。

渭河上游有学术目的的考古调查至少有8次，全国性文物普查3次。集中公布遗址最早为1960年，张学正等总结了自1947年裴文中先生调查以来的绝大部分遗址，共约220处史前文化遗址，属天水地区的有143处[6]。2010年公布了1986～1989年全国第二次文物普查成果，并出版成册[7]。其中公布天水地区新石器时代遗址156处，相比第一次文物普查增加了13处。2007～2011年完成了全国第三次文物普查，部分省份成果陆续公布。天水文物主管部门编辑整理了天水地

[1] 中美两城地区联合考古队：《山东日照两城地区的考古调查》，《考古》1997年第4期。
[2] 张光直：《考古学专题六讲》，文物出版社，1986年。严文明：《聚落考古与史前社会研究》，《文物》1997年第6期。张忠培：《聚落考古初论》，《中原文物》1999年第1期。
[3] 张海：《Arc View地理信息系统在中原地区聚落考古研究中的应用》，《华夏考古》2004年第1期。
[4] 刘建国：《考古与地理信息系统》，科学出版社，2007年。
[5] 滕铭予：《GIS支持下的赤峰地区环境考古研究》，科学出版社，2009年。
[6] 甘肃省博物馆：《甘肃古文化遗存》，《考古学报》1960年第2期。
[7] 国家文物局主编：《中国文物地图集·甘肃分册》，测绘出版社，2011年。

区三普资料，但未公开出版。由于20世纪90年代以来国家基础建设速度飞快，铁路、公路沿线部分遗址保存状况较差，难以调查。因此，天水地区史前聚落的研究可依赖的遗址数量以二普较为可靠。但三普以来一些新手段的运用在研究遗址周边环境、遗址面积等方面更加准确。

对于聚落内部结构、聚落间关系的研究还是要依赖于发掘，天水地区史前聚落的发掘数量极少，仅个别规模大、遗存丰富的遗址有过局部发掘。最具代表性的遗址为秦安大地湾遗址，总共面积约110万平方米。前后共发掘了14752平方米，占十分之一多。发掘点多分布在核心区，文化堆积丰富，遗迹复杂，基本能说明聚落的文化面貌和延续时间。严文明先生曾评价，大地湾遗址从大地湾一期文化、仰韶文化早期、中期、晚期直到常山下层五个时期的聚落先后相继，一个比一个大，一个比一个复杂[1]。郎树德先生就大地湾遗址聚落形态及其演变的做了专题研究，总结出遗址历经3000年从小到大、从河边到山地、从单一到复杂的演进过程。同时也对当时社会结构、人口及生态环境做了简要分析[2]。天水师赵村遗址、张罗遗址、秦安王家阴洼遗址、武山傅家门遗址也做过局部发掘，但由于发掘面积小，遗址内部结构仍不清晰。

北京大学李水城、李非等学者对渭河支流葫芦河流域进行了一次考古学与地理学的综合考察，探讨古文化与古环境之间的关系，进而探讨聚落变迁与环境的关系。与传统考古学方法不同的是，他们运用了统计学的方法，设置了纬度、离河高度、海拔高度三个考察项，每一个考察项均有三个变量组成。通过统计学的计算，分析聚落的使用时间长短、古人活动规模大小、生态环境等[3]。这是一次聚落考古与环境考古结合起来研究的尝试，有很好的效果。但之后这种研究在渭河流域开展较少，较多为利用地层或遗迹土样中浮选出的炭化植物、炭粒等研究古环境、古气候等。

第三节　天水地区聚落分布初探

根据前人研究结果，渭河流域从旧石器时代中晚期就有人类生存，但遗址点极少。没有发现新石器时代早期（约距今12000～9000年）的人类遗存。从新石器时代中期开始，遗址开始逐渐增多，年代从前仰韶文化时期的大地湾一期文化、师赵村一期，经仰韶时期早、中、晚阶段，至常山下层、齐家文化进入了青铜时代。

关于天水地区史前聚落分布至今未见有人做系统研究，仅有少量文章在做渭河流域聚落研究时提及大地湾遗址、师赵村遗址等个别规模较大且经发掘的遗址。目前，我们掌握的调查资料应该是最多的，可以尝试探讨天水地区史前聚落的分布及其相关问题。天水地区占据了渭河上游大部分区域，渭河干流及其支流把两区五县连接起来。在没有行政区划之前人类聚居之地基本以河流来决定，因此讨论聚落分布首先要以河流为线索来展开。

[1] 严文明：《秦安大地湾——新石器时代遗址发掘报告》序，文物出版社，2006年。
[2] 郎树德：《甘肃秦安县大地湾遗址聚落形态及其演变》，《考古》2003年第6期。
[3] 北京大学考古系、甘肃省文物考古研究所：《甘肃省葫芦河流域考古调查》，《考古》1992年第11期。李非、李水城、水涛：《葫芦河流域的古文化与古环境》，《考古》1993年第9期。

渭河干流跨越了麦积区、甘谷县、武山县，其大的一级支流有榜沙河、山丹河、大南河、聂河、武家河、散渡河、葫芦河、藉河、牛头河、永川河、东柯河等，二级支流有漳河、清溪河、小西河、显亲河、南清水河、清水河、白驼河、后川河、樊河等。

一　前仰韶文化时期聚落分布及特点

目前能够确认的前仰韶文化遗存即大地湾一期文化和师赵村一期，在秦安大地湾遗址和西山坪遗址发现了大地湾一期文化，距今8000年左右。师赵村遗址和西山坪遗址发现了师赵村一期，晚于大地湾一期文化而早于仰韶文化，分布于渭河支流清水河（五营河）与藉河流域（图三九四）。除此之外，西汉水流域有零星的发现，但未发掘。也许因为此一时期遗存埋藏较深，调查难度大，遗址数量极少，且分散。大地湾遗址第一期发掘约8000平方米，有聚落中心，居住区与墓葬区分界不明显，发现房址4座、灰坑17个、墓葬15座，出土器物403件。西山坪遗址第一期遗存为大地湾一期文化，发现窖穴一处，器物较多。令人疑惑的是，报告中器物编号都为地层标本，且不少能够复原者。因此西山坪遗址第一期聚落的内部结构无从了解。师赵村第一期仅发现窖穴一座，遗物24件。三处前仰韶文化聚落较大地湾遗址最为丰富，但在大地湾遗址周围却未发现大地湾一期遗存，而在距离较远的地方发现了同期遗存，这个现象令人费解。一方面可能与考古工作较少有关，连接清水河与渭河干流的葫芦河流域至今没有科学发掘的遗址，2019年对安伏镇杨寺村崖背里遗址进行了抢救性发掘，但未发现大地湾一期文化；另一方面，距今8000左右为全新世初气候全面回暖后的升温期，但总体上还比较寒冷，很多地区生态环境还不适宜人类的长期生活。这一时期在中原出现了以裴李岗文化为代表、渭河中游出现了以老官台文化为代表，渭河上游则以大地湾一期文化（大地湾文化）为代表的新石器时代中期前段的考古学文化。距离西山坪和师赵村遗址最近者为宝鸡关桃园遗址，其遗存以关桃园二期为主，特征最接近师赵村一期遗存。张宏彦先生曾对渭河流域老官台文化进行了系统研究，渭河流域发现老官台文化遗址近30处，大部分在中游的宝鸡地区，上游仅有3处[1]。由此看来，冰期结束后渭河中、下游人群向周围移动，以至在渭河上游、汉水流域、西汉水流域都出现了同一时期的聚落点。

二　仰韶文化早期聚落分布及特点

距今约7000～5000年进入了仰韶文化时期，对应于地质时期的全新世大暖期鼎盛期。这一时期气候温暖湿润，降水和地表径流充裕。植被中乔木含量较高、种类丰富，出现较多喜暖的落叶阔叶树种。黏土矿物组成发生变化，适宜粟、黍等农作物的普遍种植。关中地区是渭水流域仰韶文化的中心，文化分期都以关中地区典型遗址来分析。20世纪60年代严文明先生把仰韶文化分为早、中、晚三期，对应三个类型，分别为半坡类型、庙底沟类型和半坡晚期类

[1]　张宏彦：《渭水流域老官台文化分期与类型研究》，《考古学报》2007年第2期。

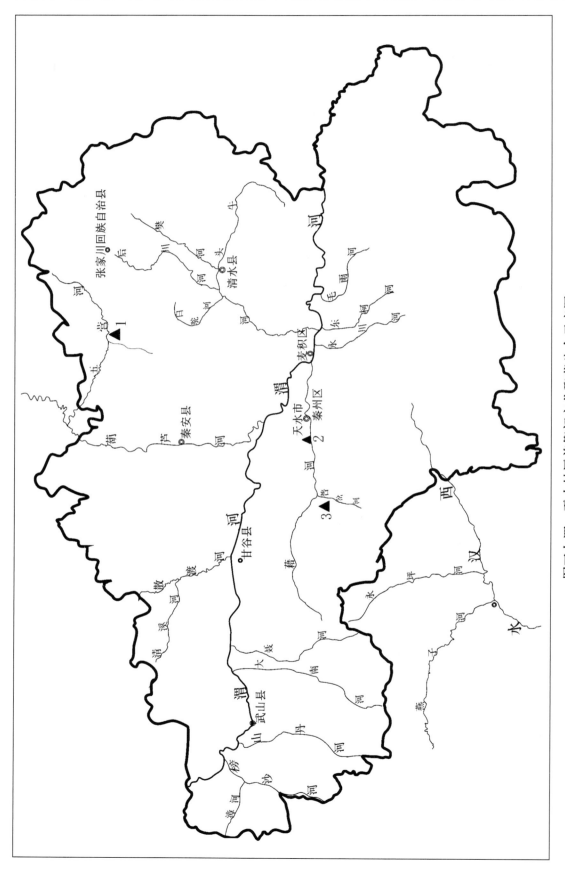

图三九四　天水地区前仰韶文化聚落分布示意图

1. 大地湾遗址　2. 师赵村遗址　3. 西山坪遗址

型，后来张忠培、石兴邦等先生提出了不同的分期。仰韶早期的年代为距今7000～6000年。天水地区的仰韶早期聚落主要分布在清水河流域、藉河流域、牛头河流域、渭河干流流域（图三九五）。

1. 清水河流域仰韶早期聚落

渭河上游仰韶早期遗存最早发掘在大地湾遗址，即为大地湾二期遗存。此期遗存包括房址156座、灰坑和窖穴72个、窑址14座、灶坑46个等，较为全面地反映了仰韶早期的村落布局，特点是以壕沟围成椭圆形，中心系广场和公共墓地，房址以广场为中心呈扇形多层分布。功能上分为居住区、生产区和丧葬区。其聚落内部结构与西安半坡、临潼姜寨等聚落相似。聚落位置从清水河二级阶地扩展至三级阶地，一个中心变为多个中心。聚落面积逐渐增大，说明了聚落人口在逐渐增多；大地湾遗址东北约5千米处的王家阴洼遗址，位于清水河支流鱼尾沟东岸。发掘面积625平方米，发现房址3座、墓葬63座、灰坑2个和灶址3个，出土器物300余件，发掘区为墓葬区，年代为仰韶文化早期，稍晚于半坡类型，即稍晚于大地湾二期遗存。居住区与墓葬区仍没有分离，这与大地湾遗址特征一致。由于发掘面积小，聚落内部结构不清，未发现壕沟。王家阴洼遗址可能是大地湾人群在仰韶早期向四周扩散而形成。大地湾遗址约5千米范围内还有刘家湾遗址、雒家川遗址、雁掌坪遗址、南山遗址等，其中西距大地湾遗址5千米多的陇城南山遗址也发现了仰韶文化早期的遗存。南山遗址处于清水河南岸二级阶地，台地发育良好，面积达10万平方米以上。

雁掌坪遗址地势平坦，规模较大。曾小面积试掘，未发现仰韶早期遗存，但不能排除有早期遗存。再向清水河上游追溯，进入张家川境内，在南河、松树河、清水河交汇处有规模较大的两处遗址，为圪垯川遗址和苗圃园遗址。圪垯川遗址总面积约60万平方米，包括仰韶文化和齐家文化聚落。出土仰韶早期典型器物黑彩宽带纹钵和彩陶盆。苗圃园遗址面积1.5万平方米，出土了仰韶早期圜底钵、葫芦口瓶、彩陶盆等。两处聚落隔河相望，直线距离约2千米。

由此可以认为，在清水河流域仰韶文化早期分布有规模较大的六个聚落，分别为大地湾遗址、王家阴洼遗址、雁掌坪遗址、南山遗址、圪垯川遗址和苗圃园遗址。其中前四处聚落形成了一个大的扇形，大地湾遗址处在圆心位置，可能构成了一个聚落群。而圪垯川和苗圃园在扇形区域的东端，距离大地湾遗址较远，离较近的南山遗址也超过了10千米，已经超出了一般认为的采集狩猎时代的聚落域，即聚落居民活动的范围（一般认为人步行2小时的半径范围，10千米左右），可以认为是独立的一个小聚落群。

2. 藉河流域仰韶早期聚落

藉河流域经发掘的仰韶早期遗址有师赵村和西山坪遗址。师赵村遗址位于藉河北岸一级阶地之上，从距今7000多年的师赵村一期直至今天，一直有人类居住或埋葬。仰韶早期，即师赵村二期的聚落位于遗址最南突出的台地上，海拔最低，离河最近。发掘面积共1200平方米，发现仰韶早期圆角长方形半地穴式房址2座，窖穴2个。聚落内部结构不清；西山坪遗址位于藉河南岸二级阶地上，东侧为普岔河。聚落中心处于临普岔河一侧，史前人类从西山坪一期（大地

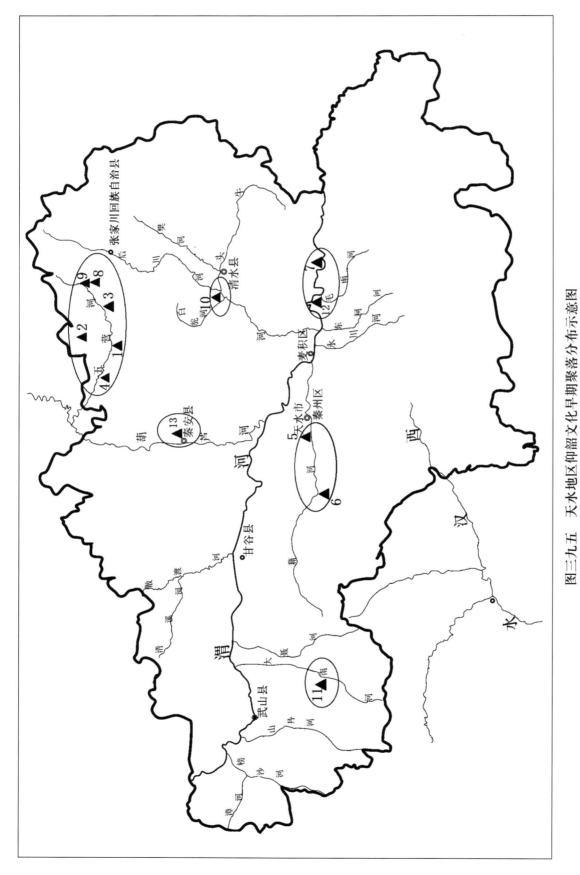

图三九五　天水地区仰韶文化早期聚落分布示意图

1. 大地湾遗址　2. 王家阴洼遗址　3. 南山遗址　4. 雁掌坪遗址　5. 师赵村遗址　6. 西山坪遗址　7. 蔡科顶遗址　8. 圪垯川遗址　9. 苗圃园遗址　10. 安家坪遗址　11. 观儿下遗址　12. 柴家坪遗址　13. 堡子坪遗址

湾一期）一直生活至齐家文化（约前2000年）时期。西山坪二期相当于仰韶早期，发现窖穴1个和墓葬1座。两个遗址相距近10千米，这个范围内还发现有杨集寨遗址、老君庙遗址，但其没有仰韶早期的遗存。因此，藉河流域仰韶早期聚落仅这两处，两处聚落都打破了师赵村一期聚落。可以认为，两处聚落在师赵村一期的聚落上发展而来。时间上有着早晚承接关系，空间上两处聚落相距约10千米，这在采集狩猎时代必然是两个聚落人群活动的交叉区域。可以推测，师赵村和西山坪两个聚落有着密切的联系。

3. 牛头河流域仰韶早期聚落

据早期秦文化联合考古队2005年和2008年调查结果，史前不见仰韶早期遗存[1]。但笔者认为其中一些标本属仰韶早期文化，比如红堡镇安家坪遗址中的宽带纹彩陶钵，侈口，尖圆唇，这种钵在仰韶中期基本不见。因此，仅凭调查结果还不能确定这一区域没有仰韶早期的聚落，还是要期待以后的发掘工作。

4. 渭河干流流域仰韶早期聚落

麦积区元龙镇蔡科顶遗址采集到了半坡类型的陶片，可确认为一处仰韶早期的聚落。位于渭河北岸一级阶地上，面积大小不清。为目前发现的天水地区最东边的规模较大的史前聚落遗址，周围未发现其他遗址。距此遗址直线距离8千米左右为柴家坪遗址，规模较大，但未发现仰韶早期的遗存。

甘谷县境内曾发现过一件仰韶早期的尖底瓶口，传出土于西坪镇附近，但不在渭河干流。武山博物馆藏有一件较为完整的彩陶钵，口沿外侧饰一条红色宽带纹，属仰韶早期半坡类型。采集于洛门镇观儿下遗址，位于渭河支流大南河西岸二级阶地上，是目前所知天水地区最靠西的仰韶早期聚落，规模大小不清。

综上，天水地区仰韶文化早期聚落数量较少，聚落规模都比较小，较大者也就几万平方米，且比较分散，仅清水河流域以大地湾遗址为主的几处聚落较为集中。相较于渭河中、下游仰韶早期聚落数量少很多，规模也要小很多。这符合聚落发展变迁的一般规律，也与当时的区域生态环境有着很大的关系。从目前发掘的天水大地湾遗址以及陕西的西安半坡遗址、临潼姜寨遗址、宝鸡北首岭遗址来看，聚落形态有着高度的一致性。居民的生活模式也很统一，形成了高度的自给自足的生活方式，以狩猎采集为主，饲养和种植为辅。定居生活趋于稳定，人口随之增长，家庭规模扩大，有血缘关系的家庭聚居在一起，形成最早的村落组织。

三 仰韶文化中期聚落分布及特点

仰韶文化中期是仰韶文化发展的巅峰时期，距今约6000～5500年。20世纪60年代，在河南陕县庙底沟遗址发现了区别于半坡类型的遗存，提出了仰韶文化庙底沟类型。80年代张忠培先

---

[1] 早期秦文化联合考古队：《牛头河流域考古调查》，《中国历史文物》2010年第3期。

生首先提出庙底沟文化的概念，但其特征于仰韶文化早期一脉相承，归属于仰韶时代的中期。庙底沟文化分布以关中、山西南部及河南西部为中心，向四周扩散，最西到达了青海东部。这一时期聚落全面扩张，不仅在环境优越的中原等地区，而且早期由细石器文化所占据的北方和西方的很多边缘地区，也成了仰韶文化聚落的天下。渭河上游的天水地区与关中仅一山之隔，必然是庙底沟文化首先波及的区域。调查结果也显示，庙底沟文化时期的遗址非常丰富，有多个规模较大的聚落（图三九六）。

1. 秦安清水河流域仰韶中期聚落

以大地湾遗址为中心，呈扇形分布的雁掌坪遗址、王家阴洼遗址、南山遗址四个聚落应该延续并发展了仰韶早期的聚落形态。从经过发掘的大地湾遗址和王家阴洼遗址可以看出，仰韶中期的遗存也是分布丰富。大地湾遗址中第三期文化属仰韶中期文化，聚落由早期位置已经扩展到台地，面积扩大。房屋建筑中出现了双联灶，少数房址居住面采用料姜石末加工而成。袋状窖穴增多，陶窑出现环形火道。很多的迹象表明中期文化较早期发展提高很多；王家阴洼遗址的遗迹主要为仰韶中期的墓葬，房址和灰坑较少。在625平方米的发掘区发现墓葬63座，分为东、西两个墓区，并有外围壕沟，说明经过了规划设计。王占奎先生曾研究过王家阴洼墓地，认为墓地延续时间约40～50年，从男女比例推测可能存在一夫多妻与一妻多夫制。这些都可以反映一个聚落发展的程度和发展的方向[1]。清水河流域上游的圪垯川遗址和苗圃园遗址（张家川境内）发展了仰韶早期的聚落，延续到了仰韶晚期。

清水河南岸山体平缓，台地发育较北岸要好，规模较大的聚落多分布在河流南岸。聚落规模较仰韶早期有所增加，这与当时的环境和人口的变化有着直接的关系。北京大学李非等对葫芦河流域的古文化和环境进行了研究，认为从大地湾一期开始，历经仰韶早、中期，气温升高，降水量增加，雨水挟带着山坡上的黄土沉积在河道中，地形变得较为平坦，山坡植被改善，人类向高纬度、高海拔的山坡上扩展[2]。同时，也会形成一些良好的台地，特别是山沟口容易形成洪积扇，慢慢也成为人类的栖息之地。

2. 秦安小西河流域仰韶中期聚落

小西河是葫芦河西侧的一条一级支流，上游由郭嘉河和显亲河汇入。此流域规模最大的聚落为寺咀坪遗址，位于郭嘉河与显亲河的交汇处，遗址全貌呈不规则三角形，大缓坡状，临河处平坦开阔，总面积达30多万平方米。采集的标本中仰韶中期占少数，仰韶晚期多数，未见早期遗存。可推测，聚落在仰韶中期形成，仰韶晚期规模扩大。寺咀坪遗址向西，沿西小河逆流而上还有较大几处较大的遗址，分别为郭嘉遗址、董家坪遗址、清淡坪遗址，均发现仰韶文化遗存，以中、晚期为主，郭嘉遗址还发现过早期遗存。四处聚落沿河呈线性分布，相互间直线距离均自2千米左右，非常紧密，应该形成了一个聚落群。

---

[1]　王占奎：《王家阴洼墓地婚姻形态初探》，《考古与文物》1996年第3期。
[2]　李非、李水城、水涛：《葫芦河流域的古文化与古环境》，《考古》1993年点9期。

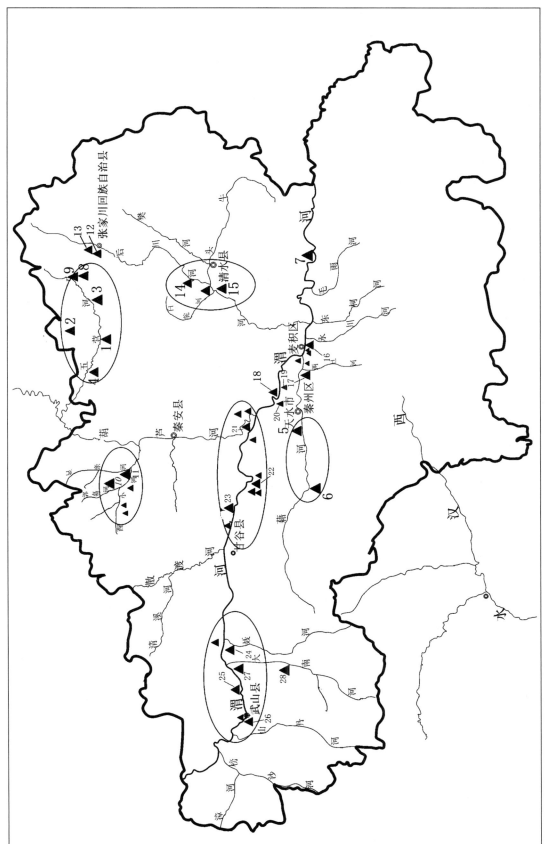

图三九六　天水地区仰韶文化中期聚落分布示意图

1.大地湾遗址　2.王家阴洼遗址　3.南山遗址　4.雁掌坪遗址　5.师赵村遗址　6.西山坪遗址　7.蔡科顶遗址　8.挖战川遗址　9.苗圃园遗址　10.郭嘉遗址　11.寺咀坪遗址　12.坪桃坡遗址　13.瓦盆窑遗址　14.蔡湾峡遗址　15.魏家峡遗址　16.马跑泉遗址　17.张罗遗址　18.董家坪遗址　19.巧儿河河遗址　20.刘绿遗址　21.樊家城遗址　22.周家湾遗址　23.渭水峪遗址　24.刘家墩遗址　25.大坪头遗址　26.石岭下遗址　27.西旱坪遗址　28.观儿下遗址

3. 张家川后川河流域仰韶中期聚落分布

由调查资料知,后川河上游现张家川县城所在区域遗址分布比较集中,在张川镇的坪桃塬遗址和瓦盆窑遗址均发现仰韶中期的陶片,可辨器形有典型的重唇口尖底瓶、铁轨式口沿夹砂罐、彩陶卷沿盆等。两处遗址相距约2千米,规模相当,都位于后川河北岸一、二级阶地上。属于张家川县城附近最早的新石器时代遗址,为后来文化的发展奠定了基础。

4. 清水县牛头河流域仰韶中期聚落分布

牛头河为渭河一级支流,主要流经清水县境。仰韶中期的遗址集中在红堡镇附近,这里是白驼河、后川河和牛头河的交汇处。水源充足,台地发育良好。能确认有中期遗存的遗址有安家坪遗址、蔡湾遗址、魏家峡口遗址等,其中安家坪遗址存在仰韶早期的聚落。三处聚落呈三角形分布,面积都在几万平方米,属于中等聚落。

5. 秦州区藉河流域仰韶中期聚落

此区域发掘了师赵村遗址与西山坪遗址,师赵村三期与西山坪三期都为仰韶中期遗存,与庙底沟类型有其相同点,也有其自身特点。师赵村三期发现2座半地穴式房址,陶窑1座,灰坑1座,出土器物与第二期(仰韶文化早期)种类型式大体相同。房屋居住面一般都抹一层草拌泥,并经火烘烤。2009年抢救性发掘中清理了一座大型房址一角,袋状半地穴,地面抹草拌泥并烘烤,有多根立柱,没有器物出土,推测为仰韶中期的可能性很大;西山坪三期在遗址中分布范围较小,文化堆积薄,出土器物较少。一定程度上说明这一时期的聚落延续时间较短,人口也较少。孢粉分析可知,两处聚落禾本科植物开始增多,说明种植粟、黍类增多。动物种类简单,反映了狩猎经济有所减弱[1]。

6. 麦积区渭河流域仰韶中期聚落

经多次调查,仰韶中期的遗址几乎都分布在渭河干流或者支流与渭河的交汇之处,支流上目前没有发现。东部元龙镇蔡科顶遗址包含了仰韶早、中、晚遗存,说明这一聚落仰韶时期一直有人类活动。目前在此遗址周围没有发现规模较大的史前遗址,仅在此遗址东北约2千米处的上崖村发现了史前遗存,为一柱洞,底部填充了碎陶片和石子,年代不能确定。蔡科顶遗址再沿渭河向东则进入了秦岭大山之中,存在较大聚落的可能性很小。以此向西,沿渭河约12千米处有伯阳镇柴家坪遗址,20世纪50年代发现了人面形陶塑器盖,应为仰韶晚期遗存,后来几次调查未发现仰韶中期遗存。

现麦积区城区是藉河与渭河的交汇之处,周围过去发现了多处仰韶中期的遗址,但由于城市的扩建,高铁的修建,多数遗址所剩无几,很难采集到典型标本。较大遗址有马跑泉遗址、胡王遗址、三十甸子遗址、峡口遗址、白崖遗址、张罗遗址,分布在东西十几千米范围之内。

[1] 中国社会科学院考古研究所:《师赵村与西山坪》,中国大百科全书出版社,1999年。

马跑泉遗址与张罗遗址分据东、西两端，处在永川河与渭河、两旦河与藉河的交汇之地，规模较大，应是此一区域的两个中心聚落。其中，马跑泉遗址和罗家沟遗址（张罗遗址的一部分）早年经过了试掘，文化堆积丰富，属仰韶中期无疑，其他遗址都采集过仰韶中期的标本。这一区域聚落几乎都分布在渭河或藉河南岸，因为南岸台地发育良好，北岸山坡陡峭。向南向北山脉阻隔，很难扩展，是一个相对封闭的空间。各聚落之间距离很近，聚落域（聚落人群活动的范围）基本都重叠，可能形成了一个线性的聚落群。

麦积区渭南镇南河川所在地是渭河的一个大湾处，台地平坦宽阔。在渭河一级阶地上，以董家坪遗址为主，周围分布了几个较小遗址。董家坪遗址、刘缑遗址及巧儿河遗址都采集到了仰韶中期的遗存。董家坪遗址面积达15万平方米，巧儿河遗址4万平方米，刘缑遗址约2万平方米。三个聚落呈三角形分布，两处小遗址距董家坪都约2千米，形成单中心聚落群。

中滩镇所在地是葫芦河与渭河的交汇之处，北侧便是樊家城遗址，传说是唐代樊梨花所建，因而得名。经过多次调查，文化堆积丰富，早到仰韶中期，晚到东汉。总面积约30万平方米，史前遗存分布占据多数，属大型聚落遗址。其东北约3千米处是石佛镇王家屲遗址，东南是旧堡子遗址、西南是卦台山遗址，规模都较小，可能都为附属于樊家城聚落的小型聚落。

麦积区东端的新阳镇所在地是渭河约270度的大转弯处，是渭河穿过了一段山谷后冲出的河漫滩。地形为簸箕形，背山面河，是绝佳的人类居住之地。在这里，发现了多个文化丰富的遗址呈弧形分布且几乎连成了一片，有较大的两条季节性河流形成的冲沟为自然分界。冲沟的形成年代也许比遗址要晚。从东向西有胡家湾遗址、周家湾遗址、霍家坪遗址、胡大遗址。其中以周家湾遗址文化层堆积最厚，遗存最丰富，属于这个遗址群的核心区。一个明显的特点是，在这几处遗址中发现彩陶的几率明显增高，这表明此聚落群在当时的地位是比较高的，可能属于部落或者部落联盟的总部所在。

7. 甘谷县渭河干流流域仰韶中期聚落

甘谷西界与麦积区相连，新阳镇以西是渭河穿过山谷的一段，河道很窄。甘谷境内的渭河道较宽，河北岸台地发育良好，遗址分布密集。最东边发现的遗址有新兴镇渭水峪遗址、颉家村遗址（原渭阳镇遗址），皆包含仰韶中期的遗存。渭水峪遗址位于渭河北岸一级阶地上，面积约8万平方米。西侧约5千米处是颉家村遗址，面积约1.5万平方米。

磐安镇西有聂河注入渭河，交汇处形成了良好的台地。东为毛家坪遗址，西为刘家墩遗址，其中刘家墩遗址中在过去调查中发现过仰韶中期的遗存，现在遗址破坏严重。刘家墩遗址斜对面的五甲坪遗址也发现了仰韶中期遗存，两遗址隔河相望。

8. 甘谷县石洼河流域仰韶中期聚落

20世纪50年代在西坪乡发现了仰韶中期人面鲵鱼纹彩陶瓶，出土此瓶的地点即为石洼河流域的水泉沟遗址。石洼河为葫芦河的小支流，与流经西坪乡的一支小河汇聚，水泉沟遗址即在两条小河交汇处的台地上。遗址面积约12万平方米，除仰韶文化外还有齐家文化、汉代等遗存。在小支流上有如此大规模聚落实属罕见，此聚落应与秦安西小河流域的聚落关系密切，周围未发现其他遗址。

9. 武山县渭河干流流域仰韶中期聚落

洛门镇与武山县城之间渭河北岸遗址分布较多，含仰韶中期遗存的遗址有大坪头遗址，面积达10万平方米。遗址所在台地四周陡峭，顶部平缓，宽阔。大坪头遗址西约7千米处为杜家楞遗址和石岭下遗址，都为仰韶文化聚落。石岭下遗址发现了介于仰韶中期与马家窑文化之间的石岭下类型，是研究东、西文化交流的重要线索。两遗址规模较小，可能依附于大坪头，三处聚落形成一个聚落群。

10. 武山县大南河流域仰韶中期聚落

大南河是武山境内渭河的较大支流，两河汇聚处是天水第一大镇——洛门镇。分布在河流两岸的遗址有西旱坪遗址、观儿下遗址、南坪遗址，三处遗址都包含史前文化的遗存。观儿下遗址发现了典型的仰韶中期庙底沟类型的器物。西旱坪遗址台地宽阔，水源充足，面积达25万平方米，至今仍是人们生活的好地方。南坪遗址位于大南河与一条支流的交汇之处。由于现代砖厂的破坏，史前聚落几乎消失，仅剩余周代的部分区域。三处聚落间隔7~8千米，应为相对独立的聚落。

综上，天水地区仰韶中期的聚落分布主要在渭河干流两岸及渭河以北较大支流两岸，渭河以南极少，其数量和规模已经远超于仰韶早期。这些聚落中一部分在仰韶早期的聚落上发展而来，部分聚落是新形成的，这反映了仰韶中期人口增加，早期聚落域中的自然资源已不能满足人类的生存，迫使一部分居民向四周扩散，寻找新的栖居之地，逐渐形成新的聚落。渭河以北水系发达，黄土厚实，适合人类农业发展的台地较多。而渭河以南大部分地区属秦州、麦积南部的山区，山体陡峭，且多石体，黄土覆盖较薄，适宜人类耕种的台地偏少。由于自然环境的优劣，人类的扩散首选自然资源较好的区域。

四 仰韶文化晚期聚落分布及特点

仰韶文化晚期，一般认为是距今5500~5000年左右。这一时期属于全新世大暖期后期，气温有所下降，但仍然是适宜的生态环境。大暖期形成的早期农业继续向前发展，并成为主要的经济形态。距今5200年左右，发生了气候突变事件，某些地区落叶阔叶树消失，采集经济可能受到了一些影响，反过来促进了农业的发展。经调查，渭河上游地区仰韶晚期的遗址遍地开花，在仰韶中期的基础上急剧扩张，形成了多处大型聚落和聚落群。距今5300年左右时，在甘青地区马家窑文化兴起，早期被称为"甘肃仰韶文化"，其绚丽的彩陶成为此文化突出的特点，与中原地区仰韶晚期文化有明显的区别。有学者认为是由东来的仰韶文化发展而来，有些持不同的观点。但就目前来看，中原仰韶晚期文化与马家窑文化难以区分，仅在彩陶上有区别，但彩陶占的比例还是很小。因此，本报告暂时把马家窑文化归入仰韶晚期。天水地区的秦安清水河流域、葫芦河干流流域、小西河流域、张川县和清水县的牛头河及其支流流域、甘谷和武山的渭河干流流域和支流流域仰韶中期的聚落在其基础上继续发展，大型聚落规模更大，

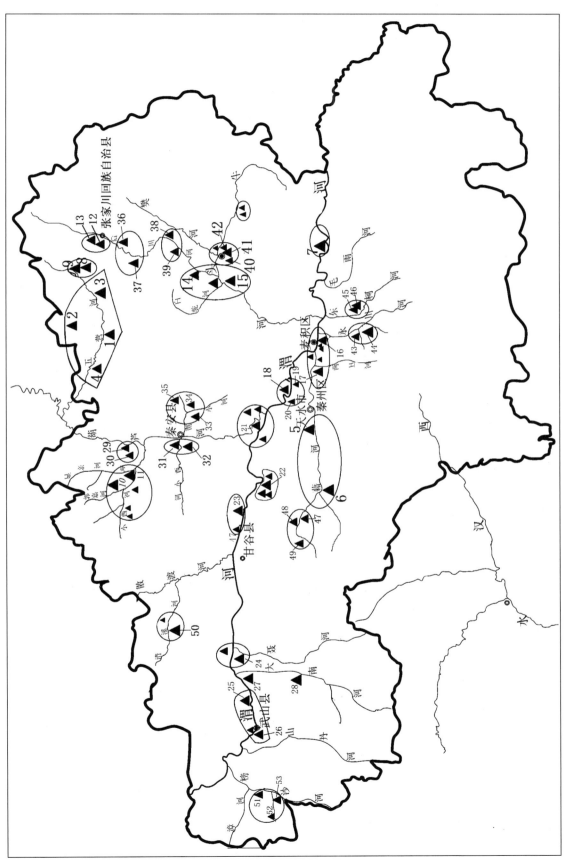

图三九七　天水地区仰韶文化晚期聚落分布示意图

1. 大地湾遗址　2. 王家阴洼遗址　3. 南山遗址　4. 雁掌坪遗址　5. 师赵村遗址　6. 西山坪遗址　7. 蔡家坪遗址　8. 董家坪遗址　9. 苗圃园遗址　10. 郭嘉遗址　11. 寺咀坪遗址　12. 坪桃嘴遗址　13. 刘坪遗址　14. 魏家窑遗址　15. 蔡湾遗址　16. 马跑泉遗址　17. 张罗遗址　18. 张家坪遗址　19. 巧儿沟遗址　20. 刘徕城遗址　21. 樊家湾遗址　22. 周家湾遗址　23. 渭水峪遗址　24. 刘家嘴遗址　25. 大坪头遗址　26. 石岭下遗址　27. 西草坪遗址　28. 崖背里遗址　29. 观儿下遗址　30. 小原遗址　31. 雄家川遗址　32. 高容平遗址　33. 康坡遗址　34. 砚子坪遗址　35. 孙蔡村遗址　36. 崔峡遗址　37. 柳滩里遗址　38. 杨坪遗址　39. 韩峡堡遗址　40. 小原遗址　41. 上成遗址　42. 祝英台墩遗址　43. 伏注遗址　44. 寺坪遗址　45. 康坡遗址　46. 柳家河遗址　47. 上花坪里遗址　48. 山坪里遗址　49. 杨家门遗址　50. 礼辛镇遗址　51. 傅家门遗址　52. 北堡遗址　53. 晋家地坪遗址

中、小型聚落数量增加，几乎所有的仰韶文化遗址中都发现了仰韶晚期的遗存（图三九七）。限于本文篇幅，仰韶晚期的聚落及其特点笔者进行选择性讨论。

1. 清水河流域仰韶晚期聚落——以秦安大地湾遗址为中心的聚落群

大地湾遗址在仰韶晚期的聚落面积达到了50万平方米，郎树德先生称为聚落系统的地区中心。发现大量房址，可分为三个等级，最大的房址编号F901，面积达420多平方米，有人称为"最早的宫殿建筑"，前有约1000平方米的大型广场。推测为一处举行地区性社群活动的中心场所。这一区域的聚落东西扩展，在20千米内的清水河南岸由东向西分布有较大聚落南山遗址、刘家湾遗址、大地湾遗址、雁掌坪遗址、田家寺遗址，仰韶晚期的遗存都最为丰富，也许已经形成巨大的聚落联盟。清水河流域可以说是天水地区史前文化的一个中心发祥地，也是渭河上游史前文化发展的重要区域。

2. 秦安葫芦河干流仰韶晚期聚落

秦安境内的葫芦河干流由北向南，流经区域多为峡谷，两侧石体山势陡峭，发育良好的黄土台地极少。从伏家峡至杨寺村河道蜿蜒狭窄，几乎不见遗址分布，直至安伏镇杨寺村以南才开始陆续发现遗址。第一处便是杨寺村的崖背里遗址，位于葫芦河西岸二级阶地之上。此遗址很早就发现了仰韶晚期的遗存、齐家文化以及寺洼文化等遗存。2019年成纪之星项目组进行了调查，在断崖上发现了一段4米多的白灰面地面，厚度约15厘米，坚硬如水泥，与大地湾发现的"水泥地面"类似。以此推测有大型的房屋建筑，可知聚落级别也不低。向南5千米内有伏洼遗址、杨山坪遗址都发现了仰韶晚期的遗存，都为规模较小的聚落。

3. 秦安郭嘉河流域仰韶晚期聚落

郭嘉河因三国时期魏国谋士郭嘉而名，是葫芦河的西侧支流。与显亲河交汇处是寺咀坪遗址，发现了大量的仰韶晚期遗存。聚落面积达30万平方米，从临河处至山脚都分布了仰韶晚期遗存，是目前葫芦河及支流流域内发现的仅次于大地湾遗址的聚落，是郭嘉河流域内的聚落中心。沿河而上10千米内又分布了董家坪遗址、郭嘉遗址、清淡坪遗址、马家坪遗址等仰韶晚期的聚落，其中郭嘉遗址河清淡坪遗址面积都在10万平方米左右。

4. 秦安西小河与南小河流域仰韶晚期聚落

西小河与南小河是秦安县城西侧和南侧汇入葫芦河的支流，三河汇聚冲刷出现在的秦安县城小盆地。西小河与葫芦河交汇处现属西川镇，南、北为高窑坪遗址和雒家川遗址，规模较小。南小河向南转弯处分布有础子坪遗址和康坡遗址，规模都较小。孙蔡村遗址位于南小河的一条支流北岸，台地发育良好，文化堆积丰富，面积约2万平方米，属于中等规模的聚落。

5. 后川河中下游流域仰韶晚期聚落

后川河流经张家川、清水两县汇入牛头河。张家川段仰韶文化遗址集中在张川县城附近，坪桃塬遗址和瓦盆窑遗址由仰韶中期发展而来，仰韶晚期的遗存也很丰富，面积有所增加。向南3千米内张川镇崔湾遗址和韩峡遗址中也发现了仰韶晚期遗存，规模较小。继续向南进入了清水县境，在黄门镇上成遗址和柳滩里遗址发现仰韶文化晚期遗存，聚落规模较小。

6. 牛头河流域仰韶晚期聚落

牛头河上游和下游流经区域均为深山峡谷，多石质山体，未发现史前遗存。中游区域为后川河、樊河、汤峪河等多支河流汇聚之处，形成了狭长的谷地，南北两侧有较多发育良好的台地。现清水县城附近分布了永清堡遗址、小塬遗址、祝英台塬遗址等多个古代聚落，此三处遗址几乎连在一起，中间被晚期形成的冲沟所隔断，也许仰韶时代即为一个超大型聚落。发现了大量的仰韶晚期遗存，三处面积超过了30万平方米，属牛头河流域最大的史前聚落遗址。东侧约7千米处发现2处小遗址程沟坪遗址和窑庄遗址，均发现仰韶晚期遗存，应为两处附属小聚落。

7. 麦积区永川河流域和东柯河仰韶晚期聚落

永川河是渭河的一级支流，由南向北汇入渭河，仰韶中期时未发现人类遗存，仰韶晚期后出现了规模中等的聚落遗址。在甘泉镇的吴家河遗址和寺坪遗址发现了仰韶晚期、齐家文化遗存。吴家河遗址中发现了较大的白灰面房址，寺坪遗址中发现大量灰坑及陶片。两处聚落遗址面积均达到几十万平方米，但直线相距仅有4千米。从其遗存发现的丰富程度来看，寺坪遗址较为丰富。地形上，寺坪遗址也要优于吴家河。因此，寺坪遗址应是这一流域的中心聚落。

东柯河与永川河相距3~4千米，由南向北汇入渭河。上游街亭附近的北坪遗址和柳家河遗址发现了仰韶晚期、齐家文化遗存。两处遗址距离很近，没有明显的天然界线，可能为同一聚落，总面积约20万平方米，大部分被村庄所压。

8. 秦州区藉河上游仰韶晚期聚落

前仰韶时期至仰韶中期，这一流域都有人类居住，但集中在中下游区域，上游自甘谷古坡乡至关子镇未发现。仰韶晚期始才出现人类遗存，在关子镇杨家坪遗址、藉口镇山坪里遗址、上花坪遗址都发现了仰韶晚期的遗存，应是中、下游仰韶中期人群沿河扩散而致。

9. 甘谷清溪河流域仰韶晚期聚落

清溪河是散渡河的支流，渭河的二级支流。这一区域最大的遗址为礼辛镇遗址，面积达24万平方米，台地发育良好，发现了大量的彩陶，其中有典型的马家窑文化的器物。此遗址周围20千米内未发现规模较大的聚落，仅在河北岸相对处发现一处小遗址。是目前发现的渭河以北文化内涵最丰富，规模最大的聚落。可能是研究仰韶文化与马家窑文化之间关系的重要遗址。

10. 武山榜沙河流域仰韶晚期聚落

榜沙河是渭河的一级支流，流经武山县南部从鸳鸯镇汇入渭河，接纳了西侧的漳河、龙川河，至今径流量比较大。20世纪在榜沙河中游的傅家门遗址进行了发掘，揭露面积1200平方米，清理出房址11座、窖穴14个、墓葬2座以及各类器物近1000件，遗迹及遗物的文化属性为石岭下类型和齐家文化。石岭下类型的年代与仰韶文化晚期基本重合，有学者认为此类型就是仰韶文化晚期在甘肃的地方类型。傅家门遗址总面积40多万平方米，揭露面积仅为0.3%，聚落内部结构无法知晓。发现的房址建造方式与同时期的房址特征相同。此聚落为探讨仰韶文化、石岭下类型和马家窑文化提供了重要材料。

傅家门遗址向南5千米处为晋家坪遗址，规模也很大，面积超过30万平方米，现属定西市漳县所辖。其西5千米处为北堡遗址，位于龙川河北岸一级阶地上，发现了仰韶晚期遗存，面积约10万平方米。三处聚落呈三角形分布。

以上我们分析了天水地区仰韶晚期聚落分布情况，列出了十个聚落分布较集中，且存在中、大型聚落的区域，还有很多零散分布的聚落没有介绍。就此可以看出，一些聚落群是在仰韶中期的聚落群原地基础上发展而来，一些是新扩散的聚落。相对于仰韶中期，数量上急剧增加，规模上扩大了很多。中等规模以上的聚落有数十处。分布的区域由渭河干流流域及较大支流流域扩展到小支流，渭河以南分布的数量明显增加，且出现了大型聚落，如傅家门遗址、晋家坪遗址等。聚落分布的变化趋势是，由仰韶中期聚落占据的地理范围向四周扩展，在大的地理空间范围内又以大、中型聚落为中心向外扩散，形成了一些中、小聚落。扩散的路线必然是河流，河流网络的分布基本和聚落分布重合。

聚落的内部结构仅有大地湾遗址揭露较为清晰，其他几处经发掘的遗址由于发掘面积较小或者其他原因，都不清楚。郎树德先生对大地湾仰韶晚期聚落形态有过专门研究，笔者不再赘述。师赵村遗址20世纪发掘了13次，2019年复旦大学主持又发掘1次，总面积达上万平方米，但发掘都是选点发掘，没有成片揭露。2019年在原发掘区Ⅱ区进行了大面积揭露，发现白灰面房址4处，较完整的1处。陶窑多处，灰坑多处。以仰韶晚期居多，少量齐家文化。推测这一区域可能是当时的制陶区，详细信息待田野报告发表后再做讨论。

天水地区仰韶时代晚期存在的史前文化较为复杂，是东西文化交流碰撞的主要区域。东边以关中地区为中心的典型仰韶文化向西扩展，西边以黄河上游的马家窑文化向东发展。马家窑文化源于仰韶文化庙底沟类型，经石岭下类型发展而来，形成了独居特色的地方性文化，特别是彩陶达到了中国彩陶的巅峰。东边仰韶文化到了晚期，即半坡晚期类型，彩陶趋于衰落。就以彩陶而言，东西发展走向了完全不同的道路，而这两种道路在天水地区都有所体现。天水东部的张川县、麦积区、清水县、秦州区各遗址彩陶的比例极低，仅几处大型聚落中发现很少的彩陶。而在天水西部的甘谷县、武山县遗址中彩陶比例明显提高。学界一般认为，天水东部仰韶文化发展为常山下层文化（大地湾第五期遗存），进而发展为齐家文化。而天水西部经马家窑文化马厂类型发展至齐家文化。因此，天水地区是研究史前文化向青铜文化过渡的一个重要区域。

五　齐家文化聚落分布及特点

齐家文化是甘青地区晚于马家窑文化的考古学文化，因最早在甘肃省广河县齐家坪发现而

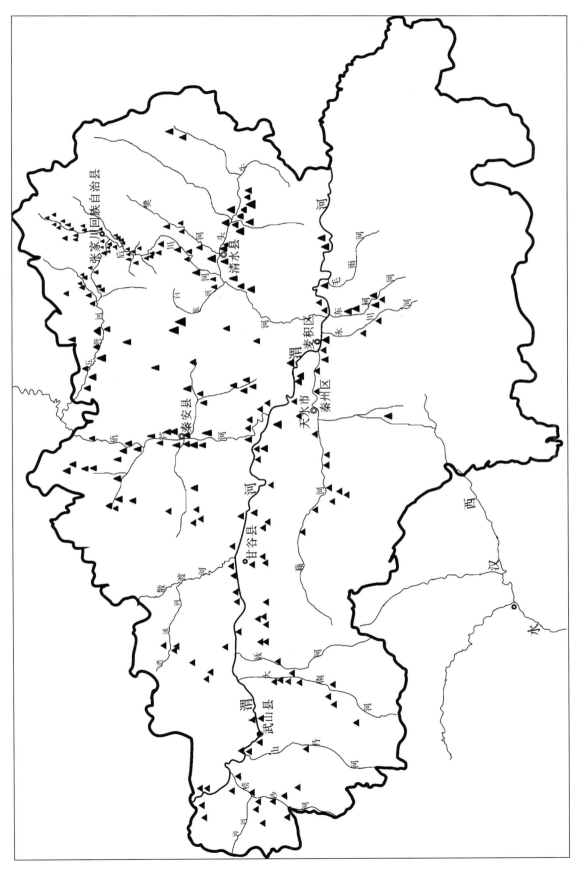

图三九八　天水地区齐家文化遗址分布示意图

得名。分布范围广泛，涉及甘肃、青海、陕西、宁夏、内蒙古五个省（自治区），中心区域在渭河上游、洮河中下游与湟水中下游地区。年代距今约4200～3600年。已经进入了青铜时代，对应于中原的夏文化。距今5300年的气候突变后，温度回暖，有经距今4000年左右的降温事件，齐家文化时期处于一个气候干冷的时期。这种环境无疑会影响到人们的生活生产方式，包括了对栖息地的选择，体现在聚落分布上。据20世纪90年代李非等对葫芦河流域的考古调查，从仰韶晚期、常山下层文化时期至齐家文化时期，遗址数量增加了370%，然后遗址的平均规模和文化层厚度分别递减了61%和38%。表明该地区人口数量在增长，但聚落规模逐渐减小，流动性逐步增强[1]。

　　经过对天水地区齐家文化聚落分布情况分析后（图三九八），认为李非等对葫芦河流域的调查结论也符合其他地区。齐家文化聚落几乎遍及所有人类能够生存的地方，仰韶时期定居的聚落必然是首选，还有一些现在看来没法生存的地方也发现了齐家文化的遗存。其数量上远远超过了仰韶文化晚期的聚落，但小规模聚落占了很大部分，没有发现超大型的聚落。这种现象的形成，最大的因素可能是气候相对恶化，影响到农作物的生长和产出。同时加上人口的增加，有限的耕种土地已经不能满足人们的生活所需，导致人群向更大范围内扩散。另外，经对已发掘遗址的综合研究，齐家人其生业经济以种植谷物和畜养动物为主，食草动物的畜牧业和狩猎作为辅助经济的比例不断增加。表明人们的生活方式已经开始从农业向农牧业并重转化[2]。

[1] 李非、李水城、水涛：《葫芦河流域的古文化与古环境》，《考古》1993年第9期。
[2] 刘莉、陈星灿：《中国考古学——旧石器时代晚期到早期青铜时代》，三联书店，2017年。

第四章　渭河上游周秦汉聚落分布及相关问题

西周时期，渭河上游地区分布的考古学文化主要为寺洼文化、周文化和秦文化。东周时期，寺洼文化退出，具有北方草原风格特征的西戎文化进入，二者分布范围相差不大。秦汉时期，在大一统王朝的统治下，遗址数量多，分布广，几乎涵盖了整个渭河上游地区，族群间的融合成为历史主流。

周文化遗址主要分布在渭河干流及牛头河流域，遗存年代属西周早中期。秦文化遗址主要分布在渭河干流及其支流，集中分布在牛头河流域、中滩—石佛小盆地、磐安—洛门小盆地三个区域，遗存年代属西周中晚期至东周时期。寺洼文化及西戎文化遗址主要分布在葫芦河流域，渭河干流有零星分布。汉代遗址则遍布整个流域，天水中滩镇的樊家城遗址是其中心之一。

一　渭河上游的周秦汉文化遗址

渭河上游地区自20世纪40年代以来已经开展过多次考古调查及发掘工作，发现、发掘了大量周秦汉文化遗址，为相关研究提供了丰富的资料。

1947年，裴文中先生对以陇西、武山、甘谷、天水为主的渭河上游地区进行了考古调查，共发现古文化遗址39处。其中，在17处遗址中发现有绳纹灰陶，裴文中先生推测这些绳纹灰陶可能代表着汉代以前的文化，如殷周文化。这17处遗址分别是天水之七里墩、高家湾、花牛寨、陆军第一师公墓旁（石马坪）、西山坪、六十里铺、关子镇、吴家庄东北（刘家坪），甘谷之南三十里铺、何家沟、西四十里铺，武山之毛家坪（今属甘谷）、涧滩、赵家坪，陇西之东四十里铺、西河滩及王家坪。这些遗址虽未必皆为周秦文化遗址，但为我们研究周秦文化提供了非常重要的线索[1]。1956～1957年，甘肃省文物管理委员会在天水、甘谷、渭源、陇西、武山五县进行了考古普查，共发现古文化遗址159处，基本完成了渭河上游干流区域的文物普查工作。其中，以仰韶文化和齐家文化为主的新石器时代遗址占绝大多数；周代遗址共发现11处，且在史前遗址中多有包含，在东部的天水、甘谷及武山发现较多，西部分布较少，至渭源仅发现零星遗物，包括天水之汝季村，甘谷之边下坬、毛家坪，武山之石坪村、坟坪里、百泉镇、西旱坪、聂家坪、大坪头、寺丘及陇西之西河滩；除此之外，还发现有汉代遗存6处[2]。

1958年，甘肃省博物馆在普查工作的基础上，又对这一区域的部分遗址进行了重点复查；

---

[1]　裴文中：《甘肃史前考古报告》，《裴文中史前考古学论文集》，文物出版社，1987年，第220页。

[2]　甘肃省文物管理委员会：《渭河上游天水、甘谷两县考古调查简报》，《考古通讯》1958年第5期，第1～5页。甘肃省文物管理委员会：《甘肃渭河上游渭源、陇西、武山三县考古调查》，《考古通讯》1958年第7期，第6～16页。

并在渭河的支流漳河、榜沙河和南河流域附近进行了考古调查，共发现古文化遗址23处。其中，在武山阳坬发现了一处寺洼文化墓地，是寺洼文化在渭河上游地区的首次发现，但阳坬墓地的文化面貌与寺洼山、占旗遗址较为相似，年代无法晚至西周时期；周代遗存仅零星发现于武山的观儿下和张家坪—西堡子两处遗址内[1]。

1960年，甘肃省博物馆发表《甘肃古文化遗存》一文，文中共统计了渭河上游地区的周代遗址21处。其中9处为新增加遗址，分别是天水之柴家坪、师赵村、山坪里、樊家城、马跑泉、董家坪，静宁之万家塬、曹家坪及清水永清堡[2]。

1962年，甘肃省博物馆在庄浪县柳家村遗址清理了两座寺洼文化墓葬，证明了寺洼文化的分布范围可至甘肃东部的渭河支流[3]。

1965～1966年，甘肃省文物工作队对陇西西河滩遗址进行了发掘，发现西周时期的房址、墓葬、窑址、窖穴、水井等遗迹和大量遗物。除发现西周遗存外，还发现有寺洼类型陶片，但寺洼陶片均位于西周文化层下，因此这些寺洼遗存的年代应早于西周时期[4]。

1976年，甘肃省文物考古研究所对秦安上袁家秦汉墓葬进行了发掘。两座秦墓东西并列，应为一对夫妇异穴墓，发掘者将其年代定为秦统一至二世时期。五座汉墓排列规律，应是一处家族墓地，发掘者推断其年代应在武帝至宣帝时期。由墓葬形制和随葬品来看，两座秦墓和其中两座汉墓的墓主人身份等级应较高[5]。

1978～1980年，甘肃省文物考古研究所和秦安县博物馆等在秦安县境内进行了考古调查，所发现的遗址年代最早为新石器时代，最晚可至明代。春秋战国之际的青铜时代遗址中，不仅包含有周文化和寺洼文化遗存，还发现有带有北方少数民族风格的青铜器。其中，云山南沟出土有周文化铜鬲，而陇城山王家、魏店寺嘴坪、五营赵宋、五营老虎穴等遗址则发现带有北方草原风格的器物[6]。1986年，秦安县文化馆又介绍了一批馆藏的北方系青铜器，其中，在山王家、寺嘴坪、莲花、千户出土的器物年代属春秋战国时期[7]。

1980年，中国社会科学院考古研究所泾渭工作队对庄浪徐家碾遗址进行了发掘，共发掘102座墓葬和2座车马坑，出土大量遗物，是目前渭河上游地区发现规模最大的寺洼文化遗址[8]。

1981年，中国社会科学院考古研究所甘肃工作队对包括秦安、清水、天水、甘谷、武山等县市在内的天水地区进行了考古调查，此次调查新发现了1处包含周代遗存的遗址——武山杜家楞遗址[9]。同年，工作队又对天水师赵村遗址进行了第一次发掘，除发现有师赵村四期遗存外，

[1] 甘肃省博物馆：《甘肃渭河支流南河、榜沙河、漳河考古调查》，《考古》1959年第7期，第326～328页。

[2] 甘肃省博物馆：《甘肃古文化遗存》，《考古学报》1960年第2期，第11～52页。

[3] 甘肃省博物馆：《甘肃庄浪县柳家村寺洼墓葬》，《考古》1963年第1期，第48页。

[4] 甘肃省博物馆：《甘肃省文物考古工作三十年》，《文物考古工作三十年（1949～1979）》，文物出版社，1979年，第139～153页。

[5] 甘肃省文物考古研究所：《甘肃秦安上袁家秦汉墓葬发掘》，《考古学报》1997年第1期，第57～79页。

[6] 甘肃省文物考古研究所、秦安县博物馆：《甘肃秦安考古调查记略》，《文物》2014年第6期，第44～49页。

[7] 秦安县文化馆：《秦安县历年出土的北方系青铜器》，《文物》1986年第2期，第40～43页。

[8] 中国社会科学院考古研究所：《徐家碾寺洼文化墓地——1980年甘肃庄浪徐家碾考古发掘报告》，科学出版社，2006年。

[9] 中国社会科学院考古研究所甘肃工作队：《甘肃天水地区考古调查纪要》，《考古》1983年第12期，第1066～1075、1107页。

还发掘了3座西周墓葬，均为长方形竖穴土坑墓，葬式为仰身直肢葬；并在遗址内采集1件寺洼文化安国式马鞍口双耳罐[1]。

　　同年，丁广学先生对庄浪县出土的寺洼陶器进行了报道，除已发掘的柳家村遗址和徐家碾遗址外，出有寺洼陶器的遗址还有朱家大湾遗址、三合东台遗址、李家嘴遗址、水洛贺子沟遗址和盘安王宫遗址[2]。其中，水洛贺子沟遗址和盘安王宫遗址出土的铲足鬲应属东周时期的西戎文化遗存。

　　1982～1983年，甘肃省文物工作队、北京大学考古系对甘谷毛家坪遗址进行了发掘，发现墓葬、鬲棺葬、灰坑、房址等遗迹单位[3]。2012～2016年，早期秦文化联合考古队又对毛家坪遗址进行了多次发掘，累计发掘面积4000平方米，成果丰硕。毛家坪遗址的发掘将秦文化的编年体系进一步提早到西周时期，为探索秦文化的渊源提供了坚实的实物资料。

　　1982、1983年，在发掘毛家坪遗址的同时，上述两单位组成的考古队还对天水市董家坪遗址进行了试掘。遗址下层为齐家文化遗存，上层为两周时代遗存[4]。

　　1986～1990年，中国社会科学院考古研究所下辖的甘肃工作队发掘了天水西山坪遗址，除发现有史前遗存外，还发掘了4座秦至汉初的秦汉墓葬[5]。

　　1987年，天水市博物馆对天水市贾家寺东汉墓葬进行了清理，共发掘2座东汉时期砖室墓；同时，在周围还发现有与这两座墓并行排列，形制相同的几座墓葬残迹，应是一处墓葬群[6]。同年，南玉泉、郭晨辉两位先生在对寺洼—安国系统陶鬲进行研究时，介绍了秦安杨寺残墓出土的寺洼文化及周文化遗物，年代应属西周中期偏早[7]。同年，在甘肃省博物馆和天水市文化局的协助下，张家川县文化局、文化馆在张家川县境内进行了考古调查，共发现古文化遗址120处，除仰韶文化、齐家文化等新石器时代遗址外，还发现有周及战国、秦汉时期的文化遗存[8]。

　　1990年，北京大学考古系和甘肃省文物考古研究所对渭河支流葫芦河流域进行了考古学与地理学的综合考察。除发现有新石器时代遗址外，还发现有寺洼文化、周文化、春秋战国时期文化及汉代文化遗存。其中，新发现1处包含寺洼文化遗存的遗址——庄浪堡子坪遗址。但堡子坪遗址与徐家碾遗址距离非常近，堡子坪遗址位于徐家上碾村北，徐家碾遗址位于徐家下碾村北，同属徐家碾村，距离不过500米，因此，在堡子坪遗址采集的寺洼文化遗物极有可能出自徐家碾遗址。发现包含春秋战国时期遗存的遗址3处，分别是天水郭家老庄、庄浪堡子坪和静宁番子坪遗址。郭家老庄遗址的东周遗存以素面鬲足为代表，应属秦文化遗存；而堡子坪遗址和番子坪遗址的东周遗存分别以铲足鬲和蛇纹鬲为代表，应属西戎文化遗存。还发现有包含汉代遗

　　[1]　中国社会科学院考古研究所编著：《师赵村与西山坪》，中国大百科全书出版社，1999年，第215～217页。
　　[2]　丁广学：《甘肃庄浪出土的寺洼陶器》，《考古与文物》1981年第2期，第11～15页。
　　[3]　甘肃省文物工作队、北京大学考古学系：《甘肃甘谷毛家坪遗址发掘报告》，《考古学报》1987年第3期，第359～396页。
　　[4]　赵化成：《甘肃东部秦和羌戎文化的考古学探索》，《考古类型学的理论与实践》，文物出版社，1989年，第145～176页。
　　[5]　中国社会科学院考古研究所编著：《师赵村与西山坪》，中国大百科全书出版社，1999年，第293～300页。
　　[6]　天水市博物馆：《甘肃天水市贾家寺发现东汉墓葬》，《考古》1991年第1期，第85、86页。
　　[7]　南玉泉、郭晨辉：《寺洼—安国系统陶鬲的序列》，《文物》1987年第2期，第27～34页。
　　[8]　张家川县文化局、张家川县文化馆：《甘肃张家川县原始文化遗址调查》，《考古》1991年第12期，第1057～1070页。

存的遗址4处，分别是天水郭家老庄、天水樊家城、庄浪堡子坪和静宁村子河遗址[1]。

2000年，清水县博物馆对清水白驼刘坪遗址一座较大的被盗墓葬进行了清理，白驼刘坪墓葬群被盗严重，根据该墓的清理和历年来征集的文物，此处应是一处春秋晚期至战国晚期的西戎文化遗址，其族属可能为绵诸戎[2]。同年，甘肃省文物考古研究所对武山东旱坪遗址进行了发掘，共发掘3座战国墓葬、34座秦汉墓葬和34座宋元墓葬，其中，战国秦汉墓葬均为中小型墓，以带斜坡墓道的竖穴土坑墓为主，还首次发现一座围沟墓[3]。

2005年及2008年，早期秦文化联合考古队对渭河支流牛头河及其主要支流流域进行了两次考古调查，共发现古文化遗址117处，包含仰韶、龙山、周代、战国、汉代及稍后的各时代遗存。其中，包含周代遗存的遗址共32处，明确可至西周的遗址有13处，分别是清水之程沟西、李沟坪、祝英台、柳树塬、李崖、孟家山、庙崖、上城村、郑家湾、柳滩里、台子村、张川之杨上、坪桃塬[4]，除去这些年代明确可至西周的遗址，还有清水之秦子铺、杜沟坪、武坪、太平寺、后四湾、泰山庙、吴家咀、安家坪、魏家峡、大庄、潘河、安家村、周家庄、白沱镇西、刘坪墓地、黄门、峡口，张川之湾沟、前山村；包含战国时代遗存的遗址共11处，分别为清水之杜沟西、温沟、曹家庄西、塬头上、柳滩里，张川之杨村、崔湾、沟口村、下仁、簸箕洼墓地、长沟墓地；包含汉代遗存的遗址共37处，分别为清水之温家十字、祁家沟、杜沟西、温沟、李沟坪、武坪、曹家庄西、兔儿坡、李崖、庙崖、安家村、塬头上、白沱镇西、上城村、柳滩里、张川之沟口、王店北、杨村、杨村墓地、夏堡、油坊沟墓地、南沟、崔湾、瓦泉、上磨墓地、袁川墓地、杨上、赵川、坪桃塬、三台观墓地、下仁、簸箕洼墓地、杜家墓地、东窑墓地、恭门西墓地、古土墓地、麻崖[5]。

2006年，毛瑞林、梁云、南宝生三位先生发文介绍了一批收藏于清水县博物馆的商周时期文物。其中，出有西周时期遗物的遗址有蔡湾、后峪、李崖、永清堡、祝英台和白驼，属周文化遗物；出有春秋时期遗物的遗址有田湾、陈家塬、温沟和白驼，可归入秦文化的范畴[6]。

2006～2011年，早期秦文化联合考古队和张家川回族自治县博物馆对张家川马家塬战国墓地进行了多次发掘。其中，2006年抢救性发掘被盗墓葬3座，首次发现将车坑与墓道、墓室结合在一起的墓葬结构；2007年经全面勘探，共发现59座墓葬和祭祀坑；至2011年年底，已发掘墓葬25座。目前，学界多认为此处应是一处战国晚期至秦初的西戎贵族墓地[7]。

2009年，甘肃省文物考古研究所对秦安王洼墓地进行了勘探和发掘，经勘探共发现30座墓

[1]　北京大学考古系、甘肃省文物考古研究所：《甘肃省葫芦河流域考古调查》，《考古》1992年第11期，第971～986页。

[2]　李晓青、南宝生：《甘肃清水县刘坪近年发现的北方系青铜器及金饰片》，《文物》2003年第7期，第4～17页。

[3]　甘肃省文物考古研究所：《甘肃武山县东旱坪战国秦汉墓葬》，《考古》2003年第6期，第512～523页。

[4]　梁云：《非子封邑的考古学探索》，《中国历史文物》2010年第3期，第27页。

[5]　早期秦文化联合考古队：《牛头河流域考古调查》，《中国历史文物》2010年第3期，第4～23页。

[6]　毛瑞林、梁云、南宝生：《甘肃清水县的商周时期文物》，《中国历史文物》2006年第5期，第38～45页。

[7]　甘肃省文物考古研究所、张家川回族自治县博物馆：《2006年度甘肃张家川回族自治县马家塬战国墓地发掘简报》，《文物》2008年第9期，第4～28页。早期秦文化联合考古队、张家川回族自治县博物馆：《张家川马家塬战国墓地2007～2008年发掘简报》，《文物》2009年第10期，第25～51页。早期秦文化联合考古队、张家川回族自治县博物馆：《张家川马家塬战国墓地2008～2009年发掘简报》，《文物》2010年第10期，第4～26页。早期秦文化联合考古队、张家川回族自治县博物馆：《张家川马家塬战国墓地2010～2011年发掘简报》，《文物》2012年第8期，第4～26页。

葬，清理发掘3座战国竖穴偏洞室墓。墓葬形制、葬俗等皆与马家塬墓地极为相似，故该墓地也应属战国时代的西戎文化，只是分属于不同的部族或分支[1]。

2009～2011年，早期秦文化联合考古队在李崖遗址进行了多次发掘。2009年因配合基建，清理3座战汉时期残墓和1座西周灰坑。2010、2011年对该遗址进行了钻探和主动发掘，共发掘墓葬20余座（包括4座寺洼文化墓葬），灰坑40余个，发掘者判断其年代多集中在西周中期，个别可早至西周早期偏晚或晚至西周晚期偏早，应为早期秦人遗存。除此之外，发掘还确定了白土崖古城的始建年代为北魏时期，应为北魏清水郡城[2]。

2014年，甘肃省文物考古研究所对漳县墩坪遗址北部台地的墓葬区进行了钻探和发掘，共发现墓葬150余座，发掘27座。除一座宋墓外，其余墓葬年代皆应属春秋晚期至战国中期。遗址应属西戎文化，其族属可能为獂戎[3]。

2016、2017年，秦文化与西戎文化联合考古队对天水市的秦州区、麦积区、甘谷县和武山县进行了考古调查，共发现古文化遗址137处，新石器时代遗址仍占绝大多数。其中，包含西周遗存的遗址9处，分别是天水之董家坪、北坪、汝季、山坪里，甘谷之毛家坪、秦家坪、水泉沟，武山之寺乢、刘坪；包含东周遗存的遗址9处，分别是天水之柴家坪、董家坪、窑上，甘谷之毛家坪、秦家坪、三角地、点田地、马家窑，武山之东旱坪；包含西戎文化遗存的遗址3处，分别是武山县的令川墓地、王门墓地和马坪遗址；汉代遗址有天水樊家城，甘谷七甲庄，武山张家庄、范山村、古堆、广武坡等，还有大量遗址中都包含有汉代遗存，如天水西庙坡、鸦儿崖、皇城村、柴家坪、师家湾，甘谷城儿坪、堡坡、雨家乢、四十里铺、水泉沟、柳家坪、赵家咀、瓦盆窑，武山东旱坪、东家坪、民武等。除此之外，调查还发现有寺洼文化遗存，在甘谷五垧地遗址附近的村民家中发现有马鞍口罐、鬲、双耳罐、单耳罐等寺洼文化陶器，在武山田家坪遗址附近的村民家中发现有寺洼文化陶豆，这些陶器均发现于当地村民家中，虽没有明确的出土地点，但应为当地所出之物。

二　渭河上游周秦汉时期考古学文化的发展序列

（一）西周时期
西周时期，渭河上游地区分布的考古学文化主要为寺洼文化、周文化和秦文化（图三九九）。

1. 寺洼文化
寺洼文化属"西戎文化"的范畴，渭河上游地区属西周时期的寺洼文化遗存发现较少，且年代主要集中在西周早期，部分可至西周中期。

[1]　甘肃省文物考古研究所：《甘肃秦安王洼战国墓地2009年发掘简报》，《文物》2012年第8期，第27～37页。
[2]　早期秦文化联合考古队：《甘肃清水李崖遗址考古发掘获重大突破》，《中国文物报》2012年1月20日第8版。刘家兴：《甘肃清水李崖遗址考古发掘及相关问题探析》，《丝绸之路》2014年第24期，第17～18页。
[3]　甘肃省文物考古研究所：《甘肃漳县墩坪墓地2014年发掘简报》，《考古》2017年第8期，第34～51页。

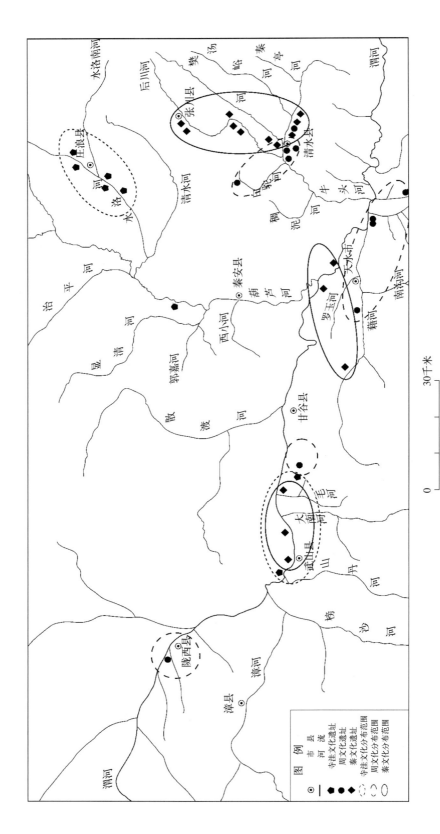

图三九九　西周时期考古学文化分布图

（1）西周早期

发现西周早期寺洼遗存的遗址有庄浪徐家碾遗址、柳家村遗址、朱家大湾遗址、三合东台遗址、李家嘴遗址、甘谷五垧地遗址和武山田家坪遗址等。

列举如下：庄浪徐家碾M42：17鬲直口，短颈，颈上附双横耳，分裆，圆柱形足跟，足尖残，通体饰竖绳纹，口沿外侧有一圈锯齿状花边，裆上有附加堆纹[1]（图四〇〇，1）。除附耳外，陶质、器形、纹饰皆与扶风刘家M49：12鬲（图四〇四，12）相同，刘家M49的年代为西周文武之际[2]，故该鬲的年代也应属西周初年。庄浪徐家碾M43：7鬲侈口，方唇，溜肩，深腹，低裆，锥形足近直（图四〇〇，2）。除足跟形状外，余皆与扶风北吕ⅣM68：1鬲相同，北吕ⅣM68的年代约相当于西周康昭时期[3]，故该鬲的年代也应属西周早期。庄浪朱家大湾P406鬲微侈口，高领，单耳，足跟近直[4]（图四〇〇，3），与合水九站M12：7鬲[5]极为相似；庄浪柳家M1小口双耳大罐小口，束颈，双耳从口沿连接至肩部，鼓腹，下腹壁微内凹，小平底，最大腹径偏器身上部，且明显大于口径和底径[6]（图四〇〇，4），与合水九站M49：5马鞍口罐（图四〇四，13）极为相似；庄浪柳家M1小口双耳矮罐中口，束颈，双耳从口沿连接至肩部，鼓腹，平底，最大腹径在器身中部，且口径接近腹径，整体器形矮胖（图四〇〇，5），与合水九站M64：5马鞍口罐极为相似。九站墓地第一期可分为三段，年代为先周晚期至西周早期，且大部分器物的年代约在西周初年至西周早期，M12属一期二段，M49属一期三段，M64属第一期（暂无法确定具体属哪一段）且年代应为西周早期[7]。故朱家大湾鬲和柳家马鞍口罐的年代也应属西周早期。

（2）西周中期

年代可至西周中期的标本皆与周、秦文化器物同出，从器物的形制来看与西周初年至西周早期相差不大，其年代的判断主要依据同出的周、秦文化器物。涉及遗址主要包括清水李崖遗址、秦安杨寺遗址等。

列举如下：秦安杨寺Q1279-621鬲微侈口，高领，圆锥形足尖近直（图四〇〇，6），与合水九站M17：5鬲（图四〇四，14）极为相似。秦安杨寺Q1281-623鬲侈口，束颈，裆较低，圆锥形足尖近直（图四〇〇，7），与合水九站M11：12鬲（图四〇四，15）极为相似。清水李崖M23：12鬲直口，短颈，颈上附双横耳，分裆，圆柱形足跟近直，通体饰绳纹，口沿外侧有一圈花边，裆上有附加堆纹[8]（图四〇〇，8），与庄浪徐家碾M42：17鬲极为相似。清水李崖M9：13双马鞍形口罐口部较宽，颈部较长，双耳从口沿连接至腹部最大径处，圆折腹，下腹壁

[1]　中国社会科学院考古研究所：《徐家碾寺洼文化墓地——1980年甘肃庄浪徐家碾考古发掘报告》，科学出版社，2006年（以下凡涉及徐家碾标本皆属此报告）。

[2]　陕西周原考古队：《扶风刘家姜戎墓葬发掘简报》，《文物》1984年第7期，第16～29页。

[3]　罗西章：《北吕周人墓地》，西北大学出版社，1995年（以下凡涉及北吕标本皆属此报告）。

[4]　丁广学：《甘肃庄浪县出土的寺洼陶器》，《考古与文物》1981年第2期，第11～15页。

[5]　王占奎、水涛：《甘肃合水九站遗址发掘报告》，《考古学研究（三）》，科学出版社，1997年，第300～460页（以下凡涉及九站标本皆属此报告）。

[6]　甘肃省博物馆：《甘肃庄浪县柳家村寺洼墓葬》，《考古》1963年第1期，第48页（下例柳家标本亦属此文）。

[7]　孟琦：《寺洼文化分期及有关问题研究》，吉林大学2016年硕士学位论文。

[8]　梁云：《考古学上所见秦与西戎的关系》，《西部考古（第11辑）》，科学出版社，2016年，第112～146页（下例李崖标本亦属此文）。

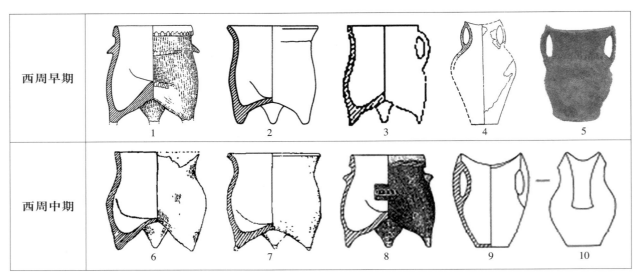

西周早期					
	1	2	3	4	5
西周中期					
	6	7	8	9	10

图四〇〇　西周时期寺洼文化标本

1. 徐家碾M42：17鬲　2. 徐家碾M43：7鬲　3. 朱家大湾P406鬲　4. 柳家M1大罐　5. 柳家M1矮罐　6. 杨寺Q1279-621鬲　7. 杨寺Q1281-623鬲　8. 李崖M23：12鬲　9. 李崖M9：13罐

近斜直（图四〇〇，9），与庄浪徐家碾M31：11双马鞍形口罐极为相似。秦安杨寺残墓的时代为西周中期偏早[1]，清水李崖遗址的年代集中在西周中期[2]，故遗址中的寺洼文化遗存也应属西周中期。

2. 周文化

渭河上游地区西周时期的周文化遗存年代属西周早中期，且主要集中在西周早期。

（1）西周早期

发现西周早期周文化遗存的遗址有天水师赵村遗址、马跑泉遗址、三十甸子遗址、北坪遗址，甘谷秦家坪遗址等。

列举如下：东泉（马跑泉）青铜簋平折沿，微鼓腹，高圈足，兽首半环耳，下有珥，腹部对称饰两道勾状扉棱，圈足对称饰四道扉棱，器颈部及圈足处各饰一周龙纹，腹部饰垂棱纹[3]（图四〇一，1），年代属西周早期。天水师赵村ⅡM3：1鬲侈口，束颈，鼓腹，圆锥形足尖微内收，颈部以下饰绳纹，上腹部饰一周弦纹[4]（图四〇一，2）。与长安张家坡M80：2鬲（图四〇四，16）相似，张家坡M80的年代约相当于西周武成康时期[5]，故该鬲的年代也应属西周早期。天水北坪陶鬲侈口，高领，束颈，腹微鼓，裆较高，颈部以下饰绳纹[6]（图四〇一，3）。

---

[1] 南玉泉、郭晨辉：《寺洼—安国系统陶鬲的序列》，《文物》1987年第2期，第27～34、43页（前文所列杨寺标本亦属此文）。

[2] 早期秦文化联合考古队：《甘肃清水李崖遗址考古发掘获重大突破》，《中国文物报》2012年1月20日第8版。

[3] 《甘肃天水县居民捐赠珍贵铜器》，《文物参考资料》1955年第6期，第117、118页。

[4] 中国社会科学院考古研究所编著：《师赵村与西山坪》，中国大百科全书出版社，1999年，第215～217页。

[5] 中国社会科学院考古研究所编著：《张家坡西周墓地》，中国大百科全书出版社，1999年（以下凡涉及张家坡标本皆属此报告）。

[6] 2016～2017年秦文化与西戎文化联合考古队调查发现。

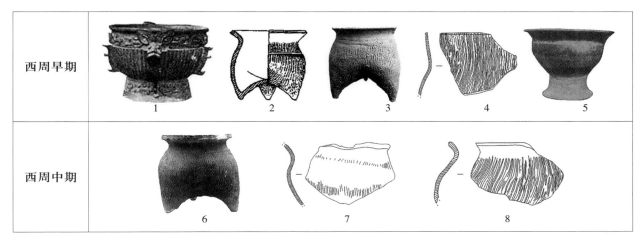

图四○一　西周时期周文化标本

1.马跑泉铜簋　2.师赵村ⅡM3：1陶鬲　3.北坪陶鬲　4、8.秦家坪陶鬲口沿　5.三十甸子陶簋　6.西河滩陶鬲　7.北坪陶盆口沿

与长安张家坡M322：1鬲极为相似，张家坡M322的年代约相当于西周武成康时期，故该鬲的年代也应属西周早期。甘谷秦家坪一陶鬲口沿为夹砂灰陶，侈口，斜方唇，高领，束颈，器身高长，通体饰竖绳纹[1]（图四○一，4）。在扶风北吕、长安沣西[2]、长安张家坡均有相似器形，扶风北吕与长安沣西的陶鬲为夹砂褐陶，年代属先周时期；长安张家坡的陶鬲为夹砂灰陶，年代约相当于西周武成康时期，故该陶鬲口沿的年代应属西周早期。天水三十甸子灰陶簋侈口，圆腹，圜底，高圈足，裙缘外侈，腹部饰一圈绳纹[3]（图四○一，5）。与长安张家坡M76：1簋（图四○四，17）极为相似，张家坡M76的年代约相当于西周昭穆时期，故该簋的年代应属西周早期偏晚。

（2）西周中期

发现西周中期周文化遗存的遗址有天水北坪遗址，甘谷秦家坪遗址，清水李崖遗址，陇西西河滩遗址等。

列举如下：陇西西河滩灰陶鬲方唇，平沿，束颈，圆腹，联裆，裆较低，三足距离较大，颈部以下饰绳纹[4]（图四○一，6）。与长安张家坡M370：1鬲（图四○四，18）和长安沣西97SCMM13：1鬲（图四○四，19）极为相似，张家坡M370的年代约相当于西周昭穆时期，沣西97SCMM13的年代约相当于西周穆恭时期，故该鬲的年代应属西周中期偏早。天水北坪一陶盆口沿为夹砂灰陶，唇残，束颈，圆鼓腹，肩部及下腹部饰有绳纹（图四○一，7），与长安沣西97SCDT1③：2盆极为相似，沣西97SCDT1③的年代约相当于西周懿孝夷时期，故该口沿的年代也应属西周中期。甘谷秦家坪一陶鬲口沿侈口，斜方唇，束颈，折肩，颈部以下饰纵向粗绳纹（图四○一，8），与扶风北吕ⅤM166：1，AbⅡ式鬲极为相似，北吕ⅤM166的年代约相当于

---

[1]　2016～2017年秦文化与西戎文化联合考古队调查采集（以下凡未标注出处者皆为此次调查所采集的标本）。

[2]　中国社会科学院考古研究所沣镐工作队：《1997年沣西发掘报告》，《考古学报》2000年第2期，第199～256页（以下凡涉及沣西标本皆属此报告）。

[3]　甘肃省博物馆：《甘肃古文化遗存》，《考古学报》1960年第2期，第11～52页。

[4]　陇西县博物馆馆藏。

西周懿孝时期，故该鬲口沿的年代也应属西周中期。

3. 秦文化

西周时期的秦文化遗存主要集中在渭河上游、陇山以西地区，年代属西周中晚期，且主要集中在西周晚期。

（1）西周中期

西周中期的遗存集中发现于清水李崖遗址。以陶鬲为例介绍如下。

陶鬲可分为联裆鬲、分裆鬲两大类。M23：13鬲侈口，宽沿稍卷，束颈，联裆，圆锥形足尖微外撇，饰绳纹[1]（图四○二，1），与长安张家坡M371：2鬲相似。M23：6鬲侈口，斜折沿，束颈，鼓腹，联裆，三足距离较大，饰绳纹（图四○二，2），与长安张家坡M95：1鬲（图四○四，20）相似。M10：7鬲侈口，折沿，束颈，深腹，分裆，三足距离较大，饰绳纹（图四○二，5），与扶风北吕Ⅴ M290：1鬲（图四○四，21）相似。张家坡M371和M95的年代约相当于西周共懿孝时期，北吕Ⅴ M290的年代约相当于西周懿孝时期，故李崖陶鬲的年代应集中在西周中期。

（2）西周晚期

西周晚期的秦文化遗存发现较多，在天水董家坪遗址、汝季遗址、山坪里遗址，甘谷毛家坪遗址，武山寺亠遗址、刘坪遗址等皆有发现。现以甘谷毛家坪遗址为例对西周晚期的秦文化遗存进行介绍。

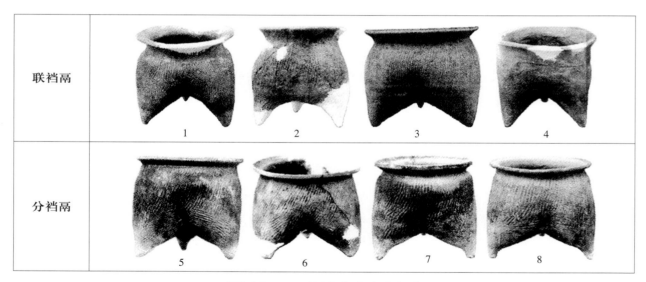

图四○二　西周中期秦文化标本

1. 李崖M23：13　2. 李崖M23：6　3. 李崖M17：2　4. 李崖M9：22　5. 李崖M10：7　6. 李崖M20：4　7. 李崖M26：5　8. 李崖M27：2

---

[1]　王太职：《清水李崖遗址西周遗存分析》，西北大学2013年硕士学位论文（下文及下图中李崖标本皆属此文）。

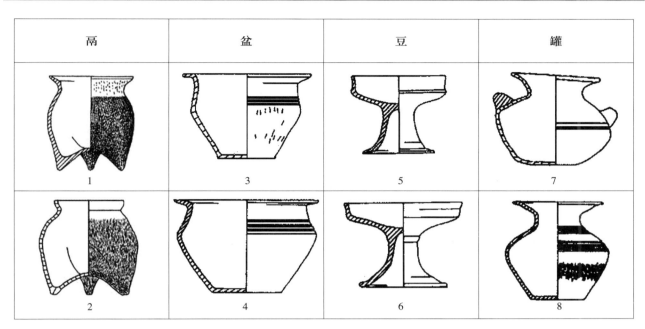

鬲	盆	豆	罐
1	3	5	7
2	4	6	8

图四〇三　西周晚期秦文化标本

1. 毛坪M2033:6　2. 毛坪M2202:2　3. 毛坪M2007:3　4. 毛M2013:1　5. 毛坪M2033:2　6. 毛坪M2013:4　7. 毛坪TM103:1
8. 毛坪M2013:5

M2202:2鬲侈口，束颈，鼓肩，深腹，瘪裆，圆锥形足跟，绳纹一直饰至足跟[1]（图四〇三，2），与扶风北吕ⅣM114:1鬲（图四〇四，22）相似。M2013:1盆折平沿，束颈，折肩，腹部斜收，小平底，肩部饰弦纹（图四〇三，4），与长安张家坡M160:10盆[2]（图四〇四，23）相似。M2033:2豆侈口，圆唇，深折盘，喇叭状圈足，素面（图四〇三，5），与周原ⅣA1M11:11豆相似。北吕ⅣM114、张家坡M160、周原ⅣA1M11的年代均属西周晚期，故毛家坪此类陶器的年代也应属西周晚期，墓葬陶器组合为鬲、盆、豆、罐。

4. 小结

秦安杨寺残墓同时出土了寺洼和周文化陶器各5件，虽无法确定族属，但寺洼文化与周文化之间的相互影响可见一斑。李崖遗址以秦文化遗存为主，寺洼文化墓葬仅发现4座，与秦墓交错分布，且除陪葬器物外，墓葬形制、葬式葬俗均与秦墓无异，说明其已完全融入秦人社会，被秦人同化。因此，到西周中期时，渭河上游地区寺洼文化与周、秦文化的融合已日益深入，周、秦文化在该地区处于统治地位，基本不见独立的寺洼文化遗址。

周人在西周早期已经活动在渭河上游地区，秦人在穆王时西迁陇右[3]，年代属西周中期的李崖遗址是该地区目前发现最早的秦文化遗址。自此以后，周文化势力逐渐退出，但周文化的

---

[1]　赵兆：《甘谷毛家坪遗址秦文化遗存的分期与编年研究》，西北大学2017年硕士学位论文（下文及下图中毛家坪标本皆属此文）。

[2]　中国社会科学院考古研究所沣西发掘队：《1967年长安张家坡西周墓葬的发掘》，《考古学报》1980年第4期，第457～502页。

[3]　梁云：《论嬴秦西迁及甘肃东部秦文化的年代》，《北京大学震旦古代文明研究通讯》2011年总第49期，第268～299页。

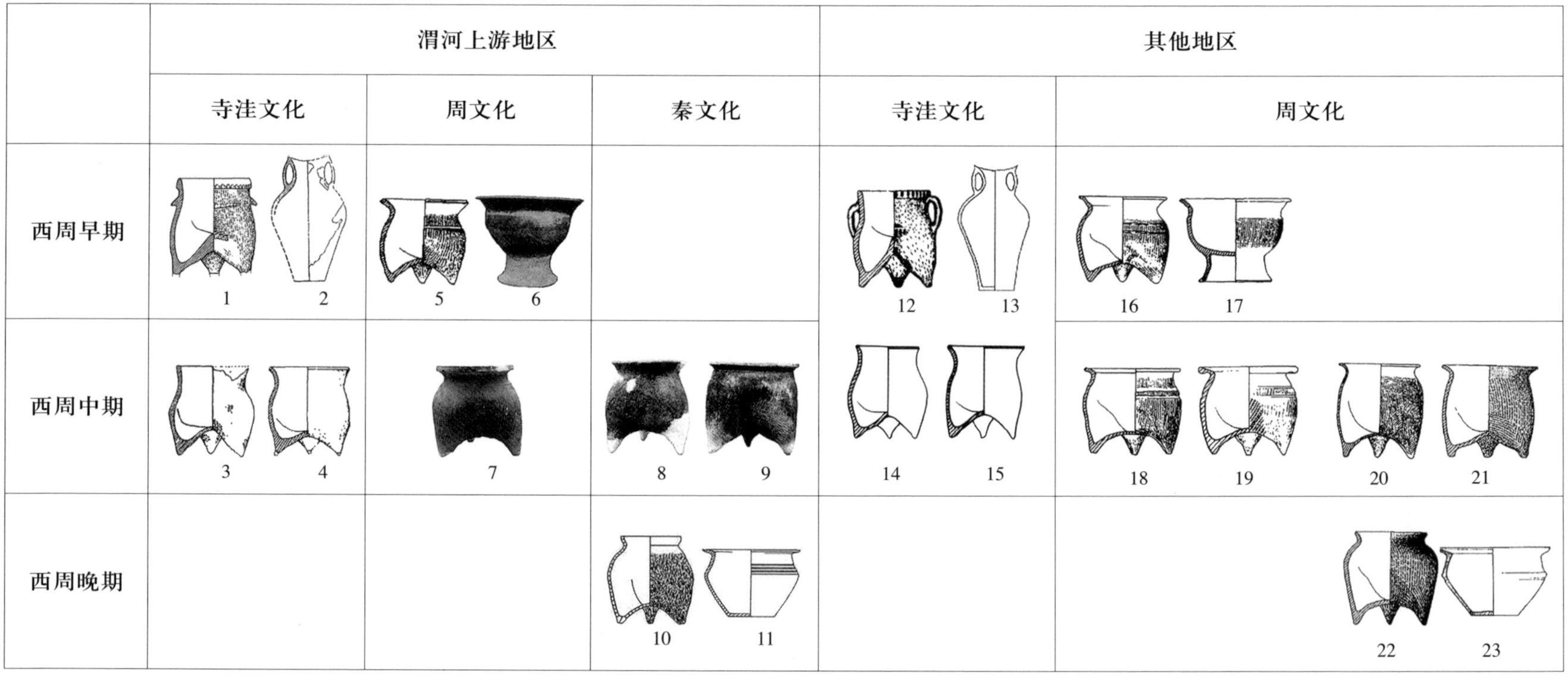

图四〇四　西周时期陶器对比图

1. 徐家碾M42：17鬲　2. 柳家M1大罐　3. 杨寺Q1281-623鬲　4. 杨寺Q1279-621鬲　5. 师赵村ⅡM3：1鬲　6. 三十亩子陶簋　7. 西河滩陶鬲　8. 李崖M23：6鬲　9. 李崖M10：7鬲　10. 毛坪M2202：2鬲　11. 毛坪M2013：1盆　12. 刘家M49：12鬲　13. 九站M17：5鬲　14. 九站M49：5罐　15. 九站M11：12鬲　16. 张家坡M160：10盆　17. 张家坡M76：1簋　18. 张家坡M370：1鬲　19. 沣西97SCMM13：1鬲　20. 张家坡M95：1鬲　21. 北吕ⅣM114：1鬲　22. 北吕ⅤM290：1鬲　23. 张家坡M80：2鬲

退出并不代表放弃对该地区的统治，只是因为疲于应付东南方向的战事而疏于管理[1]。秦人作为周的附庸，代表周王室统治西土，实际仍受周王室的管辖。"西戎反王室，灭犬丘、大骆之族""西戎杀秦仲"[2]足以说明此时秦人的实力并不强大，直至宣王增兵西垂，庄公兄弟大破西戎，获封"西垂大夫"，秦人才真正开始崛起[3]。至西周晚期，秦文化势力已经占据了渭河上游，而寺洼文化和周文化也已难觅踪迹。

（二）东周时期

东周时期，渭河上游地区分布的考古学文化主要为秦文化和西戎文化（图四〇五）。

1. 秦文化

东周时期渭河上游地区的秦文化遗存依然分布集中，在天水董家坪遗址、柴家坪遗址、窑上遗址，甘谷毛家坪遗址、点田地遗址、三角地遗址、磐安马家窑遗址、秦家坪遗址，武山东旱坪遗址等皆有发现。其中，甘谷毛家坪遗址经过多次发掘，出土大量遗物，陶器发展序列完整，可以作为甘肃东部秦文化的年代标尺。现以甘谷毛家坪遗址为例对东周时期的秦文化遗存进行介绍（图四〇六）。

毛家坪遗址的文化遗存主要包括以绳纹灰陶为特征的"A组遗存"，以夹砂红褐陶为特征的"B组遗存"和少量石岭下类型遗存及董家台类型遗存。其中，"A组遗存"为秦文化遗存，年代可从西周晚期一直延续至战国晚期。

器物组合以鬲、盆、豆、喇叭口罐为主，还有盂、甗、鼎、双耳罐等器形。春秋早期鬲呈方体，束颈，鼓肩，深腹，瘪裆，裆底饰较粗的绳纹；盆宽扁；喇叭口罐口径小于或等于肩径。春秋中期鬲较宽扁，弧裆，裆部、足跟饰麻点纹；盆肩部外凸；喇叭口罐口径大于肩径。春秋晚期鬲宽扁，弧裆内凹，饰大麻点纹；盆束颈变窄，肩部外凸明显；喇叭口罐颈部变长，口径远大于肩径。战国早期鬲更加宽扁，裆部低平，麻点纹范围逐渐变大；盆腹部逐渐变浅；喇叭口罐颈部较长，口径大于肩径。战国中期偏早与前几期相差不大；战国中期偏晚在器物组合上与前几期相差较大，出现高领鼓腹罐、侈口壶、钵等新器物，文化面貌发生变化，并延续至战国晚期[4]。

2. 西戎文化

从夏代的齐家文化，到商代西周的寺洼文化、辛店文化、卡约文化，再到东周时期的西戎墓地等，都可以归入"西戎文化"的范畴[5]。

[1] 张天恩：《周王朝对陇右的经营与秦人的兴起》，《周秦文化研究论集》，科学出版社，2008年，第209～215页。

[2] （汉）司马迁：《史记》，中华书局，1959年，第178页。

[3] 裴建陇：《周秦史事与考古发现的局部整合——以西周时期渭河上游为时空框架》，《天水师范学院学报》2017年第1期，第47～51页。

[4] 赵兆：《甘谷毛家坪遗址秦文化遗存的分期与编年研究》，西北大学2017年硕士学位论文。

[5] 梁云：《东周时期西戎文化的分布、特征及来源》，《西戎文化的发现与研究学术研讨会论文集》，文物出版社，2019年。

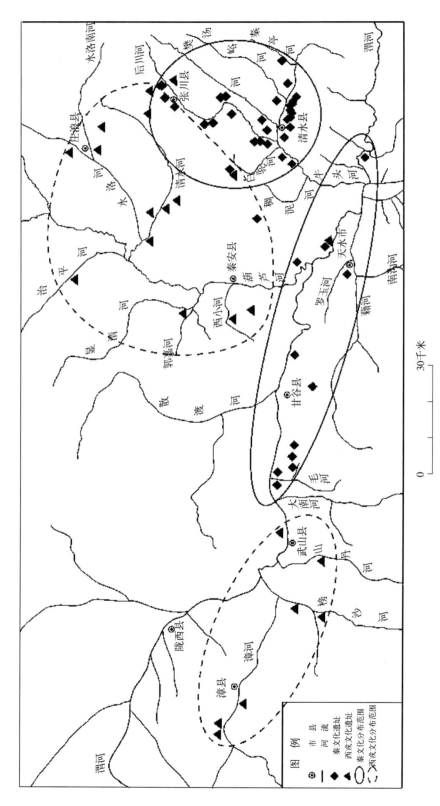

图四〇五　渭河上游东周时期考古学文化分布图

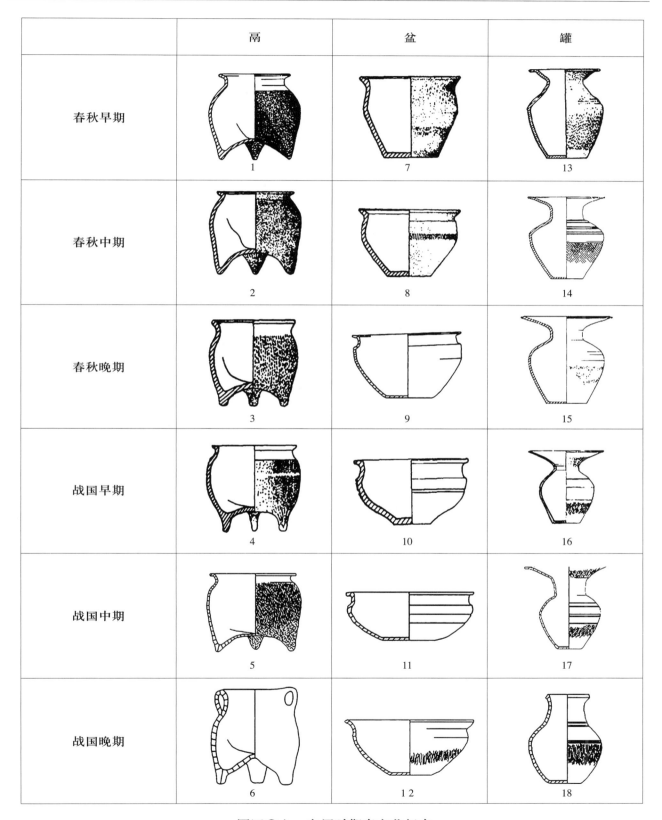

	鬲	盆	罐
春秋早期	1	7	13
春秋中期	2	8	14
春秋晚期	3	9	15
战国早期	4	10	16
战国中期	5	11	17
战国晚期	6	12	18

图四〇六　东周时期秦文化标本

1. M2117：3鬲　2. M14：1鬲　3. M11：2鬲　4. M5：3鬲　5. M2003：4鬲　6. M1031：2鬲　7. TM5：3盆　8. M14：2盆　9.
M2129：4盆　10. M17：9盆　11. M2124：2盆　12. M2042：3盆　13. M12：6罐　14. M2171：10罐　15. M2114：2罐　16. M5：1罐
17. M2116：2罐　18. M1005：4罐（均属毛家坪遗址）

　　渭河上游地区具有北方草原风格特征的西戎文化遗存在漳县墩坪遗址、吴家门遗址、张家岭遗址，武山令川村遗址、王门遗址、马坪遗址、东家坪遗址，甘谷毛家坪遗址，天水董家坪遗址、巧儿河遗址、秦安王洼遗址，清水刘坪遗址，张家川马家塬遗址、长沟遗址，庄浪水洛贺子沟遗址、盘安王宫遗址等皆有发现。在春秋晚期前后开始出现，可一直延续至秦初。

　　列举如下（图四○七）：刘坪出土的一件铜削环首，直柄，弧刃（图四○七，1），与彭阳孟塬墓出土的环首刀极为相似，该墓年代为春秋晚期，故该铜削的年代也应属春秋晚期[1]。刘坪出土的一件铜泡正面凸起，背面有桥形钮（图四○七，2），与彭堡撒门墓出土的铜泡极为相似，该墓年代为战国早期以前，故该铜泡的年代应属春秋晚期。墩坪M21：6马衔两端带圆环，中部亦有两圆环呈垂直方向套接在一起，环间的连接部分呈圆柱状长条形（图四○七，3），与中宁倪丁M2出土的马衔极为相似，倪丁M2的年代为战国初期，故该马衔的年代也应属战国初期。墩坪M26：16铜车裙饰正面内凹，背面微鼓并有桥形钮（图四○七，4），与杨郎马庄出土的ⅠM18：16铜车裙饰极为相似，马庄ⅠM18的年代为战国早期，故车裙饰的年代也应属战国早期[2]。刘坪出土的铜镦呈直筒状，一端呈尖圆状，另一端为圆形銎（图四○七，5），或套接筒状箍（图四○七，6），与彭阳店洼墓出土的铜镦极为相似，该墓年代为战国中期，故刘坪铜镦的年代也应属战国中期。马家塬M15：1铜鼎盖上有三圈状捉手，球腹，三矮蹄足，两侧有衔环状铺首（图四○七，7），与凤翔野狐沟M1出土的铜鼎相似；马家塬M16：25铜壶侈口，直颈，圆肩，鼓腹，下腹部内收，圈足，肩部有兽首衔环状铺首（图四○七，8），与凤翔野狐沟M1出土的铜壶相似，故该铜鼎和铜壶的年代皆应属战国晚期[3]。

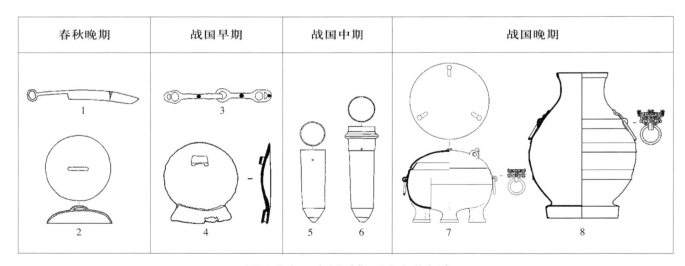

春秋晚期	战国早期	战国中期	战国晚期

图四○七　东周时期西戎文化标本

1. 刘坪铜削　2. 刘坪Ⅳ型铜泡　3. 墩坪M21：6铜马衔　4. 墩坪M26：16铜车饰　5. 刘坪Ⅰ型铜镦　6. 刘坪Ⅱ型铜镦　7. 马家塬M15：1铜鼎
8. 马家塬M16：25铜壶

　　[1]　李晓青、南宝生：《甘肃清水县刘坪近年发现的北方系青铜器及金饰片》，《文物》2003年第7期，第4～17页（下文中刘坪标本皆属此文）。

　　[2]　甘肃省文物考古研究所：《甘肃漳县墩坪墓地2014年发掘简报》，《考古》2017年第8期，第34～51页。

　　[3]　王辉：《张家川马家塬墓地相关问题初探》，《文物》2009年第10期，第70～77页。

　　除此之外，在毛家坪及董家坪这两处秦文化遗址中，也发现有西戎文化遗存（图四〇八）。毛家坪遗址的"B组遗存"以夹砂红褐陶为特征，器形包括陶鬲（图四〇八，1）、双小耳罐（图四〇八，2）、双大耳罐（图四〇八，3）、高领罐（图四〇八，6）等[1]。这一类遗存也应为东周时期的西戎文化遗存，春秋中晚期开始出现，在居址中与秦文化遗存共出，战国中期之后，作为陪葬品开始出现在墓葬之中[2]。董家坪遗址在2016～2017年秦文化与西戎文化联合考古队的调查中也发现了夹砂红褐陶陶片。陶罐口沿侈口，高领，束颈，深鼓腹，腹部饰竖行细绳纹（图四〇八，4），与毛家坪"B组遗存"高领罐极为相似。带耳口沿竖耳一端连接在口沿上，耳较扁（图四〇八，5），与漳县墩坪M26:28双耳罐相似。因而，董家坪遗址也包含有西戎文化遗存。

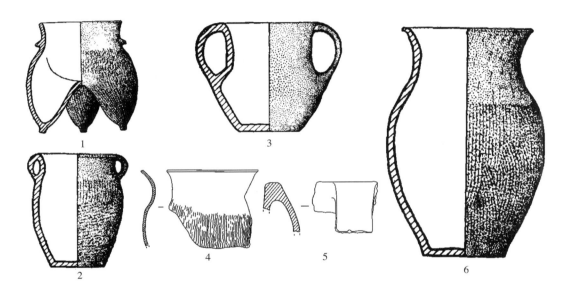

图四〇八　东周秦文化遗址中的西戎文化标本

1. 毛家坪LM12:2鬲　2. 毛家坪LM5:2双小耳罐　3. 毛家坪T6⑧:1双大耳罐　4. 董家坪高领罐口沿　5. 董家坪带耳口沿　6. 毛家坪LM9:2高领罐

3. 小结

　　本期具有北方草原风格特征的西戎文化与上期的寺洼文化皆可称为西戎文化，但本地区寺洼文化的年代最晚可至西周中期，而西戎文化在春秋晚期前后才开始出现，二者之间在年代上存在缺环；且二者在器物组合、墓葬形制等方面皆不尽相同，文化面貌迥异[3]。因此，东周时期的西戎文化与寺洼文化应分属不同的人群，二者之间基本没有承袭关系。

　　《后汉书·西羌传》载："及平王之末……于是渭首有狄、獂、邽、冀之戎。"[4]《史记·匈奴列传》载："秦穆公得由余，西戎八国服于秦，故自陇以西有绵诸、绲戎、翟、獂之

---

[1]　甘肃省文物工作队、北京大学考古学系：《甘肃甘谷毛家坪遗址发掘报告》，《考古学报》1987年第3期，第359～396页。

[2]　梁云：《考古学上所见秦与西戎的关系》，《西部考古（第11辑）》，科学出版社，2016年，第112～146页。

[3]　梁云：《考古学上所见秦与西戎的关系》，《西部考古（第11辑）》，科学出版社，2016年，第112～146页。

[4]　（南朝宋）范晔撰，李贤等注：《后汉书》，中华书局，1999年，第1941页。

戒。"[1]可见，东周时期，渭河上游地区存在多个西戎部族，而这些西戎部族在穆公时期已尽数臣服于秦，此后虽时叛时从，却并未摆脱秦的控制。渭河上游地区发现的西戎遗址年代上限为春秋晚期，秦穆公"遂霸西戎"在春秋中期偏早，这些遗址应该都属秦控制之下的西戎部族。

　　毛家坪等秦文化遗址在春秋中期进入繁荣期，似乎也是秦穆公"遂霸西戎"后国力强盛的反映。西戎部族既然受秦管制，在毛家坪、董家坪等大型秦文化遗址中出现西戎文化遗存也就不足为怪。但是除器物外，从墓葬形制、葬式葬俗等方面皆无法将其与秦文化区分开来，因此，这些西戎文化遗存所代表的只是一类对秦文化产生影响的文化因素，并不是一群独立的人群。而这些西戎文化遗存从仅出现于居址中到成为墓葬随葬品，也反映出秦与西戎的交流融合日渐深入。

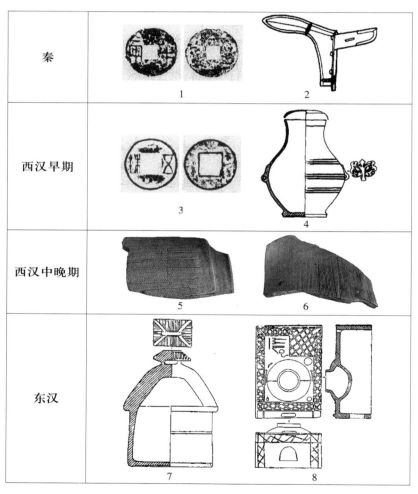

图四〇九　秦汉遗存标本图

1. 上袁家秦半两　2. 上袁家M7：105铜戈　3. 上袁家汉五铢　4. 上袁家M3：5陶壶
5、6. 樊家城汉瓦　7. 贾家寺M2：5陶井　8. 贾家寺M2：6陶灶

（三）秦汉时期

　　明确的秦代遗存多出土于经过发掘的墓葬，包括秦安上袁家墓葬、天水西山坪墓葬、武山东旱坪墓葬等（图四〇九）。

　　列举如下：上袁家M6出土一枚秦半两钱（图四〇九，1）；M7出土一件援锋扁平，长胡三穿的秦戈（图四〇九，2）。墓葬中出土的铜镜，锛、斧、钺等铁兵器，瓮、罐、鼎、盆、甑等陶器，在关中秦墓中均较为常见[2]。

　　包含汉代遗存的遗址数量极多，两汉遗址皆有发现，许多史前遗址中都包含有汉代遗存。

　　列举如下：西汉早期遗存如上袁家汉墓中出土的五铢钱（图四〇九，3），共出土三百余枚，其中，正面穿上有横郭和穿下有特殊记号的五铢钱质量较好；陶壶带盖，侈口，圆腹，矮圈足，铺首衔环（图四〇九，

[1]　（汉）司马迁：《史记》，中华书局，1959年，第2883页。
[2]　甘肃省文物考古研究所：《甘肃秦安上袁家秦汉墓葬发掘》，《考古学报》1997年第1期，第57～79页（下文中上袁家标本亦属此文）。

4），年代皆应属武帝至宣帝时期。西汉中晚期遗存如2016～2017年秦文化与西戎文化联合考古队调查樊家城遗址时发现的汉瓦（图四○九，5、6），内饰布纹外饰粗绳纹。东汉遗存如贾家寺汉墓中出土的货泉和货布，皆为王莽天凤元年始铸；陶井井身桶状，拱形井架，上有长方形井亭（图四○九，7）；陶灶器身呈长方体，灶壁一侧设拱形火门，灶面中部为陶釜，四周饰刀、叉、铲、勺等图形（图四○九，8），年代皆应属王莽天凤元年至东汉中期[1]。

秦汉时期各族属之间的差异在很大程度上已经弱化，这当归功于秦始皇统一后的秦汉大一统王朝。在大一统王朝的统治下，各族属之间的文化面貌虽然仍有一些差异，但融合已经成为主流。

三　渭河上游周秦汉时期遗址的空间分布

1. 寺洼文化遗址

寺洼文化遗址在渭河上游地区发现较少（图四一○），且主要集中在渭河的二级支流水洛河流域庄浪县境内，渭河干流的磐安—洛门小盆地亦有零星发现（秦安杨寺残墓无法确定族属；清水李崖遗址以秦文化遗存为主，寺洼文化因素较少，故仅在图中列出，不作具体分析）。

水洛河流域的寺洼文化遗址中，庄浪徐家碾遗址、朱家大湾遗址、三合东台遗址为面积在2万～5万平方米的中型遗址；庄浪李家嘴遗址、柳家村遗址为面积在2万平方米以下的小型遗址。

中型遗址中，徐家碾遗址经过科学发掘，资料丰富。遗址位于甘肃省平凉市庄浪县水洛镇徐家碾村，地处北水洛河西岸的台地上，总面积约为2万平方米。遗址分居址和墓葬两个部分：居址区地势低洼，因被现代村庄所叠压，破坏严重；墓葬区地势高亢。遗址的年代主要集中在先周时期，可延续至西周早期[2]。

小型遗址中，柳家村遗址遗存较为丰富。遗址位于甘肃省平凉市庄浪县城南5千米处，地处水洛河东岸的二级台地上，总面积约为2500平方米[3]。1962年，在遗址内发掘寺洼文化墓葬两座，共出土随葬陶器7件[4]；此后，当地群众在耕地时又陆续发现寺洼文化陶器十余件。

在渭河干流的武山甘谷段亦发现有少量的寺洼文化遗存。2016～2017年秦文化与西戎文化联合考古队调查时在甘谷五埧地遗址和武山田家坪遗址附近的村民家中发现寺洼文化陶器，应为当地所出之物。

五埧地遗址位于甘肃省天水市甘谷县磐安镇韩家庄村北，地处金川河北岸的台地上，总面积约为21万平方米。遗址以齐家文化遗存为主，在村民家中发现有马鞍口罐、鬲、双耳罐、单耳罐等寺洼文化陶器，据传这里有寺洼墓葬，但在遗址内调查时并未发现寺洼文化遗存。

---

[1]　天水市博物馆：《甘肃天水市贾家寺发现东汉墓葬》，《考古》1991年第1期，第85～86页。

[2]　中国社会科学院考古研究所：《徐家碾寺洼文化墓地——1980年甘肃庄浪徐家碾考古发掘报告》，科学出版社，2006年。

[3]　丁广学：《甘肃庄浪县出土的寺洼陶器》，《考古与文物》1981年第2期，第11～15页。

[4]　甘肃省博物馆：《甘肃庄浪县柳家村寺洼墓葬》，《考古》1963年第1期，第48页（下例柳家标本亦属此文）。

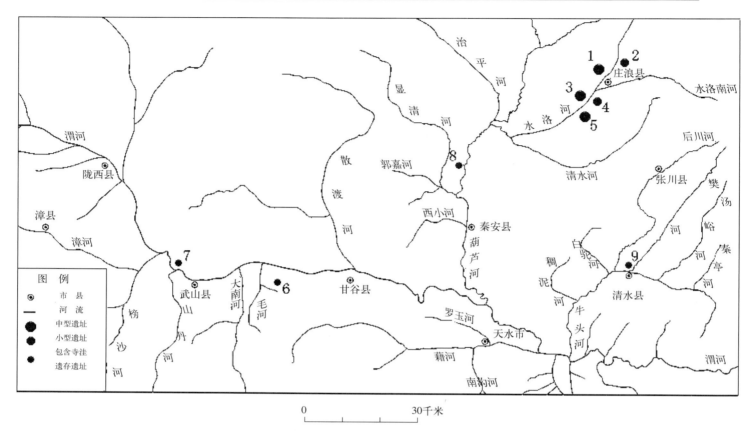

图四一〇　渭河上游西周时期寺洼文化遗址分布图

1. 庄浪徐家碾　2. 庄浪李家嘴　3. 庄浪朱家大湾　4. 庄浪柳家村　5. 庄浪三合东台　6. 甘谷五垌地　7. 武山田家坪　8. 秦安杨寺　9. 清水李崖

2. 周文化遗址

周文化遗址主要分布在渭河干流地区，牛头河流域亦有零星发现（图四一一）。但牛头河流域的周文化遗存在遗址中所占比重较小，不是遗址的主要文化因素。以周文化遗存为主的遗址共发现3处：陇西县西河滩遗址、甘谷县秦家坪遗址和天水北坪遗址，均为面积在20万平方米左右的大型遗址。

陇西西河滩遗址是目前发现的最西侧的周文化遗址，也是规模最大的周文化遗址。遗址位于甘肃省定西市陇西县城西郊，地处渭河与菜子河（西河）交汇处的一级台地上，地形平坦开阔，总面积约为40万平方米。1965～1966年，甘肃省文物工作队发现西周时期房址、墓葬、窑址、窖穴、水井等遗迹和大量遗物[1]，遗址的年代主要集中在西周中期。

秦家坪遗址（原名灰沟咀遗址）是渭河上游延续时间较长的遗址。遗址位于甘肃省甘谷县武家河镇秦家坪村南，地处山间洼地，西侧为永宁沟，遗址内还有东西向小冲沟，总面积约为24万平方米。2016～2017年秦文化与西戎文化联合考古队调查发现灰坑等遗迹，采集有大量绳

---

[1] 甘肃省博物馆：《甘肃省文物考古工作三十年》，《文物考古工作三十年（1949～1979）》，文物出版社，1979年，第144页。

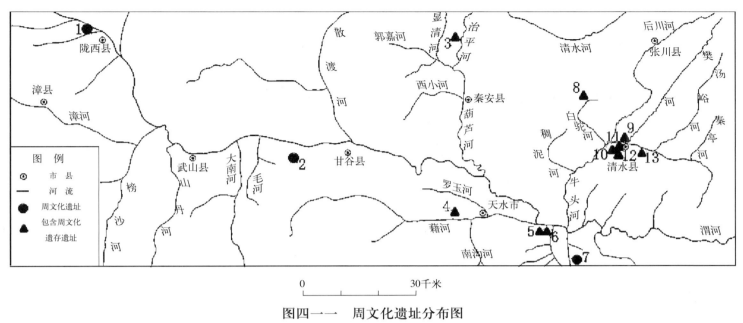

图四一一　周文化遗址分布图

1.陇西西河滩　2.甘谷秦家坪　3.秦安杨寺　4.天水师赵村　5.天水三十甸子　6.天水马跑泉　7.天水北坪　8.清水白驼　9.清水李崖　10.清水蔡湾
11.清水永清堡　12.清水后裕　13.清水祝英台

纹灰陶片，器形包括鬲、盆、豆、喇叭口罐等。除上文中提到的西周早中期遗存外，还发现西周晚期至春秋晚期的遗存。如一盆口沿侈口，斜折沿，束颈，肩部饰三道凹弦纹，年代应属西周晚期；一盆口沿直口微侈，卷沿，束颈，溜肩，肩部、腹部残留被抹的绳纹痕迹，年代应属春秋中期；一盆口沿口径大于肩径，折沿较宽，短束颈，圆肩外凸，肩部较宽，位置较高，折腹斜收，年代应属春秋晚期。故该遗址在周人退出后并未废弃，而是被秦人延用。

北坪遗址位于甘肃省天水市麦积区甘泉镇八槐村北，地处东柯河北岸的台地上，总面积约为18万平方米。2016～2017年秦文化与西戎文化联合考古队调查发现灰坑、墓葬等遗迹，采集到绳纹灰陶片，并在村民家中见到一件建房时发现的西周早期完整灰陶鬲。

3. 秦文化遗址

秦文化遗址主要分布在渭河干流及其支流地区，且集中分布在牛头河流域、中滩—石佛小盆地、磐安—洛门小盆地三个区域（图四一二）。

根据遗址的规模可将包含秦文化遗存的遗址划分为四个等级：总面积2万平方米及以下的为小型遗址，总面积2万至10万平方米的为中型遗址，总面积10万至20万平方米的为大型遗址，总面积20万平方米以上的为超大型遗址。

武山、甘谷交界处的磐安—洛门小盆地中，超大型遗址有东旱坪—刘家墩遗址[1]、毛家坪遗址、磐安马家窑遗址、秦家坪遗址等，大型遗址有点田地遗址、洛门刘坪遗址等，中型遗址有寺嘴遗址等。

---

[1]　武山东旱坪遗址与甘谷刘家墩遗址相邻，中间仅有一条小沟相隔，不构成两个独立的地理单元，故将其合并为东旱坪—刘家墩遗址。

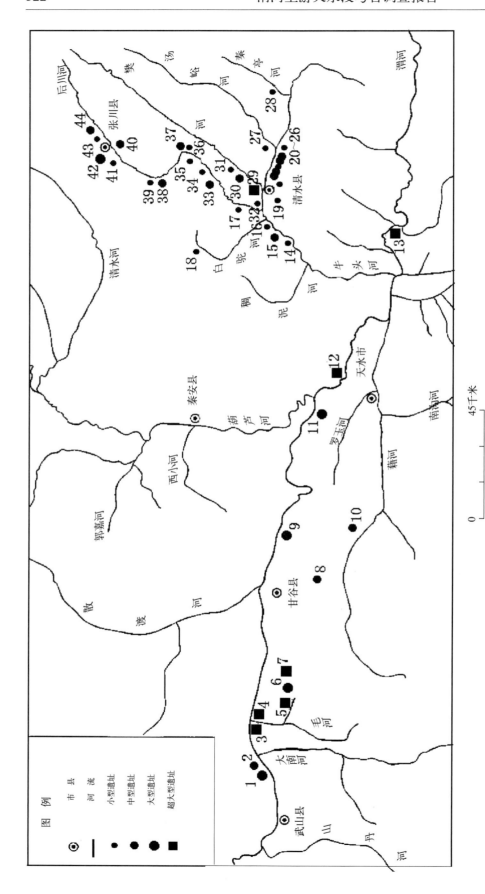

图四一二　渭河上游秦文化遗址分布图

1. 武山刘坪　2. 武山寺儿山　3. 东旱坪一刘家墩　4. 甘谷毛家坪　5. 甘谷马家窑　6. 甘谷秦家坪　7. 甘谷三角地　8. 甘谷点田地　9. 天水窑上　10. 天水山咀里　11. 天水汝季　12. 天水董家坪　13. 武山寺坪　14. 清水柴家庄　15. 清水温沟　16. 清水庄西　17. 清水温家河　18. 清水柳镇西　19. 清水白驼镇西　20. 清水秦山庙塬　21. 清水陈家塬　22. 清水太平寺　23. 清水武坪　24. 清水李沟坪　25. 清水李沟　26. 清水曹家沟西　27. 清水秦子铺　28. 清水大庄　29. 清水孟家里　30. 清水吴家咀　31. 清水塬头上　32. 清水孟家山　33. 清水上成村　34. 清水郑家湾　35. 清水台子村　36. 清水峡口　37. 清水柳滩里　38. 张家川杨村　39. 张家川湾沟　40. 张家川湾沟　41. 张家川杨上　42. 张家川崔湾　43. 张家川坪桃塬　44. 张家川前山村
川下仁

其中，超大型遗址中规模最大的当属毛家坪遗址。毛家坪遗址位于甘肃省天水市甘谷县磐安镇毛家坪村，背山面水，地处渭河南岸的二级台地上，总面积约为50万~60万平方米。一条自然冲沟将遗址分为沟东、沟西两部分：沟东是墓葬区；沟西的西部和北部是居址区，南部是墓葬区。1982~1983年，甘肃省文物工作队和北京大学考古系对该遗址进行了发掘，共发掘墓葬33座，鬲棺葬12组，灰坑39个，房址4处[1]。2012~2016年，早期秦文化联合考古队又在此进行了多次发掘，累计发掘面积4000平方米，共清理墓葬199座，灰坑800余个，另有车马坑4座及房址、陶窑、鬲棺葬等遗迹单位。墓葬以竖穴土坑墓为主，葬式多为头向西，蜷曲特甚的仰身屈肢葬。遗址年代可从西周晚期一直延续至战国晚期[2]。

大型遗址以点田地遗址遗存较为丰富。点田地遗址位于甘肃省天水市甘谷县磐安镇田家庄村北的台地上，总面积约为20万平方米。调查发现灰坑、灰层等遗迹，采集有齐家陶片和绳纹灰陶片。

中型遗址以寺匼遗址为代表。寺匼遗址位于甘肃省天水市武山县洛门镇李堡村北，地处渭河北岸的台地上，总面积约为8万平方米。调查发现灰坑、灰层、房址等遗迹，采集有史前陶片和大量绳纹灰陶片。

以中滩—石佛小盆地为中心的天水市周边地区中，超大型遗址有董家坪遗址、柴家坪遗址等，大型遗址有窑上遗址、汝季遗址等，中型遗址有三角地遗址、山坪里遗址等。

其中，超大型遗址以董家坪遗址为代表。董家坪遗址位于甘肃省天水市麦积区石佛镇董河村西，地处渭河和董家河交汇处的台地上，地形平坦开阔，总面积约为24万平方米。1982~1983年，甘肃省文物工作队、北京大学考古系在对毛家坪遗址进行发掘时，也曾在此进行试掘。遗址上层出土的陶鬲可分为五式：Ⅰ式陶鬲长体桶状，折沿较宽，沿夹角较大，束颈浅，肩部不是很鼓，口沿下饰绳纹，年代属西周晚期；Ⅱ式陶鬲沿夹角变小，束颈变深，鼓肩变得明显，瘪裆较明显，年代属春秋早期；Ⅲ式陶鬲沿面变窄，沿夹角与Ⅱ式同或略小，束颈更深，肩部更鼓，年代属春秋中期；Ⅳ式陶鬲折沿窄平，束颈短，肩部外鼓，年代属春秋晚期；Ⅴ式陶鬲折沿窄平，束颈更深，肩部更为鼓凸，年代属战国时期，故董家坪遗址的年代可从西周晚期一直延续至战国。从董家坪出土的陶鬲来看，与毛家坪A组秦文化遗存陶鬲非常相似，除此之外，董家坪遗址的陶器组合为鬲、盆、豆、罐、甑、甗等，出土陶片上多饰交错绳纹，均与毛家坪遗址秦文化遗存相同，因此，董家坪遗址上层遗存亦为秦文化遗存[3]。

大型遗址以汝季遗址为代表。汝季遗址位于甘肃省天水市麦积区渭南镇汝季村西，地处渭河南岸台地上，总面积约为20万平方米。调查发现灰坑等遗迹，采集到大量绳纹灰陶片。

中型遗址以山坪里遗址为代表。山坪里遗址位于甘肃省天水市秦州区藉口镇北灵村北，地处藉河东岸的台地上，总面积约为4万平方米。调查发现灰层、陶窑、灰坑等遗迹，遗址以史前遗存为主，周秦遗存集中分布在一个台地上，采集有鬲口沿等绳纹灰陶片。

[1]　甘肃省文物工作队、北京大学考古学系：《甘肃甘谷毛家坪遗址发掘报告》，《考古学报》1987年第3期，第359~396页。

[2]　赵兆：《甘谷毛家坪遗址秦文化遗存的分期与编年研究》，西北大学2017年硕士学位论文。

[3]　赵化成：《甘肃东部秦和羌戎文化的考古学探索》，《考古类型学的理论与实践》，文物出版社，1989年，第145~176页。

清水县境内的牛头河流域中，超大型遗址仅李崖遗址一处，中型遗址有泰山庙遗址、吴家咀遗址、太平寺遗址、上城村遗址、坪桃塬遗址等，小型遗址有孟家山遗址、台子村遗址、秦子铺遗址、塬头上遗址、柳树塬遗址等。

李崖遗址位于甘肃省天水市清水县城北，背山面水，地处樊河和牛头河交汇处的台地上，总面积不少于100万平方米。2009~2011年，早期秦文化联合考古队在此发掘了西周时期墓葬19座和灰坑40余个，年代多集中在西周中期，个别可早至西周早期偏晚或晚至西周晚期偏早。竖穴土坑墓均为带腰坑殉狗，头向西的直肢葬，为秦高等级贵族墓的葬俗，应为早期秦人宗族遗存[1]。

中型遗址以坪桃塬遗址为代表。坪桃塬遗址位于甘肃省张家川县张家川镇北川村西的台地上，周代遗存主要集中在遗址的北部，面积约3万平方米。2008年早期秦文化联合考古队调查时采集到鬲口沿、鬲足等，年代属西周时期[2]。

小型遗址以柳树塬遗址为代表。柳树塬遗址位于甘肃省天水市清水县永清镇窠老村西，地处牛头河南岸的台地上。2005年早期秦文化联合考古队调查时采集到大量绳纹灰陶片，器形包括鬲、甗等，年代属西周时期[3]。

4. 西戎文化遗址

渭河上游地区的西戎文化遗存主要分布在渭河支流地区，且在葫芦河及后川河上游流域、榜沙河及山丹河流域、漳河流域成片分布，其中，葫芦河及后川河上游流域分布最为集中（图四一三）。

葫芦河及后川河上游流域包含西戎文化遗存的遗址中，马家塬墓地、长沟墓地、刘坪墓地、高崖墓地为东周戎人墓地，而在秦安千户、秦安山王家、秦安寺嘴坪、秦安莲花、五营赵宋等地发现的北方系青铜器说明这些地方包含有西戎文化遗存，但遗址的规模及等级不甚明了。

其中，马家塬墓地经过大规模发掘，应为一处战国晚期至秦初的西戎贵族墓地[4]。马家塬墓地位于甘肃省天水市张家川县木河乡桃园村北马家塬上，地形为北、东、西三面较高，中间低洼的簸箕状，总面积约为2万平方米。墓地共有59座墓葬和祭祀坑，以M6为中心在其东、西、北三侧呈半月形分布[5]。墓葬皆为东西向，除大型墓M6为带墓道的竖穴土坑木椁墓外，余多为带阶梯墓道的竖穴偏洞室墓，葬式为头向北的直肢葬，盛行殉车、殉牲，随葬品丰富。

榜沙河及山丹河流域的西戎文化遗址皆为调查发现，未经发掘。其中，王门墓地、马坪墓地、令川村墓地可确定为东周戎人墓地。

马坪遗址位于甘肃省天水市武山县滩歌镇关庄村西北，地处山丹河西岸的台地上，总面积约为2万平方米。2016~2017年秦文化与西戎文化联合考古队调查时在台地顶部发现被盗掘的

[1] 早期秦文化联合考古队：《甘肃清水李崖遗址考古发掘获重大突破》，《中国文物报》2012年1月20日第8版。
[2] 早期秦文化联合考古队：《牛头河流域考古调查》，《中国历史文物》2010年第3期，第4~23页。
[3] 早期秦文化联合考古队：《牛头河流域考古调查》，《中国历史文物》2010年第3期，第4~23页。
[4] 王辉：《张家川马家塬墓地相关问题初探》，《文物》2009年第10期，第70~77页。
[5] 早期秦文化联合考古队、张家川回族自治县博物馆：《张家川马家塬战国墓地2007~2008年发掘简报》，《文物》2009年第10期，第25~51页（下图亦属此文）。

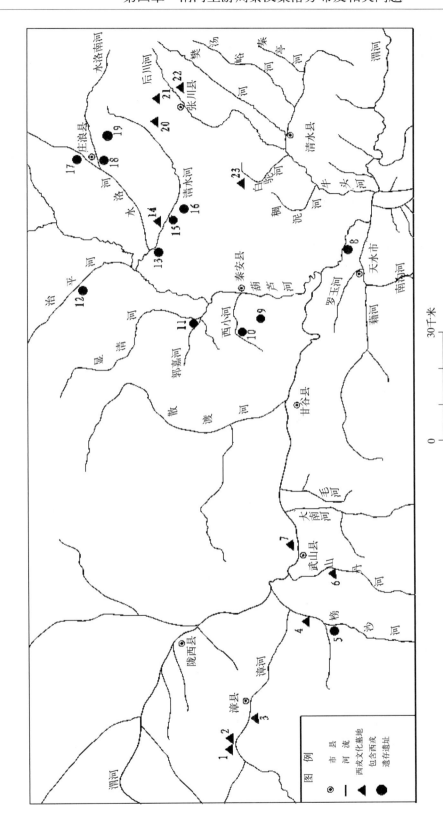

图四—三　渭河上游西戎文化遗址分布图

1. 漳县墩坪　2. 漳县吴家门　3. 漳县张家岭　4. 武山王家　5. 武山东家坪　6. 武山马坪　7. 武山王门　8. 水洛贺子沟　9. 秦安令川　10. 秦安山王家　11. 秦安寺咀坪　12. 静宁番子坪　13. 秦安莲花　14. 秦安王洼　15. 五营蔚末　16. 五营老虎穴　17. 庄浪堡子坪　18. 水洛南河　19. 庄浪贺子沟　20. 张家川高崖　21. 张家川高崖　22. 张家川马家塬　23. 张家川长沟　23. 白驼刘坪

墓葬及盗洞。两座墓均破坏较严重，应为头向西的竖穴墓，填土中发现有兽骨，随葬器物在头端，人骨被扰乱，采集有绳纹灰陶及夹砂褐陶陶器。陶盆为夹砂灰陶，侈口，尖唇，高领，束颈，圆肩，鼓腹，口沿下竖绳纹被抹，残留痕迹较浅且分布均匀，颈部以下饰竖绳纹，绳纹较深，腹部绳纹被抹形成一圈抹光带。两件陶罐均为夹砂褐陶，器形相似，侈口，方唇，沿上附两对称的鸡冠状鋬耳，束颈，鼓腹，平底，其中一件腹部饰竖绳纹。调查还采集有铁矛一件，铁矛呈柳叶形，脊不明显，骹中空，骹口呈圆形，与秦安王洼和漳县墩坪出土的铁矛均较为相似。因而，该遗址应为一处戎人墓地。

漳河流域的西戎文化遗址仅墩坪遗址经过发掘。在墩坪墓地10千米范围内，还有吴家门墓地和张家岭墓地两处戎人墓地[1]。

墩坪遗址位于甘肃省定西市漳县三岔镇三岔村北，地处漳河北岸的台地上。遗址北侧为墓葬区，面积约为15万平方米。发掘的墓葬包括13座竖穴土坑墓和13座竖穴土坑偏室墓，葬式以头向东的仰身直肢葬为主，盛行殉牲，遗址年代为春秋晚期至战国中期[2]。

5. 秦汉遗址

因往年调查对汉及以后遗址的介绍较少，上图所标注的仅为2005、2008年早期秦文化联合考古队的牛头河流域调查及2016、2017年秦文化与西戎文化联合考古队的渭河上游调查所发现的部分遗址。根据这两次调查的情况来看，汉代遗存在渭河上游地区应有广泛分布（图四一四）。

明确的秦代遗存发现较少，在秦安、天水及武山零星分布。因天水放马滩墓群所处位置属长江流域嘉陵江上游地区，不在本书讨论的地理单元内，故暂不予论述。

秦安上袁家墓地位于甘肃省天水市秦安县陇城镇上袁家村东，背山面沟，坡度较大。M6、M7东西并列，应为一对夫妇异穴墓，M6墓主为女性，M7墓主为男性。M6为竖穴土坑墓，M7为带斜坡墓道的竖穴土坑墓（图四一五），皆为秦墓常用形制，墓内随葬车马及大量殉牲的葬俗在秦墓中亦存在，发掘者将其年代定为秦统一至二世时期[3]。

包含汉代遗存的遗址不仅数量多，而且分布范围非常广泛。许多遗址中都含有汉代遗存，几乎涵盖了整个渭河上游地区，但汉代遗存多为遗址中的次要文化因素，以汉代遗存为主的遗址发现较少。樊家城遗址为为数不多的以汉代遗存为主的遗址之一。

樊家城遗址位于甘肃省天水市麦积区中滩镇背湾村西，地处渭河北岸、葫芦河南岸的台地上，地形平坦开阔，总面积约为30万平方米。2016～2017年秦文化与西戎文化联合考古队调查发现夯筑城墙，夯层中夹杂有史前陶片和汉代绿釉罐残片，应为汉代城址。在城墙内发现大量汉瓦，内布纹外粗绳纹，年代为西汉中晚期；还有楔形砖等建筑构件。在城墙外发现灰坑、墓葬等遗迹。城内为汉代遗存，城外为史前遗存。

[1]　甘肃省文物考古研究所：《甘肃漳县墩坪遗址发现春秋战国戎人墓地》，《中国文物报》2015年6月19日第8版。
[2]　甘肃省文物考古研究所：《甘肃漳县墩坪墓地2014年发掘简报》，《考古》2017年第8期，第34～51页。
[3]　甘肃省文物考古研究所：《甘肃秦安上袁家秦汉墓葬发掘》，《考古学报》1997年第1期，第57～79页。

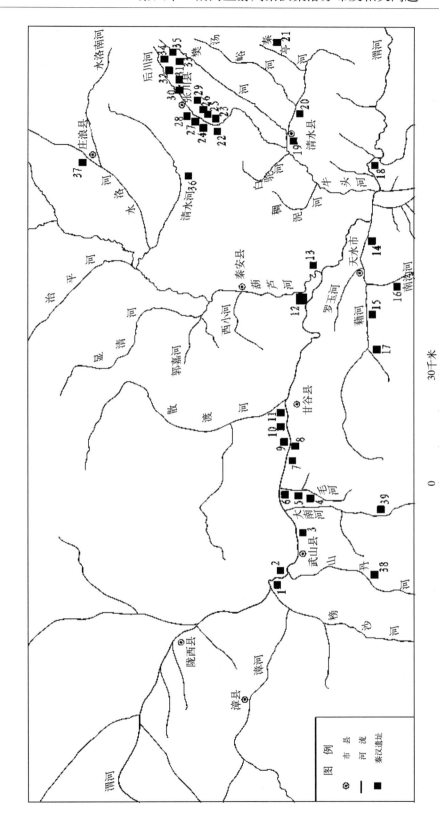

图四—一四　渭河上游秦汉遗址分布图

1. 武山广武坡　2. 武山古堆　3. 武山张家庄　4. 甘谷樊家庄　5. 甘谷草坪　6. 武山雨家山　7. 甘谷堡坡　8. 甘谷瓦盆窑　9. 甘谷四十里铺　10. 甘谷城儿坪　11. 甘谷七甲庄　12. 天水十字　13. 天水樊家城　14. 天水师家庄　15. 天水西山坪　16. 天水贾家寺　17. 天水油坊沟　18. 天水西庙坡　19. 清水免儿坡　20. 清水祁家沟　21. 清水温家十字　22. 张家川杨村　23. 张家川王店北　24. 张家川夏堡　25. 张家川油坊沟　26. 张家川南沟　27. 张家川袁川　28. 张家川崔湾　29. 张家川袁川　30. 张家川三台观　31. 张家川上磨　32. 张家川古土　33. 张家川麻崖　34. 张家川笤　35. 张家川东笤　36. 秦安上袁家　37. 庄浪堡子坪　38. 张家川东家坪　39. 武山范家山

图四一五　上袁家 M6、M7 墓葬平面图

6. 小结

渭河上游地区分布的考古学文化主要为寺洼文化、周文化、秦文化和西戎文化。

寺洼文化主要分布在水洛河流域庄浪县境内，渭河干流地区分布较少，仅在武山甘谷交界处的磐安—洛门小盆地发现零星遗存。东周时期的西戎文化与西周时期的寺洼文化同属"西戎文化"范畴，在分布地域上重合度较高，只是东周西戎文化的分布范围较寺洼文化扩大。但二者之间在年代上存在缺环，文化面貌迥异，应分属不同的人群，基本没有承袭关系。寺洼文化人群为当地土著，而东周西戎文化遗存具有强烈的北方草原风格，且人种以北亚蒙古人种为主，应为从北方蒙古高原南下而来的外来人群。东周西戎文化不局限于水洛河流域，在渭河多条支流皆有分布，包括张家川县、庄浪县、秦安县、武山县及漳县境内。值得注意的是，东周西戎遗址在葫芦河及后川河上游流域、榜沙河及山丹河流域、漳河流域成片分布，应与其族属有关。

周文化主要分布在渭河干流地区，在牛头河流域亦有零星分布。秦文化接替周文化在渭河上游兴起，仍占据着渭河干流地区和牛头河流域，在分布地域上重合度极高，仅遗址的数量及密度大幅度增加。秦人西迁为周王室守卫西土，周文化与秦文化在该地区实为前后相承。秦文化遗址在武山甘谷交界处、天水市周边、清水县境内成片集中分布的格局一方面是由于自然条件的限制，一方面也是受周文化遗址分布格局的影响。

渭河上游地区寺洼文化遗址数量较少，说明该地区是西周时期寺洼文化势力的薄弱区。寺洼文化与周、秦文化在分布地域上基本没有交集，说明周人、秦人在进入渭河上游地区之后基本没有触动当地寺洼人群的既得利益，相互之间和平共处，互通有无，与西汉水上游秦与寺洼的紧张对峙形成鲜明对比。寺洼文化与周、秦文化在该地区的和谐共处，使得周人，特别是初入陇右的秦人得到了广阔的发展空间。而东周西戎文化进入渭河上游地区时，渭河干流地区和牛头河流域已被秦文化所占据，自然无其容身之地；且在此后的秦戎斗争中，秦人取得了一系列的胜利，西戎诸族臣服于秦，故其主要分布在秦文化周边的渭河支流地区也在情理之中。

渭河干流和牛头河流域虽然皆分布有大量的周、秦文化遗址，但渭河干流地区的周、秦文化遗址规模普遍较大，而牛头河流域的遗址规模则较小，仅有李崖一处超大型遗址，造成这一差异的原因应与两处的自然环境有关。渭河干流两岸的河谷盆地自然条件较好，多平坦开阔的台地，背山面水，适合大型遗址的分布；而牛头河两岸除李崖遗址所在的牛头河中游地区地形平坦开阔外，沟壑纵横，台地破碎，不符合大型遗址分布的自然条件。

周、秦文化遗址主要分布在渭河干流和牛头河流域，与其处在古代关陇通道沿线息息相关。不论是周人开拓西土还是秦人西迁陇右，均离不开关陇通道。从关中通往陇右的通道主要有沿泾河河道越六盘山的泾水道和沿汧河河道越陇山的汧水道，以及"陈仓峡道"等险道[1]。不论是走泾水道还是汧水道，到达陇右之后皆可沿牛头河南下至渭河干流的今天水市地区；而走"陈仓峡道"也必经过今天水市[2]。故周、秦文化遗址主要分布在渭河干流和牛头河流域一定程度上是由于周人、秦人西进陇右的路线决定的。

秦汉时期，在大一统王朝的统治下，民族融合成为主流，各族属之间固有的势力范围被打破，汉代遗存开始遍布整个渭河上游地区。

[1]　张天恩：《古代关陇通道与秦人东进关中线路考略》，《周秦文化研究论集》，科学出版社，2008年，第256～264页。

[2]　裴建陇：《周秦史事与考古发现的局部整合——以西周时期渭河上游为时空框架》，《天水师范学院学报》2017年第1期，第47～51页。

第五章　渭河上游地区仰韶晚期至汉代农作物种植结构及其影响因素的初步研究

　　渭河上游地区是先民最早定居的地区之一，具有悠久的农业发展历史和完整的文化序列，是研究中国北方粟黍农业起源与发展，以及东西方农作物交流和传播的理想区域。近年来该地区植物考古学研究取得了较多成果，但研究地点和时段分布不均衡，主要集中在对某一时期某个典型遗址的详细讨论上，并未开展大区域长时间尺度的农业发展历程研究，且未进行系统测年工作。

　　针对以上问题，本文利用渭河上游地区44处仰韶晚期至汉代遗址采集的14503粒炭化植物种子样品，在其种属鉴定和测年的基础上，系统梳理了渭河上游地区这一阶段农业发展历程及其影响因素。再结合甘青地区，尤其是青藏高原东北部地区和河西走廊地区已发表的相关数据开展对比分析，探讨不同区域应对气候变化所采取的策略。

第一节　研究材料与方法

　　2017～2018年，早期秦文化于西戎文化项目组（后文简称"项目组"）对渭河上游地区140多处遗址进行了调查，其中，对44处典型遗址进行采样（图四一六），采样过程中要保证：（1）采集文化层、灰坑等单位中的土样，保证避免有现代人活动造成的地层扰动及遗迹单位的二次堆积，采集的所有遗迹单位都清理出完整的剖面。（2）采样的遗迹单位中均发现有可以断代的陶片，避免对遗迹单位认识模糊，采集的陶片现场由项目组考古学者综合判断，确定其文化属性及相对年代。

第二节　科技检测结果

一　测年结果

　　本研究对渭河上游地区调查采样的21处遗址选取植物遗存进行AMS碳-14直接测年，测年材料均为农作物遗存（粟、小麦、大麦、水稻、荞麦），得到该地区5500～2000 BP的长序列年代结果，基本囊括了仰韶晚期文化、马家窑文化、齐家文化及周代文化（表1），其余23处遗址没

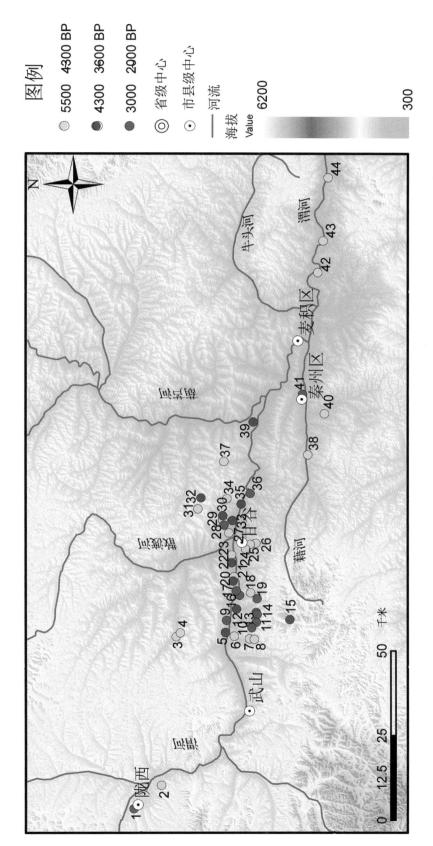

图四一六　渭河上游地区调查采样遗址分布图

1. 陇西西河河滩遗址　2. 暖泉山遗址　3. 礼辛镇遗址　4. 鹦鹉山遗址　5. 五里坪遗址　6. 刘家窑遗址　7. 雨家咀遗址　8. 堡坡遗址　9. 老谷山遗址　10. 马家坪遗址　11. 董家坪遗址　12. 四十里铺遗址　13. 秦家坪遗址　14. 点田地遗址　15. 水泉沟遗址　16. 圆固堆遗址　17. 瓦盆窑遗址　18. 椿树湾遗址　19. 北坡寺遗址　20. 柳家坪遗址　21. 一二级电灌地遗址　22. 十字道遗址　23. 瓦窑顶遗址　24. 上仁湾遗址　25. 阳山遗址　26. 城耳坪遗址　27. 灰地儿遗址　28. 三角地遗址　29. 寺坪遗址　30. 杨家坪遗址　31. 郑家山梁遗址　32. 斜湾顶遗址　33. 十坡村遗址　34. 陇山崖遗址　35. 渭水咀遗址　36. 岔上遗址　37. 山坪里遗址　38. 师赵村遗址　39. 樊家城遗址　40. 西山坪遗址　41. 汝季遗址　42. 柴家坪遗址　43. 蔡科顶遗址　44. 周家湾遗址

有直接测年，但我们根据采样现场出土的陶片可基本确定遗址的考古学文化属性，从而给出遗址的大致年代范围。因此，依据AMS碳-14直接测年及考古学文化属性断代，将调查的44处遗址根据时代早晚大致可分为三个阶段：第一阶段为仰韶文化晚期（5500～4300 BP）；第二阶段为齐家文化时期（4300～3600 BP）；第三阶段为商周至汉代（3600～2000 BP）。遗憾的是，这一地区未发现明确的相当于商代（3600～3000 BP）的寺洼文化、辛店文化等性质的文化层或遗迹，因此未采集到的这一时期的植物标本，此段测年数据空缺。

表 1　渭河上游地区调查遗址碳-14年代结果

遗址	实验室编号	材料	放射性年代（BP）	校正年代（cal BP）		文化类型或时代
				1 sigma	2 sigma	
堡坡	LZU17206	粟	4495±25	5167±113	5168±122	马家窑
雨家山	LZU17196	粟	4465±25	5131±143	5129±154	仰韶晚期
阳山	LZU17195	粟	4450±25	5119±144	5123±157	马家窑
灰地儿	LZU17208	粟	4425±35	5049±162	5073±202	仰韶晚期
礼辛镇	LZU17210	粟	4185±35	4738±91	4712±126	马家窑
师赵村	LZU17191	粟	4000±25	4471±43	4470±50	仰韶晚期
郑家山梁	LZU17212	粟	3725±25	4069±75	4067±82	齐家
圆固堆	LZU17207	粟	3600±30	3914±49	3908±70	齐家
五甲坪	LZU17193	粟	3585±25	3877±33	3902±68	齐家
十坡村	LZU17201	粟	3570±35	3875±44	3850±124	齐家
水泉沟	LZU17211	粟	3570±25	3866±28	3849±116	齐家
一二级电灌地	LZU17203	粟	3520±35	3784±62	3792±94	齐家
窑上	LZU17189	小麦	2865±25	3001±54	2976±89	周代
陇西西河滩	LZU17188	小麦	2765±30	2856±62	2863±80	周代
秦家坪	LZU17197	小麦	2545±25	2644±100	2625±122	周代
董家坪	LZU17198	小麦	2510±25	2613±106	2614±123	周代
汝季	LZU17190	小麦	2445±25	2532±152	2529±170	周代
老爷山	LZU17202	小麦	2420±20	2412±48	2517±161	周代
三角地	LZU17200	大麦	2320±25	2343±8	2335±22	周代
城耳坪	LZU17199	水稻	1910±25	1852±27	1869±56	汉代
刘家墩	LZU17204	荞麦	1380±20	1296±7	1300±20	汉代

二　浮选结果

　　调查过程中在44处不同时期的遗址上采集了101份共计2004L浮选土样，从中拣选出炭化木屑及炭化植物种子两大类植物遗存。

　　此44处遗址浮选样品中均发现炭化植物种子（图四一七），挑选并鉴定出14503粒植物种子，平均每份浮选土样出土144粒，每升土中有7粒。根据种属的不同，分为两大类：炭化农作

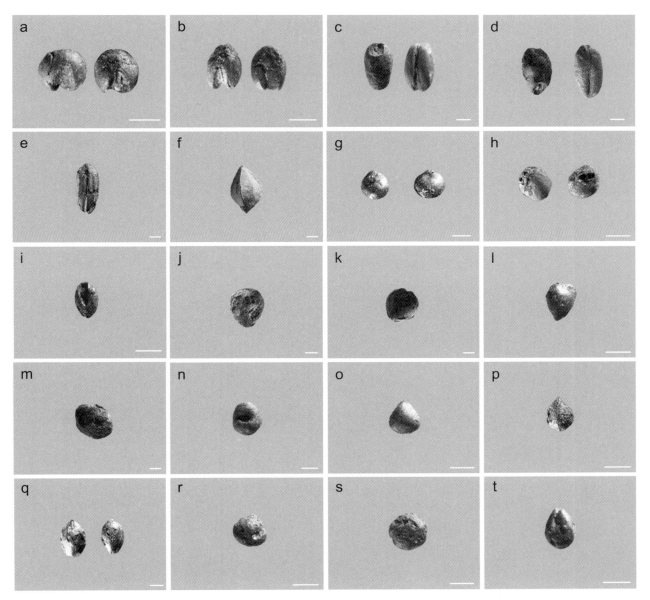

图四一七　渭河上游地区炭化植物种子图（比例尺：1毫米）

(a)粟(*Setaria italica*)；(b)黍(*Panicum miliaceum*)；(c)小麦(*Triticum aestivum*)；(d)大麦(*Hordeum vulgare*)；(e)水稻(*Oryza sativa*)，(f)荞麦(*Fagopyrum esculentum*)；(g)藜(*Chenopodium album*)；(h)草木樨(*Melilotus suaveolens*)；(i)狗尾草(*Setaria viridis*)；(j)甘草(*Glycyrrhiza uralensis*)；(k)苦马豆(*Sphaerophysa salsula*)；(l)辣蓼(*Polygonum hydropiper*)；(m)马蔺(*Iris lactea*)；(n)麦仁珠(*Galium tricorne*)；(o)尼泊尔蓼(*Polygonum nepalense*)；(p)酸模(*Rumex acetosa*)；(q)胡枝子(*Lespedeza bicolor*)；(r)刺蓬(*Salsolacollina pall*)；(s)滨藜(*Atriplex patens*)；(t)地肤(*Kochia scoparia*)

物种子和炭化杂草种子。炭化农作物种子13603粒，主要包括粟（*Setaria italica*）10238粒，占农作物总数的75.25%，选取5500～4300 BP的450粒、4300～3600 BP的120粒和3000～2000 BP的69粒，共计722粒粟测量大小（附表4-4）；黍（*Panicum miliaceum*）共2032粒，占农作物总数的14.94%。选取5500～4300 BP的244粒、4300～3600 BP的31粒和3000～2000 BP的63粒，共计338粒黍测量大小；小麦（*Triticum aestivum*）共1017粒，占农作物总数的7.48%。选取4300～3600 BP的23粒、3000～2000 BP的286粒，共计309粒小麦测量大小；选取3000～2000 BP的138粒大麦测量大小（附表4-4）；水稻（*Oryza sativa*）2粒，占农作物总数的0.02%；荞麦（*Fagopyrum esculentum*）55粒，占农作物总数的0.40%。

浮选出杂草遗存共900粒，属于藜科、豆科、蓼科、禾本科、鸢尾科、莎草科、唇形科、胡颓子科、牻牛儿苗科等。

在仰韶晚期（5500～4300 BP）遗址中调查了22处，收集浮选土样49份共计991L，从中鉴定出炭化植物种子6330粒，主要包括农作物种子粟5150粒、黍1011粒、荞麦54粒、大麦1粒、水稻1粒，杂草种子113粒，在杂草遗存中，藜的数量最多，有35粒，其次是苍耳，有18粒，胡枝子有17粒，其余杂草种子数量都很少。从农作物粒径测量结果来看，该时期粟（*n*=450）的长、宽粒径测量的平均值为664μm、568μm，黍（*n*=244）的长、宽粒径测量的平均值为814μm、

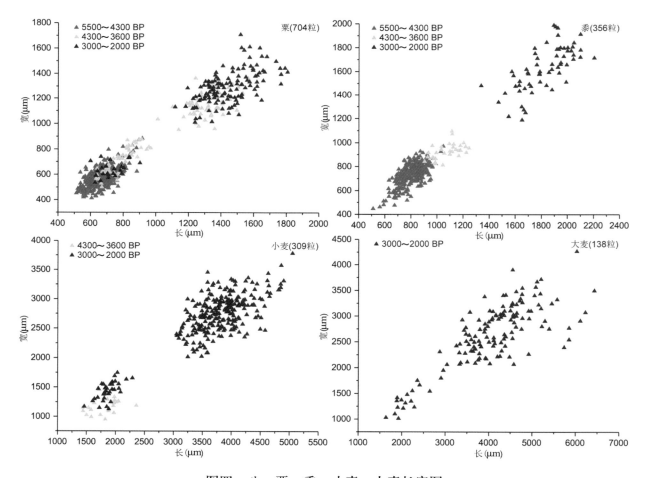

图四一八　粟、黍、小麦、大麦长宽图

744μm。

在齐家文化时期（4300～3600 BP）遗址中调查了10处，收集浮选土样21份共计387L，共鉴定出炭化植物种子4155粒，主要包括农作物种子粟3783粒、黍239粒、小麦39粒、大麦1粒，杂草种子93粒，其中包括藜61粒，苦马豆10粒，狗尾草8粒外，其余杂草遗存都很少。从农作物粒径测量结果来看，该时期粟（$n=120$）的长、宽粒径测量的平均值为1045μm、929μm，黍（$n=31$）的长、宽粒径测量的平均值为1076μm、927μm，小麦（$n=23$）的长、宽粒径测量的平均值为1817μm、1192μm。

在西周至汉代（3000～2000 BP）遗址中调查了12处遗址，收集浮选土样31份共计626L，共鉴定出炭化植物种子4018粒，主要包括农作物种子粟1305粒、黍782粒、小麦978粒、大麦257粒、水稻1粒、荞麦1粒，杂草种子694粒，其中包括藜634粒、马蔺15粒，其余杂草种子数量都很少。从农作物粒径测量结果来看，该时期粟（$n=152$）的长、宽粒径测量的平均值为1367μm、1214μm，黍（$n=63$）的长、宽粒径测量的平均值为1805μm、1606μm，小麦（$n=286$）的长、宽粒径测量的平均值为3660μm、2642μm，大麦（$n=138$）的长、宽粒径测量的平均值为4078μm、2648μm（图四一八）。

第三节　渭河上游地区主要农作物研究

本节依据渭河上游地区采集的植物遗存的科学检测结果以及已发表的相关研究成果，并结合考古学研究对此一区域的农作物利用情况做初步的分析。前文已说明，这一地区大致可分为三个阶段。鉴于3600～3000 BP没有此次采样检测的结果，笔者采用了黎海明等对葫芦河流域的植物考古研究成果以完善分析。为了方便讨论，第三阶段姑且分为前、后两段，前段为3600～3000 BP，后段为3000～2000 BP。

1. 第一阶段（5500～4300 BP）农作物分析

渭河上游地区5500～4300 BP的22处遗址浮选结果显示，采集浮选土样49份共计991L，鉴定出炭化植物种子6330粒，种子出土率为6粒/L，除暖泉山遗址（粟0粒，黍29粒）、周家湾遗址（粟46粒，黍50粒）、瓦窑顶遗址（粟0粒，黍1粒）、刘家墩遗址（粟50粒，黍314粒）、柳家坪遗址（粟7粒，黍9粒）的粟略少于黍外，其余17处遗址粟的绝对数量均大于黍，粟黍比为8.30。综合来看22处遗址的浮选情况，粟的绝对数量占农作物总量的82.84%，黍占农作物总量的16.26%，粟黍的数量比达到了5.09，从质量比来看，斜湾顶遗址、师赵村遗址、椿树湾遗址、蔡科顶遗址、十字道遗址、阳屲遗址、上仁湾遗址、杨家坪遗址、陡屲山遗址、堡坡遗址、灰地儿遗址、礼辛镇遗址粟的质量占比均高于黍，除此之外，其余遗址（柴家坪遗址、暖泉山遗址、周家湾遗址、西山坪遗址、山坪里遗址、雨家屲遗址、瓦窑顶遗址、刘家墩遗址、柳家坪遗址、鹦鹉屲遗址）的黍质量占比大于粟，总体来看，粟的质量占粟黍总质量的63.85%，黍的质量占36.15%（图四一九）。另外，从农作物粒径测量结果来看，该时期粟（$n=450$）

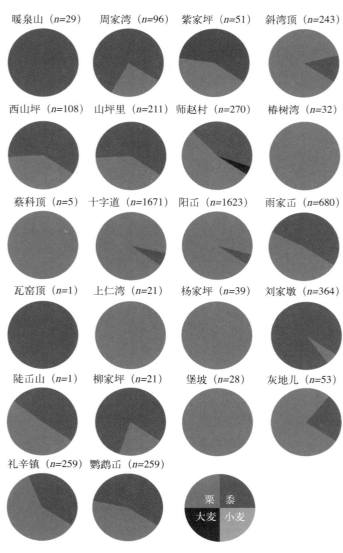

暖泉山 (*n*=29)　周家湾 (*n*=96)　紫家坪 (*n*=51)　斜湾顶 (*n*=243)

西山坪 (*n*=108)　山坪里 (*n*=211)　师赵村 (*n*=270)　椿树湾 (*n*=32)

蔡科顶 (*n*=5)　十字道 (*n*=1671)　阳屲 (*n*=1623)　雨家屲 (*n*=680)

瓦窑顶 (*n*=1)　上仁湾 (*n*=21)　杨家坪 (*n*=39)　刘家墩 (*n*=364)

陡屲山 (*n*=1)　柳家坪 (*n*=21)　堡坡 (*n*=28)　灰地儿 (*n*=53)

礼辛镇 (*n*=259)　鹦鹉屲 (*n*=259)　　粟　黍　大麦　小麦

图四一九　渭河上游地区 5500～4300 BP 各遗址出土农作物遗存质量比例

的长、宽粒径测量的平均值为664μm、568μm，黍（*n*=244）的长、宽粒径测量的平均值为814μm、744μm。因此，渭河上游地区5500～4300 BP形成了以粟为主、黍为辅的稳定的旱作农业结构。在本阶段，除了粟黍这两种最主要的农作物外，在柳家坪遗址还发现1粒水稻，师赵村发现遗址1粒大麦，刘家墩遗址发现54粒荞麦。

2. 第二阶段（4300～3600 BP）农作物分析

渭河上游地区4300～3600 BP的10处遗址浮选结果显示，采集浮选土样21份共计387L，鉴定出炭化植物种子4155粒，种子出土率为11粒/L，这10处遗址中，浮选出的粟均占绝对优势。综合来看10处遗址的农作物遗存统计结果，粟、黍、小麦、大麦的绝对数量分别占农作物总量的93.13%、5.88%、0.97%、0.02%。从质量比来看，水泉沟遗址、五甲坪遗址、一二级电灌地遗址、郑家山梁遗址、樊家城遗址、四十里铺遗址、十坡村遗址、渭水峪遗址、圆固堆遗址粟的质量占比均高于黍，除此之外，寺坪遗址黍质量占比大于粟，粟、黍、小麦、大麦质量分别占农作物总质量的75.44%、13.75%、10.47%、0.35%，粟黍比达15.83（图四二〇）。另外，从农作物粒径测量结果来看，该时期粟（*n*=120）的长、宽粒径测量的平均值为1045μm、929μm，黍（*n*=31）的长、宽粒径测量的平均值为1076μm、927μm，小麦（*n*=23）的长、宽粒径测量的平均值为1817μm、1192μm，因此，渭河上游地区4300～3600 BP形成了以粟为主、黍为辅，麦类作物开始出现的农业结构，且粟黍的长宽粒径均大于5500～4300 BP。

3. 第三阶段前段（3600～3000 BP）农作物分析

由于此次渭河上游地区的植物考古调查中，未能采集到此阶段的可靠标本，但有学者在渭河支流葫芦河流域，曾发现了3处该时期遗址并采集了样品，植物遗存碳-14测年在3600～3000 BP间，分别是高庄遗址（小麦测年，3564～3414 cal BP）、西河遗址（粟测年，3607～3279 cal

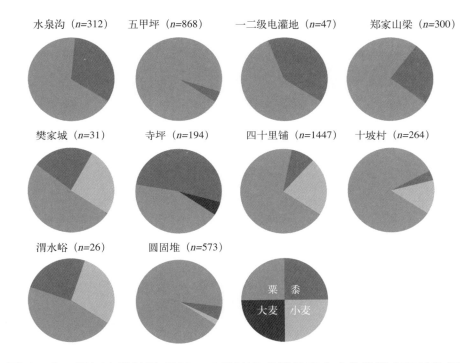

图四二〇　渭河上游地区 4300 ～ 3600 BP 各遗址出土农作物遗存质量比例

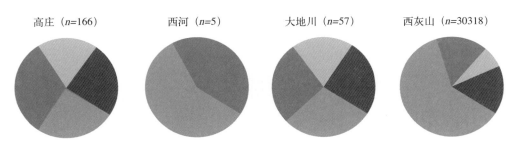

图四二一　甘青地区 3600 ～ 3000 BP 各遗址出土农作物遗存质量比例

(Chen et al., 2015; 杨谊时, 2017; 黎海明, 2018)

BP）和大地川遗址（大麦测年，3386～3238 cal BP），综合这3处遗址植物遗存质量百分比来看，粟、黍、小麦、大麦质量分别占农作物总质量的26.35%、30.70%、18.79%、24.16%，粟黍比达2.48，粟黍与麦类作物的比为13.25（图四二一）（黎海明，2018），自齐家晚期到寺洼文化时期，葫芦河流域仍是以粟黍农业为主，但麦类作物已经传播至该地区，并发挥越来越重要的作用。

4. 第三阶段后段（3000～2000 BP）农作物分析

渭河上游地区3000～2000 BP的12处遗址浮选结果显示，采集土样31份共计626L，鉴定出炭化植物种子4018粒，种子出土率为6粒/L，综合来看这12处遗址浮选情况，粟、黍、小麦、大麦的数量分别占农作物总量的39.28%、23.54%、29.44%、7.74%，粟黍比达1.67，粟黍与麦类作物的比为1.69（图四二二）。另外，从农作物粒径测量结果来看，该时期粟（n=152）的长、

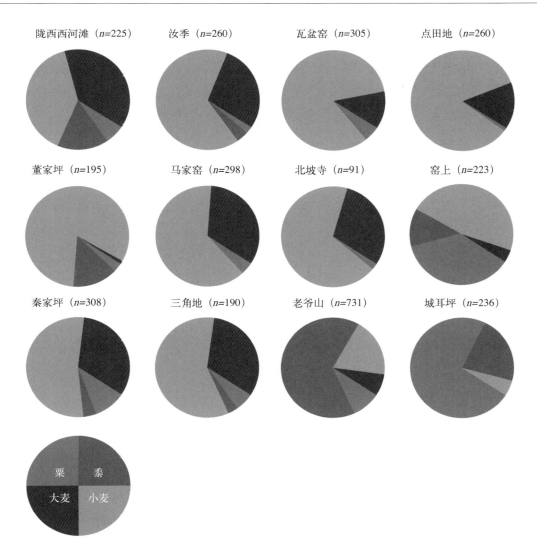

图四二二　渭河上游地区 3000 ～ 2000 BP 各遗址出土农作物遗存质量比例

宽粒径测量的平均值为1367μm、1214μm，黍（n=63）的长、宽粒径测量的平均值为1805μm、1606μm，小麦（n=286）的长、宽粒径测量的平均值为3660μm、2642μm，大麦（n=138）的长、宽粒径测量的平均值为4078μm、2648μm，因此，渭河上游地区3000～2000 BP形成了麦类作物为主，尤以小麦为主，粟黍居于次要地位的农业结构。

第四节　渭河上游地区农作物种植结构的影响因素分析

受自然环境的影响，先民不得不改变自身的生活习惯、生业模式来适应环境的变化，以实现自身的生存和发展。自然环境和社会经济限制因素颇多，自然因素如温度、降水、地貌、海拔等，直接影响到一个地区的植被组合类型、生业模式（狩猎采集、农业、畜牧业等）。社会经济因素如人口数量的变化、文化交流等，也会对固有的农业结构产生冲击。渭河上游地区自新石器时代以来，就以农业发展为主，但农作物组合类型在不断地变化，这可能与气候条件不断改变、东西方文化交流背景下人口数量变化都有关系。本章根据已经重建的渭河上游地区5500～2000 BP的农作物利用历史，探究其不同阶段种植结构背后的原因。

1. 气候变化对渭河上游地区种植结构的影响

气候变化在人类发展历史上起到举足轻重的作用。大规模的移民、社会扩张、技术创新等都与气候变化息息相关，如在晚更新世到全新世早中期，冷干事件造成古文明的衰落（Staubwasser et al., 2003; Marshall et al., 2011; Timmermann and Friedrich, 2016; Dong et al., 2017a; Staubwasser et al., 2018）；但当温暖湿润的气候适合先民生存时，人类活动强度会显著增强，文化繁盛（胡雅琴等，2016）。当气候恶化时，会导致一系列古文化衰落或先民离开原生存地转移至其他适宜生存的地方（Bhattacharya et al., 2015; Bai et al., 2017）。总体而言，自新石器时代晚期至青铜时代，以全球变冷为主，在全球变冷的大背景下，先民的生存空间反而扩大，如中亚（Spengler and Willcox, 2013; Spengler, 2015）、青藏高原地区（Chen et al., 2015）。

环境考古学研究和高精度的AMS碳-14测年结果对研究某一地区的人类活动强度及生存策略研究有重要意义（Hageman and Goldstein, 2009; Gaudzinski-Windheuser and Kindler, 2012; Dong et al., 2016, 2018）。本文主要将同属黄河上游地区的渭河上游地区及青藏高原东北部进行对比分析，探讨气候变化对不同区域农业结构的影响有何异同（图四二三，1）。根据渭河上游文化发展轨迹来看，仰韶晚期文化、马家窑文化和齐家文化时期遗址数量多、分布范围广，而寺洼、辛店等青铜时代文化则衰落明显。然而相邻的青藏高原东北部地区，从黄河上游谷地向高海拔地区迁移，并于3600 BP前后在气候变冷条件下永久定居在青藏高原海拔3000米以上地区（Marcott et al., 2013; Chen et al., 2015）。另外根据植物考古学和动物考古学研究证据表明，在青铜时代，当地先民采用包括大麦、绵羊、牦牛等在内的耐寒的农牧生活方式，极大的满足了先民的生活需求（Chen et al., 2015; 任乐乐，2017）。考古调查显示该地区自新石器时代到青铜时代的聚落分布明显是延续的，且青铜时代遗址数量要比新石器时代数量多、分布广（国家文物局，1996），这与渭河上游地区的调查结果有很大差异。

利用本文在渭河上游地区新取得的测年结果，再结合已发表的农作物直接测年结果，建立起渭河上游地区新的年代框架来反映人口规模的大小（图四二三，1f），一般认为人口规模大，人类活动强度大，所积累的可用于测年的材料多，从而测得的年代样品量大，可作为反映史前人口规模的指标之一（Peros et al., 2010; Wang et al., 2014; 王灿，2016）。渭河上游地区5500～4300 BP年代频率曲线出现小波动，这说明该地区早期农耕人群开始走向定居；4300～3600 BP波动频率显著增加，说明齐家文化时期该地区人群活动规模显著增加；3600～3000 BP缺乏放射性碳年代，可以说明该阶段人类定居强度小，缺乏测年材料，3000 BP后年代频率曲线又以较低频率开始波动，说明人类定居强度又逐渐开始增大（图四二三，1f）。青藏高原东北部5500～4300 BP、4300～3600 BP先民活动强度与渭河上游地区基本保持一致，但在3600～3000 BP、3000～2000 BP这两个时间段，两地先民活动存在明显不同，青藏高原东北部5500～3600 BP，先民活动强度以相对较低的幅度波动，在4100～3800 BP波动幅度达到顶峰，然后再次趋于下降（图四二三，1h）（Chen et al., 2015）。

　　渭河上游地区处于我国农牧交错带，对于季风气候变化响应非常敏感，地表的古土壤S0为全新世中期广泛发育的黑垆土，后被全新世晚期发育的风成黄土L0所覆盖（黄春长，2001）。该地区自新石器时代以来，先后经历了大地湾文化、仰韶文化、马家窑文化、齐家文化及后续的寺洼、辛店等青铜时代文化，青铜文化之前的时期，该地文化的性质均属于稳定的定居农业，主要的农业结构为旱作农业，生产工具有石锄、石刀、石铲等（王辉，2012）。后因为气候恶化，导致水土资源退化，农业发展受挫，游牧业发展兴起，分裂为多个青铜时代文化（甘肃省博物馆，1960；施雅风等，1996）。短期极端气候突变事件的危害远大于长期气候变化幅度较小所带来的影响（Roxby, 1930），连续几年的气候恶化使得农作物绝收失去来年种植的作物种子，农业无法在短期内恢复生产，从而直接导致遗址数量减少、规模变小，鉴于此，本文针对渭河上游天水地区的调查中，未发现一处该时期浮选出植物遗存的遗址。

　　新石器晚期至青铜时代是人地关系演变的重要时期，跨大陆的文化交流开始出现并加强（Spengler, 2015; Dong et al., 2017b; Liu et al., 2019），并且伴随着明显的气候波动事件，本文采用的高分辨率气候记录包括九仙洞石笋，$\delta^{18}O$反映季风强度变化，石笋的$\delta^{18}O$越偏负，指示季风越强（Hu et al., 2008; Cheng et al., 2009; Yang et al., 2010; Cheng et al., 2012）（图四二三，1a）；六盘山天池沉积物中的Paq（aquatic plant n-alkane proxy）表示沉水植物输入的烷烃占中长链烷烃的比重（图四二三，1b）（Ficken et al., 2000），它的整体增加的趋势可以用来反映六盘山天池湖泊水位逐渐降低，气候逐渐变干的过程（Sun et al., 2018）；北半球北纬30°～90°温度重建数据来直观的反映温度的变化（图四二三，1c, Marcott et al., 2013）；甘油二烷基甘油四醚脂（GDGTs, Glycerol Dialkyl Glycerol Tetraethers）主要受两个因素的控制：大气温度和土壤pH值，因此可以用来重建温度变化（图四二三，1d）（孙惠玲，2011）。根据高分辨率古气候记录，在4000 BP前后，全球温度和降水下降，气候趋于干冷化（Wang et al., 2005; Marcott et al., 2013），对照周围地区已开展工作的环境剖面或湖泊岩芯指标来看，本研究区气候干冷化趋势也很明显（An et al., 2005；唐领余和安成邦，2007；孙惠玲，2011）。如唐领余和安成邦在定西及秦安马营、大地湾、涧滩、定西、苏家湾五处全新世黄土剖面的孢粉记录来看，在7600～5900 BP该地植被以森林为主，植被覆盖率高，反映了当时气候温暖湿润，自3800 BP后，植被开始转向荒漠草原，反映气候向干冷化趋势发展（An et al., 2005；唐领余和安成邦，2007）；孙惠玲利用六盘山天池GDGTs重建了近6000 BP来黄土高原的气候变化，发现6000～5200 BP气候表现为暖湿；5200～4800 BP存在快速的气候波动，以冷干为主；4800～3800 BP气候回暖，为典型的暖湿气候；3800～500 BP气温、降水都较低且相对稳定，表现为冷干气候；500 BP以来，温度逐渐升高，降水逐渐减少，表现为暖干的气候类型（孙惠玲，2011）。

　　将古气候记录与年代频率曲线结合起来，可以说明先民生存受气候变化影响的程度。青藏高原东北部及渭河上游地区先民定居主要受温度变化的影响，降水变化起到次要作用，因为与降水曲线相比，温度曲线变化幅度更大，同时由于两地都位于黄河流域，水资源短缺引起的农业发展受阻可通过当地的水资源补给，因此相较于降水因素，温度因素则更为重要。两个地

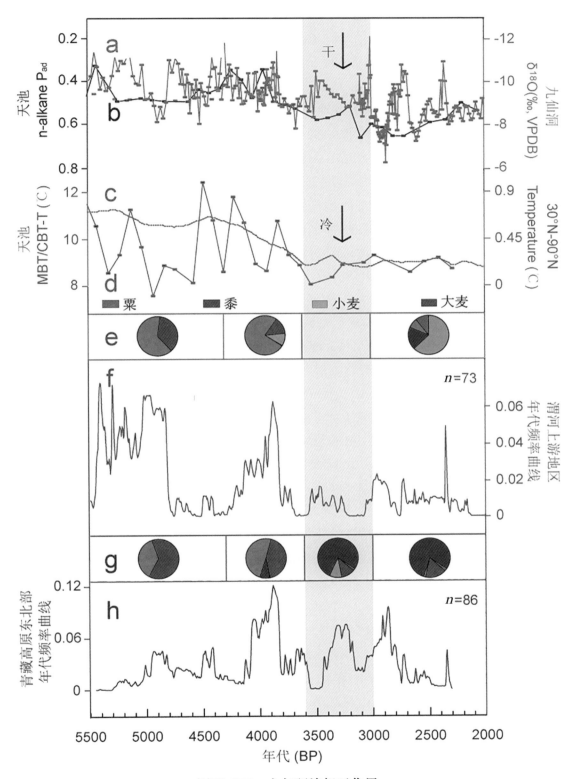

图四二三　人与环境相互作用

a. 九仙洞石笋δ¹⁸O记录（Cai et al.，2010）；b. 六盘山天池反映水生植物的相关指标（Sun et al.，2018）；c. 重建北半球距平温度（30°
to 90°N）（Marcott et al.，2013）；d. 六盘山天池MBT/CBT重建MAT温度（孙慧玲，2011）；e. 渭河上游地区农作物重量变化图；f. 渭
河上游地区碳-14测年结果建立年代频率曲线（Li et al.，2007; Jia et al.，2013; Dong et al.，2014; 陈亭亭等，2019）；g. 青藏高原东北部农作
物重量变化图（Chen et al.，2015）；h. 青藏高原东北部碳-14测年结果建立年代频率曲线（Dong et al.，2014; Chen et al.，2015）

区的年代频率曲线均在3600 BP下降（图四二三，1f和图四二三，1h），此时温度曲线也下降到最低点，但是青藏高原东北部的年代频率曲线很快就升高，说明该地的先民又重新调整策略在该地定居，但渭河上游地区3600～3000 BP近600年的时间内人类活动强度较低（图四二三，1e），在3000 BP之后人类活动强度加大。由于受气候变化的影响，两地的农业结构也发生了较大差异，在5500～4300 BP间，渭河上游地区形成以粟为主，黍为辅的农业结构，而在青藏高原东北部形成了以黍为主，粟为辅的农业结构（图四二三，1g），这与两地的海拔差异有关，青藏高原东北部海拔较高，温度低，更适宜耐寒性的黍的生长，而渭河流域海拔低，水源充足，气候温暖湿润，适合单产高的粟的生长。4300～3600 BP年间，渭河上游仍以粟作农业为主，黍作农业为辅的农业结构，麦类作物开始出现，且以小麦占大多数，而在青藏高原东北部，粟的比重上升，形成以粟黍为主、麦类作物为辅的农业结构，麦类作物中以大麦为主，说明此时发源于中亚新月形沃地的麦类作物已经通过青藏高原东北部及河西走廊传播至渭河流域。人类对于自然环境的变化有一个逐步适应的过程，只有逐步适应环境的变化，并调整自身的生存策略才能在一个地区长期稳定的生存下去。渭河流域先民面对气候波动，农作物减产，农业种植停滞，经过近600年时间的探索后，逐渐形成了以麦类作物尤以小麦为主的农业结构，并且这一农业结构在渭河流域长期稳定发展。同属黄河上游地区的青藏高原东北部地区的先民应对快速波动的气候变化，采取了不同的生存策略，3600 BP开始，以种植耐寒性强的大麦和牧羊为主的农牧混合经济人群大规模扩张并永久定居至海拔3000米以上的高海拔地区，自此，青藏高原东北部先民快速调整农业种植结构，形成以大麦种植为主，黍作农业种植为辅的农业结构。

　　世界各地先民应对气候变化所采取的策略也是多种多样的。在8450～5650 BP，由于气候的重大变化，意大利东南部的阿普里亚地区人口密度出现了相当大的波动，当地农民不得不重新调整各种作物的种植时间（Fiorentino et al., 2013）。同样地，尽管希腊在5800～4900 BP发生了三次持续干旱事件（5800～5700 BP、5450 BP和5000～4900 BP），但这些干旱事件对人类活动的影响微乎其微，当地先民及时针对气候变化来改变农牧业的发展策略（Lespez et al., 2016）。欧亚大陆西部的迦南地区，在青铜时代晚期由埃及帝国控制，在3200～3050 BP经历了气候干旱事件，州长们选择开发新的技术，如旱作和耕作，以应对日益干旱的气候（Finkelstein et al., 2017）。在印度河流域post-urban期间（3950～3150 BP），哈拉帕文明后期在外围地区种植了耐旱作物，如小米（Pokharia et al., 2014）。

2. 农作物特性对种植结构变化的影响

　　区域遗址数量在一定程度上可以反映人口规模，人口规模是影响农业种植结构的重要因素之一。渭河上游地区最早的文化为大地湾文化，之后是仰韶文化，这一文化时期，遗址数量增多，分布范围扩大，黍在中国北方地区广泛种植（Zhao, 2011; 刘长江等，2004），但该时期大地湾遗址同位素研究结果显示其生业模式为狩猎采集经济（Barton et al., 2009），与此同时，进入第一个人口增长期。农作物的种植改变了人类获取食物的能力，同时良好的气候条件为农业发展提供便利，6000 BP以来粟代替黍成为中国北方最重要的农作物，粟黍农业大力发展，并随着麦类作物传入，丰富了农业结构，为人类提供了主要的食物来源，人口规模二次扩张。渭河上游地区自5500 BP以来，人口增长，农业人口扩散，对粟黍的依赖性增强，这一时期气候虽有波动，但整体偏向温暖湿润，古文化繁荣，定居农业发展迅速。仰韶文化晚期以后，又经历了马家窑文化和齐家文化，遗址数量更多，分布范围更广，齐家文化后期4000 BP以后气候恶化，使原来统一的齐家文化分裂为多个青铜时代文化，大型聚落瓦解，聚落偏小且分散，人口较前一时期有所减少，繁盛的农业经济也解体，取而代之的是以畜牧业为主，兼具小规模农业（An et al., 2005；安成邦等，2003）。人口数量的变化对农作物产量提出不同的要求，先民根据农作物特性，选择适合本区域的农作物组合。

　　中国北方是粟黍作物的起源地，与西亚起源的小麦、大麦，在不同的时期，形成不同的农作物组合，这与农作物本身独有的特征有密不可分的关系。在新石器时代早期，以狩猎采集经济为主（严文明，2000；甘肃省文物考古研究所，2006），农作物类型单调，在北方兴隆沟遗址及山东月庄这些前仰韶文化遗址中，仅发现炭化黍（Zhao, 2011; Crawford et al., 2013），大地湾遗址一期地层中也仅发现黍（刘长江等，2004）；仰韶文化早中期先民开始使用粟，但仍以黍为主，如北阡遗址（王海玉，2012）；在仰韶文化晚期，粟的数量逐渐超越黍，在北方旱作农业中的作用越来越大（Zhou et al., 2011；刘长江等，2004；吉笃学，2007；刘长江等，2008；张健平等，2010；刘晓媛，2014；钟华等，2015），如新街遗址仰韶晚期的灰坑中出土的炭化粟占出土农作物总数的83%（钟华等，2015），大地湾遗址仰韶文化晚期地层中出土的粟也远多于黍（刘长江等，2004）；青铜时代，气候突变，向干冷化方向发展（Marcott et al., 2013），原来的粟黍农业已不能满足先民的生存需求，更适宜高寒环境中生长的麦类作物开始传播至中国北方地区，如河西走廊的火石梁遗址（3964±132 cal BP）、缸缸洼遗址（3843±132 cal BP）、西城驿遗址（3911±62 cal BP）（Dodson et al., 2013; 张雪莲等，2015a），新疆的小河墓地（3593±112 cal BP）、新塔拉遗址（3706±128 cal BP），青藏高原东北部的金蝉口遗址（3721±107 cal BP）等（Chen et al., 2015; Liu et al., 2016; Zhang et al., 2017）。不同学者提出了麦类作物不同的传播路线，Liu等认为小麦由哈萨克斯坦东部出发，经过天山、河西走廊、陇东进而传入黄土高原西部，大麦则由印度经青藏高原西南缘传入中国西北地区（Liu et al., 2017）；Dong等则认为麦类作物经欧亚草原向东传播，后沿黑河南下传入河西走廊地区，再向两侧传播，于3800 BP前后传至新疆及青藏高原东北部（Dong et al., 2017b）。

　　在气候条件未发生突变的情况下，粟、黍本身的特征是造成不同农业结构差异的最主要原因。相较于粟而言，黍生长最适宜的平均温度为6℃～8℃，平均降水量为350～450毫米，而粟生长最适宜的温度为8℃～10℃，平均降水量为450～550毫米（You, 1993），从这点来看，黍更适宜在年均温较低，降水较少的地方种植，另外，黍具有更强的抗病性，一般不会发生大面积的病虫害，也鲜遭到叶斑病、白化病等的影响，粟则容易遭到这些病虫害的影响（Baltensperger, 1996; Sutic et al., 1999），当连续耕作后，粟的白化病发病率比黍高2～4倍，并易造成大规模草荒（柴岩和冯佰利，2003）。黍的储存周期长，含有大量的蛋白质和亚油酸等，可以通过磨粉等方式制作营养丰富的食品，正是由于黍的抗病性、耐脊性、耐旱性强，生长周期短，在恶劣的环境中产量稳定，也大大减少了先民对于黍种植期间田间管理精力的投入。因此在农业技术不发达且对农业依赖程度较低的前仰韶文化及仰韶文化早期，先民更倾向于种植黍。仰韶文化晚期至马家窑文化时期，文化快速扩张，遗址数量增长到仰韶早期的3倍左右（Wagner et al., 2013），说明这时人口规模增加，农业强化，原来以黍为主的农业已不再能满足人口增长对于农作物的需求，粟的优势开始显现，粟比黍具有更高的产量（粟：2250～3750 kg/ha，黍：750～1500 kg/ha），且粟对于水分利用效率更高，农业承载力更高，更适合干旱地区（Seghatoleslami et al., 2008; 柴岩和冯佰利，2003），另外糯性黍是支链淀粉结构，营养价值不如粟（高国仁，1991），因此随着社会生产力提高，气候变暖，人口增多，粮食需求量增大，粟逐渐取代黍成为中国北方最主要的农作物，渭河上游地区5500～4300 BP的农业结构亦是如此，粟黍比达5.09。

4000 BP前后齐家文化时期，人口规模已经达到相当大的程度，人类对粮食的需求量增加，原来单一的粟黍农业已不能满足先民的生存需求，且单一的粟黍农业会增加农业系统的风险系数，同时在这一时期，气候事件导致粟黍大规模减产，进一步激化了人与环境之间的矛盾，这时在东西方文化交流的大背景下，麦类作物开始传入甘青地区，根据我国农作物产量多年统计数据来看，小麦750～800 kg/ha，大麦400～550 kg/ha，小麦的产量基本为大麦的2倍（杨文治和余存祖，2002；柴岩和冯佰利，2003），因此，小麦更能满足渭河流域先民的生存需求。同时与粟黍相比，麦类作物的适应能力更强，更适宜在寒冷的环境中生存，尤其大麦适合在高海拔的寒冷地区生长，因此在青藏高原地区更倾向于种植大麦。麦类作物传入甘青地区是一个循序渐进的过程，麦类作物开始向甘青地区传播，如青海的郭家山遗址，河西走廊的下孙家寨遗址及渭河上游的西山坪遗址、高庄遗址等，均发现该时期的麦类遗存，但数量较小，该时期还是以粟作农业为主的稳定的旱作农业结构。3600 BP以来，气候持续恶化，迫使先民不得不寻求新的生存策略，青藏高原东北部人群积极响应气候变化，转向种植耐寒性较强的大麦，这一转变也使得人类在3600 BP永久定居青藏高原（Chen et al., 2015）。渭河上游先民一时无法适应气候波动（黄春长，2001；黄春长等，2003），农业发展停滞不前，经过约600年的适应期，才重新开始发展农业，形成以小麦为主的农业结构。

第五节　结论

本文以渭河上游地区植物大遗存为研究对象，以植物大遗存的鉴定、主要农作物的粒径测量及碳-14测年为研究方法，系统梳理了渭河上游地区自5500 BP到2000 BP的农业发展历程，并结合毗邻地区所做相关研究，进行对比分析。本文在渭河上游地区的44处考古调查遗址中系统采集浮选样品，共鉴定出完整炭化植物种子14503粒，从中挑选出722粒粟、338粒黍、309粒小麦、138粒大麦进行长宽粒径测量，并对21个遗址的农作物种子进行AMS碳-14年代测定。以本文研究为基础，并结合研究区已发表的相关资料及周边区域资料，系统梳理了渭河上游地区的农业发展历程。主要结论如下：

（1）渭河上游地区共在44处新石器至青铜时代遗址点进行调查及采样工作，鉴定出炭化植物种子14503粒，其中包括农作物种子13603粒（粟10238粒，黍2032粒，小麦1017粒，大麦259粒，水稻2粒，荞麦55粒），占出土植物种子总数的93.79%。根据鉴定种属及AMS碳-14测年情况，渭河上游地区先民5500～2000 BP对主要农作物的利用历程可分为四个阶段：5500～4300 BP，先民主要利用粟黍，且以粟为主，黍为辅，粟、黍占比分别为63.85%、36.15%；4300～3600 BP，先民主要利用粟黍，麦类作物传播到该地区但未被普遍利用，粟黍占比为89.19%，麦类作物占比为10.81%，其中小麦占比为10.47%；3000～2000 BP，先民主要利用小麦，粟黍变为辅助农作物，小麦占比为62.18%，大麦占比为21.01%，粟黍占比为16.81%。本文的测年结果在3600～3000 BP存在缺环，推测该阶段渭河上游地区人类定居强度低。

（2）5500～2000 BP渭河上游地区先民对主要农作物粟、黍、小麦和大麦进行了长期的选育进化，粟的长、宽粒径变化结果是664μm、568μm（5500～4300 BP）、1045μm、929μm（4300～3600 BP）、1367μm、1214μm（3000～2000 BP）；黍的长、宽粒径变化结果是814μm、744μm（5500～4300 BP）、1076μm、927μm（4300～3600 BP）、1805μm、1606μm（3000～2000 BP）；小麦的长、宽粒径变化结果是1817μm、1192μm（4300～3600 BP）、3660μm、2642μm（3000～2000 BP）；大麦的长、宽粒径变化结果是4078μm、2648μm（3000～2000 BP），随时间的推移这些作物的粒径整体呈现上升趋势。

（3）渭河上游地区农业结构的变化历程主要受气候、人口规模及农作物特性的影响。4000 BP前，良好的温度和降水条件适宜粟黍作物种植，且以粟为主，这主要是因为伴随着人口规模扩大，原来的黍作农业已不能满足先民的生存需要，粟较之黍的产量高，可基本满足先民的生存需要。4000 BP后，气候恶化，农业减产，单一农业结构无法快速响应突变的气候，先民转向其他生业模式，如畜牧业，3000 BP后，先民逐渐适应气候变化，转而种植更适宜当时气候特征且产量更高的麦类作物，尤以小麦为主。

（4）不同区域对于气候突变的响应策略不同，甘青地区4000 BP左右气候恶化事件导致先民对植物资源选择利用种类存在显著差异，3600 BP左右，青藏高原人群主要以种植大麦，饲养牧羊为主，形成农牧混合经济并永久定居至海拔3000米以上的高海拔地区，而渭河上游人群无法快速适应气候恶化事件，农业发展停滞，直到3000 BP左右，才逐渐转变农作物种植结构，大规模种植小麦，体现出对生存环境变化的适应。

参考文献

An, C.B., Tang, L.Y., Barton, L., Chen, F.H. Climate change and cultural response around 4000 calyr BP in the western part of Chinese Loess Plateau[J]. *Quaternary Research*. 2005, 63(3): 347-352.

An, C.B., Feng, Z.D., Barton, L. Dry or humid? Mid-Holocene humidity changes in arid and semi-arid China[J]. *Quaternary Science Reviews*. 2006, 25(3-4): 351-361.

An, C.B., Ji, D.X., Chen, F.H., Dong, G.H., Wang, H., Dong, W.M., Zhao, X.Y. Evolution of prehistoric agriculture in central Gansu Province, China: A case study in Qin'an and Li County[J]. *Chinese Science Bulletin*. 2010, 55(18): 1925-1930.

Asouti, E., Kabukcu, C. Holocene semi-arid oak woodlands in the Irano-Anatolian region of Southwest Asia: natural or anthropogenic? [J]. *Quaternary Science Reviews*. 2014, 90: 158-182.

Atahan, P., Dodson, J., Li, X.Q., Zhou, X.Y., Hu, S.M., Chen, L., Bertuch, F., Grice, K. Early Neolithic diets at Baijia, Wei River valley, China: stable carbon and nitrogen isotope analysis of human and faunal remains[J]. *Journal of Archazeological Science*. 2011, 38(10): 2811-2817.

Bai, Y.J., Zhang, P.Z., Gao, T., Yu, R.Z., Zhou, P.C., Cheng, H. The 5400 a BP extreme weakening event of the Asian summer monsoon and cultural evolution[J]. *Science China Earth Sciences*. 2017, 60(6): 1171-1182.

Baltensperger, D.D. Foxtail and proso millet. In: Janick J, ed. *Progress in New Crops*. Alexandria: ASHS Press. 1996. 182-190.

Barton, L., Newsome, S.D., Chen, F.H., Wang, H., Guilderson, T.P., Bettinger, R.L. Agricultural origins and the isotopic identity of domestication in northern China[J]. *Proceedings of the National Academy of Sciences*. 2009, 106(14): 5523-5528.

Barton, L., An, C.B. An evaluation of competing hypotheses for the early adoption of wheat in East Asia[J]. *World Archaeology*. 2014, 46(5): 775-798.

Bestel, S., Bao, Y.J., Zhong, H., Chen, X.C., Liu, L. Wild plant use and multi-cropping at the early Neolithic Zhuzhai site in the middle Yellow River region, China[J]. *The Holocene*. 2018, 28(2): 195-207.

Bhattacharya, T., Byrne, R., Böhnel, H., Wogau, K., Kienel, U., Ingram, B.L., Zimmerman, S. Cultural implications of late Holocene climate change in the Cuenca Oriental, Mexico[J]. *Proceedings of the National Academy of Sciences*. 2015, 112(6): 1693-1698.

Bond, G., Broecker, W., Johnsen, S., McManus, J., Labeyrie, L., Jouzel, J., Bonani, G. Correlations between climate records from North Atlantic sediments and Greenland ice[J]. *Nature*. 1992, 365(6442): 143-147.

Cai, Y.J., Tan, L.C., Cheng, H., An, Z.S., Edwards, R.L., Kelly, M.J., Kong, X.G., Wang, X.F. The variation of summer monsoon precipitation in central China since the last deglaciation[J]. *Earth and Planetary Science Letters*. 2010, 291(1-4): 21-31.

Chen, F.H., Dong, G.H., Zhang, D.J., Liu, X.Y., Jia, X., An, C.B., Ma, M.M., Xie, Y.W., Barton, L., Ren, X.Y., Zhao, Z.J., Wu, X.H., Jones, M.K. Agriculture facilitated permanent human occupation of the Tibetan Plateau after 3600 BP[J]. *Science*. 2015, 347(6219): 248-250.

Cheng, H., Fleitmann, D., Edwards, R.L., Wang, X.F., Cruz, F.W., Auler, A.S., Mangini, A., Wang, Y.J., Kong, X.G., Burns, S.J., Matter, A. Timing and structure of the 8.2 kyr BP event inferred from δ^{18}O records of stalagmites from China, Oman, and Brazil[J]. *Geology*. 2009, 37(11): 1007-1010.

Cheng, H., Sinha, A., Wang, X.F., Cruz, F.W., Edwards, R.L. The Global Paleomonsoon as seen through speleothem records from Asia and the Americas[J]. *Climate Dynamics*. 2012, 39(5): 1045-1062.

Crawford, G.W., Chen, X.X., Luan, F.S., Wang, J.H. People and plant interaction at the Houli Culture Yuezhuang site in Shandong Province, China[J]. *The Holocene*. 2016, 26(10): 1594-1604.

Costantini, L. The first farmers in Western Pakistan: the evidence of the Neolithic agropastoral settlement of Mehrgarh[J]. *Pragdhara*. 2008, 18: 167-178.

D'Andrea, W.J., Huang, Y.S., Fritz, S.C., Anderson, N.J. Abrupt Holocene climate change as an important factor for human migration in West Greenland[J]. *Proceedings of the National academy of Sciences*. 2011, 108(24): 9765-9769.

Dodson, J.R., Li, X.Q., Zhou, X.Y., Zhao, K.L., Sun, N., Atahan, P. Origin and spread of wheat in China[J]. *Quaternary Science Reviews*. 2013, 72: 108-111.

Dong, G.H., Jia, X., An, C.B., Chen, F.H., Zhao, Y., Tao, S.C., Ma, M.M. Mid-Holocene climate change and its effect on prehistoric cultural evolution in eastern Qinghai Province, China[J]. *Quaternary Research*. 2012, 77(1): 23-30.

Dong, G.H., Jia, X., Robert, E., Chen, F.H., Li, S.C., Wang, L., Cai, L.H., An, C.B. Spatial and temporal variety of prehistoric human settlement and its influencing factors in the upper Yellow River valley, Qinghai Province, China[J]. *Journal of Archaeological Science*. 2013, 40(5): 2538-2546.

Dong, G.H., Wang, Z.L., Ren, L.L., Matuzeviciute, G.M., Wang, H., Ren, X.Y., Chen, F.H. A comparative study of ^{14}C dating on charcoal and charred seeds from Late Neolithic and Bronze Age sites in Gansu and Qinghai Provinces, NW China[J]. *Radiocarbon*. 2014, 56(1): 157-163.

Dong, G.H., Ren, L.L., Jia, X., Liu, X.Y., Dong, S.M., Li, H.M., Wang, Z.X., Xiao, Y. M., Chen, F.H. Chronology and subsistence strategy of Nuomuhong Culture in the Tibetan Plateau[J]. *Quaternary International*. 2016, 426: 42-49.

Dong, G.H., Liu, F.W., Chen, F.H. Environmental and technological effects on ancient social evolution at different spatial scales[J]. *Science China Earth Sciences*. 2017a, 60(12): 2067-2077.

Dong, G.H., Yang, Y.S., Han, J.Y., Wang, H., Chen, F.H. Exploring the history of cultural exchange in prehistoric Eurasia from the perspectives of crop diffusion and consumption[J]. *Science China Earth Sciences*. 2017b, 60(6): 1110-1123.

Dong, G.H. Understanding past human-environment interaction from an interdisciplinary perspective[J]. *Science Bulletin*. 2018, 63(16): 1023-1024.

Dong, G.H., Yang, Y.S., Liu, X.Y., Li, H.M., Cui, Y.F., Wang, H., Chen, G.K., Dodson, J., Chen, F.H. Prehistoric trans-continental cultural exchange in the Hexi Corridor, northwest China[J]. *The Holocene*. 2018a, 28(4): 621-628.

Dong, G.H., Zhang, F.Y., Liu, F.W., Zhang, D.J., Zhou, A.F., Yang, Y.S., Wang, G.H. Multiple evidences indicate no relationship between prehistoric disasters in Lajia site and outburst flood in upper Yellow River valley, China[J]. *Science China Earth Sciences*. 2018b, 61(4): 441-449.

Dufraisse, A. *Charcoal anatomy potential, wood diameter and radial growth*[J]. BAR International Series. 2006, 1483: 47.

Dufraisse, A. Firewood and woodland management in their social, economic and ecological dimensions: new perspectives[J]. *Saguntum extra*. 2012, 13: 65-74.

Ficken, K.J., Li, B., Swain, D.L., Eglinton, G. An n-alkane proxy for the sedimentary input of submerged/floating freshwater aquatic macrophytes[J]. *Organic geochemistry*. 2000, 31(7-8): 745-749.

Finkelstein, I., Langgut, D., Meiri, M., Sapir-Hen, L. Egyptian imperial economy in Canaan: Reaction to the climate crisis at the end of the Late Bronze Age[J]. *Ägypten und Levante/Egypt and the Levant*. 2017, 27: 249-260.

Fiorentino, G., Caldara, M., De Santism V, D'Oronzom C., Muntoni, I.M., Simone, O., Primavera, M., Radina, F. Climate changes and human–environment interactions in the Apulia region of southeastern Italy during the Neolithic period[J]. *The Holocene*. 2013, 23(9): 1297-1316.

Flad, R., Li, S.C., Wu, X.H., Zhao, Z.J. Early wheat in China: Results from new studies at Donghuishan in the Hexi Corridor[J]. *The Holocene*. 2010, 20(6): 955-965.

Flannery, K.V. Origins and ecological effects of early domestication in Iran and the Near East[J]. *Origins and ecological effects of early domestication in Iran and the Near East*. 1969.

Gao, X., Zhang, X.L., Yang, D.Y., Shen, C., Wu, X.Z. Revisiting the origin of modern humans in China and its implications for global human evolution[J]. *Science China Earth Sciences*. 2010, 53(12): 1927-1940.

Gaudzinski-Windheuser, S., Kindler, L. Research perspectives for the study of Neandertal subsistence strategies based on the analysis of archaeozoological assemblages[J]. *Quaternary International*. 2012, 247: 59-68.

Godwin, H. Pollen analysis and forest history of England and wales[J]. *New Phytologist*. 1940, 39(4): 370-400.

Guedes, J.A. Millets, rice, social complexity, and the spread of agriculture to the Chengdu Plain and Southwest China[J]. *Rice*. 2011, 4(3): 104.

Guedes, J.A., Jiang, M., He, K.Y., Wu, X.H., Jiang, Z.H. Site of Baodun yields earliest evidence for the spread of rice and foxtail millet agriculture to south-west China[J]. *Antiquity*. 2013, 87(337): 758-771.

Guedes, J.A., Lu, H.L., Li, Y.X., Spengler, R.N., Wu, X.H., Aldenderfer, M.S. Moving agriculture onto the Tibetan plateau: the archaeobotanical evidence[J]. *Archaeological and Anthropological Sciences*. 2014, 6(3): 255-269.

Hageman, J.B., Goldstein, D.J. An integrated assessment of archaeobotanical recovery methods in the Neotropical rainforest of northern Belize: flotation and dry screening[J]. *Journal of Archaeological Science*. 2009, 36(12): 2841-2852.

Hu, C.Y., Henderson, G.M., Huang, J.H., Xie, S.C., Sun, Y., Johnson, K.R. Quantification of Holocene Asian monsoon rainfall from spatially separated cave records[J]. *Earth and Planetary Science Letters*. 2008, 266(3-4): 221-232.

Jia, X., Dong, G.H., Li, H., Brunson, K., Chen, F.H., Ma, M.M., Wang, H., An, C.B., Zhang, K.R. The development of agriculture and its impact on cultural expansion during the late Neolithic in the Western Loess Plateau, China[J]. *The Holocene*. 2013, 23(1): 85-92.

Killackey, K. Reconstructing household activities at Catalhoyuk: a paleoethnobotanical investigation[J]. *UC Berkeley McCown Archaeobotany Laboratory Reports*. 2001, 52.

Kuzmina, E.E. *The prehistory of the Silk Road*[M]. University of Pennsylvania Press. 2008.

Leakey, M.G., Feibel, C.S., McDougall, I., Ward, C., Walker, A. New specimens and confirmation of an early age for Australopithecus anamensis[J]. *Nature*. 1998, 393(6680): 62.

Lespez, L., Glais, A., Lopez-Saez, J.A., Yann, I.D., Tsirtsoni, Z., Davidson, R., Birée, L., Malamidou, D. Middle Holocene rapid environmental changes and human adaptation in Greece[J]. Quaternary Research. 2016, 85(2): 227-244.

Li, H., Zuo, X.X., Kang, L.H., Ren, L.L., Liu, F.W., Liu, H.G., Zhang, N.M., Min, R., Liu, X., Dong, G.H. Prehistoric agriculture development in the Yunnan-Guizhou Plateau, southwest China: archaeobotanical evidence[J]. *Science China Earth Sciences*. 2016, 59(8): 1562-1573.

Li, X.Q., Zhou, X.Y., Zhou, J., Dodson, J., Zhang, H.B., Shang, X. The earliest archaeobiological evidence of the broadening agriculture in China recorded at Xishanping site in Gansu Province[J]. *Science in China Series D: Earth Sciences*. 2007, 50(11): 1707-1714.

Liu L, Ge W, Bestel S, Jones, D., Shi, J.M., Song, Y.H., Chen, X.C. Plant exploitation of the last foragers at Shizitan in the Middle Yellow River Valley China: evidence from grinding stones[J]. *Journal of Archaeological Science*. 2011, 38(12): 3524-3532.

Liu, L., Bestel, S., Shi, J.M., Song, Y.H., Chen, X.C. Paleolithic human exploitation of plant foods during the last glacial maximum in North China[J]. *Proceedings of the National Academy of Sciences*. 2013, 110(14): 5380-5385.

Liu, F.W., Li, H.M., Cui, Y.F., Yang, Y.S., Lee, H.F., Ding, D.T., Hou, Y.G., Dong, G.H. Chronology and Plant Utilization from the Earliest Walled Settlement in the Hexi Corridor, Northwestern China[J]. *Radiocarbon*. 2019, 61(4): 971-989.

Liu, X.Y., Lightfoot, E., O'Connell, T.C., Wang, H., Li, S.C., Zhou, L.P., Hu, Y.W., Motuzaite-Matuzeviciute, G., Jones, M.K. From necessity to choice: dietary revolutions in west China in the second millennium BC[J]. *World Archaeology*. 2014, 46(5): 661-680.

Liu, X.Y., Lister, D.L., Zhao, Z.J., Staff, R.A., Jones, P.J., Zhou, L.P., Pokharia, A.K., Petrie, C.A., Pathak, A., Lu, H.L., Matuzeviciute, G.M., Bates, J., Pilgram, T.K., Jones, M.K. The virtues of small grain size: Potential pathways to a distinguishing feature of Asian wheats[J]. *Quaternary International*. 2016, 426: 107-119.

Liu, X.Y., Lister, D.L., Zhao, Z.J., Petrie, C.A., Zeng, X.S., Jones, P.J., Staff, R.A., Pokharia, A.K., Bates, J., Singh, R.N., Weber, S.A., Matuzeviciute, G.M., Dong, G.H., Li, H.M., Lu, H.L., Jiang, H.E., Wang, J.X., Ma, J., Tian, D., Jin, G.Y., Zhou, L.P., Wu, X.H., Jones, M.K. Journey to the east: Diverse routes and variable flowering times for wheat and barley en route to prehistoric China[J]. *PloS one*. 2017, 12(11): e0187405.

Liu, X.Y., Jones, P.J., Matuzeviciute, G.M., Hunt, H.V., Lister, D.L., An, T., Przelomska, N., Kneale, C.J., Zhao, Z.J., Jones, M.K. From ecological opportunism to multi-cropping: Mapping food globalisation in prehistory[J]. *Quaternary Science Reviews*. 2019, 206: 21-28.

Ma, M.M., Dong, G.H., Jia, X., Wang, H., Cui, Y.F., Chen, F.H. Dietary shift after 3600 cal yr BP and its influencing factors in northwestern China: Evidence from stable isotopes[J]. *Quaternary Science Reviews*. 2016, 145: 57-70.

Malainey, M.E. *A consumer's guide to archaeological science: analytical techniques*[M]. Springer Science & Business Media. 2010.

Marcott, S.A., Shakun, J.D., Clark, P.U., Mix, A.C. A reconstruction of regional and global temperature for the past 11,300 years[J]. *Science*. 2013, 339(6124): 1198-1201.

Marshall, M.H., Lamb, H.F., Huws, D., Davies, S.J., Bates, C.R., Bloemendal, J., Boyle, J., Leng, M.J., Umer, M., Bryant, C. Late Pleistocene and Holocene drought events at Lake Tana, the source of the Blue Nile[J]. *Global and Planetary Change*. 2011, 78(3-4): 147-161.

Motuzaite-Matuzeviciute, G., Hunt, H.V., Jones, M.K. Experimental approaches to understanding variation in grain size in Panicum miliaceum (broomcorn millet) and its relevance for interpreting archaeobotanical assemblages[J]. *Vegetation history and archaeobotany*. 2012, 21(1): 69-77.

Nasu, H., Momoharam A., Yasudam Y., He, J.J. The occurrence and identification of Setariaitalica (L.) P. Beauv. (foxtail millet) grains from the Chengtoushan site (ca. 5800 cal BP) in central China, with reference to the domestication centre in Asia[J]. *Vegetation history and archaeobotany*. 2007, 16(6): 481-494.

Perlès, C., Quiles, A., Valladas, H. Early seventh-millennium AMS dates from domestic seeds in the Initial Neolithic at Franchthi Cave (Argolid, Greece) [J]. *Antiquity*. 2013, 87(338): 1001-1015.

Peros, M.C., Munoz, S.E., Gajewski, K., Viau, A.E. Prehistoric demography of North America inferred from radiocarbon data[J]. *Journal of Archaeological Science*. 2010, 37(3): 656-664.

Pokharia, A.K., Kharakwal, J.S., Srivastava, A. Archaeobotanical evidence of millets in the Indian subcontinent with some observations on their role in the Indus civilization[J]. *Journal of Archaeological Science*. 2014, 42: 442-455.

Povinec, P.P., Litherland, A.E., von Reden, K.F. Developments in radiocarbon technologies: from the Libby counter to compound-specific AMS analyses[J]. *Radiocarbon*. 2009, 51(1): 45-78.

Purugganan, M.D., Fuller, D.Q. The nature of selection during plant domestication[J]. *Nature*. 2009, 457(7231): 843.

Rawson, J. China and the steppe: reception and resistance[J]. *Antiquity*. 2017, 91(356): 375-388.

Reimer, P.J., Bard, E., Bayliss, A., Beck, J.W., Blackwell, P.G., Bronk Ramsey, C., Buck, C.E., Cheng, H., Edwards, R.L., Friedrich, M., Grootes, P.M., Guilderson, T.P., Haflidason, H., Hajdas, I., Hatte, C., Heaton, T.J., Hoffmann, D.L., Hogg, A. G., Hughen, K.A., Kaiser, K.F., Kromer, B., Manning, S.W., Niu, M., Reimer, R. W., Richards, D.A., Scott, E.M., Southon, J.R., Staff, R.A., Turney, C.S.M., van der Plicht, J. IntCal13 and Marine13 radiocarbon age calibration curves 0–50,000 years cal BP[J]. *Radiocarbon*. 2013, 55(4): 1869-1887.

Roberts, B.W., Thornton, C.P., Pigott, V.C. Development of metallurgy in Eurasia[J]. *Antiquity*. 2009, 83(322): 1012-1022.

Roxby, P.M. The Scope and Aims of Human Geography[J]. *Nature*. 1930, 126: 650-654.

Seghatoleslami, M.J., Kafi, M., Majidi, E. Effect of drought stress at different growth stages on yield and water use efficiency of five proso millet (*Panicum miliaceum* L.) genotypes[J]. *Pak. J. Bot.* 2008, 40(4): 1427-1432.

Shackleton, C.M., Prins, F. Charcoal analysis and the "Principle of Least Effort"—a conceptual model[J]. *Journal of archaeological science*. 1992, 19(6): 631-637.

Soressi, M., Rendu, W., Texier, P.J., Daulny, L., d'Errico, F., Laroulandie, V., Maureille, B., Niclot, M., Tillier, A.M., Pech-de-l'Azé I (Dordogne, France): *nouveau regard sur un gisementmoustérien de tradition acheuléenneconnudepuis le XIXe siècle*[J]. 2008.

Spengler, R.N., Willcox, G. Archaeobotanical results from Sarazm, Tajikistan, an Early Bronze Age Settlement on the edge: Agriculture and exchange[J]. *Environmental Archaeology*. 2013, 18(3): 211-221.

Spengler, R.N. Agriculture in the central asian bronze age[J]. *Journal of World Prehistory*. 2015, 28(3): 215-253.

Staubwasser, M., Sirocko, F., Grootes, P.M., Segl, M. Climate change at the 4.2 ka BP termination of the Indus valley civilization and Holocene south Asian monsoon variability[J]. *Geophysical Research Letters*. 2003, 30(8).

Staubwasser, M., Drăguşin, V., Onac, B.P., Assonov, S., Ersek, V., Hoffmann, D.L., Veres, D. Impact of climate change on the transition of Neanderthals to modern humans in Europe[J]. *Proceedings of the National Academy of Sciences*. 2018, 115(37): 9116-9121.

Stocker, T.F., Qin, D.H., Plattner, G.K., Tignor, M., Allen, S.K., Boschung, J., Nauels, A., Xia, Y., Bex, V., Midgley, P.M. Climate change 2013: The physical science basis[J]. *Contribution of working group I to the fifth assessment report of the intergovernmental panel on climate change*. 2013, 1535.

Stuiver, M., Reimer, P.J. Extended ^{14}C Data Base and Revised CALIB 3.0 ^{14}C Age Calibration Program[J]. *Radiocarbon*. 1993, 35(01): 215-230.

Sun, H.L., Bendle, J., Seki, O., Zhou, A.F. Mid-to-late Holocene hydroclimatic changes on the Chinese Loess Plateau: evidence from n-alkanes from the sediments of Tianchi Lake[J]. *Journal of paleolimnology*. 2018, 60(4): 511-523.

Sutic, D.D., Ford, R.E., Tosic, M.T. *Handbook of plant virus diseases*[M]. CRC Press. 1999.

Timmermann, A., Friedrich, T. Late Pleistocene climate drivers of early human migration[J]. *Nature*. 2016, 538(7623): 92.

Wagner, M., Tarasov, P., Hosner, D., Fleck, A., Ehrich, R., Chen, X.C., Leipe, C. Mapping of the spatial and temporal distribution of archaeological sites of northern China during the Neolithic and Bronze Age[J]. *Quaternary International*. 2013, 290: 344-357.

Wang, C., Lu, H.Y., Zhang, J.P., Gu, Z.Y., He, K.Y. Prehistoric demographic fluctuations in China inferred from radiocarbon data and their linkage with climate change over the past 50,000 years[J]. *Quaternary Science Reviews*. 2014, 98: 45-59.

Wang, H., Nussbaum-Wagler, T., Li, B.L., Zhao, Q., Vigouroux, Y., Faller, M., Bomblies, K., Lukens, L., Doebley, J.F. The origin of the naked grains of maize[J]. *Nature*. 2005, 436(7051): 714.

Wang, W.M., Ding, J.L., Shu, J.W., Chen, W. Exploration of early rice farming in China[J]. *Quaternary International*. 2010, 227(1): 22-28.

Weiss, H., Courty, M.A., Wetterstrom, W., Guichard, F., Senior, L., Meadow, R., Curnow, A. The genesis and collapse of third millennium north Mesopotamian civilization[J]. *Science*. 1993, 261(5124): 995-1004.

Wu, W.X., Zheng, H.B., Hou, M., Ge, Q.S. The 5.5 cal ka BP climate event, population growth, circumscription and the emergence of the earliest complex societies in China[J]. *Science China Earth Sciences*. 2018, 61(2): 134-148.

Yang, X.Y., Wan, Z.W., Perry, L., Lu, H.Y., Wang, Q., Zhao, C.H., Li, J., Xie, F., Yu, J.C., Cui, T.X., Wang, T., Li, M.Q., Ge, Q.S. Early millet use in northern China[J]. *Proceedings of the National Academy of Sciences*. 2012, 109(10): 3726-3730.

Yang, Q., Li, X.Q., Liu, W.G., Zhou, X.Y., Zhao, K.L., Sun, N. Carbon isotope fractionation during low temperature carbonization of foxtail and common millets[J]. *Organic geochemistry*. 2011, 42(7): 713-719.

Yang, Y., Yuan, D.X., Cheng, H., Zhang, M.L., Qin, J.M., Lin, Y.S., Zhu, X.Y., Edwards, R.L. Precise dating of abrupt shifts in the Asian Monsoon during the last deglaciation based on stalagmite data from Yamen Cave, Guizhou Province, China[J]. *Science China Earth Sciences*. 2010, 53(5): 633-641.

Yang, Y.S., Zhang, S.J., Oldknow, C., Qiu, M.H., Chen, T.T., Li, H.M., Cui, Y.F., Ren, L.L., Chen, G.K., Wang, H., Dong, G.H. Refined chronology of prehistoric cultures and its implication for re-evaluating human-environment relations in the Hexi Corridor, northwest China[J]. *Science China Earth Sciences*. 2019a, 62(10): 1578-1590.

Yang, Y.S., Ren, L.L., Dong, G.H., Cui, Y.F., Liu, R.L., Chen, G.K., Wang, H., Wilkin, S., Chen, F.H. Economic Change in the Prehistoric Hexi Corridor (4800–2200 bp), North – West China[J]. *Archaeometry*. 2019b, 61(4): 957-976.

You, X.L. The question for origin and spread in both foxtail millet and common millet[J]. *Agric Hist China*. 1993, 12: 1-13.

Zhang G L, Wang S Z, Ferguson D K, Yang, Y.M., Liu, X.Y., Jiang, H.E. Ancient plant use and palaeoenvironmental analysis at the Gumugou Cemetery, Xinjiang, China: implication from desiccated plant remains[J]. *Archaeological and Anthropological Sciences*. 2017, 9(2): 145-152.

Zhao, Z.J. The Middle Yangtze region in China is one place where rice was domesticated: phytolith evidence from the Diaotonghuan Cave, Northern Jiangxi[J]. *Antiquity*. 1998, 72(278): 885-897.

Zhao, Z.J. New data and new issues for the study of origin of rice agriculture in China[J]. *Archaeological and Anthropological Sciences*, 2010, 2(2): 99-105.

Zhao, Z.J. New archaeobotanic data for the study of the origins of agriculture in China[J]. *Current Anthropology*. 2011, 52(S4): S295-S306.

Zhou, X.Y., Li, X.Q., Zhao, K.L., Dodson, J., Sun, N., Yang, Q. Early agricultural development and environmental effects in the Neolithic Longdong basin (eastern Gansu) [J]. *Chinese Science Bulletin*. 2011, 56(8): 762.

Zhou, X.Y., Li, X.Q., Dodson, J., Zhao, K.L. Rapid agricultural transformation in the prehistoric Hexi corridor, China[J]. *Quaternary International*. 2016, 426: 33-41.

安成邦，冯兆东，唐领余，陈发虎. 甘肃中部4000年前环境变化与古文化变迁[J]. 地理学报. 2003, 058(005): 743-748.

安成邦，吉笃学，董广辉，王辉，董惟妙，贾鑫. 碳同位素在史前粟黍鉴定中的应用初探[J]. 第四纪研究. 2010, 30(2): 410-414.

柴岩，冯佰利. 中国小杂粮产业发展现状及对策[J]. 2016, 21(03).

陈亭亭，贾鑫，黎海明，董广辉. 甘青地区齐家文化时期农业结构的时空变化及其影响因素分析[J]. 第四纪研究. 2019, 39(1): 132-143.

Crawford W, 陈雪香, 栾丰实, 王建华. 山东济南长清月庄遗址植物遗存的初步分析[J]. 江汉考古. 2013 (2): 107-116.

崔亚平, 胡耀武, 陈洪海, 董豫, 管理, 翁屹, 王昌燧. 宗日遗址人骨的稳定同位素分析[J]. 第四纪研究. 2006, 26(4): 604-611.

丹尼A. H., 马松V M. 2002. 中亚文明史（第1卷）[M]. 北京: 中国对外翻译出版公司. 119-176.

邓振华, 刘辉, 孟华平. 湖北天门市石家河古城三房湾和谭家岭遗址出土植物遗存分析[J]. 考古. 2013, 1: 91-99.

道格拉斯·普赖斯, 潘艳. 欧洲的中石器时代[J]. 南方文物. 2010, 2010(4): 159-164.

动物考古课题组. 中华文明形成时期的动物考古学研究, 见: 中国社会科学院考古研究所科技考古中心（编）, 科技考古（第三辑）[C]. 北京: 科学出版社. 2011: 80-99.

甘肃省博物馆. 甘肃古文化遗存[J]. 考古学报. 1960, 2, 11-51.

甘肃省博物馆. 武威磨嘴子三座汉墓发掘简报[J]. 文物, 1972, 1972(12), 11-25、81-82.

甘肃省文物考古研究所. 秦安大地湾: 新时期时代遗址发掘报告[M]. 北京: 文物出版社, 2006. 693-694.

甘肃省文物考古研究所. 秦安大地湾: 新石器时代遗址发掘报告（下册）[M]. 北京: 文物出版社. 2006.

甘肃省文物考古研究所, 北京大学考古文博学院. 河西走廊史前考古调查报告[M]. 北京: 文物出版社. 2011.

高国仁. 粟在中国古代农业中的地位和作用[J]. 农业考古. 1991, 1-199.

国家文物局. 中国文物地图集青海分册[M]. 北京: 中国地图出版社. 1996.

国家文物局. 中国文物地图集甘肃分册[M]. 北京: 测绘出版社. 2011.

韩茂莉. 中国历史农业地理[M]. 北京: 北京大学出版社. 2012, 256-276.

韩建业. "彩陶之路" 与早期中西文化交流[J]. 考古与文物. 2013 (1): 28-37.

Н.й.瓦维洛夫. 主要栽培植物的世界起源中心[M]. 北京: 农业出版社. 1982.

侯光良, 许长军, 樊启顺. 史前人类向青藏高原东北缘的三次扩张与环境演变[J]. 地理学报. 2010, 65(1): 65-72.

胡雅琴, 曹现勇, 赵志军, 李宜垠, 孙永刚, 王辉. 西辽河上游全新世早中期环境变化及其对人类活动的影响[J]. 第四纪研究. 2016, 36(3): 530-541.

黄春长. 渭河流域3100年前资源退化与人地关系演变[J]. 地理科学. 2001, 21(1): 30-35.

黄春长, 庞奖励, 陈宝群, 周群英, 毛龙江, 李平华. 渭河流域先周—西周时代环境和水土资源退化及其社会影响[J]. 第四纪研究. 2003, 23(4): 404-414.

黄大燊. 甘肃植被. [M] 兰州: 甘肃科学技术出版社. 1997.

吉笃学. 中国北方现代人扩散与农业起源的环境考古学观察——以甘宁地区为例[博士论文]. 兰州: 兰州大学. 2007.

吉笃学. 中国西北地区采集经济向农业经济过渡的可能动因[J]. 考古与文物. 2009, 4: 13.

贾鑫. 青海省东北部地区新石器——青铜时代文化演化过程与植物遗存研究[博士论文]. 兰州: 兰州大学. 2012.

黎海明. 黄土高原西部史前至历史时期人类对主要农作物的利用策略研究[博士论文]. 兰州: 兰州大学. 2018.

李毓芳. 陕西咸阳马泉西汉墓[J]. 考古. 1979, 2: 125-135.

李小强, 周新郢, 周杰, Dodson, J., 张宏宾, 尚学. 甘肃西山坪遗址生物指标记录的中国最早的农业多样化[J]. 中国科学: 地球科学. 2007, 37(7): 934-940.

李虎. 陇西黄土高原史前时期植被状况和林木资源利用方式的环境考古学研究[博士论文]. 兰州: 兰州大学. 2016.

刘长江, 孔昭宸, 朗树德. 大地湾遗址农业植物遗存与人类生存的环境探讨[J]. 中原文物. 2004(4): 26-30.

刘长江, 靳桂云, 孔昭宸. 植物考古: 遗存和果实研究[M]. 北京: 科学出版社. 2008.

刘晓媛. 案板遗址2012年发掘植物遗存研究[硕士论文]. 西安: 西北大学. 2014.

马敏敏. 公元前两千纪河湟及其毗邻地区的食谱变化与农业发展——稳定同位素证据[博士论文]. 兰州: 兰州大学. 2012.

莫多闻, 李非, 李水城, 孔昭宸. 甘肃葫芦河流域中全新世环境演化及其对人类活动的影响[J]. 地理学报. 1996 (1): 59-69.

彭适凡. 江西史前考古的重大突破——谈万年仙人洞与吊桶环发掘的主要收获[J]. 农业考古. 1998 (1): 389-392.

祁国琴. 东灰山墓地兽骨鉴定报告. 见: 甘肃省文物考古研究院、吉林大学北方考古研究室（编）, 民乐东灰山考古[C]. 北京: 科学出版社. 1998.

祁国琴, 林钟雨, 安家瑗. 大地湾遗址动物鉴定报告. 见: 甘肃省文物考古研究所（编）, 秦安大地湾[C]. 北京: 文物出版社. 2006.

秦岭. 中国农业起源的植物考古研究与展望[J]. 考古学研究. 2012, 9: 260-315.

任乐乐. 青藏高原东北部及其周边地区新石器晚期至青铜时代先民利用动物资源的策略研究[博士论文]. 兰州: 兰州大学. 2017.

施雅风，张丕远，孔昭宸. 中国历史气候变化[M]. 济南：山东科技出版社. 1996, 179−194.

孙惠玲. 六盘山天池岩芯记录与中晚全新世气候变化研究[博士论文]. 兰州：兰州大学. 2011.

陕西省文管会，咸阳市博物馆. 咸阳杨家湾汉墓发掘简报[J]. 文物. 1977(10): 14−25、99−101.

唐领余，安成邦. 陇中黄土高原全新世植被变化及干旱事件的孢粉记录[J]. 自然科学进展. 2007(010): 1371−1382.

王灿. 中原地区早期农业——人类活动及其与气候变化关系研究[博士论文]. 北京：中国科学院地质与地球物理研究所. 2016.

王辉. 甘青地区新石器—青铜时代考古学文化的谱系与格局[J]. 考古学研究. 2012.

王海玉. 北阡遗址史前生业经济的植物考古学研究[硕士论文]. 济南：山东大学. 2012.

王丹丹. 荞麦与荞麦文化产业的创意开发[硕士论文]. 赤峰：赤峰学院. 2016.

武仙竹，裴树文，吴秀杰，刘武. 郧西人遗址洞穴发育与埋藏环境初步观察[J]. 第四纪研究. 2007(03): 142−150.

夏正楷. 环境考古学:理论与实践[M]. 北京：北京大学出版社. 2012.

谢端琚. 甘青地区史前考古[M]. 北京：文物出版社. 2002.

星川清亲，段传德，丁法元. 栽培植物的起源与传播[M]. 郑州：河南科学技术出版社. 1981.

严文明. 农业发生与文明起源. 北京：科学出版社. 2000. 83−86.

杨文治，余存祖. 黄土高原区域治理与评价[M]. 北京：科学出版社. 1992.

杨颖. 河湟地区金蝉口和李家坪齐家文化遗址植物大遗存分析[硕士论文]. 兰州：兰州大学. 2014.

杨谊时. 河西走廊史前生业模式转变及影响因素研究[博士论文]. 兰州：兰州大学. 2017.

叶舒宪. 玉石之路与华夏文明的资源依赖——石峁玉器新发现的历史重建意义[J]. 上海交通大学学报: 哲学社会科学版. 2013, 21(6): 18−26.

游修龄. 对河姆渡遗址第四文化层出土稻谷和骨耜的几点看法[J]. 文物. 1976, 8: 20−23.

袁靖，杨梦菲. 甘肃庄浪徐家碾寺洼文化墓葬出土动物骨骼研究报告. 见: 中国社会科学院考古研究所（编），徐家碾寺洼文化墓地[C]. 北京：科学出版社. 2006: 238−244.

张慧. 末次间冰期以来渭河上游的气候变化[硕士论文]. 兰州：兰州大学. 2006.

张健平，吕厚远，吴乃琴，李丰江，杨晓燕，王炜林，马明志，张小虎. 关中盆地6000～2100cal. aB. P. 期间黍、粟农业的植硅体证据[J]. 第四纪研究. 2010, 30(2): 287−297.

张雪莲，仇士华，钟建，黄晔，卢雪峰，杜花. 放射性碳素测定年代报告（四一）[J]. 考古. 2015a, 7: 107−109.

张雪莲，张君，李志鹏，张良仁，陈国科，王鹏，王辉. 甘肃张掖市西城驿遗址先民食物状况的初步分析[J]. 考古. 2015b, 7: 110−120.

张弛. 龙山−二里头——中国史前文化格局的改变与青铜时代全球化的形成[J]. 文物. 2017 (6): 50−59.

赵志军，王巍，许新国，牛世山，蔡林海，宋江宁，肖永明，张长寿，杨金刚. 青海互助丰台卡约文化遗址浮选结果分析报告[J]. 考古与文物. 2004, 2: 85−91.

赵志军. 有关农业起源和文明起源的植物考古学研究[J]. 社会科学管理与评论. 2005, 2: 82−91.

赵志军. 小米起源的研究——植物考古学新资料和生态学分析[J]. 赤峰学院学报（汉文哲学社会科学版）. 2008(S1): 35−38.

赵志军. 植物考古学: 理论、方法和实践[M]. 北京：科学出版社. 2010.

赵志军，陈剑. 四川茂县营盘山遗址浮选结果及分析[J]. 南方文物. 2011, 3.

赵志军. 中国古代农业的形成过程——浮选出土植物遗存证据[J]. 第四纪研究. 2014, 34(1): 73−84.

赵志军. 渭河平原古代农业的发展与变化——华县东阳遗址出土植物遗存分析[J]. 华夏考古. 2019 (5): 6.

浙江省文物考古研究所. 河姆渡：新石器时代遗址考古发掘报告（下册）[M]. 北京：文物出版社. 2003.

《中国农田杂草原色图谱》编委会. 中国农田杂草原色图谱[M]. 北京：农业出版社. 1990.

中华人民共和国农业部农药检定所. 中国杂草原色图鉴[M]. 全国农村教育协会. 2000.

钟华，杨亚长，邵晶，赵志军. 陕西省蓝田县新街遗址炭化植物遗存研究[J]. 南方文物. 2015 (03): 36−43.

周本雄. 师赵村与西山坪遗址的动物遗存，见: 中国社会科学院考古研究所（编），师赵村与西山坪[C]. 北京：中国大百科全书出版社. 1999: 335−339.

附表 1　渭河上游地区调查遗址植物种子鉴定结果

遗址	浮选份数	浮选样品量（L）	农作物						杂草	总计
			粟	黍	小麦	大麦	水稻	荞麦		
暖泉山	1	20		29					5	34
周家湾	2	30	46	50						96
柴家坪	2	30	35	16						51
西山坪	3	53	71	37					1	109
山坪里	2	45	139	72					6	217
师赵村	3	54	210	59		1			16	286
蔡科顶	1	17	5							5
十字道	2	38	1634	37						1671
阳屲	3	60	1591	32					1	1624
斜湾顶	1	28	231	12					2	245
椿树湾	2	46	32						3	35
雨家屲	4	106	497	183					3	683
瓦窑顶	1	16		1						1
上仁湾	2	40	21						1	22
杨家坪	1	16	39						2	41
刘家墩	3	64	50	314				54	37	455
陡屲山	2	42	77	26					13	116
柳家坪	3	54	7	9		1			12	29
堡坡	2	52	28							28
灰地儿	3	56	48	5					7	60
礼辛镇	4	80	209	50					3	262
鹦鹉屲	2	44	180	79					1	260
郑家山梁	4	93	270	30					7	307
五甲坪	2	40	855	13					7	875
一二级电灌地	1	13	38	9						47
水泉沟	2	50	267	45					5	317
樊家城	2	36	26	4	1				11	42
寺坪	2	24	137	56		1			18	212
四十里铺	2	33	1350	64	33				40	1487
十坡村	1	16	257	4	3				5	269

遗址	浮选份数	浮选样品量（L）	农作物						杂草	总计
			粟	黍	小麦	大麦	水稻	荞麦		
渭水峪	2	27	21	4	1					26
圆固堆	3	55	562	10	1					573
老爷山	1	18	191	500	31	9			3	734
窑上	2	30	184	21	17	1			56	279
秦家坪	4	88	180	27	69	32			6	314
西河滩	5	96	83	75	38	29			98	323
三角地	3	56	88	14	62	26			3	193
城耳坪	3	65	213	22	1		1		3	240
汝季	3	51	57	35	127	41			25	285
瓦盆窑	2	47	112	11	163	19			28	333
点田地	3	74	34	1	197	28			15	275
董家坪	3	56	37	71	86	1			2	197
马家窑	1	24	119	1	127	51			447	745
北坡寺	1	21	7	4	60	20		1	8	100
总计	101	2004	10238	2032	1017	259	2	55	900	14503

附表 2　渭河上游地区调查遗址杂草种子鉴定结果

	尼泊尔蓼	辣蓼	酸模	藜	地肤	滨藜	剌蓬	麦仁珠	狗尾草	甘草	草木樨	胡枝子	黄芪	兵豆	猪屎豆	苦马豆	马蔺	苔草	苍耳	牦牛儿苗	沙棘	未知
暖泉山				3																	2	
周家湾																						
柴家坪																						
西山坪					1																	
山坪里				3				1			1											1
师赵村			1	1							5	7	2									
蔡科顶																						
十字道																						
阳凹				1																		
斜湾顶								2														
椿树湾				2					1													
雨家山		1		1	1			1														
瓦窑顶																						
上仁湾																						
杨家坪			2																			
刘家墩				12					7										18			
陡山山						1			2		9	2										
柳家坪				3								8										
堡坡																						
灰地儿				6												1						
礼辛镇				3		1																
鹦鹉山						1																
郑家山梁				4		1		1					1									

续表

	尼泊尔蓼	辣蓼	酸模	藜	地肤	滨藜	剌蓬	麦仁珠	狗尾草	甘草	草木樨	胡枝子	黄芪	兵豆	猪屎豆	苦马豆	马蔺	苔草	苍耳	牦牛儿苗	沙棘	未知
五甲坪				1			5		1													
一二级电灌地																						
水泉沟				3		2																
樊家城				10	1																	
寺坪	1			15						2												
四十里铺				28					2							10						
十坡村									5													
清水哈																						
圆固堆																						
老爷山								1		1			1									
岔上				55													1					
秦家坪				4		2																
陇西西河滩				85								1			1	1	10					
三角地				2												1						
城耳坪		1					1													1		
汶季			1	21													2				1	
瓦盆窑	1			6	3	3		2	5	6								1				
点田地				12					1								1					1
董家坪					1				1													
马家窑				445							3			2		1	1					
北坡寺				4													1					

附表 3　渭河上游地区农作物粒径测量表（单位：毫米）

年代范围	遗　址	粟		数　量
		长	宽	
5500～4300 BP	鹦鹉山	643.03	585.93	30
	刘家墩	654.29	535.35	17
	礼辛镇	690.24	609.56	34
	灰地儿	660.75	559.75	16
	郑家山梁	610.68	517.98	40
	师赵村	688.06	585.83	30
	十字道	668.55	577.00	33
	阳山	657.39	572.44	18
	椿树湾	664.77	540.43	30
	冚家山	654.53	571.50	30
	五甲坪	653.30	565.60	30
	西山坪	728.20	636.63	30
	陡冚山	619.89	501.95	19
	山坪里	680.90	573.90	30
	水泉沟	690.76	582.30	33
	斜湾顶	662.93	571.27	30
4300～3600 BP	圆固堆	708.07	607.70	30
	四十里铺	842.43	787.53	30
	寺坪	1278.13	1141.47	30
	十坡村	1351.53	1178.43	30
3000～2000 BP	汝季	1273.86	1223.29	7
	瓦盆窑	1532.80	1400.20	15
	北坡寺	1598.71	1357.43	7
	城耳坪	1524.80	1240.20	10
	马家窑	1408.13	1259.07	30
	三角地	725.35	639.00	23
	窑上	1366.73	1271.00	30
	老爷山庄	1504.07	1318.00	30

年代范围	遗址	黍		数量
		长	宽	
5500～4300 BP	鹦鹉山	808.87	752.83	23
	刘家墩	833.39	748.71	31
	礼辛镇	806.00	736.67	30
	郑家山梁	859.19	781.57	21
	阳山	784.74	653.67	27
	十字道	812.43	752.39	23
	椿树湾	803.57	710.29	7
	山坪里	805.11	797.39	28
	水泉沟	803.79	745.17	24
	师赵村	825.13	762.13	30
4300～3600 BP	四十里铺	1083.84	940.05	19
	老爷山	1068.00	913.50	12
3000～2000 BP	陇西西河滩	1855.50	1684.50	16
	汝季	1619.50	1445.50	2
	董家坪	1894.50	1692.20	20
	窑上	1948.75	1719.88	8
	老爷山	1704.76	1487.41	17

年代范围	遗址	小麦		数量
		长	宽	
4300～3600 BP	四十里铺	1817.13	1192.04	23
3000～2000 BP	汝季	3793.93	2655.83	30
	点田地	4023.93	2927.87	30
	瓦盆窑	3553.07	2598.83	30
	北坡寺	3565.57	2599.30	30
	马家窑	3838.53	2753.30	30
	陇西西河滩	4001.67	2832.04	27
	董家坪	3915.96	2815.24	25
	三角地	1865.31	1434.10	39
	秦家坪	3863.33	2911.50	30
	窑上	4177.93	2887.87	15

年代范围	遗址	大麦		数量
		长	宽	
3000～2000 BP	汝季	3586.58	2381.04	26
	点田地	4344.79	2863.17	24
	瓦盆窑	4765.31	2829.50	16
	北坡寺	4877.00	2839.46	13
	马家窑	4301.93	2805.93	15
	陇西西河滩	4546.00	3040.85	20
	三角地	2094.75	1351.19	16
	秦家坪	4104.13	3075.00	8

后　记

自2016年渭河上游调查开始实施至《渭河上游天水段考古调查报告》完成，历时六年，期间有多位同志付出了艰辛的努力。资料整理和报告编写过程得到了甘肃省文物考古研究所、天水市文物保护和考古研究中心及各县区文博单位的大力支持，同时兰州大学和西北师范大学也提供了有力的帮助。

本报告由侯红伟主编，王太职和裴建陇担任副主编，王璐、陈东东、陈亭亭、李鑫等参与了编写工作。具体章节编写如下：

第一章：王太职和侯红伟。

第二章：王太职、侯红伟、裴建陇、陈东东。

第三章：王太职。

第四章：王璐。

第五章：陈亭亭。

最后，王太职修改、统稿，侯红伟审核、定稿。

本报告侯红伟完成约123000字、王太职完成约94000字、陈东东完成约10500字、裴建陇完成约80500字，王璐完成约12000字、陈亭亭完成约13500字。

本报告中标本线图主要由方志军和王太职绘制。遗址位置图由陈东东、李鑫、裴建陇、王太职绘制。标本照片由王太职和李鑫拍摄，遗址航拍由裴建陇拍摄。

在报告完成付梓之际，感谢早期秦文化联合考古队的每位成员，在2005年和2008年艰苦的条件下完成了张家川县和清水县的调查，为此报告增添了至关重要的资料。感谢甘肃省文物考古研究所陈国科所长、原天水市博物馆馆长李宁民、原甘谷县博物馆馆长刘克生、原武山县博物馆馆长裴应东、麦积区博物馆田进锋等给与考古队在本次调查中的帮助。感谢中央民族大学黄义军教授翻译了英文提要。感谢文物出版社和责编为本报告出版给与的大力支持。最后，在此一并致谢！

编　者

2022年10月

1. 烟铺村遗址灰坑（西向东）

2. 彩陶盆烟铺村：1

3. 钵口沿烟铺村：2

4. 罐口沿烟铺村：3

5. 钵口沿烟铺村：4

彩版一　烟铺村遗址灰坑及采集标本

1.罐口沿烟铺村：5

2.彩陶盆烟铺村：6

3.罐耳烟铺村：7

4.陶环烟铺村：8

5.陶环烟铺村：9

6.盆口沿烟铺村：10

7.盆口沿烟铺村：11

彩版二　烟铺村遗址采集标本

1.师赵村遗址白灰面（南向北）

2.师赵村遗址红烧土坑（南向北）

3.师赵村灰坑 3 局部（西向东）

彩版三　师赵村遗址遗迹

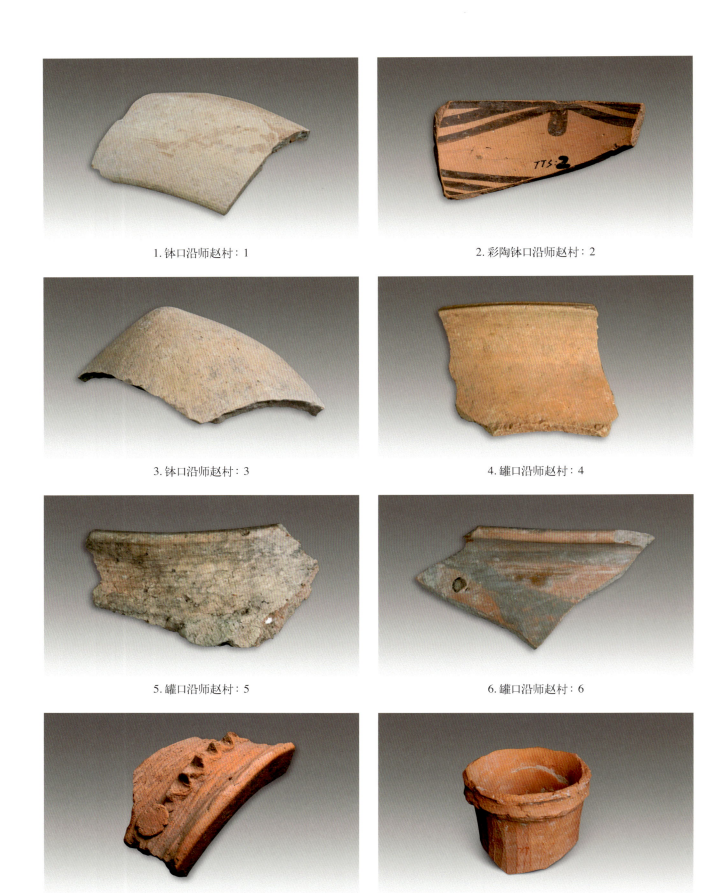

1. 钵口沿师赵村：1

2. 彩陶钵口沿师赵村：2

3. 钵口沿师赵村：3

4. 罐口沿师赵村：4

5. 罐口沿师赵村：5

6. 罐口沿师赵村：6

7. 罐口沿师赵村：7

8. 瓶颈部师赵村：10

彩版四　师赵村遗址采集标本

1. 瓮口沿杨集寨：1

2. 盆口沿杨集寨：2

3. 钵口沿杨集寨：3

4. 钵口沿杨集寨：4

5. 盆口沿杨集寨：5

6. 盆口沿杨集寨：6

7. 瓶口沿杨集寨：7

8. 罐底杨集寨：8

彩版五　杨集寨遗址采集标本

1. 罐口沿西山坪：1

2. 罐口沿西山坪：2

3. 罐口沿西山坪：4

4. 陶环西山坪：5

5. 盆口沿西山坪：6

6. 彩陶片西山坪：8

7. 瓮口沿西山坪：9

8. 器耳西山坪：11

彩版六　西山坪遗址采集标本

1. 盆口沿鸦儿崖：1

2. 罐残片鸦儿崖：2

3. 罐口沿鸦儿崖：3

4. 罐底鸦儿崖：4

5. 西坡遗址白灰面遗迹（东向西）

彩版七　鸦儿崖遗址采集标本与西坡遗址白灰面遗迹

1.罐残片西坡：1

2.罐口沿西坡：2

3.罐口沿西坡：3

4.盘口沿西坡：4

5.陶片西坡：5

6.器底西坡：6

7.石斧西坡　7

8.罐残片西坡：8

彩版八　西坡遗址采集标本

1.罐残片黑土岭：1

2.彩陶片黑土岭：2

3.罐口沿黑土岭：3

4.罐口沿黑土岭：4

5.钵形器残片黑土岭：5

6.盆口沿黑土岭：6

7.罐口沿黑土岭：7

8.罐口沿黑土岭：8

彩版九　黑土岭遗址采集标本

1. 陶片温家窑：1

2. 罐口沿温家窑：2

3. 陶片温家窑：3

4. 陶片温家窑：4

5. 陶片温家窑：5

6. 陶片温家窑：7

7. 陶片温家窑：8

8. 罐颈部温家窑：9

彩版一〇　温家窑遗址采集标本

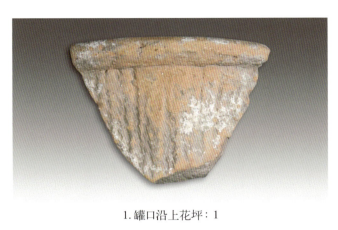

1.罐口沿上花坪：1

2.钵口沿上花坪：2

3.罐口沿上花坪：3

4.罐口沿上花坪：4

5.盆口沿上花坪：6

6.陶片上花坪：7

7.陶片上花坪：8

8.钵口沿上花坪：9

彩版一一　上花坪遗址采集标本

1. 鬲口沿山坪里：1

2. 瓶口沿山坪里：2

3. 罐口沿山坪里：3

4. 罐口沿山坪里：4

5. 盆口沿山坪旦：5

6. 盆口沿山坪里：6

7. 鬲口沿山坪里：10

8. 鬲口沿山坪里：11

彩版一二　山坪里遗址采集标本

1. 罐残片山坪里: 12

2. 罐残片山坪里: 13

3. 罐口沿山坪里: 14

4. 盆口沿山坪里: 16

5. 罐口沿山坪里: 18

6. 鬲口沿山坪里: 19

7. 罐残片山坪里: 20

8. 盆口沿山坪里: 21

彩版一三　山坪里遗址采集标本

1. 罐口沿山坪里: 22

2. 瓶残片山坪里: 23

3. 器物肩部陶片山坪里: 24

4. 托盘残片山坪里: 25

5. 罐口沿山坪里: 26

6. 喇叭口罐口沿山坪里: 27

7. 罐残片山坪里: 28

8. 罐残片山坪里: 29

彩版一四　山坪里遗址采集标本

1. 杨家坪保护碑近景（西北向东南）

2. 杨家坪遗址白灰面遗迹（西向东）

彩版一五　杨家坪遗址及遗迹

1. 杨家坪遗址火塘 (西向东)

2. 杨家坪遗址陶窑 (北向南)

彩版一六 杨家坪遗址遗迹

1. 盆口沿杨家坪: 3

2. 罐口沿杨家坪: 5

3. 盆口沿杨家坪: 6

4. 器盖杨家坪: 7

5. 罐口沿杨家坪: 8

6. 鼎口沿杨家坪: 10

7. 托盘残片杨家坪: 11

8. 罐口沿杨家坪: 13

彩版一七　杨家坪遗址采集标本

1. 罐口沿柴家坪：1

2. 罐口沿柴家坪：2

3. 罐口沿柴家坪：3

4. 罐残片柴家坪：4

5. 罐残片柴家坪：6

6. 罐口沿柴家坪：7

7. 罐残片柴家坪：8

8 罐底柴家坪：9

彩版一八　柴家坪遗址采集标本

1. 罐口沿柴家坪：10

2. 鬲口沿柴家坪：11

3. 罐口沿柴家坪：12

4. 鬲口沿柴家坪：13

5. 罐口沿柴家坪：14

6. 瓶口沿柴家坪：15

7. 罐底柴家坪：16

8. 瓶口沿柴家坪：17

彩版一九　柴家坪遗址采集标本

1. 罐口沿柴家坪：18

2. 罐底片柴家坪：20

3. 钵口沿柴家坪：21

4. 罐底柴家坪：22

5. 罐底柴家坪：23

6. 钵口沿柴家坪：24

7. 鬲足柴家坪：27

8. 鬲残片柴家坪：26

彩版二〇　柴家坪遗址采集标本

1. 鬲口沿柴家坪: 28

2. 鬲口沿柴家坪: 29

3. 罐口沿柴家坪: 31

4. 罐口沿柴家坪: 32

5. 罐口沿柴家坪: 33

6. 罐口沿柴家坪 H1：1

7. 陶片柴家坪 H1：3

8. 陶片柴家坪 H1：4

彩版二一 柴家坪遗址采集标本

1. 盆口沿柳家河：1

2. 罐口沿柳家河：2

3. 罐底柳家河：3

4. 罐底柳家河：4

5. 瓶口沿北坪：1

6. 罐口沿北坪：2

7. 罐口沿北坪：3

8. 陶片北坪：4

彩版二二　柳家河、北坪遗址采集标本

1. 钵口沿寺坪：3

2. 钵口沿寺坪：4

3. 罐残片寺坪：9

4. 罐残片寺坪 H1：2

5. 罐底寺坪 H2：1

6. 钵口沿寺坪 H2：5

7. 罐口沿寺坪 H2：7

8. 陶片寺坪 H4：1

彩版二三　寺坪遗址采集标本

1. 吴家河遗址白灰面房址（东南向西北）

2. 罐口沿吴家河：1

3. 罐口沿吴家河：2

4. 盆口沿吴家河：3

5. 罐残片吴家河：8

彩版二四　吴家河遗址采集标本

1.罐口沿窑上：1

2.罐口沿窑上：2

3.鬲残片窑上：3

4.瓮口沿窑上：4

5.罐口沿窑上：5

6.豆柄窑上：6

7.甑残片窑上：7

8.陶纺轮沿窑上：11

彩版二五　窑上遗址采集标本

1. 罐残片张罗：1

2. 罐口沿张罗：2

3. 钵口沿张罗：3

4. 罐口沿张罗：4

5. 钵口沿张罗：6

6. 钵口沿张罗：8

7. 盆口沿张罗：10

8. 罐底张罗：13

彩版二六　张罗遗址采集标本

1. 罐残片张罗：16

2. 罐下腹张罗：17

3. 罐口沿张罗 H4：1

4. 盆口沿张罗 H4：2

5. 钵口沿张罗 H4：3

6. 钵口沿张罗 H4：4

7. 罐口沿张罗 H4：5

8. 陶片张罗 H4：6

彩版二七　张罗遗址采集标本

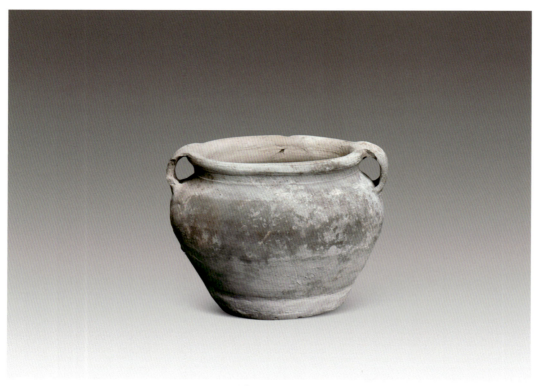

1. 双耳罐三十甸子：1

2. 罐口沿三十甸子：2

3. 罐口沿三十甸子：3

4. 口沿三十甸子：4

5. 陶片三十甸子：5

彩版二八　三十甸子遗址采集标本

1. 罐口沿庙山坪：1

2. 罐口沿庙山坪：2

3. 罐口沿庙山坪：3

4. 钵口沿庙山坪：4

5. 圈足底庙山坪：5

6. 托盘庙山坪：6

7. 罐口沿庙山坪：7

8. 彩陶片庙山坪：9

彩版二九　庙山坪遗址采集标本

1. 盆口沿董家坪：1

2. 罐口沿董家坪：3

3. 罐口沿董家坪：4

4. 罐口沿董家坪：5

5. 罐肩部董家坪：6

6. 罐残片董家坪：7

7. 罐口沿董家坪：8

8. 鬲口沿董家坪：9

彩版三〇　董家坪遗址采集标本

1.罐残片郭家老庄：1

2.罐口沿郭家老庄：2

3.壶口沿郭家老庄：3

4.陶片郭家老庄：4

5.罐底郭家老庄：5

6.罐口沿郭家老庄：6

7.陶片郭家老庄：7

8.陶片郭家老庄：8

彩版三一　郭家老庄遗址采集标本

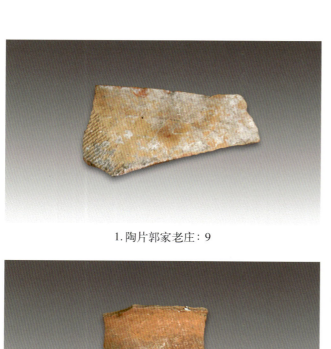

1. 陶片郭家老庄：9

2. 罐腹部郭家老庄：10

3. 罐颈部郭家老庄：11

4. 罐腹部郭家老庄：12

5. 罐口沿郭家老庄：13

6. 罐口沿郭家老庄：14

7. 罐口沿郭家老庄：15

8. 圆陶片郭家老庄：16

彩版三二　郭家老庄遗址采集标本

1.罐残片王家屲：2

2.罐残片王家屲：4

3.钵口沿王家屲：6

4.托盘残片王家屲：7

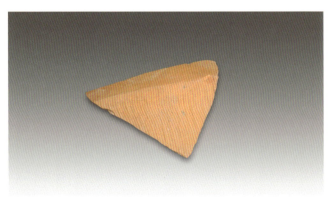

5.罐肩部王家屲：9

6.陶片王家屲：11

7.罐残片王家屲 H1：2

8.罐口沿王家屲 H1：4

彩版三三　王家屲遗址采集标本

1. 缸残片巧儿河：1

2. 盆口沿巧儿河：2

3. 罐口沿巧儿河：3

4. 盆口沿巧儿河：4

5. 罐口沿巧儿河：6

6. 罐口沿巧儿河：7

7. 盆口沿巧儿河：10

8. 罐口沿巧儿河：11

彩版三四　巧儿河遗址采集标本

1. 盆口沿巧儿河：13

2. 钵口沿巧儿河：14

3. 钵残片巧儿河：15

4. 盆口沿巧儿河：16

5. 罐口沿巧儿河：17

6. 罐口沿巧儿河：18

7. 铲形鬲足巧儿河：23

8. 罐底巧儿河：26

彩版三五　巧儿河遗址采集标本

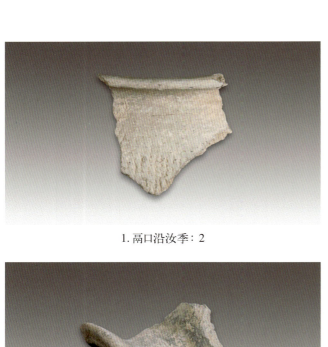

1. 鬲口沿汝季：2

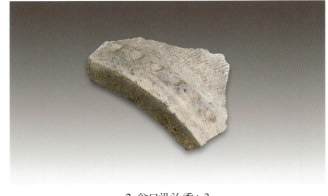

2. 瓮口沿汝季：3

3. 罐口沿汝季：4

4. 鬲口沿汝季：5

5. 甗口沿汝季：6

6. 鬲足汝季：7

7. 罐底汝季：9

8. 鬲足汝季：10

彩版三六　汝季遗址采集标本

1. 彩陶片周家湾：1

2. 罐口沿周家湾：2

3. 罐口沿周家湾：3

4. 盆口沿周家湾：4

5. 瓶口沿周家湾：5

6. 彩陶片周家湾：6

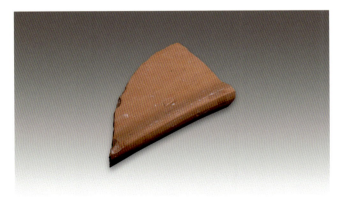

7. 盆口沿周家湾：7

8. 盆口沿周家湾：8

彩版三七　周家湾遗址采集标本

1. 罐口沿周家湾：9

2. 罐口沿周家湾：10

3. 彩陶片周家湾：11

4. 罐口沿周家湾：12

5. 罐肩部周家湾：13

6. 尖底瓶底部周家湾：14

7. 缸口沿周家湾：15

8. 钵残片周家湾：17

彩版三八　周家湾遗址采集标本

1. 彩陶片周家湾: 18

2. 盆口沿周家湾: 19

3. 尖底瓶口沿周家湾: 21

4. 彩陶片周家湾: 22

5. 盆口沿周家湾: 23

6. 罐残片周家湾: 24

7. 钵口沿周家湾 H2: 1

8. 钵残片周家湾 H2: 3

彩版三九　周家湾遗址采集标本

1. 尖底瓶底部周家湾 H2：4

2. 钵口沿周家湾 H4：1

3. 罐底周家湾 H4：2

4. 罐口沿周家湾 H4：3

5. 彩陶片周家湾 H6：1

6. 陶片周家湾 H6：8

7. 陶片周家湾 H6：9

彩版四〇　周家湾遗址采集标本

1. 盆口沿蔡科顶：3

2. 罐口沿蔡科顶：4

3. 钵口沿蔡科顶：5

4. 罐口沿蔡科顶：6

5. 罐口沿蔡科顶：7

6. 罐口沿蔡科顶：8

7. 罐底蔡科顶：9

8. 罐底蔡科顶：11

彩版四一　蔡科顶遗址采集标本

1. 钵口沿樊家城：1

2. 罐口沿樊家城：2

3. 罐口沿樊家城：6

4. 盆口沿樊家城：7

5. 器流樊家城：9

6. 彩陶片樊家城：10

7. 彩陶片樊家城：11

8. 彩陶片樊家城：12

彩版四二　樊家城遗址采集标本

1. 彩陶片樊家城：13

2. 彩陶片樊家城：14

3. 钵口沿樊家城：15

4. 盆口沿樊家城：16

5. 彩陶片樊家城：17

6. 钵口沿樊家城：18

7. 盆口沿樊家城：19

8. 彩陶片樊家城：20

彩版四三　樊家城遗址采集标本

1.三角地遗址

2.鬲足三角地：3

3.罐口沿三角地：5

4.蒜头壶口部三角地：6

5.罐口沿三角地：7

彩版四四　三角地遗址及采集标本

1. 罐残片三角地: 8

2. 缸口沿三角地: 9

3. 缸口沿三角地: 10

4. 缸口沿三角地: 11

5. 盆残片三角地: 12

6. 缸口沿三角地: 13

7. 铲形鬲足三角地: 14

8. 铲形鬲足三角地: 15

彩版四五 三角地遗址采集标本

1. 盆口沿陡亚崖：1

2. 钵口沿陡亚崖：2

3. 钵口沿陡亚崖：3

4. 罐口沿陡亚崖：4

5. 缸口沿陡亚崖：5

6. 瓶残片陡亚崖：6

7. 罐底陡亚崖：7

8. 陶片陡亚崖：8

彩版四六　陡亚崖遗址采集标本

1. 罐残片郑家山梁：1

2. 器盖郑家山梁：2

3. 罐残片郑家山梁：3

4. 罐底郑家山梁：4

5. 罐口沿郑家山梁：5

6. 器耳郑家山梁：6

彩版四七　郑家山梁遗址采集标本

1.礼辛镇遗址（东北到西南）

2.瓶口沿礼辛镇：1

3.钵口沿礼辛镇：2

4.钵口沿礼辛镇：4

5.盆口沿礼辛镇：5

彩版四八　礼辛镇遗址及采集标本

1.罐残片礼辛镇：6

2.彩陶片礼辛镇：7

3.彩陶片礼辛镇：8

4.盆口沿礼辛镇：9

5.尖底瓶口沿礼辛镇：10

6.罐口沿礼辛镇：11

7.罐口沿礼辛镇：13

8.罐口沿礼辛镇：14

彩版四九　礼辛镇遗址采集标本

1. 盆口沿礼辛镇：16

2. 尖底瓶底礼辛镇：18

3. 罐底礼辛镇：19

4. 罐残片礼辛镇：20

5. 彩陶片礼辛镇：21

6. 盆口沿礼辛镇：22

7. 盆口沿礼辛镇：25

8. 罐口沿礼辛镇：27

彩版五〇　礼辛镇遗址采集标本

1. 盆残片堡坡: 1

2. 盆口沿堡坡: 2

3. 罐口沿堡坡: 4

4. 盆口沿堡坡: 6

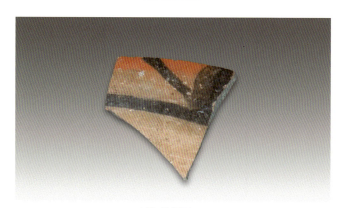

5. 陶片堡坡: 7

6. 罐底堡坡: 8

7. 罐底堡坡: 9

8. 罐残片堡坡: 10

彩版五一　堡坡遗址采集标本

1. 刘家墩遗址（东北向西南）

2. 罐耳刘家墩：1

3. 罐耳刘家墩：2

4. 鬲口沿刘家墩：3

5. 带耳罐残片刘家墩：4

彩版五二　刘家墩遗址及采集标本

1.罐底刘家墩：5

2.陶盘刘家墩：6

3.器耳刘家墩：7

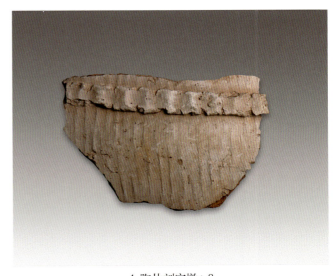

4.陶片刘家墩：8

5.器盖捉手刘家墩：9

6.圆陶片刘家墩：10

彩版五三　刘家墩遗址采集标本

1. 罐口沿石咀地：2

2. 瓶口沿石咀地：3

3. 盆口沿石咀地：4

4. 彩陶片石咀地：5

5. 彩陶片石咀地：6

6. 彩陶片石咀地：7

7. 彩陶片石咀地：8

8. 彩陶片石咀地：9

彩版五四　石咀地遗址采集标本

1. 彩陶片四十里铺：1

2. 彩陶片四十里铺：3

3. 彩陶片四十里铺：4

4. 彩陶片四十里铺：5

5. 彩陶片四十里铺：6

6. 彩陶片四十里铺：7

7. 钵口沿四十里铺：8

8. 盆口沿四十里铺：9

彩版五五 四十里铺遗址采集标本

1. 罐口沿四十里铺：10

2. 钵口沿四十里铺：11

3. 钵口沿四十里铺：12

4. 盆口沿四十里铺：13

5. 壶口沿四十里铺：14

6. 钵口沿四十里铺：15

7. 器盖捉手四十里铺：17

8. 陶片四十里铺：18

彩版五六　四十里铺遗址采集标本

1.罐口沿瓦盆窑：1

2.盆口沿瓦盆窑：2

3.罐残片瓦盆窑：4

4.罐口沿瓦盆窑：5

5.罐口沿瓦盆窑：6

6.盆口沿瓦盆窑：7

7.罐残片瓦盆窑：8

8.罐底瓦盆窑：11

彩版五七 瓦盆窑遗址采集标本

1. 盆口沿瓦盆窑: 12

2. 盆口沿瓦盆窑: 13

3. 罐口沿瓦盆窑: 14

4. 罐口沿瓦盆窑: 15

5. 彩陶片瓦盆窑: 16

6. 彩陶片瓦盆窑: 17

7. 彩陶片瓦盆窑: 18

8. 彩陶片瓦盆窑: 19

彩版五八　瓦盆窑遗址采集标本

1. 盆口沿雨家屲：1

2. 钵口沿雨家屲：2

3. 钵口沿雨家屲：3

4. 盆口沿雨家屲：4

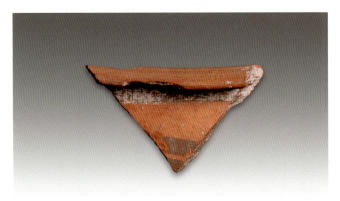

5. 盆口沿雨家屲：5

6. 钵口沿雨家屲：6

7. 盆口沿雨家屲：7

8. 彩陶片雨家屲：8

彩版五九　雨家屲遗址采集标本

1. 彩陶片雨家屲: 9

2. 彩陶片雨家屲: 10

3. 彩陶片雨家屲: 11

4. 钵残片雨家屲: 12

5. 尖底瓶口沿雨家屲: 13

6. 罐口沿雨家屲: 14

7. 钵口沿雨家屲: 15

8. 罐口沿雨家屲: 16

彩版六〇　雨家屲遗址采集标本

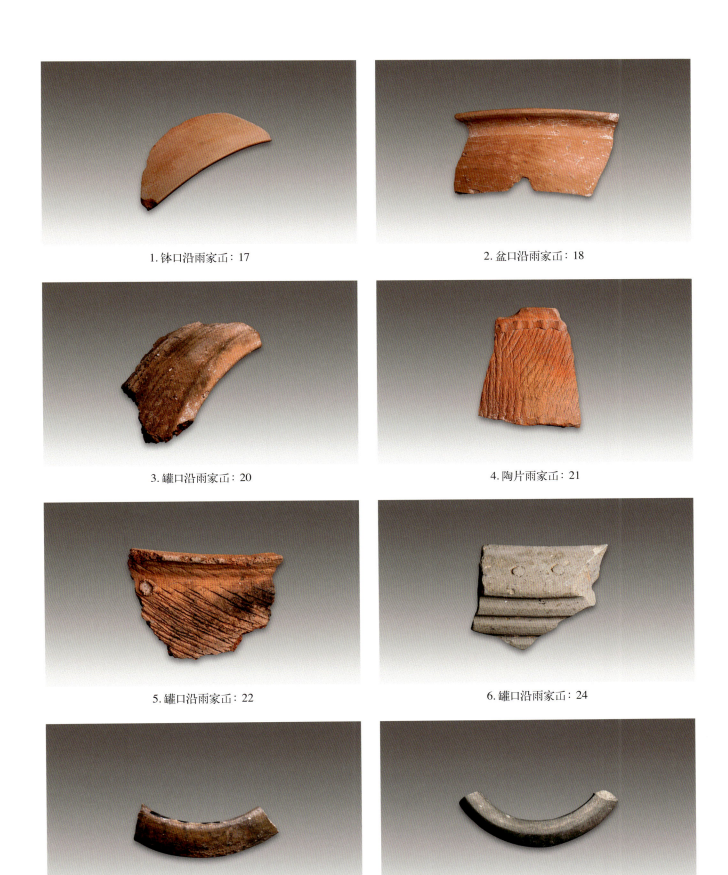

1.钵口沿雨家屲：17

2.盆口沿雨家屲：18

3.罐口沿雨家屲：20

4.陶片雨家屲：21

5.罐口沿雨家屲：22

6.罐口沿雨家屲：24

7.陶环雨家屲：25

8.陶环雨家屲：26

彩版六一　雨家屲遗址采集标本

1.罐残片梨园门：1

2.陶片梨园门：2

3.罐残片梨园门：3

4.罐残片梨园门：4

5.陶片嵌瓷儿：1

6.陶片嵌瓷儿：2

7.陶片嵌瓷儿：3

8.板瓦残片嵌瓷儿：4

彩版六二　梨园门与嵌瓷儿遗址采集标本

1.罐肩部魏家台子：1

2.罐底魏家台子：2

3.器耳魏家台子：3

4.碗残片魏家台子：4

5.罐残片五垧地：1

6.陶片五垧地：2

7.罐口沿五垧地：3

8.陶片五垧地：4

彩版六三　魏家台子与五垧地遗址采集标本

1.罐口沿灰地儿：1

2.彩陶片灰地儿：4

3.盆口沿灰地儿：5

4.缸口沿灰地儿：6

5.缸口沿灰地儿：7

6.罐口沿灰地儿：8

7.钵口沿灰地儿：9

8.陶片灰地儿：10

彩版六四　灰地儿遗址采集标本

1. 盆口沿柳家坪：1

2. 盆口沿柳家坪：2

3. 盆口沿柳家坪：3

4. 罐残片柳家坪：4

5. 盆口沿柳家坪：5

6. 盆口沿柳家坪：6

7. 钵残片柳家坪：7

8. 罐口沿柳家坪：11

彩版六五　柳家坪遗址采集标本

1. 器耳城儿坪：1

2. 瓶口沿城儿坪：2

3. 盆口沿城儿坪：3

4. 彩陶片城儿坪：4

5. 钵残片城儿坪：5

6. 盘底城儿坪：7

7. 罐底城儿坪：8

彩版六六　城儿坪遗址采集标本

1. 彩陶瓶残片渭水峪：1

2. 彩陶钵渭水峪：2

3. 尖底瓶肩部渭水峪：3

4. 彩陶片渭水峪：4

5. 钵口沿渭水峪：5

6. 器物肩部残片渭水峪：6

7. 罐口沿渭水峪：7

8. 罐口沿渭水峪：8

彩版六七　渭水峪遗址采集标本

1. 盆口沿渭水峪：9

2. 罐口沿渭水峪：10

3. 瓶口沿渭水峪：11

4. 器座残片渭水峪：12

5. 罐口沿渭水峪：13

6. 托盘残片渭水峪：14

7. 罐口沿渭水峪：15

8. 罐底渭水峪：16

彩版六八　渭水峪遗址采集标本

1.罐残片十坡村：1

2.陶片十坡村：2

3.陶片十坡村：3

4.陶片十坡村：4

5.陶片十坡村：5

6.陶片十坡村：6

7.罐残片十坡村：7

8.罐底十坡村：8

彩版六九　十坡村遗址采集标本

1. 水泉沟遗址（南向北）

2. 罐残片峡来湾：1

3. 罐残片峡来湾：2

4. 罐下腹峡来湾：3

5. 陶片峡来湾：4

彩版七〇　水泉沟遗址与峡来湾遗址采集标本

1.盆口沿上仁湾：1

2.罐口沿上仁湾：2

3.罐底上仁湾：4

4.罐下腹上仁湾：5

5.盆口沿上仁湾：6

6.罐底上仁湾：7

7.盘底上仁湾：8

8.锥足上仁湾：9

彩版七一　上仁湾遗址采集标本

1. 罐口沿北堡：1

2. 缸口沿北堡：2

3. 盆口沿北堡：3

4. 盆口沿北堡：4

5. 陶片北堡：5

6. 陶片北堡：6

7. 陶纺轮北堡：7

8. 罐口沿北堡：8

彩版七二　北堡遗址采集标本

1. 罐口沿北堡：9

2. 罐口沿北堡：10

3. 罐口沿北堡：11

4. 罐残片北堡：12

罐底北堡：14

6. 陶片北堡：15

7. 陶片北堡：16

8. 尖底瓶口北堡：21

彩版七三　北堡遗址采集标本

1. 罐肩部民武: 1

2. 陶片民武: 2

3. 腹部残片民武: 3

4. 陶片民武: 4

5. 罐口沿民武: 5

6. 罐口沿民武: 6

7. 罐口沿民武: 7

8. 陶片民武: 9

彩版七四　民武遗址采集标本

1. 王门墓地（东南向西北）

2. 鸳鸯镇遗址（东北向西南）

彩版七五　王门墓地与鸳鸯镇遗址

1. 罐口沿鸳鸯镇：1

2. 罐肩部鸳鸯镇：4

3. 陶片鸳鸯镇：7

4. 罐残片鸳鸯镇：8

5. 罐口沿鸳鸯镇：10

6. 罐口沿鸳鸯镇：11

7. 罐口沿鸳鸯镇：12

8. 残片鸳鸯镇：14

彩版七六　鸳鸯镇遗址采集标本

1. 苟山村遗址（东北向西南）

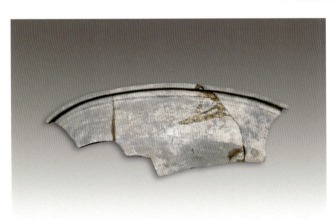

2. 盆残片新庄：1

3. 罐残片新庄：2

4. 盆残片新庄：3

5. 盆残片新庄：4

彩版七七　苟山村遗址与新庄遗址采集标本

1.塔子坪遗址（西南向东北）

2.罐底塔子坪：1

3.钵口沿塔子坪：2

4.彩陶片塔子坪：3

5.腹部残片塔子坪：4

彩版七八　塔子坪遗址及采集标本

1. 盆残片塔子坪: 5

2. 彩陶片塔子坪: 6

3. 罐口沿塔子坪: 7

4. 彩陶片塔子坪: 8

5. 罐口沿塔子坪: 9

6. 陶片塔子坪: 10

7. 陶片塔子坪: 11

8. 陶片塔子坪: 12

彩版七九　塔子坪遗址采集标本

1.陶片塔子坪：13

2.陶片塔子坪：14

3.彩陶片塔子坪：15

4.罐口沿塔子坪：16

5.鬲残片塔子坪：17

6.钵口沿塔子坪：18

7.尖底瓶底塔子坪：20

8.器耳塔子坪：21

彩版八〇　塔子坪遗址采集标本

1. 罐底塔子坪：22

2. 罐底塔子坪：23

3. 钵口沿塔子坪：24

4. 罐残片塔子坪：25

5. 彩陶片塔子坪：26

6. 陶片塔子坪：27

7. 圆形石器塔子坪：28

8. 陶纺轮塔子坪：29

彩版八一　塔子坪遗址采集标本

1. 陶环塔子坪：30

2. 罐口沿塔子坪：31

3. 罐口沿塔子坪：32

4. 陶环塔子坪：33

5. 陶环塔子坪：34

6. 石刀塔子坪：35

7. 陶环塔子坪：36

8. 陶片塔子坪：37

彩版八二　塔子坪遗址采集标本

1.钵口沿塔子坪：38

2.罐底塔子坪：39

3.罐底塔子坪：40

4.罐口沿塔子坪：41

5.彩陶片塔子坪：42

6.彩陶片塔子坪：43

7.彩陶片塔子坪：44

8.陶片塔子坪：45

彩版八三　塔子坪遗址采集标本

1. 罐底塔子坪：46

2. 瓶口沿塔子坪：49

3. 罐口沿塔子坪 H1：1

4. 罐底塔子坪 H1：2

5. 罐口沿塔子坪 H1：3

6. 彩陶片塔子坪 H1：4

7. 罐底塔子坪 H1：5

8. 陶片塔子坪 H1：6

彩版八四　塔子坪遗址采集标本

1. 寨里儿遗址（北向南）

2. 罐残片寨里儿：2

3. 陶片寨里儿：8

4. 钵口沿寨里儿：9

5. 彩陶片寨里儿：10

彩版八五　寨里儿遗址及采集标本

1. 罐口沿寨里儿：13

2. 罐口沿寨里儿：14

3. 罐口沿寨里儿：15

4. 彩陶片寨里儿：16

5. 罐口沿寨里儿：17

6. 彩陶片寨里儿：18

7. 瓶口寨里儿：19

8. 陶片寨里儿：20

彩版八六　寨里儿遗址采集标本

1. 罐残片墩台下：1

2. 罐口沿墩台下：2

3. 陶片墩台下：3

4. 陶片墩台下：4

5. 陶片墩台下 H1：1

6. 石片或刮削器墩台下 H1：2

7. 罐底墩台下 H1：3

8. 单孔石刀墩台下 H1：4

彩版八七　墩台下遗址采集标本

1. 罐马坪 M1：1

2. 罐马坪 M2：1

3. 盆口沿马坪：采1

彩版八八　马坪遗址采集标本

1. 彩陶片石岭下：2

2. 罐口沿石岭下：3

3. 钵残片石岭下：5

4. 陶片石岭下：6

5. 罐口沿石岭下：8

6. 罐口沿石岭下：9

7. 罐口沿石岭下：10

8. 罐残片石岭下：12

彩版八九　石岭下遗址采集标本

1.瓶残片石岭下：13

2.陶片石岭下：14

3.盆残片石岭下：15

4.钵口沿石岭下：16

5.盆口沿石岭下：17

6.盆口沿石岭下：18

7.陶片石岭下：19

8.陶片石岭下：20

彩版九〇　石岭下遗址采集标本

2. 盆残片石岭下：22

1. 陶豆石岭下：21

3. 陶片石岭下：23

4. 彩陶片石岭下：24

5. 罐残片石岭下：25

6. 盆口沿石岭下：26

7. 罐底石岭下：27

彩版九一　石岭下遗址采集标本

1.大坪头遗址（南向北）

2.缸口沿大坪头∶1

3.盆口沿大坪头∶2

4.缸口沿大坪头∶7

5.彩陶片大坪头∶8

彩版九二　大坪头遗址及采集标本

1. 罐口沿大坪头: 9

2. 盆残片大坪头: 10

3. 罐口沿大坪头: 11

4. 罐口沿大坪头: 12

5. 钵口沿大坪头: 13

6. 罐底大坪头: 14

7. 壶口沿大坪头: 15

8. 罐口沿大坪头: 16

彩版九三　大坪头遗址采集标本

1. 罐口沿大坪头：17

2. 盆口沿大坪头：18

3. 罐底大坪头：19

4. 彩陶片大坪头：20

5. 盆口沿大坪头：21

6. 盆残片大坪头：22

7. 罐底大坪头：23

8. 罐底大坪头：24

彩版九四　大坪头遗址采集标本

1. 观儿下遗址（南向北）

2. 盆口沿观儿下：1

3. 陶片观儿下：2

4. 陶片观儿下：3

5. 器耳观儿下：4

彩版九五　观儿下遗址及采集标本

1. 罐口沿观儿下：5

2. 盆口沿观儿下：6

3. 钵口沿观儿下：7

4. 彩陶片观儿下：8

5. 罐底观儿下：10

6. 陶片观儿下：11

7. 陶片观儿下：12

8. 彩陶片观儿下：13

彩版九六　观儿下遗址采集标本

1. 彩陶片观儿下：14

2. 陶纺轮观儿下：15

3. 罐残片观儿下：16

4. 罐底观儿下：17

5. 罐底观儿下：18

6. 盆口沿观儿下 H4：3

7. 盘口沿观儿下 H4：2

8. 陶片观儿下 H4：4

彩版九七　观儿下遗址采集标本

1. 鬲口沿刘坪：1

2. 罐口沿刘坪：2

3. 陶片刘坪：3

4. 罐残片刘坪：4

5. 陶片刘坪：5

6. 器口刘坪：6

7. 罐口沿刘坪：7

8. 缸口沿刘坪：8

彩版九八　刘坪遗址采集标本

1. 罐残片刘坪：9

2. 罐残片刘坪：10

3. 罐口沿刘坪：11

4. 罐口沿刘坪：13

5. 彩陶片刘坪：14

6. 陶片刘坪：15

7. 罐残片刘坪 H2：1

8. 陶片刘坪 H2：3

彩版九九　刘坪遗址采集标本

1. 鬲足寺咼：1

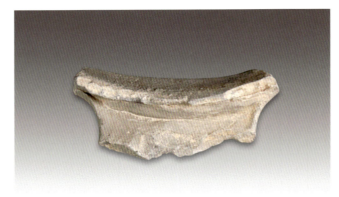

2. 器口沿寺咼：2

3. 罐口沿寺咼：3

4. 鬲口沿轮寺咼：5

5. 钵口沿寺咼：6

6. 鬲足寺咼：7

7. 陶鍪寺咼：9

8. 陶片寺咼：10

彩版一○○　寺咼遗址采集标本

1.陶片寺面：11

2.罐底寺面：12

3.陶纺轮寺面：13

4.罐底寺面：14

5.陶片寺面：15

6.陶片寺面：16

7.罐口沿寺面：17

8.陶片寺面：20

彩版一〇一　寺面遗址采集标本

1.陶片寺甪: 21

2.鬲口沿寺甪: 22

3.盆口沿寺甪: 26

4.鬲口沿寺甪: 30

5.鬲口沿寺甪: 31

6.陶片寺甪: 32

7.盆残片寺甪: 33

8.盆口沿寺甪: 34

彩版一〇二　寺甪遗址采集标本

1. 南坪遗址（北向南）

2. 寺咀坪遗址

彩版一〇三　南坪与寺咀坪遗址

1.田家寺遗址

2.雁掌坪遗址

彩版一〇四　田家寺与雁掌坪遗址